Naikan Tethod
and Therapy:
The Clinical Practice
and Research

日本内観学会
The Japan Naikan Association

編

真栄城輝明
Teruaki Maeshiro
塚崎 稔
Minoru Tsukasaki
河合啓介
Keisuke Kawai

監修

内観法・内観療法の実践と研究

朱鷺書房

目次

第二章　内観の歴史と吉本伊信

装丁　白石正

第一章

まえがき

　日本内観学会の有志による執筆で村瀬孝雄編の「内観法入門」（誠信書房）が世に送り出されたのが平成5年（1993）2月8日のことでした。1978年に学会が設立されているので，その14年後のことになります。当時，村瀬は日本内観学会の会長として内観を一般の方々に知ってもらおうと考えて内観法の入門書を企画し，出版にこぎつけたわけですが，企画してから完成までにかなりの時間とエネルギーを費やして，数年がかりでようやく陽の目を見たようです。そのことについて筆者なりに考えてみると，執筆者の3名(役員)を除いて都内在住の学会員に限ったために，原稿集めに時間がかかってしまったのが原因ではないかと思われます。しかも日本内観学会の会員有志となっているのに「内観療法」ではなく「内観法」の入門書にしたために日本内観学会大会で発表されてきた研究の多くが顧みられなかったことも遅延の原因の一つになったのではないかと思われます。

　その1993年という年は，日本内観学会が第16回目の大会を開催した年ですが，13本の研究発表と3本の事例研究と5本のシンポジウム，並びに公開講座が3本，更に招待講演，特別公演，教育講演がそれぞれ1本ずつを組んだプログラムが残っています。これを見る限り，東北大学医学部が会場になっていることから「内観療法」としての研究発表が活発に行われている時代であったとことが伺われます。ただ，その時代はまだ大会の発表論文集しか発行されていなくて，学会の研究誌である「内観研究」はまだ姿を見せていませんでした。「内観研究」の発行は2年後の1995年になってからになります。今年の2023年は第45回目の大会が東京大学で開催されていますが，「内観研究」は9月1日に第29号が発行される予定です。研究の動向については，村瀬が第10回大会を大会長として立教大学で開催したとき，「内観研究の現状と課題」（特別講演）というテーマで10年目の節目を迎えていたので，それまでの研究の動向をまとめてくれたものでした。そして，その18年後の第28回大会において，筆者は内観と出合って30年目の節目に当たっていたので『「内観研究」の動向分析〜形式分析を中心に〜』

と題する一般演題を発表しました。翌年の第 29 回大会では続報として『続・「内観研究」の動向分析～内容分析を中心に～』という演題で発表をしました。動向研究は筆者のゼミ生らによって継続されて、辻田らは『「内観研究」の動向分析－日本内観学会大会の一般演題を中心に－』と題する論文を内観研究に投稿しています。

　本書は「日本内観学会編」として企画されましたので文字通り執筆者を広く学会会員の中に求めることにしました。そのために編集委員会は「内観研究」とその姉妹編の「内観医学」に目を通したうえで執筆者の人選が行われました。

　創始者の吉本伊信（1919-1988）は、僧侶の資格を取得していますが、学者でもなく精神療法や心理臨床の専門家でもなく、一民間人でした。それが世間に知られるようになったのは、マスコミのおかげによるものでした。1968 年 5 月 9 日、ＮＨＫ教育テレビは、「心の転機」というタイトルで内観を紹介しているが、おそらくそれがマスコミに内観が登場した最初ではなかったかと思われます。さらに、翌年の 1969 年 8 月に、今度はＮＨＫテレビが「人間の心と体」という番組で内観を取り上げています。そして、1962 年から 1982 年にかけて放送された『宗教の時間』が 1982 年 4 月 11 日より「こころの時代」に改題されたころから時代は「こころの時代」を迎えたようであり、1982 年 4 月 11 日、ＮＨＫ教育テレビが「苦しみ、悩みを超える新しい自己の発見」というテーマで内観を取り上げてくれて、吉本伊信と金光寿郎（チーフ・ディレクター）との対談が放映されました。

　このようにマスコミで取り上げられたことの影響は甚大なものがあり、内観者も年々急増していきました。当時、吉本伊信の研修所には、年間に千名を越える内観者が訪れたようです。そんな状態なので、大和郡山の研修所だけでは対応しきれず、吉本は熱心な内観者でこれはと思う人には、研修所の開設を勧めていたようです。勧められて研修所を開いた人の中には、脱サラやあるいは本業を続けながら兼業として始める人など様々でしたが、必ずしも心の専門家として臨床心理学や精神医学などの知識があるというわけでは

なかったので，学会としては「内観面接士」の資格認定のことが話題になりました。第29回大会が青山学院大学で開催された際に会員のみの参加で倫理シンポジウムが行われましたが，その時のテーマが「内観面接者に資格は必要か」でした。その時には賛成と反対が拮抗したため，資格認定制度は継続審議となりました。平成18年（2006）のことです。その後，14年を経て2020年に漸く資格認定者が輩出されたのです。『認定内観面接士』(30名)・『認定心理療法士』(17名)・『認定医師』(12名)の認定者が2020年11月1日の段階で59名を数えることになりました。

　昭和28年（1953）に内観道場を開設後，吉本は内観普及のために各大学の心理学研究室や精神医学研究室あてに内観記録の書籍やカセットテープなどを無料で配布しています。

　資料を受け取った教授がゼミの学生に紹介したことで，それに関心を持った学生たちの中から内観に訪れて，卒論や修士論文として取り組む学生が出てきたと同時に，1978年に学会が設立されたことにより，内観の研究者と臨床家が研究発表の場を得て，内観に関心を持つ専門家が増えていきました。内観の世界にも「内観面接士」という学会認定の専門家が誕生したのは画期的なことですが，難産の末でした。本書の題名を『内観法・内観療法の実践と研究』にしましたが，それは「認定内観面接士」によって実施される内観の場合を内観法と称し，「認定心理療法士」や「認定医師」が行う内観を内観療法と呼ぶならば，本書は両者の内観について紹介したものです。つまり，日本内観学会は他に類が少ない学際的な学会なので，クライエントである「内観者」も体験発表を通して学会に参加してきた歴史があります。学際性からの視点が持ち込まれた結果，間主観的方法による事例研究が生まれましたが，それらは他の学会に先駆けた研究法ではないかという自負もあります。

　また，本書は国際性の視点からアメリカと中国の専門家にも執筆をお願いしました。文化比較に興味のある読者には読み応え十分だと思います。

（文責：編集者を代表して　真栄城輝明）

内観と内観法と内観療法について

真栄城輝明

大和内観研修所所長

1．内観と内観法と内観療法

これまで「内観と内観法と内観療法」という用語は，それほど厳密に区別され，使用されてこなかったように思われる。それぞれの立場で思い思いに語られてきたフシがある。

吉本正信（内観寺事務長であり，伊信のご子息）は，やすら樹（No123 2010,9月号）の中で「内観と内観法と内観療法」について直截にこう述べている。すなわち，

「『内観』とは方法・型式のことを言います。そして，何のために内観するかという目的によって呼び名が違うのです。例えば，宗教者が求道を目的に『内観』という方法を使えば，『内観法』と呼びます。又，医療者が治療を目的に『内観』という方法を使えば，『内観療法』と呼びます。『内観』という言葉を方法・形式にとどまらず，『内観法』『内観療法』『内観教育』等すべてを含めたものとして『内観は内観です』と表現する立場もあります。

内観の定義を明確にして，それ以外は内観と呼ばせないという意見に対して，私は次のような理由で反対です。定義づけした場合のメリット・デメリットと定義づけしない場合のメリット・デメリットを検討した結果，定義づけしないほうが良いという意見です。定義づけする場合に想定されるデメリット（弊害）は大きすぎるのです。それは内観の普及に大きな障害となります。内観が教条主義に陥り，内観の臨機応変，融通無碍な長所を失うことになるからです。

内観原法と比較して似て非なるものが現れた場合，それを否定して自分の意見だけが正しいと論争して結論が出るとは思いません。自分の意見も相手の意見も途中であり，わかった気になっているだけということも多いと思います。違いを認めて『私たちはこう考えます』と主張することの方が大事だと思います。」

14

　学者の間でもそれぞれの考えがあり，青山学院大学の石井光は法学者として
内観に関心を持った一人であるが，安田精神保健講座における講義で次のよう
に述べている。

　　「『内観』あるいは『内観法』というのは簡単な３つの質問で自分を見つめる
　　自己観察法のようなものです。─中略─内観は心理療法としても非常に効果
　　があるため，『内観療法』として使われていますが，『内観療法』というのは『内観』
　　のいわば一部ですので，ここでは『内観』についてお話しさせていただきます。」

と，冒頭にこれら３つの用語についての見解を述べている。すなわち，石井に
よれば，内観＝内観法＞内観療法の関係だというのである。

　一方，臨床心理学者で大阪大学の三木善彦は自著「内観療法入門─日本的
自己探求の世界─」の中でこれら３つの呼び名についてこう記している。

　　「本書の題名は『内観療法入門』であるが，内観法は不健康な者を健康にす
　　るという治療的要素のみならず，多分に健康な者をより健康にするという教育
　　的要素をも有すること，いちいち内観療法というのは煩わしいことなどの理由
　　から，本書の中では内観または内観法とした。これは，精神分析療法が単
　　に精神分析と使われるのと同様である。」

と。つまり，三木によれば，三者とも同義であり，内観＝内観法＝内観療法だ
と理解してよいらしい。

　では，このような見解の相違がどうして起こるのだろうか？
吉本伊信は第一回内観学会の記念講演で「内観法と私」と題して次のように述
べている。

　　「『お前自身今どのように思っているのか』と訪ねられますと，
　　"見る人のこころ心にまかせおきて　高嶺に澄める秋の夜の月"
　　悲しい目で見ればお月さんて悲しいものや，寂しいものや。嬉しい時に見ると，
　　そのお月さんが非常に嬉しい有り難いと見えます」と。

　つまり，創始者の吉本によれば，各人の立場によって見解に相違があるのは
自然なこと，あるいは仕方のないことだと言うのである。

2．心理療法からみた内観

　そこで筆者としては，心理療法の視点から内観について考えてみた。

　結論を先取りして示すならば，内観療法≒内観法∈内観である。この筆者の見解を説明すれば，内観法と内観療法はほぼ同じであり，両者は内観に属するということになる。内観を心理療法として考えるなら，それを定義するにあたっては心理療法の定義を見ておく必要があると考えた。いくつかの定義の中からここでは臨床心理学者の河合隼雄による定義がぴったり来たのでそれを参考にした。すなわち，「心理療法とは，悩みや問題の解決のために来談した人に対して，専門的な訓練を受けた者が，主として心理的な接近法によって，可能な限り来談者の全存在に対する配慮を持ちつつ，来談者が人生の過程を発見的に歩むのを援助すること，である。」という定義である。内観を心理療法として考えている筆者の立場で言えば，河合が挙げた4つのモデル（①医学モデル，②教育モデル，③成熟モデル，④自然モデル）で言えば，内観はさてどのモデルがふさわしいのか，筆者自身の内観臨床を振り返りつつ，考えてみた。

　各モデルについての河合の説明をここに引用して示す紙面の余裕はないが，心理療法を「病気を治す」とか「症状を除去する」という医学モデルだけで考えれば，確かに石井のように「内観療法は内観あるいは内観法の一部」だと考えてしまうことになるが，河合も指摘するように心理療法は，今や医学の領域を越えてしまっているように思われる。

　そこで，吉本伊信が「人間は他の動物に比べて何故深刻に悩み，悶えるかと言えば『計らい』と言う無明の闇に閉ざされているから」だと指摘しつつ，その『計らい』を『自我の迷蒙』だと説明した後に，自身の悟り体験を踏まえて，内観の真髄に触れて次のように述べていることに注目した。

　「最も近道は自己の罪を自覚することが小我を滅する最短距離であるがその罪悪を知る手段として反省のトレイニングが必要となって来るのである。はからいの消去された心境を悟ったとか，一念にあったとか，大悟徹底したとか，または入信した『後生の夜明けが出来た』とか呼ばれている内容と似ている」と。このような吉本の言葉を参照しつつ，内観を心理療法としてみてゆくとき，

医学モデルや教育モデルというよりも，成熟モデルあるいは自然モデルがふさわしいように思われる。従って，内観療法≒内観法となり，内観という言葉は両者を総称するときに用いるというのが筆者の見解である。

それを踏まえて，内観療法の定義を試みた。

3.（集中）内観療法の定義

筆者は，講演会や国際学会の場で，これまで幾度となく内観療法の定義について訊かれたことがあり，返答に窮することしばしばであった。そこで，内観療法を定義する必要を感じて，内観への招待（吉本 1983）と心理療法序説（河合 1992）を参考にして，以下のように内観療法の定義を試みたことがある。すなわち，

「（集中）内観療法とは，悩みや問題の解決のために来所した内観者が，自身も内観を体験し，内観に精通した専門家（面接者）の指導に従って，自己観察を行うことである。その際に，面接者は，部屋の隅に屏風を立てるなどして，可能な限りに刺激を遮断した環境を提供したうえで，内観者が一定の時間，集中的に自己の内に沈潜して，過去から現在に至るまでの対人関係の中で，自分がどのようなあり方をしていたかを，『して貰ったこと』『して返したこと』『迷惑をかけたこと』という三つの観点から具体的に観照するように見守り，その結果，内観者がこれまでの人生の過程を発見的に振り返り，それを基に現在の生活を幸せに感じて歩むことを援助すること，である。」（真栄城　2009）

4.（集中）内観療法の方法

内観は仏教をルーツに生まれてきたこともあって，難行苦行のイメージがつきまとう。体験せずに活字を通して治療構造を知ろうとすると誤ったイメージを抱いてしまうことにもなるが，ここではその点を考慮して，実際の面接風景を三枚の写真で示しておいた。静かな部屋の片隅に屏風が立てられて，内観者はその中に籠ることになる。トイレ，入浴以外は，屏風のなかで静かに過ごす。食事

も屏風の中でとることになっている。屏風は内観者と外界を遮断するだけでなく，外界から内観者を保護する，というはたらきをしている。内観者は，食事や風呂など，日常生活における一切の雑用から解放されて，自分を見つめることだけに専念できる。かつて，その前身とされている"身調べ"においては，時に「飲まず，喰わず，眠らず」に行われていたことがあって，抵抗を覚える人もいた。けれども，実際に体験した人の感想を聞くと，「自分のイメージしていたものと違って，屏風の中にいるだけで，自分が守られているようで安心でした」とか，普段は家事に追われている主婦の場合は「上げ膳据え膳で，自分のことだけを考えていられるなんて，こんな贅沢はありません」と内観後に語ることがある。

　したがって，体験せずに活字を通して治療構造を知ろうとすると誤ったイメージを抱いてしまうことにもなる。

写真1　内観面接の様子　　　写真2　面接前と後のお辞儀　写真3　内観面接時の合掌

①物理的環境

　静かな部屋の片隅に屏風が立てられて，内観者はその中に籠ることになる。トイレ，入浴以外は，屏風のなかで静かに過ごす。食事も屏風の中でとることになっている。屏風は内観者と外界を遮断するだけでなく，外界から内観者を保護する，というはたらきをしている。内観者は，食事や風呂など，日常生活における一切の雑用から解放されて，自分を見つめることだけに専念できる。

　ところで，内観で使われている屏風は，元々は中国の周の時代に誕生した文字通り「風を防ぐ」調度であった。それが，刺激を遮断するだけでなく，中にいる人を護るという機能があるために内観に取り入れられたという経緯がある。その他，内観における屏風の効用について述べるならば，非日常空間を創出する機能を挙げることが出来よう。部屋の片隅に屏風を立てるだけで，日常の世

界が非日常の世界に変わってしまうのである。

② 行動の制限

　屏風の中では楽な姿勢で過ごしてもよいが，原則として，内観中は屏風の中で過ごさなければならない。面接時だけは正座の姿勢で面接者に内観した内容の一部を報告するが，面接が済んだ後は，楽な姿勢で内観を続ける。一言で楽な姿勢と言うが，具体的には次のような座り方がある。たとえば，楽坐（らくざ）は，あぐらをかくように座るが，足を組まずに足の裏と裏を密着させるように座る。慣れないと内股の筋肉が痛くなるが，慣れてしまえば苦にならない。

　あと安坐（あんざ）と呼ばれる座り方は，いわゆる普通のあぐらのことであるが，適宜，左右の足を組み替えると比較的楽である。

　その他，膝を抱える体操座りでもよいし，足を前に投げ出して座るのも一向に構わないが，どんな姿勢をとるにしても静かに座るという意味での「静座」を心掛けなければならない。つまり，内観中は静かにすることが求められており，新聞・ラジオ・テレビはもとより，電話などで外界と連絡する事もできない。就寝時は，屏風をたたんで，その場に布団を敷いて休む。同室に他の内観者がいても，お互いの私語は禁止されている。また，内観室は禁煙になっているので，喫煙する人は，屏風を出て用意された喫煙室で吸わなければならない。勿論，飲酒は厳禁である。

③ 時間的条件

　集中内観は，原則として1週間（7泊8日あるいは，6泊7日）で行われているが，研修所によっては，2泊とか3泊の短期内観を受け入れているところもある。その間のスケジュールは，各内観研修所によって若干の差はあるものの，起床の時間は，午前5〜6時の間で，消灯は午後9〜10時の間となっている。

　面接はおよそ1〜2時間おきに面接者が屏風まで赴いて行われる。そして，1回の面接時間は，内観者やそのときの事情にもよるが，5分前後で済ませ，1日に8〜9回程度の面接が繰り返される。食事は1日3食を面接者が法座（屏風）まで配膳し，終了後は下膳しているが，食事の取り方を把握できるということは，意外に大きな意味をもつことがある。その他，風呂の準備も面接者が担

当するので，内観中の内観者は，1分1秒を惜しんで内観を続けることができる。

④ 課題連想探索法

　内観は，自由連想法と違って三項目というテーマが設定されている。それを筆者は，「課題連想探索法」と呼んでいる。三項目を具体的に示せば，対象者に対する自分自身のことを調べるわけであるが，その際に，たとえば母親に対して自分自身が「して貰ったこと」「して返したこと」「迷惑をかけたこと」というふうに，三つの観点からみていくのである。そして，何よりも精神分析における自由連想法による面接との違いを言えば，以下の点であろう。

　すなわち，精神分析では頭に浮かんでくることを，批判選択することなしになんでもしゃべることが要求されるが，（前田 1984）内観の面接ではしゃべりたくないことはしゃべらなくてもよいのである。内観では，面接から面接の間の自分を見つめている時間が大切なのである。面接者に語ることよりも，自分自身を調べることが強く要請されるのである。

⑤面接者の所作―「合掌」をめぐって

　カウンセリングなど欧米の心理療法を学んだ面接者(セラピスト)のなかには，内観面接時の「合掌」に抵抗を覚える人が少なくない。それはおそらく，「合掌」が宗教臭を漂わせているからであろう。そもそも合掌とは何なのか？すなわち，「人間はどんな人にも仏性（いのち）が宿っている。仏性というのが宗教的で抵抗があれば，良心あるいは，超自我と言い換えてもよい。たとえ極悪非道な罪を犯した人にでも良心（仏性）というものがある。面接のときの合掌は，内観者の背後に潜んでいるとされる仏性に対する畏敬の念の表れなのである。面接者は心の中で，「私にはこの内観者の悩みを解決したり，病を治したり，救うことはむつかしい，不可能です。なぜならば，私は無力だからです。面接者としての私にできることは，せいぜい内観者の中に潜在している仏性が顕現してくれることを信じて祈ることだけです」と。内観面接時の合掌にはそんな意味合いが含まれている。面接者は，面接の前後に合掌をすることで，内観者の中に潜在する仏性（自己治癒力，あるいは自然治癒力）の顕現を祈っているのである。

5. 内観と吉本伊信

　吉本伊信師はのちに僧籍を取得はしているものの市井の人である。企業の経営に携わったことはあるが，医学や心理学の分野の人ではない。筆者が研究のため吉本の内観研修所に通って，面接の陪席をさせてもらいつつ，心理テストによる内観効果を調査に伺っていたとき，吉本に云われた言葉がある。

　「内観は自己を観察する方法であり，病を治すものではありません。内観で症状が消えたりすることはありますが，それはあくまでも副産物だと思ったほうがよい。」

　病が治ったことを強調しすぎると内観が誤解されることを戒める言葉であった。内観が宗教とは一線を画すことを念頭に置いた言葉だと理解できよう。

　五木によれば，「『ブッダ（釈迦）はもともと仏教徒ではなかった。キリストがキリスト教徒ではなかったのと同じである。ブッダは古いバラモンの教えの改革者であったし，イエス・キリストはユダヤ教の指導者と古い律法への反抗者であった。」（五木　2013）

　それに倣って言うのは誤解を招くかもしれないが，吉本伊信は「身調べ」によって自己に目覚めたものの，修行色の濃い荒行に納得できず「内観」を生み出しており，そういう意味では「身調べ」の改革者であった。

　例えば，仏陀，イエスキリスト，親鸞などのように，創始者の中には，自著を残さず，弟子たちの手による著書が多く出版されている人がいる。けれども，吉本伊信には自費による著作が数多く残されている。それについては，参考文献として紹介することにしよう

　何ゆえ，自費出版にしたのか。諸般の事情はあったかもしれないが，筆者は次のように想像している。すなわち，当時は，言論はもとより，経済も統制されていたため，改革者・吉本伊信にすれば，自分の考えや思いを自由に書くために自費出版を選択したのではないだろうか。

　「救世真法」に序文を寄せた宇垣一成は，「世界は今や自由民主主義と社会全体主義との流れに別れようとして居る。社会全体主義を禮讃して，統制経済論の書物が多い現在は民主主義を主張した，自由経済論を謳歌せる著者が非

常に少ない。－中略－著者吉本伊信氏は政治家でもなく一介の商人乍，實行者として，日夜，信仰の普及に努めその體験上，事實の告白を信念に燃えて，身の危険をも打ち忘れ世の識者に訴える熱意は尊敬すべきではではなかろうか。」と吉本師の生き方（姿勢）を記している。筆者の想像を支持する一文だと思い紹介したが，果たしてどうだろうか。

参考文献

石井光（2000）：内観療法「個人史と内観療法」安田生命社会事業団

五木寛之（2013）：生きる事はおもしろい　東京書籍

河合隼雄（1992）：心理療法序説　岩波書店

鈴木康広・真栄城輝明（2022）：集中内観前に導入された「生い立ちの記録」を巡って─内観者の視点を中心に─　内観研究　第 28 巻第 1 号　pp.117-122 日本内観学会編

前田重治（1984）：自由連想法覚え書き，岩崎学術出版社，

真栄城輝明（2004）：心理療法としての内観　朱鷺書房

三木善彦（1976）：内観療法入門─日本的自己探求の世界─　創元社

西山知洋・西山徳子（2004）：　集中内観面接中に“うらみ帳”を活用した事例について　内観研究第 10 巻第 1 号　pp.81-86　日本内観学会編

吉本伊信（1983）：内観への招待　朱鷺書房

吉本伊信（1978）：内観法と私　第一回内観学会発表論文集

吉本伊信（2007）：内観法　春秋社

＜自費出版による吉本伊信の著書＞

①吉本伊信（昭和 20）反省（内観）　大和軍需加工有限会社

②吉本伊信（昭和 22）救世真法　信仰相談所

③吉本伊信（昭和 29）悩みから救われるまで　上下　真宗信仰相談所本部

④吉本伊信（昭和 31）更生への道　内観寺　信仰相談所本部

⑤吉本伊信（昭和 35）暁近し─道徳教育としての内観法　内観道場出版部

⑥吉本伊信（昭和 51）事業は人なり　内観研修所

⑦吉本伊信（昭和 52）内観の道　内観研修所

⑧吉本伊信（昭和 60）信前信後－私の内観体験－　内観研修所

面接者の所作と心得−内観法の視点から−

清水康弘

瞑想の森内観研修所

　内観法は，その型としての構造がしっかりと作られていて，かつ，シンプルであるため，内観面接もとてもシンプルでわかりやすい。しかし，一見簡単に見えるその洗練された型の内側では何が行われているのか，内観面接者は何を思い，何を重視し，何を守っているのか。

　私自身が直接的に間接的に触れてきた先達から伝えられたものと瞑想の森内観研修所40年の実践から面接の本質や面接者の在り方を紐解いてみる。

1. 内観面接者とは

研究者から見た内観面接者

　村瀬孝雄（以下，村瀬）は，内観面接者の役割を「共感者と同時に自我理想的，超自我的な厳しさを持つ存在」，「内観のようにごく短期間に，全く非日常的な厳しい営みを，それも集中して行う状況下では，予測しがたい突発的な異常精神状態に陥る内観者が出ることがある。その意味では，病院の24時間の看護態勢と共通するところがあると言える。指導者は内観者の不眠や罪責感，実は妄想などが，深夜，早朝に激しく出現する可能性を考慮しておかなければならない」としている。また三木善彦（以下，三木）は，「厳しさと尊重の配慮」，「指導者は，内観者にテーマを与え内観的思考様式で考えるように指導するのが第一の役割であり，そのため面接をして内観報告を聞き必要な指導をする。第二の役割は，内観者が内観に専念しやすい環境条件を整えることである。そのため，食事・風呂・寝具等の用意に気を配り，厳粛な雰囲気を維持するように努める」としている。

実践から見た内観面接者

　柳田鶴声（以下，柳田）は，「面接者は，常に内観者と起居を共にし，内観者の部屋の隣室もしくは隣棟に居て，いかなる時でも介護できる態勢にいること

が肝要である」として,「面接者は内観者の僕（しもべ）です」と位置付けている。

　それは，創始者吉本伊信（以下，吉本）が，「内観者は，声なき声を聞いておられるのだから，面接者は余計なことをしゃべって内観者の邪魔をしないように。面接中は喋りたくて，喋りたくて，ぱっと声が出そうになるのをぐっと押さえ込む。自分に自分で引き止め役しています。それが面接者の一番大事なこつです」と言っていることに符合している。

2．内観面接者の条件

　日本内観学会は，内観面接者については資格制度上の要件として言及しており,「内観者への共感，傾聴，面接者としての資質を備えたうえで，内観者に敬意をもち，自らも倫理的・道徳的に真に社会に貢献するための内観を探求し，日々研鑽を惜しまない姿勢を持った人物であること」と定義している。

　これに対して吉本のいう面接者の要件は，「集中内観の体験があり，熱意のある方なら何方でも」としたものであるが，これはあくまで内観普及のための方便であることは想像に難くない。誰でも良いのかという点については，後に村瀬が「かつて吉本は，2，3回の（集中）内観体験があって，熱意さえあれば内観指導者（面接者）たり得る，といった意味のことを述べたが，これは1人でも多くの内観者を育てたいとの吉本の切なる思いから発せられた言葉かもしれず，必ずしも額面通りに取るべきではないように思われる。確かに内観面接は高度に形式化されているので，うわべの形だけならば容易に実行できるし，昔のようにある程度自我のしっかりした内観者，とりわけ求道的な傾向の強い内観者の多かった時代にはそれでも支障がなかったであろうが，最近内観を求めて参加される方々に対しては，面接指導者の資格をもっと厳しく決めるべきだとの声が強い」と記している。

　実践の上から面接者に求められるものとして，柳田は，①徹底的に話を聞く姿勢（絶対受容の精神）/②常に内観者に学ぶ姿勢/③常に集中内観と日常内観を怠らないこと/としており，また，長島正博（以下，長島）は，①吉本伊信師遺戒の遵守/②内観原法の体験熟知/③地域社会の隣近所との融和/④内

観者の立場に立つ / ことを面接者の要件として明示している。

3. 内観面接者の姿勢

　面接者の姿勢についても詳しく見てみる。吉本は，「面接者になるのは，他の道に比べて容易だが，後々の慢心を防ぐのが大変であります。先生のおかげさまで作って頂けました，助けてもらえました，とお礼を述べられると，初めのうちは『褒めて下さっても同調しませんよ』と内心で用心していますが，何回も何十回も尊敬されると，つい自惚れ心が頭を持ち上げて油断を招きます。恐ろしいことです。(中略) 患者さんの病気が治ったり夫婦仲が良くなったりするのは，ご本人と神仏のご努力がその 8 割以上を占めていて，面接者の能力や努力は 2 割以下でしかないのに，10 割まで面接者の手柄と過信し，回数が重なるうちに有頂天になるらしい。それは他人の話ではなく，私自身自粛自戒せねばならぬ重大な問題であります。内観の面接者は，他の仕事の誰よりも油断すると増長する危険が多い。私自身が最悪の見本だから」と面接者の心情の核心を突いている。いっぽう柳田も，面接者の在り様として，「内観は内観する者だけの修行ではありません。内観している方の屏風の前に座ったら，その方のために祈るのです。その方の現在の姿はどうであれ，それに引きずられることなく，その方の本来の姿が見えてくるまで祈るのです。だから内観は内観なさる方だけではなく，私にとっても修行なのです」と述べている。両者とも，面接者は自らを厳しく問い続ける存在であることを強調している。

キャリア最初の内観者から学ぶ

　私がおよそ 30 年前に内観面接者としてのキャリアをスタートさせた最初の週のことです。26 歳の女性が一週間の集中内観を終えてお帰りになる際に，「本当に先生達のおかげです。私には人のオーラの色が見えるのですが，柳田先生と清水先生はお二人とも金色に輝くオーラを放っています。お二人に導いて頂きましてたどり着けました。本当にありがとうございました」と涙ながらに固い握手をして，喜びと感謝の言葉を述べられたことがあった。このことについて柳田は，「内観者は自分の力で良くなったから嬉しいのです。他人の力で良くなろうと

思えば，たとえ医者にかかって風邪が治っても『注射が痛かった』と愚痴の一つも出るものです。自分の力で成し得たから有難いのです。ただ，情報が遮断された屏風から一週間ぶりに外に出て，先ず会う人間は面接者ですから，溢れてくる感謝の気持ちを言葉にすると『先生のおかげです』となるだけです。その言葉に額面通りに乗っかって自分（面接者）の力のおかげだと思ったらアウトです」と諭しました。私にとってキャリア最初の週の内観者でしたので，強烈に刷り込まれた面接者のイロハでした。

4．内観面接における所作

　面接の所作については研修所や面接者によって多少の違いがあると思われるが，ここでは瞑想の森内観研修所での実践を例に内観面接の手順を説明していく。

①　面接者は内観室に入室後，屏風の前に静かに正座する

②　屏風に向かってゆっくりと，最敬礼（図1），合掌（図2），再度最敬礼（図3），をする

③　「お邪魔いたします」と声をかけ，ゆっくりと屏風を開ける（図4）

④　「よろしくお願いいたします」と最敬礼をする（この時内観者も礼をする）（図5）

⑤　面接者が口火を切り，「只今の時間は何方に対する何時の自分を調べましたか」と問う

⑥　内観者はそれに答える形で，「只今の時間は，○○に対して，○歳から○歳までの自分を調べました。していただいたことは〜。して返したことは〜。迷惑をかけたことは〜。」と調べた内容の中から各テーマにつき1〜2つの事実を報告する

⑦　そして最後に「次の時間は，○○に対する○歳から○歳までの自分を調べます」と次回の予告で結ぶ

⑧　内観者の報告が終わったら，「ありがとうございました」と最敬礼する（この時内観者も礼をする）（図5）

⑨　静かに屏風を閉じ，②と同様に，屏風に向かってゆっくりと，最敬礼（図1），合掌（図2），最敬礼（図3），をする

⑩　静かに退室する

⑪　一回の面接時間はおよそ3〜5分で，これを1時間半〜2時間おきにおこなう

　面接者は内観者の様子を観察しているつもりでも，じつは誰よりも面接者が内観者から見られていることを意識して，たとえ入室前の廊下を歩く時も，戸の開け閉めも，常に立ち振る舞いに気を配ることが肝要である。

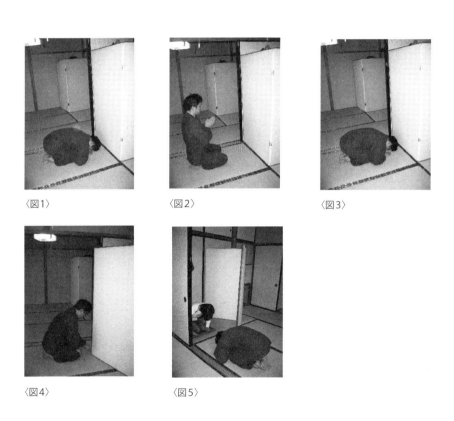

〈図1〉　　　　　　　　　　〈図2〉　　　　　　　　　　〈図3〉

〈図4〉　　　　　　　　　　〈図5〉

≪面接の特徴≫

特徴（1）　儀式的な合掌礼拝

　このように内観面接は，面接者の非常に丁寧な作法によって一種独特な厳かな雰囲気の中おこなわれるが，これは，内観中のお邪魔をして聞かせていただくという姿勢である。吉本も，「内観している方が籠っている屏風を開けるとき，御仏が安置されている厨子の扉を開けるときのような敬虔な気持ちで，そおっと開けなさい。人間は実のある人生を過ごすために生まれてきているのですから，自分自身を取り戻すお手伝いをすることができることほど，ありがたい事はありません。だから心するように。」と述べている。

特徴（2）　型通りの報告形式

　内観面接では，内観者が報告の型に則って報告するのに対し，面接者はただ歯切れよく「ハイッ」と相槌を打つのみである。これには，①「全てを聞いています」という絶対受容と全肯定／②内観者との間に一線を引き，面接者への依存を断つ／③長丁場で緩みがちな場に気合を入れる／という意がある。柳田はこれを，『面接という型に魂を吹き込む』と表現している。

特徴（3）　面接者はアドバイスをしない（絶対傾聴）

　「面接者は面接をして内観報告を聞き必要な指導をする」（三木）とあるため，都度細かく内観の修正指導を行う必要があるかのような印象を受けるが，実際は，内観者が不安や怒りで混乱するなどの急な対処の必要でなければ，内観報告の内容が拙い内省であっても，多少考え方が間違っていても，遅々として内観が進まなくとも，面接者は何も言わずそのまま聞く方が良い結果につながる。時間とともに，内観の深まりとともに，内観者自身がおのずと「内観の型」通りになっていくのを信じて見守り，内観者のすべてを受け入れて待ち続けることが面接者の仕事であり，それが，面接者が内観者の下僕と言われる由縁でもある。内観者はこれらの内観面接の特徴に支えられて，自分が拝される［尊い存在］であることを感じ，大切にされている［安心感］とともに，真剣に取り組まなければと自らを［鼓舞］し，この受容された内観の場でなら何を打ち明けても大丈夫，どんな未知の自分が見えても受け止めてもらえるという［確信］に勇気を

得て，内観の本質である「迷惑をかけたこと」という自分の過ちを認める心の準備が整っていく。そのように内観の場は醸成されていくため，その場で面接者がコメントをして自分の価値観を差し挟むようなことをしないことは極めて重要な意味を持つ。

無言の2年間

　私自身，柳田先生の下で面接のお手伝いを始めて1～2年経った頃のことであるが，子供の悩みで内観に来られた女性が，あと少し子供の立場に立てれば楽になれるのに，というところで拘りを手放せずに苦しんでいた。面接ではよくある場面の一つだが，この時私は，「面接者が私でなく吉本先生だったらもっと彼女は内観が深まったのではないか。柳田先生だったら何か背中を押す一言を添えることが出来たのではないか」と，何も出来ない面接者で申し訳ないという気持ちも相俟って，柳田先生に，「こういう時は，どんな言葉をかけてあげるのがいいのでしょうか?」と質問をした。すると先生は，「面接者のアドバイスで内観者をコントロールしようと思うのは面接者の驕りでしかありません。あなたはとにかく何も言わずに黙って聞けばいいんです」と言われた。

　面接の手伝いを始めたときは，内観法に忠実に「ただ聞くだけ」という面接していたはずの私が，100人，200人と面接経験が増え，余計な知恵がついてくると，わかった気になって内観法を犯そうとしていた。それを内観者の為とすら思っていた。

　それから2年の間，私は面接で質問に答える以外は一言も発せずに聞くことに徹した。そして漸く【何も言わない力】の凄さがわかった。何も言わないのが一番内観者のためになるとわかって初めて，何を言えばいいのかもわかってきた。これは私にとって何にも代えがたい2年間だった。

　1～2回集中内観を体験すると「もっと内観を深くする方法はないか」とアレンジしたがる未熟な内観者でも，集中内観を何度も重ねると内観法に注文を付けなくなるのと同じで，面接者も未熟なうちは，多少面接体験が増えてくると，より効率的にしようとアレンジしたくなるが，更に1000人，2000人，…10000人，20000人と，面接を経験するほどに，吉本先生の原型の本質に確信を得るの

である。

5. 合掌礼拝の意味（心構えとして）

　面接の最初と最後に屏風に向かって行なう合掌礼拝は，連続して次々と内観者を面接していく際に，直前の内観者の内容や情動を引きずらないために心を整える時間であり，これから臨む屏風の向こうの内観者の気配を感じ取る時間にもなる。

　また，誰にも知られたくない心の内をお話し下さるのだから，聞き漏らさぬよう聞かせて頂きますと拝む気持ちや内観が深まるよう祈る気持ちの表れでもある。

　そして，毎回この面接が自分の最期の面接であると同時に，これからの自分で最も未熟な面接であるということを肝に銘じながら臨んでいる。

6. 面接中に注視するポイント

　面接者は，面接から常に内観の動向を把握しておく必要があるため，以下のようなことに注視する。

① 内観の型が整っているか。内観の対象，年代の区切り，三項目，面接の報告時間等，型通りに行われているかの把握をする。大きく崩れていなければ基本的には修正をしない。（邪魔をしない）

② 内観者の健康状態や精神状態を把握する。体調や口調や態度などの変化，怒りの表出や混乱の有無等を感じ取り，場合によっては話を聞くなどの必要な対応を取る。

③ 内観の深まりを把握する。面接内容の具体性，情動の動静，相手の立場に立っているか，依存度，表情や雰囲気等を感じ取る。これらは個人差が大きく，特に正解はないので，把握しておくに留めてアドバイスはしない。

　内観面接中に内観者と目を合わせるかについては面接者に依る。相談業務に従事する者にとっては内観者の目を見ながら聞くことが自然かもしれない。私は経験上，目を伏せて半眼で聞く方が，話の情景がイメージしやすく，内観者の

息遣いまでも感じられ，同時に内観者への圧迫も少なくて良いように思う。何より伏し目で頭を垂れる姿勢の方が，下僕として傾聴するという気持ちを整え易い。

7. 面接者の担う使命

　村瀬は，「文化の変容と言う観点から見ると，私たちは内観の原点，吉本先生が大切に育てられた典型としての内観というものをしっかり確認し，保存し，後世に伝えていく義務がある。これは将来のために非常に重要なことです」といい，また柳田は，「内観を改良したという人は，自分は吉本を超えたと言っているようなものです。超えたと言うのであれば，毎朝4時に起きて経を上げ，内観者の残飯を集めて雑炊にして食すというような，吉本先生と同じことをせめて10年は続けてから超えたと言って欲しい。私には到底できないことですから，吉本先生の内観をそのままやるしかないのです」と戒めた。長島も，「内観原法の体験熟知による原法保存の重要性」を強調している。原種である吉本原法を工夫して効果的にしたハイブリッドは，一代限りの雑種と呼ばれ，その先には吉本原法の本質を失うことになる，と警鐘を鳴らしている。

　これらをこれまで論じた面接者の実践と併せて考えると，面接者がどのような使命を担う存在であるかが見えてくる。
① 　型の伝承するための法の守護者の役目
　面接者といっても少しだけ先に内観を体験した先輩内観者に過ぎず，喩えれば，茶帯が白帯を指導しているようなものである。とりわけ入門者にとっては最初の体験が内観の印象を左右する「刷り込み」となるため，面接者は自分が立場上内観の代名詞になる可能性がある自覚をもち，正確に内観を伝えていくという重大な責務がある。伝統芸能における『型の伝承』において，師範代こそが最も基本に忠実で最も修練を重ねているのと同様に，面接者は日々自身の内観を怠らずに吉本原法にどれだけ忠実であるかが問われる。目先の成果に合わせて吉本の原型を疎かにすることが無いよう常に自らの内観に問いかける。

② 内観環境の安全を維持する管理人の役目

内観者の不安，混乱，恐怖や被害意識からくる攻撃性などは夜に起こることもよくあるが，何時でも内観者の危急の事態に対応する必要がある。不安や恐怖の中にある内観者に寄り添い，安心できる環境を提供する。内観者の睡眠や食欲など体調にも気を配る。ルーティンワークではないが重要な役目である。

③ 内観者を全肯定する支持者の役目

それまで気づかずにいた，時には避けてきた，自分の姿を内観で認めていくのは，今までの自分を壊して新しい価値観を産み出すほどの苦しい作業である。その未知の難業の中にある内観者に寄り添い励まし見届ける役割である。面接者が「魂の産婆役」といわれることがあるのは，内観者が準備ができる前に無理に気づかせたり，逆に気づくのを押し留めたり，理想の気づきを決めつけたり等は決してにせず，どんな自分を知るにしても批評せずに寄り添い，ただ産みの苦しみと喜びを分かち合い，内観者が肯定された安心感の中で出産できるように支える存在だからである。そしてこれが面接者の最大の役目である。

8．面接者の心得

面接者がこうした使命を果たす上で最も大切なことは，内観者と内観法への敬意を忘れないことである。内観法を続けていけば必ず救われる，内観者が必ず自分の力で成し得る，加えて，最後に内観者を救うのは内観者の中にある母親である，これらを確信するほどに内観者の内観に付いていくことが出来るようになる。面接者自身が内観を重ね深めることが大切なのはそのためである。

9．面接者の介入について

最後に，内観者への助言や内観法の工夫といった面接者の介入について述べる。

これまで述べてきたように，原理原則から言えば面接者は内観者への一斉の介入と内観法への一切の改変をしない方が，内観本来の成果を得る結果になるのだが，長島が「内観は時代の求めに応じて色々な分野に応用され，様々な

変法も工夫されて来ているが，その原点である求道法としての内観原法を継承していかなければ，本来の姿と懸け離れたものになる恐れがある」と述べているように，千変万化する実践の現場においては臨機応変の対応が求められるため，内観者への助言や型の工夫が行われることは珍しくない。とりわけ精神医療や心理臨床の現場で内観を療法として応用する際には，内観者の精神状態が健常者のそれより配慮が必要な場合が多い。実際，内観研修所でも内観者によって様々なプラスアルファの対応が実践されている。例えば，

・被害意識の強い精神疾患者には，様子によっては「迷惑」のテーマを省く。

・逆に経験豊富な内観者には，「迷惑」だけの内観を提案してみる。

・昔の記憶がどうしても出てこない場合に，年代を現在から遡って調べてもらう。

・面接で怒りや恨みが止まらないときに，面接とは別にじっくり話を聞く。

・独りで屏風にいると混乱しそうな内観者を散歩に連れ出し雑談をする。

・中途で中止したいという内観者に継続するよう説得する。

など，現場の対応には枚挙にいとまがないが，どれもその場限りその人限定での，現場を補うオプション行為であり，面接者は何もせず内観が進むことが最善であることを忘れてはならない。たとえ面接者の介入や工夫が功を奏したとしても，決してそれを内観のスタンダードにしてはならない。未来のいつの時点においても初めて内観法と出会う人の為に，いつまでも原法に敬意を持ち続けて欲しい。

　そうは分かっていても，自分のアドバイスに手応えを感じ，さらに内観者に「あのアドバイスのおかげです」と評価されると，その経験に味をしめて，「早く気づかせるため」「もっと深まらせるため」との善意から面接者の積極的な介入の気持ちが増長することは，じつは内観者と面接者の間に共依存の関係を構築する危険を孕んでいるのである。

　内観におけるトラブルの大半は，内観が深まらないことではなく，面接者の老婆心からくる内観者に良い内観をさせようとする工夫や面接でのコメントといった介入行為にある。逆を言えば，たとえ内観者が成果を物足りなく感じていても，それは自分の内観の未熟さに起因すると感じ，面接者が何も示唆しないことに対してのクレームは起きにくい。

　面接者へのクレームはそのまま内観法への信頼を損なう結果に繋がりかねないため，面接者は成果を出す工夫よりも，成果が出なくても諦めずに再度内観をしたいと思ってもらえる現場づくりに努めて欲しい。

臨床心理士からみた内観

橋本章子

1. 要　旨

　クリニックの心理室では，大きなトラウマを抱えてカウンセリングが深まらない時や，原因は見当たらないのに心に触れる感覚が乏しい時，希死念慮が強く生きる気力に不安を感じる時などに，信頼して本質的な会話が可能になる内観をお勧めする。反対に，親との関係が大変良好で，内観が向いている方には，さらに良好な生き方を築いていただくためにも内観のご紹介をする。内観は，経験によって身に着けてしまった生き難さを招く癖を本来の働きに戻し，新たな時間につなぐ精神療法である。内観では，主に親，できれば母親との間に体験された記憶を内観の3つの項目に添い思い出し，面接士に報告する。この良質な籠る体験が，生かされて今があるとの気づきを得る機会になる。生きる意味を心に定めるこの体験が，精神的回復に貢献し，人と人の関係を良好にし，楽に生きる力を生む。抱えている苦悩や辛さを取り除くことを対象にする一般的なカウンセリングやセラピーとは異なり，経験を振り返り，その人の存在にエネルギーを注ぐ精神療法である。自身が誕生した時に，親が体験した無条件の愛と感動を，自らの存在を通して内観者自身が体感する貴重な機会になるからと思われる。人の成長の基底にあって，誰もが当たり前に身に着けて誕生したはずの自然の働きを回復し，新たな経験に繋ぐ機会となる。

2. はじめに

　過酷な体験を必死に乗り越えた後，かなり経過してから適応障害やうつ状態に陥ることがある。遠い昔，生理学者のセリエは幾つものストレスに晒され，やがて疾患に至る過程として汎適応症候群と名付けたストレス学説を提案している。当初は乗り越えるために奮闘できてもストレス環境が長期にわたり持続したり，追い打ちをかけるように新たな幾つもの災害や死別などに

36

遭遇し疾患を発症するプロセスを生理学的に論じたものである。ストレスなど心の負担が身体に影響し，重篤な身体病が抑うつ状態など心理的・精神的な負担となり危機を招く可能性を指摘した理論である。こうした心身相関は，別の観点から考察すると，心の加重負担を身体が警告し，身体の加重負担を心がキャッチして相補的に危機状態を警告しあう心身互助システムを表現しているようでもある。すなわち「心が折れる前に身体が症状で」，「過労死などの身体的死が訪れる前に心が」，それぞれの危機を察知し，警告しあい助け合う関係に似ている。人の生命力や適応力の可能性ということでは，過酷な経験をしても奇跡的な回復力をもつレジリエンス（resilience）や健康生成論仮説（SOC：Sense of Coherence）も論じられている。危機的状況を体験してもなお健康的に生き抜く能力を持ち合わせている人々の報告である。潜在的な可能性は，どのように蓄えられ，どのようにして引き出すことが可能なのか。生命の深淵なテーマであり不思議である。まさに内観は，その応えを秘めた精神療法として，全ての人に平等に与えられた健康的に生きるための機能を引き出す手法と考える。出生してから今日に至るまでに密接に交流した身近な人，主に親，できれば母親との関係を《してもらったこと》《してかえしたこと》《迷惑・心配をおかけしたこと》の3点に絞って思い出す作業を，日常を離れて研修施設に籠り行う。この良質な引きこもり体験は，寝食を整え内観者を迎える面接者と研修施設だからこそ可能になると考える。内観では，今，直面している困り事を対象に悪戦苦闘するのではなく，抱える問題はちょっと脇に置き[2]，自身が誕生してから今日に至るまでの歳月に関わった人との関係を冷静に自らの目で振り返る。日常生活では，途中，途中の雑事に気持ちを奪われるが，そうした騒々しさから逃れて，本来持ち合わせていた機能を研ぎ磨きをかけて蘇らせる作業である。カウンセリングやセラピーでは，内観を体験していただくと，深い会話が安心して進むようになる。

3．記憶という貴重な宝

　誰もが社会経験については白紙の状態で生まれ，ヨチヨチ歩きで一歩一歩踏み出しながら経験を積み成長する。その経験を《してもらったこと》《して返したこと》《迷惑・心配をかけたこと》の３つの項目に沿い想起することが，内観の主な作業である。構造はいたって簡潔と言われる。上記３点に限って思い出す作業は確かに簡単そうである。

　心の深層に眠る記憶を意識下の記憶や無意識と呼び，その想起が心の健康を飛躍的に改善すると説いたフロイトは，精神医学や臨床心理学に多大な貢献をした人物である。その精神分析を容易い手法と言う人はいない。カウンセリングでは，自分史を振り返り思い出そうとして，実は記憶の中に思い出せない抜け落ちた部分があることに気付き愕然とすることがある。『記憶する』とは人の存在に関わる根幹なのである。認知症を懸念し，不安に襲われ，紙にメモ書きをして病院を訪れ，しかし，メモした場所や，メモそのものを忘れて戸惑ってしまう方もいらっしゃる。想起できないことに気付くと，精神的な不安が煽られ，そのことで落ち込むこともある。成長の基盤となる経験の一部を想起できず見失っていることが，自信喪失や不眠の元，あるいは抑うつ状態の背景に潜んでいると気づく機会は，通常はそれほど多くない。体調不良になり，カウンセリングの場で人生史が話題になり気づく。日常生活はあまりに多忙で，記憶が欠けていることに気付く余裕がないのが現実である。心理室では思い出せないことに疑問を持ち話題に上がる。記憶し思い出せることは誰にとっても当たり前の機能とは限らないのある。

　登山に臨み標高が高くなるにつれ酸素濃度は薄くなり，呼吸は苦しくなる。その状況に立たされて初めて，良質な空気に満ちた住環境が当たり前ではなく，自然に呼吸ができるのは良好な環境の恩恵だったと気付かされる。重篤な疾患に罹患し，自発的に酸素を体内に取り込むことが困難になって初めて，息を吸う心肺機能の重要性を知り，《普通》や《当たり前》と思えていたことに深い感謝の思いが湧く。当たり前に過ぎる日常生活に空気（酸素）があることや，呼吸できる有難さを感じる。当たり前とは，儚さと隣合わせにあっ

て存亡の危機を秘めたものなのかもしれない。《当たり前にある》の有難さを疎かにしては勿体ない，ふとそんな気持ちにさせられるのも内観による気づきの成果である。《生きる》とは，刻々と過ぎていく時間の中で体験を積み重ね，人と人を繋ぎ，記憶に収めていくことでもある[1]。通常，これは人にとって当たり前の能力である。内観者になって人生を振り返り記憶を検索する作業は，当たり前に過ごした時間を振り返る至極当たり前の作業をすることである。カウンセリングの途中や，カウンセリングの終了時に，内観を体験していただくことで，カウンセリングでの対話は格段と面白くなり，語り合う楽しさが訪れる。無意識や意識下に眠る出来事が人の行動に大きく影響すると論じたフロイトの功績は大きい。実は，内観も人生を振り返る作業であるが，現実に起きている傷や症状などは問題にせず，内観の3つの質問項目を振り返ることだけを行う。回想した内容は詰問されたり叱咤されたりすることはなく，面接者は内観の方法が違っている場合に注意をしても[2]，基本的に内観者の内観する姿勢を尊重し，寝食の提供と深い内観を行える環境を整えてくださる。その環境だからこそ，内観者は忘れていた記憶の想起ができ，それまで捕らわれていた症状や執着していた問題から解放される[3]。日常生活から離れて1週間の時間を確保して，内観研修施設で集中内観を体験することは，カウンセリングの質を向上させ，その後の生き方をも変える効果がある。

4．人と人の本来の関係性を取り戻す

　近年，多くの疾患の背景に精神的なストレスが関与し，難病を含む心身症などの背景にアレキシサイミア（失感情言語化症）という症状があると指摘したのは，無意識に対する深い洞察を行ったフロイトの仕事の先に現れた知見である[3]。アレキシサイミアは心的外傷体験や想起することが悍ましい感情を封印した時に生まれる症状である。その症状を持つ人と密接な関係にある人，例えば子や配偶者などの次世代との関係にも影響を及ぼし，治療やカウンセリングなどの効果も期待できないことで知られている。感情は，人と

人の交流によってふくよかに培われていく機能である。自分自身の感情や心を守るために意識的にせよ無意識であるにせよ，動揺から心を守る防衛機制と言われる機能の使い過ぎが，日常的に関わる人との交流にも影響し，症状を生む可能性がある。自身の体験ではないことをそこまで関連させて考えることは一般的にはしない。辛い体験と遭遇することは，誰にでも起きうることである。治療のためにクリニックや病院を受診する人がトラウマを直接体験した人ではなく，トラウマとは無関係な子や配偶者の場合もあり得るということである。思いもかけないことが一因となって症状が生まれる可能性があり，その治療も困難であるということには，どのような備えが望ましいのだろうか。自分の感情は，本来の働きをしているだろうか。しなやかな対応ができているだろうかなど，感性を整え育むことは予防的でもあるということである。内観では，日常生活を離れて一人になり自分史を冷静に振り返り，苦手意識の原因にハッと気づかされることがある。内観を体験して，自身の行動に腑に落ち納得される方も多いに違いない。苦手意識の思いもかけなかった原因に気付くと，それまでの生き難さが改善し，生きる癖も調整される。その結果，自らの生き方の修正と共に，密接に関わる人の生き易さを助けることになり，自分と他者との楽な関係が生まれる。依存でもなく，孤立でもない。一人の人間として本来持つ機能が十分に機能して人と人が対等に向き合える関係が回復するということである。人が本来生まれながらに持ち合わせている《当たり前にもつ機能》が整うことで，人と人の本来の関係が回復し，生き易い状況が訪れる。それが内観である。

5．心理業務と筆者の内観

　内観を体験していただきたいとご紹介する時に，一番大切にしていることは「内観したい」という気持ち，内観へのモチベーションを高めていただくことである。記憶の想起が容易であろうと想起が困難であろうと，内観したいとの気持ちが高い場合は，1週間の内観生活を大切に過ごせるようである。筆者の場合，最初の内観は，自分自身のためでもあったが，仕事のために学

びたいとの気持ちが強かった。内観環境に籠って暫くは，退屈感や眠気に襲われた。通常，一人になって籠る体験に慣れた人は少ないはずである。それから20年余り経過して，2度目の集中内観は，眠気など一切なく，静寂な内観環境に護られて心の垢や汚れを洗い流すが如く，心落ち着く時間を体験させていただいた。眠気や退屈感は一切なく，心が研ぎ澄まされる感覚を味わった。日常では振り払うことができなかった疲労感も一掃された。2度目の内観に臨む直前は，親も他界し，体調も崩し，人生の道標を見失った状態で，自身の甘えた生き方が許せずもがいていた。セラピーを受け，今自分は何をすべきか，ひたすら自問自答する時間が続き憔悴していたように思い出す。内観は，内観を体験したいと強く願う主体的な気持ちが，大きな効果に繋がるように思われる。日常生活に底つき体験をし，解決策を模索している状態や，暗中模索状態や，五里霧中でいることも内観と出会う貴重な機会になる。藁にもすがる思いで内観に臨むことが内観へのモチベーションを高め，内観への集中力を引き出し，結果的に納得のいく体験に繋がる可能性が高いのかもしれない。

6. 内観体験前の準備段階

うつを繰り返し経験される方や，クリニックを受診してくださったもののカウンセリングに深まりが得られない場合などは，内観を体験していただくことが，症状改善やカウンセリングの効果に有用である。内観は，どなたが体験されても，効果のある精神療法である。ただし，日常生活は忙しく1週間の時間を得ることも容易でない。従って，実際に内観を体験しようと決断される方は，体調改善を早くしたいと強く望む方や，時間的な遣り繰りをしてでも内観を体験したいと望む方に違いない。すなわちクリニックを受診される方ばかりでなく，心の健康に関わる仕事に内観を役立てたいと願う方や，事業や学校などで今よりも良い環境を作りたいと願う方が，内観への期待やモチベーションが高い。多くの場合，内観を体験すると，話題を選ばず心に伝わる深い会話が可能になり，命に纏わる会話も本音で語り合えるのが

強みである。経験的に一般的なカウンセリングと内観の併用は，安定した大きな効果を生む。自分史に関心を持ち語ることや，命や生きる意味を問う作業は，内観に限らず，心の成長発達に有用であるが，内観を体験することで，精神的な安定が持続し，自分に対する素直な受容感が体感されて余計な捉われから解放されるように感じられる。ある企業では，社員が尽力し内観体験に会社の研修費が補填されるシステムが生まれたが，内観を気軽に選択できるシステムを会社が支援することで，体調不良や適応障害，抑うつ状態で苦しむ人は大幅に減少すると思われる。

　ところで，記憶を思い出そうにも思い出せない状況があることへの気遣いも時に必要である。子ども時代の住環境に母親の生き難さが潜む時，子ども時代を想起できず苦しむ方がいらっしゃる。一般的には内観環境だからこそ，日常生活では思い出せない記憶の想起が可能になる。しかし，内観環境でさえも想起が難しい場合には，配慮が必要かもしれない。子ども時代の環境を時間をかけて丁寧に話題にし，母の抱えた事情や環境への理解を深めることも有用となる。これは，内観に入る前の準備段階と呼んでもよいように思われる[5]。それでも思い出せない時，そういう状況に内観が向かないかと言えば，決してそうではない。「内観は心が落ち着く」と語り，定期的に内観を重ねて心の安定を回復し，家族との関係を良好にされる方々がおいでになる。目は外に向き，他者の表情を含む周囲の情報をキャッチすることに優れているが，その目に映る光景を封じ，内観環境に籠るからこそ得られる心の安らぎである。内観前に内観について丁寧に説明し，内観体験に対する本人のモチベーションを高めていただくと共に，内観への戸惑いや抵抗が生じないようにお勧めすることも大切である。内観3項目を深く多面的に想起できることは，内観においては必須の課題であるが，万一想起が出来ない場合でも，内観面接者の元で過ごすことが心を元気にするとの理解も必要に思われる。その知識があることで，思い出せないことで慌てる必要もなく不安を煽ることも回避できる。娑婆とは違う空間に身を置き，内観環境で過ごしながら心に安らぎが訪れる。筆者の最初の内観は，記憶に働きかける認知的な側面が

優位な体験であったが，年齢を重ね喪失体験を重ねた後の内観は，内観３項目以上に内観環境に護られて夢がガイドする体験となった[6]。最初の内観時と違い，両親はすでに他界していたが，親が夢に現れて，最初の内観で体験した内容と統合される内容を体験することになった。ヨチヨチ歩きの筆者に，夢に登場した両親が助言を届けに来てくれたのが有難かった。

７．内観後の語り合う時間

　クリニックを受診された方に内観をご紹介する前，家族の歴史に纏わる話題を挿入し，子ども時代の葛藤を取り上げながら内観への関心を高めていただく。それが内観の準備段階であるが，内観後のカウンセリングも深い洞察に至る有用なプロセスである。多くは集中内観を体験されると，気持ちを晴れ晴れさせて，精神的な自立に向かわれるが，その一方で，難しい課題を抱えた方は，内観を体験された後，日常のありふれた話題を語り合いながら，生き方を逞しくされる。内観を体験されてから語る内容は，深い新たな生き方につながる話題に発展することが多い。温かく澄んだ内観をする環境で一人になり自分を見つめる作業と，騒がしい日常生活を過ごしながら他者と語り合う作業は，まさに表裏一体の要素を持つが，その双方が心を耕し心をふくよかにする有用な時間になるのだと思われる[4]。研修所では内観最後の日に内観者が顔を合わせ，内観について語り合う時間を持つところが多いが，一人になることと，他者と語り合うこと，その両方の経験が，健康生活を維持し向上させるために有用に思われる。１週間の集中内観を体験される方はまだ多いとは言えない。しかし，公衆衛生上も，個人の精神生活を維持向上させるためにも，また疾病を患い医学的な治療効果を高めるためにも，内観は有用に作用するに違いない。

８．環境のキーパーソンに

　一般に内観は，心の健康を維持するためや，体調不良を改善するためにお勧めしている。しかし，対人関係を良好にし，居心地の良い環境を作る効果

もあるので，家族や特定の成果を求める集団や企業，そして病院や学校など，そこを治める立場にある方が体験されると，その環境に良い影響が生れることも知られている。病院長が内観することは，そこで働く医療スタッフにも通院する患者様にも恩恵がある。また校長の内観は，教員や児童や学生に良い影響が届き，企業のトップが体験することで社員やその家族も恩恵にあずかることになる。社会生活は一人で営むものではない。他者との交流によって営まれるので，一方が内観を体験すれば，周囲の人との交流にも影響し合う。体調不良の方に内観をお勧めすることも有用であるが，集団に影響力を持つ人の内観は，環境や体調不良の方にも良い影響を生む。心理士としては，出会う方々みなさんに，内観をお勧めしたいというのが本音である。即内観を体験されなくてもよい。内観という知識を提供することが，いつか内観に関心を持っていただき，内観に繋がるに違いないと話題にさせていただくことにしている。

9．結　語

　内観の効果について心理士の立場から簡単に述べさせていただいた。人は経験を積みながら成長する存在である。その経験に辛さや葛藤，悲しみが伴う時，思い出すことに鍵をかけ，想起困難な状況を作る。内観前に辛さを十分語っていただき，内観についての説明や，幼少時の体験を話題にし，抵抗を減じて内観にお繋ぎすることが有用である。内観環境だからこそ，日常では思い出せない記憶の想起を可能にする。記憶の想起が困難な場合でも，内観環境に身を置き内観に臨むことが，心を安定に導く体験となる。認知的に働きかける内観3項目を想起する作業と，内観研修所に籠る良質な体験と，その双方が有用である。その結果，心の整理が進み，内観者が生まれながらに持つ本来の機能が回復し，健康に向かう力が引き出される。心理士としては，内観への抵抗を減じるための関わりと，内観に対するモチベーションを高めていただくための関わりを大切にしていきたい。

参考文献

1) 竹元隆洋：孤立の時代を生きる－絆の発見と回復のために－ 2014 内観研究 Vol.20

2) 真栄城輝明・竹中哲子：『内観への誘い』－「こころの鏡」を手に入れませんか－ 2022 朱鷺書房

3) Shifneos,P.E. 1973：The prevalence of 'alexithymic' characteristics in psychosomatic patients. Psychother Psychosom, 22, 255-262

4) 高橋美保：『内観療法が臨床心理学にもたらすもの』内観研究 Vol.24 2018

5) 川原隆造 / 黒川由紀子：『記憶と精神療法－ 内観療法と回想法』（橋本章子－第二章 認知機能にあらわれる内観療法の効果）新興医学出版社 2004

6) 橋本章子：『内観中に見た夢とその解釈』内観研究 Vol.21 2019

心身医学からみた「内観療法」
河合啓介
国立国際医療研究センター国府台病院　心療内科

1. はじめに

　内観は自己啓発，矯正医療での運用に始まり，その後，内観療法としてアルコール依存症，不安症，うつ状態，摂食障害などの治療に導入された。筆者は，気管支喘息，アトピー性皮膚炎など心理社会的要因が症状に強く影響を与える内科疾患や肥満・糖尿病などの生活習慣病，摂食障害へ内観療法を適応してきた[1]。本稿では内観療法の発展における心身医学の関与，心身医学の実践の場である心療内科病棟での適応の実際，内観療法の作用機序に関する文献的考察について述べる。

2. 内観療法の発展における心身医学の関与とその歴史的背景 (表-1)[2][3]

　わが国にはじめての精神身体医学研究施設（心療内科の前身）が，1961年に九州大学医学部に設置された。1963年に九州大学心身医学講座（診療科名として心療内科）の初代教授として池見西次郎が就任する[4]。池見は吉本伊信と親交があり，内観を一種の自己分析療法[5]と考えていたようである。吉本伊信の講話にも池見が内観の造詣があったことが触れられている。内観は1965年頃に医療現場に導入され，その後，内観療法となった。1978年に内観学会（後に日本内観学会に改称）が発足した。内観の理論研究と，健康な人の自己啓発，矯正教育，非行，家庭内不和，さらに精神科を中心としてアルコール依存症をはじめとする嗜癖行動，不安症，うつ病への有効性などの研究報告が次々となされた。1998年には，日本内観医学会が誕生した。適応疾患は薬物依存，適応障害，PTSD (Post Traumatic Stress Disorder)へと拡大した。2003年に竹元は，内観特有の効果としては，現在の問題以外の全人的な真実の自己発見と新しい生き方や価値観の転換によって自己啓発・自己実現へのエネルギーが湧き出して，現在の病状の消失や問題行動の

表 -1　医療としての内観療法の歴史

➢	1940 年 ~41 年	吉本伊信が「身調べ」を改良して「内観」を創始。
➢	1965 年	医学界・教育界に導入され，アルコール依存症，薬物依存，不安症，うつ病への治療に導入。
➢	1972 年頃	医学・心理学界で内観療法の概念が確立。
➢	1978 年	日本内観学会が発足。
➢	1979 年頃	摂食障害への適応
➢	1998 年	日本内観医学会が発足。適応障害，PTSD への適応報告が増加
➢	2010 年	生活習慣病など内科系疾患の治療へ導入
➢	2018 年	日本内観学会と日本内観医学会は統合

変容に永続的な力となり，このような内観療法の特性は現代の心身医学の概念や治療のあり方によく適合するものであると述べている[6]。日本内観医学会二代目理事長に九州大学心身医学三代目教授久保千春が就任後より，心療内科からの研究報告も更に増加した。心療内科からの報告は，心理社会的要因が発症や症状の持続に影響を与えている内科疾患である気管支喘息，アトピー性皮膚炎や肥満・糖尿病などの生活習慣病の中で，通常の治療に難渋する症例や，1 型糖尿病と摂食障害の合併例への治療などであった[1)7)8)]。また，摂食障害を対象とした報告も増加した[7)8)9)]。

3．生活習慣病の概念[10]

　生活習慣病とは，「食習慣，運動習慣，休養，喫煙，飲酒等の生活習慣が，その発症・進行に関与する疾患群」のことを指している。例えばがん，循環器疾患，糖尿病，COPD（慢性閉塞性肺疾患）のような疾患が含まれるとされている。その多くは，不健全な生活の積み重ねによって内臓脂肪型肥満となり，これが原因となって引き起こされるが，個人が日常生活の中での適度

な運動，バランスの取れた食生活，禁煙を実践することによって予防することができるものと定義されている。臨床の現場では，まず，教育的な介入で運動や食事療法を進めることが多い。糖尿病では，医師主導のの指導型の診療から「糖尿病は患者のものであり，患者自身がその問題を解決し，治療方針を立てていく権利と能力をもっている」という方向に変化した[11]。

4．生活習慣病を中心とした内科系疾患へ内観療法の適応[1]

　総合病院の心療内科には，気管支喘息，アトピー性皮膚炎などの身体疾患の発症や持続に心理社会的因子が強く関連している病態（心身症）や遷延化した生活習慣病の患者が入院することも多い。心療内科では，運動や食行動の改善が困難な事例に心身両面から総合的な治療を行う。しかしながら，その治療後においても療養行動の変化が困難で，そのため薬物療法などの治療効果を十分得ることができない事例がある。そのような事例では，周囲の人に対して誤解や恨みなどの記憶が強く残ってしまい，病気に固着して，病気の改善を自らの問題としてとらえにくい状況であることを多く経験する。このような事情も関与して病棟スタッフとも，良好な関係になりにくいことも経験する。そこで，それらに該当する患者に対して，病気そのものではなく別の視座を患者に提供できる治療を導入する必要性に迫られ，我々は内観療法を導入した。集中内観中は，屏風の中で，物理的環境，行動の制限，時間的条件などの外界からの遮断あるいは保護された空間内で，面接者に尊重されながら，内観者は人生の過程を発見的に振り返る。部屋の中に屏風を立てるだけで日常の世界が非日常に変わる[12]。長期間ストレスに暴露され疲弊している患者にとっては，入院中のこの制限のみでも心と体の自然治癒を進める効果がある。

5．心療内科病棟における内観療法の実際

　表-2は国府台病院で施行している集中内観のスケジュールである。図-1は，左上が吉本伊信の内観面接，左下は国府台病院の内観面接室，右下は

表 -2　内観スケジュールの一例（国府台病院）

	1日目	2日目	3日目	4日目	5日目	6日目	7日目
7:00～	母 6-9歳	母 27-30歳	父 16-18歳	祖母 6-9歳	交際相手 28-現在	盗み 6-18歳	母 23-30歳
9:00～	母 10-12歳	母 31-34歳	父 19-22歳	祖母 10-12歳	友人・教師 6-18歳	盗み 19-現在	母 31-現在
11:00～	母 13-15歳	母 35-現在	父 23-26歳	祖母 13-18歳	友人・上司19-26歳	病気 6-18歳	父 6-15歳
13:30～	母 16-18歳	父 6-9歳	父 27-30歳	祖母 19-26歳	友人・上司27-現在	病気 19-現在	父 16-22歳
15:30～	母 19-22歳	父 10-12歳	父 31-34歳	祖母 27-現在	うそ 6-18歳	母 6-15歳	父 23-30歳
17:00～19:30	母 23-26歳	父 13-15歳	父 35-現在	交際相手 18-27歳	うそ 19-現在	母 16-22歳	父 30-現在

・各テーマにつき内観
・定刻に治療者が6回訪室し、内観面接（9時：11時：13時半：15時半：19時半　約5分）

河合啓介：　内観研究　25 巻　P35 表 -1 2019 年　より

図 -1　内観面接の様子

吉本伊信

国府台病院

九州大学病院

九州大学病院の集中内観の様子を示す。我々が吉本伊信のような内観面接を行うことができているとは到底思えないが，病棟の個室に畳と屏風を入れ，臨時の内観面接室を作り，集中内観に取り組んでいる。

　具体的には，大部屋から病棟内で一番静かな位置にある個室（個室代金　1日9000〜12000円×8日間：集中内観の期間は7日間に加え準備期間として前日の1日は個室）に移動。前日より個室内に畳1畳と屏風を持ち込み内観療法室としている。朝，昼，夕の食事の時間には，吉本伊信の内観についての解説や以前に内観を受けた方のテープを流している。面接後，内観面接者は図−2の記録用紙にその内容を記載する。重要な部分は電子カルテにも記載することで，病棟の看護師とも情報の共有が可能になる。

図 -2　面接者用の記録用紙

内 観 記 録

月　日(第　日目)

氏名

時刻	対象・年齢	内容
9:00		お世話になったこと して返したこと 迷惑をかけたこと
11:00		お世話になったこと して返したこと 迷惑をかけたこと
13:30		お世話になったこと して返したこと 迷惑をかけたこと
15:30		お世話になったこと して返したこと 迷惑をかけたこと
19:00		お世話になったこと して返したこと 迷惑をかけたこと
一日のまとめ		

6. 病棟での約束事（表-3）[1]

通常の入院とは治療構造が異なるため，表-3 に示すような約束を作成し，病棟スタッフ間で共有して運用している。

表-3　心療内科病棟で集中内観を行う上での患者との約束事

- ✓　服装は普段着か体操服。
- ✓　内観期間中は，洗濯をする時間がないため，着替えをあらかじめ準備。
- ✓　携帯電話，テレビ，ラジオ，読み物等は，原則禁止。
- ✓　面接者以外との会話や通信（電話・手紙等）は原則禁止（緊急の場合は除く）。
- ✓　トイレ，洗面，入浴以外は，原則，屏風の中で過ごす。1 日最後の面接が終了してから就寝時刻（午後 9 時）までは，病棟内の行動は自由。
- ✓　就寝後に寝付けない場合には，そのまま布団の中で内観を続ける。
- ✓　食事（個室へ看護師が配膳）・入浴は，病棟の決められた時間に行う。
- ✓　内観中は、看護師の訪室も，できるだけ朝の血圧、脈拍、体温のみにする。
- ✓　内観中は楽な姿勢でよいが，寝そべる事は禁止。
- ✓　面接時は正座。面接は，一回当たり数分程度。

内観面接者は，集中内観を経験している治療者に加え，心療内科での臨床経験があるが内観面接者としては経験の乏しい心療内科医，心理士も参加している。筆者の内観面接に陪席して頂きながら，面接者を養成している。心療内科病棟の患者に内観療法を行う際に心掛けていることを参考までに表-4 に挙げる[13]。

表-4　心療内科病棟の患者に内観療法を行う際に心掛けていること

- ●　一番に，気持ちよく調べていただけるように，環境を整える。
- ●　聞かせて頂くという態度。
- ●　ユーモアのセンス。
- ●　患者が話した内容によって人間的な価値判断をしない[14]。
- ●　五つのあ。焦らず　慌てず　諦めず　あるがまま　毎日の無事にありがとう[15]。
- ●　患者の病歴や入院中の様子も理解しているが，一般的な価値観を持たない。
- ●　内観面接時は白紙で臨む[16]。
- ●　疾病の改善が目的ではなく，行動や考え方の変化を目指す。その結果的に症状が改善することが多い。

本稿では，アトピー性皮膚炎，糖尿病，摂食障害へ内観療法を適応した事例を紹介する。いずれの事例も，発表に際して口頭で承認を得ている。また，主旨を損なわない程度にプライバシー保護のため複数の事例を組み合わせ，これまでの原稿に加筆修正した。

事例1[1) 8)]
年齢30代　女性
診断：＃1　2型糖尿病　＃2　肥満症　＃3　過食性障害　＃4　アトピー性皮膚炎
現病歴：幼少時からアトピー性皮膚炎の外見でいじめを受け，それから他者との交流を避けてきた。「アトピー性皮膚炎のための除去食（食事療法）は辛い思い出しかない。」と語る。お菓子を大量に摂取して，20歳頃に肥満症（体重80kg）及び2型糖尿病，過食性障害と診断される。医師からの食事制限についても「（価値のない）自分のためには頑張れない。」と語った。このような経緯もあり，糖尿病の内科主治医との関係も悪化し，心療内科に紹介された。認知行動療法を中心とした入院治療で，病気への嫌悪感とともに「（他人に）弱みを見せられない。」と考えていることが明らかとなった。さらに，言語を介した自己表現はできるようになるが，「支えてくれていた人でさえ信じられない。」と周囲の人たちへの陰性感情を語る。この状況を改善する目的で内観を導入した。
内観面接：「糖尿病を発症した時よりも，アトピーが酷かった時を調べた時に涙がでた。自分がしんどかった。」母親についての内観で，「皮膚炎の部分をタオルで隠したり，拭いてくれた。自分はそれを当たり前と受け止めていた。」「アトピーの子供を持って母も大変だっただろう。」「私も病気でしんどい思いをしたけど，母が食事の内容を考えてくれ，一生懸命やってくれていたのは，ずっとわかっていたつもりだったのですが……感謝します。」と母から大切にされてきた事や，母の苦労，さらにその時の，それを"当然"と思っ

ていた自分の態度に言及した。

内観療法後：行動の背景にある相手の心や，自己中心的な自分の行動に気付く。「お世話になったことと迷惑をかけたことを混同していた。友人に相談することは迷惑をかけることと思っていた。」と，友人に長年隠していた自身の糖尿病のことを告白できるようになる。その過程で自己評価も上昇し，自分のために糖尿病のセルフケアを頑張ることができるようになる。退院2年目，肥満症も改善し，糖尿病の経過は良好である。

事例2[1]

年齢40代　男性

診断：＃1　気管支喘息　＃2　うつ状態

現病歴：患者が思春期の頃に，母が脳血管障害に罹患。それによる母の高次脳機能障害で患者は心を痛める日々を送る。母は，それから数年後にアルコール多飲が要因で在宅中に病死する。患者は，母の死後，うつ病，気管支喘息を発症。就職後も上司と仕事上の些細なことで口論になり，転職を繰り返すようになる。薬物療法抵抗性の気管支喘息の治療目的で心療内科に入院した。家庭内不和と他者への怒りのコントロールに対して集中内観を導入した。

内観面接：＜母について＞「内観中は，脳外傷になる前の母の優しかった記憶ばかりを思い出した。」「母が亡くなった日，母の様子を見て気になっていたが，自分の都合で外出してしまった。」「その夜，帰宅して母の死を知ったが，あの時，自分が外出しなければよかったとずっと後悔している。」「母の葬式の時に泣いて以来，この数十年泣いたことはない。」と集中内観前半には語っていたが，内観中に，母の葬式で棺にすがって，母の顔や棺に触れた感覚を思い出した時に号泣した。

内観療法後：「母を助けることができなかった後悔は拭い去れない。大きな事はできないが，少しずつ前に進んでいきたい。今の家族に少しずつ返していきたい。」と語った。会社での適応も良好になり，気管支喘息の発作は軽快した。

その後，患者は「内観前は，自分の中だけでは消化できないネガティブな部分がこびりついて囚われていた。」「内観で年代順にふりかえると，自分の行動を客観的に観られて，分断されていた過去の記憶がつながった。分断された状態での記憶は悪い記憶ばかり，でも繋がって観ると，相手の行動の意味がわかり，相手を信じて良いと思える。」と内観療法の意義を後日語っている。

事例 3²⁾

年齢 30 代　女性

診断：＃1 機能性胃腸症　＃2　注意欠如・多動症疑い　＃3　痤瘡（にきび）

現病歴：小学校の頃から忘れ物が多いことを学校で指摘されている。学童期，周囲と上手く交流できなかったエピソードを記憶しているが，「周囲をやりこめて乗り越えてきた。」と話す。受験など緊張する場面で胃腸の不調が度々出現していた。就職を契機に食生活が不規則になり，痤瘡が出現，＃1が悪化してその治療で心療内科を受診した。母との思い出は「自営業で忙しい人。私は食が細かったので，母に無理やり食べさせられていた。食後の嘔気は，その頃から。」父の思い出は「休日は，趣味のため外出して家にいない」。＃2への薬物療法の提案には同意しなかった。病態整理目的で入院したが，他罰傾向は続き，担当医との面接場面や看護師の対応でも，早合点して立腹する傾向があった。入院後のこれらのエピソードを一つ一つ丁寧に面接で取り扱うと「対人関係が苦手な自分の嫌なところをこれまでずっと見ないようにしてきた。そういう自分が嫌だ。」と泣きながら語り，内観に興味を持ったため集中内観を導入した。

内観面接：「少しずつ自分の殻が剥がされている感じ。」と語り，母について「無理矢理食べさせられていたと思っていたお弁当も，未熟児で生まれて食が細かった私を心配して，母が作ってくれた。それを私は押しつけと思っていた。」と語った。父親について「私が勉強に集中するため，休日は部屋を空けるなど，環境を用意してくれるなど，優しいところがあった。」「私は自分一人の

努力で，今まで辛いことを乗り越えてきたと，とんでもない勘違いをしていた。どれだけ自分が支えられて生きてきたか。」と語った。

内観療法後：両親からの愛情を確認できるようになり，両親との対人関係が改善，それと共に，病棟内での周囲との関係も穏やかになった。慢性の消化器症状は軽快。食事を規則正しく摂取できるようになると痤瘡も軽快した。本例は軽度の注意欠如・多動症を併存していた可能性がある。発達障害が併存すると，内省が困難で内観療法の有効性が乏しいことが多いが，本例のような軽症例には有効であった。

7. 考察

　本稿では，行動様式が症状に影響を与える内科疾患（気管支喘息，アトピー性皮膚炎など）や肥満・糖尿病などの生活習慣病で通常の治療に難渋する症例への内観療法の有効性を紹介した。これらの疾患の治療は，治療効果についてエビデンスがある内科的治療，医学的教育，支持的精神療法や認知行動療法等が優先される。また，内観によって内科系疾患自体が治癒するわけではなく，治療過程で，これまで否認・回避してきた感情に向き合い，患者の心の内で病気の受け入れが進み，行動が変化し，病気へのセルフコントロールが改善することで症状の軽減に繋がる[1) 15)]。また，事例2では，内観で，自分の行動を年代順に客観的にふりかえると，分断されていた悪い記憶がつながる。そのことで相手の真の行動の意味がわかると内観者は語っている。この発言は集中内観の有用性を語る上でも興味深い。

8. 生活習慣が症状へ影響を与えている疾患や摂食障害への内観療法による治癒経過 [1) 15)]

　図-3の左側は内観前の患者の病態である。今回提示した3症例とも内観前は，自己中心的な考え方に固執し，程度の差こそあれ客観的には被愛体験を経験しているようであるが，その愛を実感する余裕がない状態であった。それが自己中心的思考や他者批判につながり，病気の否認や孤立を生み，悪

図－3　生活習慣が症状へ影響を与えている疾患への内観による治癒経過

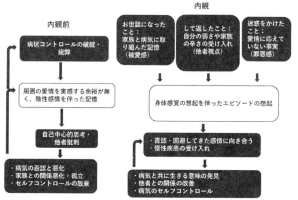

（河合啓介：　内観研究　25巻　P37　2019年を改変）

循環として病気のコントロールの悪化や疲弊を生んでいた。内観療法を受けることにより，視野を大きく持つことができるようになった。さらに，これまで自分では当たり前の事と思い口にしてこなかった家族が懸命に患者に愛情をむけていたエピソードが，内観三項目に添って語られる。これらを面接者が批判することなく，内観者を尊重する姿勢で傾聴する。「病気を抱えた子供をもって生活していた母も大変だったろう。」と母の立場（他者視点）にも立ち，自分が家族と共に懸命に病気に取り組んできた事実を再確認（被愛感・罪悪感）[17)18)] できるようになる。患者が，これまで病気を否認・回避してきた感情に向き合い，患者が自分の弱さや家族の思いを受け入れ易くなる。この過程で，自尊心も回復し，自分の弱さを受け入れ，病気を克服するために目指していた理想の完璧主義やその結果の挫折感から離れ，病気との共生する生き方を目指すことが可能となる。また，その過程で身体感覚の想起を伴ったエピソードの想起がキーポイントになる症例がある。この部分については次の項目で説明する。

9.　内観と身体感覚の関連 [15)]

　本章と摂食障害の項目で呈示した症例においては，封印されていた感情と

関連した身体感覚，具体的には皮膚感覚や味覚など外界刺激によって生じる五感の一部の想起が症状の改善の転機となっている。本章事例1の皮膚炎への手当，本章事例2の葬儀の時の皮膚感覚，摂食障害と内観の項目の事例1のお弁当やお味噌汁の味，摂食障害と内観の項目の事例2では，母の背中におんぶされた記憶の再構成と共に「胸に突き刺ささるように感じ」という身体感覚に近い感情の自覚などの身体記憶の想起が症状改善の転機になっている。筆者の経験では，この現象は，身体が内観に慣れてきた3-4日目以降に多い。このような患者個人にとって重要な記憶が身体感覚を伴って想起されることは，慢性の身体疾患に罹患して，精神症状が膠着している患者にとってそれを解きほぐす作用を促進する効果があるかもしれない。

　このような洞察の転機（表−5）について，村瀬は「自分自身にしか感じられない体験の流れ」と表現し，吉本伊信が「奥の院からの声」と命名して，単なる情動的な表出や一時的な浅い感動と区別していることを紹介している[19]。さらに，村瀬は，内観による変革の特質について，変化が知的水準でも，単なる情緒水準のものでもなく，むしろ身体の感覚にもっとも正直に表れてくるような根本的，全人的な性質のもので，それは，頭での理解や一時の気分や自分の意思などを超えて，「あふれ出てくるような」「心の底から湧き上がってくる」気持ちにほかならないと述べている[20]。これらの表現は今回，本書で紹介している自験例の身体感覚の想起に当てはまると考えている。先行研究論文を引用すると，竹元は「感情を伴った生き生きとした想起」[17]，堀井は「感動をもって，内観者が諸々の事情を体験し直す」[21]など感情や感動の重要性を強調している。

10. 内観による洞察の転機についての西洋と東洋の理解の違い（表−5）[1]

　そもそも東洋の思想では，mindとbodyを明確に区別しないで「身」とする[22]。市川によると＜身を持って知る＞や＜身にしみる＞など＜身＞の意義は関係依存的に変化して，ほとんど心と同じ意味になるという[22]。一方，西洋においては，Adeline van Waningは，人は自伝的記憶を辿るとき，物

表－5　内観による洞察の転機についての西洋と東洋の理解の違い

西洋 [23]
・　知覚は鋭敏，洗練される。 ・　肉体感覚は非常に微妙な区別が可能となり，その区別が意識されたとき，重要な情報が得られる。 **東洋** [19] [20] 　知的水準でも，単なる情緒水準のものでもなく，むしろ身体の感覚にもっとも正直に表れてくるもの。 　頭での理解や一時の気分や自分の意思などを超え，「あふれ出てくるような」気持ち。 　奥之院からの声

語－治療的な文脈異分野を作り出すこと，内観者が深い瞑想に至った時，知覚は鋭敏になり，洗練されると述べている。さらに，それによって肉体感覚は非常に微妙な区別が可能となり，その区別が意識されたとき重要な情報が得られると考察している [23]。身と心は同じという東洋と，知覚が鋭敏になり肉体感覚の区別が鋭敏になったとき重要な情報が得られるという西洋の表現方法は異なる。これらの表現には東洋と西洋の文化の違いが関連しているのかもしれないが，そもそも仏教の修行をルーツにしている内観では，内観者の身体と心の連携が促進される過程で自然に気づきが促され，スピリチュアルな部分が表れてくるのかもしれない。

11．内観の生物学的指標の研究

　脳波や筋電図を用いた研究によると，集中内観では，長時間屏風の中に座るという独特の治療構造の環境に身体が慣れるまでに，内観開始後3‐4日間が必要と推察されている [24][25]。症例数が少ないことを研究限界とした上，志賀はこの現象を，環境順応力が働いた結果として生じた生理現象であると解釈し，身体が内観療法の環境に適合した後に，重要な記憶を思い出したり

洞察が増えていることが示唆されている。環境に身体が慣れる時期あるいはそれ以降に，重要な身体感覚の想起が発症しやすのではないかと推察している（河合，2019）[1][15][26]。また，神経性やせ症に関する内観の生物学的指標の研究について「摂食障害と内観」の項目も参照頂きたい。

12. まとめ

　生活習慣病を含む内科系疾患への内観療法疾患について概説した。生活習慣や行動様式が症状に影響を与える内科系疾患の中で通常の治療に難渋する症例に，内観療法は有効である。これまで封印してきた感情と関連した身体感覚の想起が症状の改善の転機となる。

参考文献

1) 河合啓介：論点　行動様式が症状に影響を与える内科疾患への内観療法　内観研究　25.31-39，2019

2) 河合啓介：内観療法　特集　精神療法の目指すところ　最新精神医学　第26巻　第6号　507-5012，2021

3) 竹元隆洋：内観の歴史と内観学会の誕生　特集1 内観の基礎と歴史　内観研究　第27巻　第1号　5-9，2021

4) 吾郷晋浩：九州大学心療内科創設期以後を振り返り，本学会の将来に期待するもの　日本心身医学会誌　48:93-101，2008

5) 池見酉次郎：内観法と心身医学. 佐藤幸治（編）：禅的療法・内観法. 文光堂, pp 293-300，1977

6) 竹元隆洋：心身医学と内観療法　日本心身医学会総誌　第43巻 第6号　333-340，2003

7) 河合啓介，久保千春，須藤信行：神経性食欲不振症への入院による認知行動療法と内観療法併用の実際とその意義　内観医学　vol.14　47-55，2012

8) 波戸伴和，河合啓介，瀧井正人 他：摂食障害を併発した糖尿病患者の治療における内観療法の有用性 —内観療法を併用した2症例を通じて— 内観医学

14 巻 57-67，2012

9) Kawai K.：The effectiveness of Naikan Therapy in combination with cognitive-behavioral therapy for anorexia nervosa inpatient. Naikan Therapy-Techniques and principles for use in clinical practice- Japanese Naikan Medical Association and Japanese Naikan Association (ed)　183-194　2013a

10) 今井博久監修：厚生労働省　ホームページ　生活習慣病予防，2019 https://www.mhlw.go.jp/stf/seisakunitsuite/bunya/kenkou_iryou/kenkou/seikatsu/seikatusyuukan.html

11) 石井均：生活習慣改善におけるエンパワーメントの重要性と実践法. Life Style Medicine 3(1). 88-93，2009

12) 真栄城輝明：内観療法の実際―治療構造を中心に―内観医学　第 11 巻　1 号　11-18，2009

13) 河合啓介，塚崎稔，波多伴和　他：特集 3　病院における内観療法の実際 病院における内観療法の実際　―各施設の内観療法の流れ―　内観研究　第 28 巻　第 1 号　45-55，2022

14) 吾郷晋浩：心身医療のエッセンスの会得とその実践　8 巻　3 号　141-147 日本心療内科学会誌

15) 堀井茂男，河合啓介：内観療法　特集 I 精神療法の適応・効果とその限界 内観療法　vol.38　No.1　44-52，2021

16) 久保千春：全人的医療における東洋医学の役割　全日本鍼灸学会雑誌　第 56 巻 4 号，572-584，2006

17) 竹元隆洋：内観療法　臨床精神医学講座　第 15 巻　精神療法　中山書店 215-231，1999

18) 竹元隆洋：全人的医療としての内観　内観医学　第 2 巻　1 号　7-18，2000

19) 村瀬孝雄：内観療法「内観　理論と文化関連性」自己の臨床心理学 3　誠心 書房　140-141，1996

20) 村瀬孝雄：内観療法「内観　理論と文化関連性」自己の臨床心理学 3　誠心 書房　45-46，1996

21) 堀井茂男，中村淳俊：内観療法　最新神経医学　第 23 巻　4 号　305-313，2018

市川浩：『〈身〉の構造―身体論を超えて―』講談社　東京，1993

22) Adeline van Waning: Naikan-A　Buddhist Self-Reflective Approach：

23) Psychoanalytic and Cultural Reflection　Salman Akhtar (ed) FREUD AND THE FAR EAST Psychoanalytic　Perspective on the People and Culture　of China, Japan, and Korea　255-273，2009

24) 志賀一雅：脳波・筋電図の変化　内観療法の臨床　理論とその応用（川原隆造編）新興医学出版社　東京　230-240，1998

25) Kawai K.：Physiological findings related to changes brought about by intensive Nikan Therapy Naikan Therapy-Techniques and principles for use in clinical practice-　Naikan Medical Association and Japanese Naikan Association (ed)　107-112，2013b

26) 河合啓介，夏寒松，真栄城輝明：内観の国際化をめぐって―各国の現状と将来への期待―バイオマーカーを用いた日本と中国の共同プロトコール論文　内観研究　vol.26　No.1　27-31，2020

精神科病院臨床における内観療法

塚崎　稔

三和中央病院

1．はじめに

　一精神科病院において，内観療法がどのように導入され発展してきたかを論じることは，これから内観療法を病院に導入しようとする臨床家への道標になると思う。我々の病院は約50年前に開設され，主にアルコール依存症の入院治療をおこなってきた。開設当初は，アルコール依存症者の強固な否認の壁に退院後断酒継続する患者は皆無に等しい状態であった。このような治療転帰の結果から，アルコール依存症に対する内観療法の導入が始まった。

2．三和中央病院（以下当院）における内観療法の展開

(1) 内観療法導入初期の試行錯誤

　当院において，内観療法を臨床現場に取り入れることは容易ではなかった。内観療法の治療構造や面接技法は極めてシンプルではあるが，内観療法の効果発現において患者にいかなる心理的変化が起こっているのか，どのようなタイミングで治療転機が訪れるのか，面接の仕方によって患者にどのような影響が起こるのかなど理論的には殆ど理解していなかったといってよいだろう。ともかく，治療者が面接者となるために集中内観を体験することと，内観療法の面接技法を学ぶことから始まった。患者の回復を期待し内観療法を学ぶ過程で，内観療法の効果は意外にも治療者側に現れた。それは，治療者側が持つ依存症者への偏見がなくなり，依存症者を信頼するようになったことだった。

(2) 普及・定着期の試行錯誤

　集中内観を体験した患者が増え，断酒者も徐々にでてくるようになっていき，内観療法が病院に普及し5年が経過しようとしていた時期，内観面接者としてのさまざまな困難さが浮き彫りにされてきた。そのひとつが，患者

と面接者との間に築かれる治療関係であった。定型的な内観面接では患者の気づきが得られない，抵抗を示す症例に対してどのような面接が必要なのかという問題である。これらの問題に対し面接者同士で内観研修会を定期的に開催し，それぞれが疑問点を持ち寄って，時には竹元，三木らのスーパービジョンを受けながら問題点を話し合っていった。このような過程から当院独自の内観面接者養成プログラムを作り上げ，面接者の養成をおこなっていった。

（3）発展期の工夫（内観療法の変法）

　1990年代から精神医療は外来中心へとシフトし，ギャンブル依存症，不安障害，摂食障害，うつ病などの外来患者が増加した。当院の内観療法も入院中心から外来あるいはデイケアへと治療の場が移り，いかにして内観療法の治療構造を変化させていくかの改良（内観変法）をおこなった。

　当院における内観療法は患者の病態に応じて内観療法のバリエーションを工夫している（図1）。

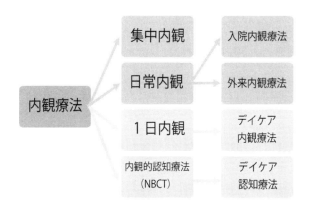

図1　当院における内観療法のバリエーション
（内観研究第27巻　2021年より著者転載）

　入院患者に対する内観療法は，アルコール依存症回復プログラムとして入院2ヶ月目におこなう集中内観，その後の病棟内での日常内観を実施している。一方，通院中の外来患者に対しては簡易精神療法としておこなう外来内

図2 1日内観室（内観研究第27巻 2021年より著者転載）

図3 内観的認知療法（治療場面）（内観研究第27巻 2021年より著者転載）

観療法[1]，デイケアへ通院している患者（寛解期のうつ病，統合失調症）にはデイケア内観療法としての1日内観（週1回，6時間）がある[2]（図2）。集団でおこなう方法として集団（デイケア）認知療法があり，内観的な思考を身につける内観的認知療法を実施している[4]（図3）。

3．内観療法の適応

内観療法が有効と考えられる病態として，次のようなものが考えられる。①．患者の生育歴において，幼児期からの周囲の人間関係（特に両親など）に起因する精神的葛藤をもち，②．他者に対して攻撃的・他罰的心性から未熟な情緒反応を示し，自己中心性（我執）に悩んでいる。③．その結果，社会不適応，身体症状，不安・抑うつ症状が遷延し薬物療法のみでは軽快しがたい。いずれも過去の想起が可能な疾患であって，それが困難な器質性疾患（重度の認知症など）や自我機能が著しく低下した精神疾患（重度の統合失調症，急性期のうつ病）などは不適応と考えられる。内観療法は，現在までの多くの研究による知見から様々な精神疾患に応用されている。

4．内観療法の実際

当院での内観療法は，集中内観では月2クール，水曜日〜翌週火曜日まで

の7日間，朝8時より19時までの1日11時間，内観療法室において実施している。3か月間の治療プログラムの中で2ヶ月目前後に本人の同意を得た上で集中内観へ導入している。面接回数は1日7回，主治医と看護スタッフで実施している。

　当院における内観療法は，図4〜図6に示すように内観療法室で実施している。内観療法室は畳部屋3室とバス，トイレがあり，患者は1週間の集中内観中は食事も含めてこの空間で過ごすことになる。面接者は面接者控室に常駐し，内観者のお世話をする。面接は複数の面接者によっておこなわれている。内観者の状態や内観の深さを詳細に記録して面接者間で共有し，内観の進展状況を把握するようにしている（図7）。日常内観はアルコール病棟の日課として毎日12時30分から13時まで，自床にて壁に向かって内省を促す。日常内観中は模範的な内観体験者の録音テープを放送している。これは集中内観体験者の日常内観の動機付けは勿論ではあるが，集中内観未体験者への動機付け，導入の意味合いも含んでいる。

図4　内観療法室（内観研究第27巻　2021年より著者転載）

図5　内観療法室（面接場面）（内観研究第27巻　2021年より著者転載）

図6　内観療法室（配膳場面）（内観研究第27巻　2021年より著者転載）

図7　面接者控室（内観研究第27巻　2021年より著者転載）

5. 内観面接者養成プログラム

(1) アルコール専門病棟での勤務経験

　当院ではアルコール専門病棟のスタッフで内観面接を行なっている。看護スタッフが面接者となるためにはアルコール専門病棟での最低1年以上の勤務経験が必要と考えている。

(2) 集中内観の研修

　内観研修は面接者としての内観の幅の広さ，奥深さを学んでいくことを目的にいくつかの研修所にお願いして内観研修をさせていただいている。このメリットは面接者の態度，内観者を重んじる研修所の雰囲気，つまり言葉では伝えられない，そういうものを学ぶことにある。面接者からこのような助言をうけた等，内観研修後に他の面接スタッフ間で面接法のディスカッションができて，当院で工夫できるものは取り入れていこうとしている。

(3) 面接補助者の経験

　面接スタッフは内観研修後に直ちに面接者として内観面接にあたるのではなく，しばらく面接補助者として先輩の面接について学んでいくようにしている。これは複数で面接を行なっている我々の場合，共通の面接法を学び，内観者が安心して治療を受けられるためには必要なことと考えている。

　面接補助者は先輩面接者の面接方法や面接態度について陪席し指導を受ける。また，面接補助者は面接者が評価した内観者の内観評点について確認し，内観の進展について客観的かつ統一した評価ができるように訓練している。当院の内観評点は指宿竹元病院方式を採用し，内観者が内観3項目のテーマに沿っているか，内観の過程は治療構造にしたがっているか，内観者の態度，言動などについて評価している。そして，面接者は毎回の面接ごとに面接状況を記録に残している。これらのことは他の面接者が内観の進展過程や変化を把握するのに役立っている。さらに，面接補助者は内観者が十分安心して内観できるように，食事の配膳，入浴の準備，部屋の換気や外部の騒音の遮へいに気を配ること，屏風の開け方，礼拝の仕方，言葉の掛け方などについても指導を受ける。さらに医師，看護師の職務上，守秘義務は厳密にす

る必要がある。内観者の話した内容は，面接者以外は決して他者には漏らさ
ず，内観者にもそのことは十分に説明する必要がある。

(4) 内観面接者研修会

　当院では年に４回程度，内観面接者研修会を開催している。この研修会で
は，内観療法の適応疾患の選択，内観療法の不適応例の検討などを行ってい
る。例えば陽性症状の活発な統合失調症，自殺念慮の強い重度うつ病，自我
レベルの弱い人格障害など判断能力の著しく低下した患者にたいする内観療
法は慎重に検討を要する。また，内観がうまく深まらない場合には，どのよ
うに対処していけば良いのか，内観の進展を妨げる態度や助言をしていない
か，例えば面接者の価値観や方法を押し付けていないかなど，内観面接で検
討すべき点を話し合う場としている。

6．さいごに

　以上のように外来やデイケアで広く内観療法を実践するようになって以
来，患者の内観療法後の生活態度を観察して，内観療法は患者のＱＯＬ向上
にとって優れた治療法であると著者は感じるようになった[3]。それは，内観
療法によって獲得される内観的思考，即ち，物事をポジティブに捉えられる
認知様式が，単に疾患を治療するというだけではなく，人生をより良く自分
らしく生きるという人間観から生まれているからだ。まさに内観療法は，リ
カバリー志向の精神療法といってよいだろう。

　今後，内観療法が一病院ではなく，広く病院臨床に普及・発展していくに
は，このような変法に対して，治療者は内観療法がもつ治療効果に関する作
用機序の明確化，つまり内観療法にはどのような仕組みがあって，それが患
者にどのような作用の仕方をしているのか，治療構造の意味や治療者・患者
関係について理解しておくことが必要であろう。

参考文献

1) 竹元隆洋：「外来内観療法」が奏功したうつ病の 1 例 .- 内観療法を日常診療に生かす新技法 -. 内観医学 , 16, (1): 37-44, 2014.

2) 谷口大輔：デイケアにおける 1 日内観 . 内観研究 , 20(1): 91-100, 2014.

3) 塚﨑　稔：内観療法と QOL. 内観医学 , 6, (1): 3-13, 2004.

4) 渡邊恵美子：デイケアプログラムにおける内観的認知療法 . 内観研究 22(1): 75-85, 2016.

第二章

内観の歴史と吉本伊信

内観と吉本伊信の歴史－日本内観学会の誕生まで－

竹元隆洋

指宿竹元病院

1. はじめに

　内観の歴史はそのまま吉本伊信の歴史であるといっても過言ではない。こ
こで吉本[1]の著書「内観四十年」（1965年〔S40年〕春秋社）をもとにして,
その概略をまとめながら, 筆者の考察を加えたいと思う。内観は創始者吉本
にって体形づけられるまでは, 浄土真宗の一派に伝わる「身調べ」という宗
教的精神修養法であった。生死無常を悟り, 宿善開発（法に遇う）転迷開悟
にいたるまで, 飲まず, 食べず, 眠らずで「後生の一大事（今死んだらどう
なるか）」をつきつめて考える荒修業であった。吉本によって「身調べ」に
多くの改良が加えられ特に宗教的要素と荒修業の要素を排除して, 一般人に
も広く実践できるように形を整えるにいたり, その名称も「内観」と改めら
れた。それまで「身調べ」は宿善開発の瞬間のみを主たる目的としていたの
に比べて「内観」はその内観者の性格や人格の変容や人生の生き方の転換を
目的とする反省方法となり一般人にも受けいれられるようになった。内観が
過去の体験を想起反省して, 自己発見, 自己啓発のために用いられる時は「内
観法」と呼ばれ, それが精神的治療を目的として用いられる時は「内観療法」
と呼ばれている。さらに病院や内観研修所で7日間面接を受けながらする「集
中内観」と集中内観の効果を持続させるために自宅で自分1人で短時間（30
分～1時間）する「日常内観」がある。

2. 吉本伊信の成長と人間形成

(1) 幼い妹の死

　吉本は1917年（T5）, 奈良県大和郡山市の肥料商と農園を経営する一家
の三男として生まれた。1925年（T13）吉本が9歳の時, 幼い妹が急死し
て母は信仰を深める努力を続けた。吉本は母の求道の影響を受け聞法, 読経

勤行をともにし経典を暗唱し仏教への関心が高まっていった。「これが，私を今の仕事に御縁をつけてくださった契機であったと思います」と述べている。

(2) 郡山中学校（進学校）から園芸学校に転校

1930年（14歳）郡山中学校（進学校）2年生の時，父親から「百姓相手の商売（肥料商）だから中学校には行かんでもよい」と園芸学校に転校になった。父親は極めて現実的な思考判断の人であった。この時，吉本は父親の判断に反発も抵抗もなく転校したが，その後は「お山の大将」になって，勉強せず不良仲間に入って遊びほうけて喧嘩が絶えなかった。これを見た母親は寺での経文の勉強会に参加することを勧めた。（吉本の母から聞いた妻キヌ子の談）[2]

(3) 森川キヌ子との婚約

1935年（19歳）母親は吉本を落着かせようとして兄嫁の姪である森川キヌ子（15歳）と婚約させた[2]。吉本は「愛する女性に好意を持たれたいという単純な本能的欲望が私にさらに1分1秒を惜しんで勉強（経文・書道）に励ませたようで，習字の練習も夜を徹してのことが何回もあり……彼女に尊敬されるような人格者になりたいと願う虚栄心が駄馬に鞭打たしめることとなったようであります」と述べて吉本にとってキヌ子との出会いと幼い妹の死は生涯を決定づける大きな要因になっている。

吉本の多くの講演や著書にも，必ずと言ってよいほど，このふたつの出来事は登場しており，吉本が宗教的精神修養法である「身調べ」によって，彼女に尊敬されるような人格者になりたいと願った動機が，今日の「内観」を創始した機縁になったことは確かである。

(4)「身調べ」の実状

吉本の妻キヌ子の談[2]（1996年（H8）1月）によれば「身調べ」とは浄土真宗の一派で伝えられていた精神修業法で，「悟りを開く」「転迷開悟」や法に遇う，一念に遇う「宿善開発」のために行われていた。断食・断水・断眠で約2時間に1回面接，面接者は開悟人（身調べで宿善開発できた人）

の質問は「あんたは死んだらどこへ行くと思いますか」とか「いいこと余計してきましたか，悪いこと余計しましたか」などである。病人（内観者のこと）は「親に不孝をして，こういうことで泣かせました」などと回答していた。通常4日目位で半数以上の人が宿善開発に到達するといわれていた。その確認は「とぎ出し」と言われ，師匠との問答によって判断されるが，その内容は秘密とされていた。

(5) 吉本伊信の「身調べ」の体験

　キヌ子の一族には浄土真宗の篤信の人々が多く，「身調べ」の体験者も多かった。特にキヌ子の伯父福本義乗に受けた影響は大きかった。当時の吉本は「書道の先生と仏教信者気取りで，ひとかどの布教師気分でいたが」自分の姿をこの伯父に照らしてみて「堅い地盤が足元からガラガラと音をたててくずれ落ちていくような感じでありました。書くこと，しゃべること皆それは体験のない受け売りにしかすぎなかったのです。なんという道化役者のような滑稽な姿であったでしょう。」とこの時厳しい自己否定と自己実現への足がかりを見出していたようである。

　1935年（S10）20歳で初めて身調べを体験するが，隣の部屋から「理論だけを知りたい人だ，実践したいというのと違う」とささやき声がもれてきた。そこで1回目の身調べを中断。1936年（S11）21歳2回目の身調べは死をも覚悟して遺書を残して取り組んだ。しかし，断食・断水・断眠で6日間続けたが目的達成できず，身調べの最中に「こんな事をしなくても阿弥陀様はちゃんと救うてくださっているのに」と思ったことで宿善開発できなかった。1937年（S12）22歳3回目の身調べは自宅の近くの松尾山の洞穴にこもり，1人で始めた。4日目の朝，衰弱して歩けなくなったら困ると考えて山を降りた。その間にキヌ子は身調べで宿善開発を達成できた。1937年(S12)5月キヌ子と結婚。4回目の身調べ，22歳同年11月8日から12日，20時頃宿善開発。吉本「人事不省に陥っていた私は，ふと気がつくと嬉しくてただ涙のみでした。これから先はもう書けません。筆舌に尽くし難いといったことであります。……こう問われて，ああ答えて，こうされて，では，

74

また理論に走ることになります。……この喜び，この感激を世界中の人々に伝えたい，これこそ人生最大の目的であり喜びであると確信を得ました。その情熱が35年後の今もなお淡々と燃え続けております」と吉本の著書「内観四十年」（春秋社 1965）に述べている。

3.「身調べ」の改良

　吉本の「身調べ」の恩師は駒谷諦信であるが，1940年（S15）25歳の時，駒谷から一度一念に遇えたらその後求道の熱意を失ってしまっている人々が多いこと「一念邪義」を教えられた。その頃「身調べ」の理念は軟派（旧来型）と駒谷や吉本らの硬派（改良型）に別れて対立しはじめた。「身調べ」の硬派（改良型）の理念と技法は，「(1) 信後と言えども悪事を犯せば地獄へ落ちる (2) 3日間位で一念に遇わせて入信したことにするのは機械的，形式的，画一的でいけない。求道者の熱心さに応じて時間や日数を根気いっぱい延長すべきで，食べさせ，眠らせて，内省させ，自然に寝食が離れてくるのを何年でも待つ。(3) 信後と言えども法座に安座して，分散内観（日常内観）するのが実践（真実）の継続であり本筋である。(4) 道案内人も求道者であり，内観者の声で反省のヒントを得て共に身調べすべきであって，師といえども仏の使者ではない。」こうして身調べは，その理念も技法も急速に変化しはじめて「身調べ」が「内観」に新しく生れ変わり始めた。このとき，1940年（S15）過去の事実を具体的に想起しやすくするために「年代区分」と「対象人物」を設定した。そのころ吉本は妻キヌ子の父の会社（レザークロス）の社長に就任し内観普及のための資産を蓄えはじめた。

4.「内観」という名称と「内観」の目的

　1941年（S16）26歳「内観」という言葉が使用された。この「内観」という名称は臨済禅の白隠禅師（1685年〜1768年）が用いた「内観」とは全く異なるもので，「夜船閑話巻の上」には白隠の「内観」は心身の調整法で，心気を丹田に収めることを意味している。一方，心理学の創始者と呼ばれる

W. ヴントは意識の内容とその分析の仕方を「内観」(introspection) と呼び内観心理学または構成心理学と言われてきた[3]。このような名称のまぎらわしさから，一時期多くの論者が「吉本内観法」とか「現代内観法」または，森田療法に対して「吉本療法」などと呼んでいたが，吉本の内観が一般に普及してきて，その区別を必要としないほどになってきた。1943 年（S18）27 歳，吉本の会社の 18 人（15 ～ 20 歳）の女子工員に 1 週間の内観面接をした。吉本は「罪悪感だけでも（無常感を感ずるまでに至らなくても）自覚すれば，精神生活の内容に大変革が起り，若い人々はみな素直で正直で誠実な性格になるものだということを確認しました」とある。「身調べ」では半数以上の人が宿善開発に至ると言われているが「内観」では 18 人中 1 人もいなかった。「内観」は宿善開発を目的にせず，精神生活の内容に大変革が起り素直で正直で誠実な性格になることを目的にしていたようである。

5.「身調べ」と「内観」の相違

「身調べ」では「死んだらどこに行くか」というような想起テーマがあったが 1968 年 (S43) に内観では新しい想起テーマ 3 項目 (してもらったこと，

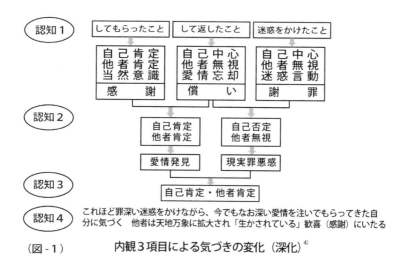

（図 - 1 ）　　内観 3 項目による気づきの変化（深化）[4]

して返したこと，迷惑かけたこと）が設定されて，「身調べ」の宗教的色彩がほぼ完全に払拭されて新しい「内観」が確立してきた。この3項目による気づきの深化の流れを（図-1）[4] に示す。

　内観の2本柱の罪悪感と愛情体験は車の両輪のように相乗効果を示して内観が深化していく。村瀬[5]は「内観による罪責体験は責任感や勇気を生じさせるものであり，必ず愛を受けてきたことの発見と表裏一体となる。さらに病理的な（うつ病など）罪悪感とは区別する必要がある」と述べている。筆者は内観の罪悪感を「現実罪悪感」と呼んでいる。さらにここで「身調べ」と「内観」の相違を（表-1）[6] に示す。

（表-1） 「身調べ」と「内観」の相違

	身調べ	内観
(1)目的	宿善開発 転送開悟	(1)汝自身を知れ　人間形成 　　我執我欲の開放・自由
(2)期間	3〜4日間	(2)1週間
(3)条件	断食・断水・断眠	(3)拘束条件はない
(4)屏風	使用する	(4)使用する
(5)想起するテーマ	死んだらどこに行くか 良い事を多くしたか 悪い事を多くしたか	(5)対象人物、時代区分 　「してもらったこと」 　「して返したこと」　｝内観 　「迷惑かけたこと」　　3項目 　養育費、酒代の合計
(6)面接者	開悟人（宿善開発した人）	(6)内観体験者、認定面接者
(7)宿善開発の確認	「とぎ出し」師匠（開悟人） の問答で判断される	(7)開悟人がいない 　「とぎ出し」の必要はない
(8)座談会	なし	(8)一部の研修所や病院
(9)分散内観	宿善開発（信後）は必要ない	(9)分散内観（日常内観）を励行

6. 内観の基本原理

　1945年（S20）吉本[7]（29歳）の著書「反省（内観）」が出版され，内観が活字になって世に出た。その序文には新聞・ラジオを通して猛省を促す時，皇国興廃の岐路なれば軍官民すべて自らを省みよ等強く叫ばれているが，真にその反省をしている人が何人いるだろうか，と述べている。この小冊子の内容は松原致遠著「超日月光」でほとんどうめつくされており「自己其物

を見る智眼を得れば病禍などの諸の苦因は悉く自己にあると信知され一切は我より生ると知る時，世界の意味が変わる。世界は元のままでも，見かたの転換によって世界は新装されるのである」とあり，吉本の内観の基本原理をそのまま代弁したようなものであると言えよう。しかし「自己其物を見る智眼を得れば」と仮定した後に論理は展開されているのであり，智眼を得る方法については触れていない。吉本に言わせるならば，これは「定散」であり「真実」ではないことになろう。これには吉本の註が加えられており「日月を超えた光とは仏の異名にして反省内観する者のみが体感する光」として体感しなければならないことを言い添えている。

7. 内観に対する吉本の信念

　1940 年当時から吉本は「読んだり聞いたりの物知り型を『定散』と呼び，体験の人を『真実』と呼んでいましたが，現代語に訳すと理論と実践だと思います。」と述べて「真実」を求め「実践」を生涯の道と決心していたようである。生前に吉本は「私には学問がないから内観の理論は学者にまかせて，私は内観者の手引きをするのが一生の仕事です」と言い続けていた。ここに内観の理論の確立が遅れてしまったひとつの原因があったように思われる。精神分析のフロイトも森田療法の森田正馬も，ともに実践家であり理論家であったこととは大きな相違がある。しかしながら自分の信念を生涯貫き続け，死の直前まで老体にむち打ちながら献身的に内観面接を行っていた吉本の姿には，ただただ敬服の念以外にはない。まさに，この姿こそが内観の真髄を物語っているとしか言いようがない。

8. 内観普及と事業拡大と引退

　1949 年（S24）東京に会社の支店を出した。その時肺結核で喀血し，入院。入院中に 12 の支店をつくりながら内観面接もしていた。1953 年(S28)吉本（37 歳）の肺結核が治癒し退院。奈良県大和郡山市に「内観道場」を開設して事業からは引退。1954 年（S29）吉本 38 歳の時内観が矯正教育界

（奈良少年刑務所）に導入された。1957 年（S32）全国各地の刑務所で講演を始めた。

9. 矯正界での内観普及と宗教性の否定

　矯正界の一部から内観は宗教ではないかとの抵抗が出てきた。その時の吉本の説明は（1）仏教の慈悲や救済については，ほとんど言わない（2）内観法専用の経典もない（3）神がかり的な点や霊媒のような特定の人のお託宣に依るものでもなく誰にでもわかる（4）単なる反省の練習という技術であって，内観しても特定の宗教に入れとか，入るなという制約がない。この吉本の説明によって宗教ではないことが認められると矯正界ではたちまちのうちに全国に普及した。

10. 各界への普及

　1961 年（S36）米国ノースウエスタン大学社会学部の J. キッセが内観を欧米に紹介した。1962 年武田良二著書「内観法の心理学的課題」を心理学会に紹介。1965 年吉本伊信「内観四十年」（春秋社），1965 年石田六郎「内観分析療法の提唱」（日本医事新報）が医学会（心身症）に紹介した。1966年日本応用心理学会で紹介。1968 年（S43）内観 3 項（してもらったこと，して返したこと，迷惑かけたこと）が設定された。1972 年奥村二吉・佐藤幸治・山本晴雄編集「内観療法」（医学書院），1976 年三木善彦「内観療法入門」（創元社），1977 年佐藤幸治「禅的療法・内観法」（文光堂），1976 年（S51）横山茂生と竹元隆洋がアルコール・薬物依存の国際医学シンポジウムで内観療法を発表（京都国際会館）。

11. 吉本伊信の急病と内観学会の発想

　1976 年（S51）8 月吉本 60 歳の時，竹元隆洋（指宿竹元病院院長）が 2回目の集中内観の最終日，夕方面接担当の長島正博先生（内観研修所）が吉本先生が倒れたことを伝えた。意識消失状態。竹元が診察して市民病院に搬

送。竹元は「その時，今後吉本先生は一体どうなるのか，内観は一体どうなるのだろうか，内観を吉本先生の名人技に任せておいてはいけない。今後は研修会や学会のようなものを結成して皆で研究しながら，技法も理論も引き継ぎ発展させる必要がある」と不安な気持ちと高ぶる気持がひと晩中続きました。

12. 内観学会の設立準備 1976 年（S51）

　竹元隆洋は三木善彦先生（四天王寺女子大学助教授）に相談して 2 人で「内観学会」の設立準備を進めた。志のある人を集めるために第 1 回内観学会大会を開催することを目標にした。その時，吉本伊信先生は 1 ヵ月の入院で見事に回復しておられたので，この計画を竹元が手紙で伝えたところ，とても喜ばれて今までの内観者名簿から熱意のある人や医学，心理学，教育，宗教，企業などの関係者に竹元の吉本先生宛の手紙を趣意書のようにしてコピーして全国に発送していただいた。これで世話人の 2 人にも火がついて全国が燃え始めた。しかし，学会を開催するには準備会とか実行委員会とかプログラム委員会を作るが，名前も顔も知らないために無謀にも全てを三木先生と 2 人だけで押し進めていた矢先，内観に熱意のある医師からクレーム「世の中には 2 回か 3 回で潰れてしまう学会もある。そんな事になったら内観に傷がつく」との貴重な助言もいただいた。

13. 第 1 回内観学会[8] 1978 年（S53）6 月 4 日

　京都市御香宮に，そぼ降る雨，朝早くに来た見も知らぬ人たちが「手伝わせてください」と申し出される。開会の時刻には講堂はほぼ満席。三木善彦先生が総合司会，竹元はステージ裏のライトのスイッチ係，吉本先生はステージの片隅に机を置き，大きな録音機を置いてニコニコしながら録音係。（祝辞）(1)「内観学会の発展」岡山大学名誉教授　奥村二吉先生，(2)「世界市民としてのセルフコントロールを」九州大学心療内科教授　池見西次郎先生，（記念講演）(1)「内観法と私」内観研修所　吉本伊信先生，(2)「日本文化と内観

療法」立教大学教授　村瀬孝雄先生，(3)「日本の療法をアメリカにもちこむには」南カリフォルニア大学　デヴィッド・K・レイノルズ先生，（内観体験発表）4人，（一般演題）16題，（シンポジウム）「内観と人間形成」各分野の立場から医学・教育・内観者・実業界，（全国各地内観活動報告）8地区（北海道・東北・関東・中部・関西・中国・四国・九州），参加者は200余名。こうして会場は終始熱気に満ちて第1回内観学会が終了し，雨はすっかり晴れ上がって参加者の表情も清々しい。この学会は前例のない特色をもって誕生した。準備段階から世話人2人だけで進められたが，そこに創始者の吉本先生の存在が大きかった。参加者は極めて広範囲の各分野の職種の人々が集まり，内観者（4人）の体験発表を取り入れ，さらに全国各地での活動報告もあり，学会として内観の普及にも力を入れるプログラムになっていて，内容は多彩で時間を忘れたとの評価もあった。

14. この学会の記念講演「内観と私」吉本伊信先生

　「こういう学会とか大会なんてまあ，とても私のような気の小さな人間では夢にも思えない程大きな問題でありまして，小心小胆といいますか，まるで今でもこうして大勢遠い所から来て下さる時間とお金があるなら，みんな各自内観して下さったらよいのになあーと（笑）そんなアホなことを考えるような欲の深い合理的現実的な人間ですから，竹元先生や三木先生が居られなかったら，とてもこんなことできへんなあー」と述べられた。この学会の設立は内観の理論の確立と普及が目的であるが，吉本先生の理念は「身調べ」の時代から「日常内観をするのが実践（真実）の継続であり本筋である。理論に流れることは定散（物知り型）への逆戻りである」という信念と，学会の設立とは相容れないが先生には全てを受容する広さがあって，内観を世界中の人々に伝えるためには学会は必要な時代であると納得しておられたようであった。

15．内観関係の学会の設立

1978（S53）年　　日本内観学会（この内観学会は第5回鹿児島大会の時
　　　　　　　　　日本内観学会と名称を改めた）

1991（H 1 ）年　　内観国際会議

1998（H10）年　　日本内観医学会

2002（H14）年　　国際内観療法学会

2017（H29）年　　第40回日本内観学会と第20回日本内観医学会が合同
　　　　　　　　　開催（岡山）

2018（H30）年　　第41回日本内観学会（京都），2学会が統合された

文献

1）　吉本伊信：「内観四十年」，春秋社，1966

2）　塩崎伊知朗, 竹元隆洋:吉本伊信と内観法 1, 吉本伊信との五十年, 近代文芸社,
　　 111 － 222，2000

3）　竹元隆洋：瞑想の精神療法―内観療法の理論と実践，現代のエスプリ202号,
　　 瞑想の精神療法，5 － 21，至文堂，1984

4）　竹元隆洋：内観療法，臨床精神医学，35（1），472 － 482，2006

5）　村瀬孝雄：罪意識と内観療法，季刊精神療法 8（1），34 － 42，1970

6）　竹元隆洋：内観の歴史と内観学会の誕生，内観研究，27（1），5 － 9，2021

7）　吉本伊信：反省（内観），信保書院，大阪，1945

8）　内観研修所：第1回内観学会発表論文集，内観学会，1978

吉本伊信と内観

井原彰一
聖マルチン病院

　光陰矢の如しと言われますが，吉本伊信先生が 1988 年に亡くなられてから早や 35 年の時が流れようとしております。先生が亡くなられた時には父親を失ったような喪失感に見舞われましたが，それは内観が新しい時代を迎えたことを意味するものでありました。内観法・内観療法の創始者亡き後，何らかの仕方で内観に関わった人達は各々の心の中に吉本先生の御姿，御声を偲びながらいろいろな活動を展開して行きました。内観学会が創立されましたし，中国，ヨーロッパ，アメリカに内観が広められて行きました。日本固有の精神療法として森田療法だけでなく内観療法も認められ，また内観指導者の制度も整えられつつあります。

　今後，内観の本質から外れることなく，その正当性を保持しながら内観という宝を世に広めて行くために，これからも様々な問題に対処しながら創意工夫を重ねて行く必要があると思われます。一人一人が内観の原点に立ち返り，吉本先生が体得された内観の世界に近づくために，吉本先生から直接導いて頂くことが望ましいのですが，残念ながらそれは叶わぬ望みであります。先生は私たちに四つの言葉を残して下さいました。そのうち三つは内観の本質について「内観は内観である」「信あるか無きかはその日その日の日暮らしに問え」「吉本死すとも内観は死なず」であり，もう一つは自分について「私はチンドン屋ですねん」という言葉です。この四つの言葉を味わうに応じて内観の深く広い世界が開かれてゆくように思われるのであります。

　今回「内観法・内観療法の実践と研究」と題して 30 名近い方々がそれぞれの視野から内観について論述されています。人間の存在は身体的・心理的・霊的・個別的・集合的な多岐に及ぶ複合的存在であります。内観がこの人間の存在の全体に対して統合的理解への光を与えてくれるものと思われるのであります。私はその中で「吉本伊信と内観」と題して宗教家（浄土真宗・木

辺派の僧侶）であった吉本先生の人間像を探ってみたいと思います。

1．吉本先生の超越体験

　先生が身調べという世界に眼を向けて行かれたのは，何と言っても先生が
9歳の時に4歳の妹チエ子さんが病気になり，1週間で亡くなってしまうと
いう出来事に遭遇したことが出発点でした。お母さんのユキエさんは大そう
悲しまれて，娘の遺影を持って毎年法隆寺の法話を聞きに通われたのです。
先生はその妹の死をきっかけに，自分が死んだらどこに行くかという無常観
を問い詰めずにはおれないようになってゆかれたのです。そして先生が20
歳の時に駒谷諦信師と出会われたのです。駒谷諦信師は西本諦観師の弟子で
す。西本老師は浄土真宗西本願寺派の役僧でしたから高い位の僧侶だったわ
けですけれども，後に西本願寺派を離脱して諦観庵を創設して「身調べ」を
指導されたのです。吉本先生は駒谷諦観師のもとで修業されて，洞窟の中に
籠ったり，断眠断食断水の内観を何回が繰り返した後に，ようやく「転迷開
悟」「信心獲得」「宿善開発」の境地に到達されたのです。このような超越体
験を経験した時の心情を『その後何時間経過したのか，あるいは数分間でし
かなかったのか私にはわかりませんが，前のめりにぶっ倒れたまま，しばら
くの間人事不正に陥っていた私は，ふと気が付くと嬉しくて嬉しくて，ただ
涙のみでした。ここから先はもう書けません。筆舌に尽くし難いといったこ
とであります。……私もこの時，不失体往生（体を失わず往生），迷いの絆
を断ち切って頂いた記念すべき時であります……嬉しい，全く嬉しい。手の
舞，足の踏むところを知らずとはこんな気持ちか』と記されています。
　因みに聖書の中にも超越体験の記述があります。『私はキリストにある一
人の人を知っている。この人は十四年前に第三天にまで上げられた—肉体と
共にかどうか，また肉体を離れてかどうかを私は知らない—そして人に話し
てはならぬ言い表せぬ言葉を聞いた事である』（コリント人への第二の手紙
12章）
　仏教にせよキリスト教にせよ，洋の東西を問わず人間にはこのような超越

体験の可能性が秘められていることは，近代科学の情報に浸っている現代人にとって一つの教唆であると思われるのであります。

　ここで『宿善開発』の体験の特徴について忘れてはならないことがあります。信心獲得という表現が示す通り，確かに何かを獲得するという体験ではあります。しかしながら，通常使われるような意味で資格を獲得するとか，お金を獲得するとか，賞を獲得するという意味での獲得（英語の Get）ではないのです。自分は罪深くて地獄にいくしかないという喪失の極み，絶対的自己否定に裏打ちされた経験であるというところにその本質があるのです。

２．吉本先生の発菩提心

　上記のような信心獲得の超越体験の後，吉本先生は衆生救済のために浄土真宗木辺派の僧侶として布教伝道の道を歩むという選択をせずに「この救いの喜びを一宗一派に捉われず，世の全ての人に伝えたい」という思いに駆られたのです。身調べから内観へ創意工夫された先生の心の中にあったのは上求菩提・下家衆生の精神でありました。道元，法然，親鸞，日蓮といった先達たちはサンスクリットや漢文で書いてあった経典で学びましたが，仏法を庶民にも分かり易く伝えるために山を下り，平易な文で仏典を説き広めて行ったのでした。吉本先生も身調べの内容を庶民に伝えるための平易化を模索されたのです。内観の形を生み出す動機の根本にこのような菩提心があったのです。そして特定の宗派や教団組織に捉われず「私は教団のようなものは生涯作らず，御縁のある人に出かけて行って内観を広め，人助けに挺身しようと心に誓いました。」と言われたのです。

３．宗教性について＝内観は宗教か心理療法か

　ここで心理療法と宗教性について考えてみたいと思います。近現代の心理学の発展は目覚ましいものがありますが，既成の宗教との乖離傾向は大きくなっているように思われます。信州大学の竹内先生は「罪と愛，この二つは人間の道徳と宗教の根源であると思われる。かって人間の変革を目指す科学

的心理療法の技術も，人間の道徳性や宗教性と切り離して考え難いものである。」と述べております。また山折哲雄先生は「アルコール依存症や摂食障害などのアディクション（依存症）が回復するには，霊的な体験が必要である。内観の創始者である吉本伊信は内観を普及して行くために宗教色が障害になると考え，それを脱する努力を要しました。けれども内観にあっては，人智を超えたハイヤーパワーの存在（働き）を認めざるを得ない出来事に遭遇することがよくあります。これは内観だけなく，臨床心理学やヨーガ療法なども含めた心理療法全般にとっての大きな課題だと考えています。」と述べています

　ここで，果たして吉本先生は宗教性を捨て去ってきたのか，切り捨ててきたのかという大きな問題にぶつかります。宗教性について超越的教義を内包する個別的宗教性と，人間の存在に基づく内的普遍的宗教性を区別する必要性があります。私たちは一般的に宗教という時に，仏教，キリスト教，イスラム教，ヒンズー教，ユダヤ教などを考えます。そしてそれぞれの教祖・神と言われる釈迦，イエス・キリスト，マホメット，ブラフマン，ヤーウェを考え，またそれぞれの教義や典礼などを考えます。これらは超越的教義を内包する個別的宗教性の面から考えた場合であります。これに対して，どのような個別的宗教であれ，それを信じる人間としての人間本性の面から見た場合には内的普遍的宗教性が現れてくるのであります。

　一見すると吉本先生は宗教的色彩を取り除いて行ったように見えるのですが，実は人間存在の深い内的普遍的宗教性に視点を移して行ったのであります。ここでこの内的普遍的宗教性を自己同一性との関連で考えて見たいと思います。自己同一性を構成する要素として家族的同一性，民族的同一性，性的同一性，職業的同一性，宗教的同一性があります。自分が何者であるかと問う時に，自分は仏教徒です，自分はクリスチャンです，自分はイスラム教徒ですなどというように，自分の自己同一性を確認する大切な要素となるのです。このように自己同一性と宗教性が関連するわけですが，この宗教性がある意味で厄介な曲者になってしまうのです。その理由は，ここに示されて

いる宗教的同一性の中身として宗教団体運営（組織），ヒエラルキー（階級），宣教活動（プロパガンダ），寺院建立（資金経営），教学，信心などがあるのですが，宗教的活動の目指すものが組織，階級，宣教活動，資金運営，寺院建立の方に向けられてしまうと，それは霊的なものではなく，民族的同一性や職業的同一性のレベルに還元されてしまうのです。組織の中で上位の位（大僧正・僧正や枢機卿・大司教・司教など）に着座することを目的としたり，宣教活動を数字で評価（洗礼の数や檀家の数を増やすことなど）したり，資金を集める時に額面で評価したりなど，人間の世俗的思いが動機となってしまうというリスクがあるのです。人間の弱みあるいは誘惑が潜んでいるのです。

　本来の宗教的同一性は人間が人間としての存在の根底に於いて，実存的レベルでは自己同一性，霊的レベルでは原法的同一性を確立する根拠となるべきものであります。実存的自己同一性の主なテーマは，人生の意味，苦しみと希望，自己実現，罪悪感と癒し，愛と憎しみなどであり，原法的同一性の主なテーマは，超越的体験（宿善開発），究極の自己実現，脱自的世界に於ける救済者への帰依と信仰，魂の救い，神の愛（アガペ），死と永遠の命などであります。この原法的同一性を現成させるエネルギーは人間の存在の最も深いところにある発菩提心（悟りを求める心）や見神欲（神を見たいという欲求：Desiderium Dei）であります。近・現代心理学に於いて人間の無意識に光が当てられ，特に性欲，権力欲，支配欲，所有欲などと人格との関連性について深められてきましたが，こうした無意識の更に深いところに菩提心や見神欲があることを探求することが，非常に大切であると思われるのであります。

　内観によって自分が生きてきた間に如何に多く与えられ，それに対して自分がお返ししたことが如何に少ないか，更に迷惑をかけ続けてきた罪深い自分であることを思い知らされることによって，この菩提心や見神欲が溢れ出てくるのであります。こうして原法的同一性が現成してゆくのです。更に内的普遍的宗教性が開発されてゆくと，それが特定の宗教への開きの素地を形

成してゆくのです。救済への渇望が芽生えると言えるでしょう。ここに超越的教義を内包する個別的宗教性の意義があります。原法的同一性に於いては自己の確立を目指すのではなく，自分の力ではとても及ばない救済の拠り所を求めるようになるのです。その拠り所が弥陀の本願とか神の御摂理といわれるのであります。

　弥陀の本願というのは，助かる縁なき煩悩具足極悪人をお目当てに「われ一人助けん」と誓われたものであり，親鸞聖人も「凡夫と仰せられたることなれば，他力の悲願はかくの如きの我らがためなりけりと知られて，いよいよ頼もしく覚ゆるなり」（歎異抄９章）（とうの昔に弥陀は，そんな煩悩の巨魁が私だとよくよくご存じで本願を立てて下さったのだ。何と有難いことか）と述べております。またキリスト教では旧約における贖いの拠り所として「私はヤーウェである。私はお前たちをエジプトの強制労働の中から導き出し，苦役から救い出す。また私の腕を伸ばし，大いなる裁きをもってお前たちを贖う。私はお前たちを私の民とし，私はお前たちの神となる」（出エジプト：6：6〜7）があり，新約に於ける贖いの拠り所として「ただイエス・キリストによる贖いの業を通して神の恵みにより，無償で義とされるのです。（ロマ；3：24）があります。こうして原法的同一性が深められて行った時に，救いの拠り所に帰依する姿が現成して来るのであります。

　このように見てきますと，宗教性に二つの種類があることが分かります。第一の宗教性は人間存在，人間本性に基づく宗教性であり，第二の宗教性は超越的世界から与えられる光・啓示に基づく宗教性であります。第一の宗教性は人間が人間として存在する限り求めずにはおれない宗教的崇敬，普遍性，絶対性，永遠・不滅性であります。宗教的崇敬ですが，例えばある人が集中内観をした後に，それまでの普段の日常生活で仏壇にお供物を上げることなど全くしていなかったのに，家に帰ってから仏壇を購入して毎朝読経するようになったという例が示すように，内観はその人の宗教性を育てて行くのです。次に普遍性ですが，例えば夫婦が内観して夫婦としての絆を深めて行った時にある普遍性が現れて来るのです。ポール・トゥールニエという精

神科医が「人格的に非常に成熟した夫婦にあっては，夫婦の絆の中に普遍的な人類愛の薫りが漂っている」と言っております。更に絶対性についてですが，これは無償の恵みということであります。内観三項目における母性愛は単なる母子関係の問題ではなく，人間存在の弱さ危うさの中における絶対的信頼と安らぎという内的普遍的宗教性に関わることであります。生まれたばかりの赤ちゃんはちょっとほって置かれただけでも死んでしまう危険があるのに，お母さんの暖かい胸の中でお乳を吸ってすやすやと眠っています。人間は生まれて直ぐにこのような体験をさせて頂ける，このような仕方でこの世界に生かさせて頂けるというのは，実に不思議なことであり，絶対的な無償の世界の体験であります。更に永遠・不滅性ですが，人間は不滅な世界を求めずにはおれない存在であります。エリクソンは自我発達の8年代の中の成人期後期について「過去，現在，未来の連続性を喜ぶ。自分の人生周期と生きざまの受容。人生の必然性に協力することを学ぶ完璧で分離されず，壊されていない状態や性質，全体性。死はその痛みを失う。」と述べています。死は人生の痛みの極致であると恐れられるのに対してその痛みが消え，乗り越えられるのです。また聖書の中でも「たとい私たちの外なる人は滅びても，内なる人は日ごとに新しくされてゆく。……私たちは，見えるものにではなく，見えないものに眼を注ぐ。見えるものは一時的であり，見えないものは永遠に続くのである。」（コリントⅡ；4：16，18）と述べられ，眼に見えない世界の永遠性が強調されています。そして吉本先生も「吉本死すとも，内観は死なず」と内観の世界の不死性，永遠性について話されております。

　第二の宗教性は超越的世界から与えられる光・啓示に基づく宗教性です。光の体験であります。悟りを得る智慧を般若と言いますが，「般若とは秦に智慧という。一切の諸々の智慧の中で，最も第一たり，無上，無比，無等なるものにして，更に勝ものなし」（大智度論）と述べられておりますし，また聖書の中では「父の他に子を知る者はなく，子と子が示そうと思う者の他には父を知る者はいません」（マタイ；11：17），「聖霊によらなければ，誰も『イエスは主である』とは言えないのです。」（コリントⅠ；12：3）「目が

まだ見ず，耳がまだ聞かず，人の心にまだ思い浮かばず，神がご自分を愛する人のために準備されたことを告げる。神はそれを霊によって私たちに示された。」（コリントⅠ；2：9-10）と言われています。この超越的世界から与えられる光・啓示こそが人間にとって最も根源的な基盤となるのです。

　宗教の正当性は第一の宗教性と第二の宗教性が卒啄同時的に融合する時に生まれるのであります。丁度卵が割れてひよこが生まれる時に，中からのひよこのつつきと外側からの親鳥のつつきが同時的に融合して新しい命が誕生するようにであります。その時，人間は覚知した者，あるいは信仰者として「帰依」や「委託」という態度を取るのです。仏教では，帰依とは優れたものに対して己の心身を帰投して「依伏信奉」することを言い，仏法僧の「三宝」に帰することを三帰依というのです。またキリスト教では委託について「父よ，私の霊を御手に委ねます。」（ルカ；23:46）「だから，神の御旨に従って苦しむ者は，善を行いつつ真実の御方である主に霊魂を委ねなさい」（ペトロⅠ；4：19）と教えております。

4. 吉本先生の人物像について

　吉本先生は「内観」という宝を私たちに残して亡くなられたのですが，ここで「吉本伊信」という人間を人格心理学の観点から見たとき，どのような人格像が観られるのかを考察することとします。私たちが後世の人々に「内観」を伝えようとする時に大いに模範となるのであります。人格的に成熟した人の特徴として15の特徴が挙げられています。

　　①広い自己からの開放，自己の開き。
　　②自分自身の行動を選択する自分と自分の行為に対する個人的な責任をとることが出来る。
　　③人間の本質に対する寛容と受容。
　　④暖かさと厳しさ，人間の多様性に対するゆとり。
　　⑤創造性と積極性。
　　⑥主体性，自立的機能。

⑦ユーモアの感覚。

⑧客観性や適切な判断。

⑨民主的な性格構造。

⑩自己の使命を自覚し，内的外的葛藤を乗り越え，確固とした内的統一感を持っている。

⑪神秘的なものの受容。

⑫未来を志向する。

⑬現実について有効な知覚。

⑭実存主義的性格。

⑮脱自的意識。

　ここではこれらの特徴を一つ一つ取り上げる余裕がありませんが，私が奈良の内観研修所で吉本先生御夫妻と一緒に生活させて頂いた経験の中で，特に浮かび上がってくる先生の人格的特徴は，人間の本質に対する寛容と受容であり，暖かさと厳しさを兼ね備え，自分の使命を深く自覚されていました。また話し方はユーモアに満ちたものであり，その背後には脱自的意識をはっきりと持っておられたのであります。脱自的というのは，先生は「わしはチンドン屋ですねん」とよく仰っていましたが，いつも内観の道具という意識であります。吉本伊信自身がああしたい，こうしたいというのではなく，内観のためなら何でもする，自分はそのための道具でしかないという自己同一性をはっきりと確立されていたのでした。

結語：吉本伊信先生の生きた道

　終わりに吉本先生の生涯をまとめると以下のようになると思います。

◎９歳の時に５歳の妹の死をきっかけに発菩提心が生まれ，20歳の時に駒谷諦信師と出会い，宿善開発の体験をし，生涯の自分の使命に目覚められた。身調べという秘法的手段ではなく下化衆生の精神で，誰にでも分かりやすく近づきやすい平易な方法を創意工夫し，内観を広めるために生涯を捧げられたのであります。

◎内観によって宗教性を除去したのではなく，超越的教義を内包する個別的
　宗教性よりも，人間の原法的同一性を確立することにより，「人間存在に
　基づく内的・普遍的宗教性」に眼を向けようとされた。内観を通して，仏
　教徒はより一層深い仏教徒になり，キリスト教徒はより一層深いキリスト
　教徒になり，ヒンズー教徒はより一層深いヒンズー教徒になり，イスラム
　教徒はより一層深いイスラム教徒になる世界であります。

◎母に対する３項目の設定は，諦観庵での修行の仕方とは異なり，誰にでも
　平易な仕方で内観が出来るような方法を模索する中での注賦的観想による
　ものでありました。吉本先生の神秘的なものを受容する感性が伺えるので
　あります。

◎自分の生き方に於いて，妻と共に身をもって内観の素晴らしさを証した証
　人であり，その人格的成熟さは内観がもたらす究極的自己実現，すなわち
　脱自的世界を融通無碍に生きた人間でありました。

◎自分は浄土真宗の僧侶として仏の世界に生き，弥陀の本願を内観普及の原
　動力として生涯を生き抜かれたのです。使命に生きる人間の美しさが現成
　しているのであります。

池見酉次郎と吉本伊信と私

久保千春
日本心療内科学会理事長
日本内観医学会元理事長
中村学園大学学長

1．池見酉次郎と内観療法

　九州大学医学部心療内科初代教授の池見酉次郎は 1962 年に出版された『精神身体医学の理論と実際』の本 [1] の中で内観療法について次のように述べている。

　近年，矯正教育から出発して，学校教育にも一部応用され，また医学界でも精神療法の 1 つとして，検討されている療法に内観法がある。これは吉本伊信氏が昔から伝わる浄土真宗の「身調べ」と言う求道法を改良，発展させた一種の自己分析療法である。全国の刑務所でこの方法によって，受刑者を更生させたという多くの報告がなされている。

　これは，個室または座敷の片隅を屏風で囲った中に正座させ，自分の母から始めて父，兄弟，友人，教師等について，その幼児期の体験から順序を追って，徐々に内省させる方法である。自己中心的な欲求の上に立って，親 (他者) を理解していた人たちに，不平 (欲求不満) の塊であった自己を知り，また，そのような自己を許してくれた親の愛情を深く理解させようとするものである。すなわち，自己中心的で外罰的な考えを中心としていたものを，自分に対する周囲の大きな愛を見つめて，内罰的な考えに転換させるものである。この際，単に周囲から自分に与えられた愛情を認めるだけでなく，自分自身も周囲に対して抱いており，それまでは，多分無自覚であった愛情を，痛切に自覚するようになる。つまり自分の精神的自我ないし真我を自覚させ，それを強化することを目指す方法とされている。

　私どもも，少数の心身症の患者に試みた結果，自分の不健康や不幸の原因を，外にのみ求めようとしていた外罰的な態度が変化して，自己分析，自己

改造への努力が足りなかったことにも大いに責任があったことを目覚めさせるきっかけを作る良い方法として有望なものと考えている。

　ただ，心身医学的ないし総合医学的アプローチの場合，患者に心身相関を自覚させることがまず大きな問題であり，患者に内観法をやってみようという動機付けを与えること自体になかなか骨が折れるものである。また，身体症状を持つ患者に，このような行的な治療を，そのまま適用することには困難があり，方法の上で修正を要する点も少なくない。さらに，内観法を通して，内政的ないし自己洞察的な姿勢ができても，それだけでは問題の解決とはなり難い。特に心身症患者の場合，それをきっかけとして，自分の病状における心身相関や性格的な歪みとそれに基づく不自然な生活のあり方に対する洞察が次第に深まり，心身の再調整が実現するよう長期にわたる本人並びに治療者の根気のいる努力が必要である。

　また『現代心身医学』[2]の本の中で治療者の態度として次のように述べている。

　医師自身にいろいろなコンプレックスがあると，患者に対する理解を妨げ，指導を誤ることが多くなるので，自己分析，内観法などによって，それらについての自己洞察を深めておくことが大切である。

　これらの本が出版された頃の1973年に私は九州大学心療内科に入局した。その時の夏の期間1ヶ月間に自己分析レポートを池見教授に出すように言われた。自分で両親や兄弟関係などを振り返る良い機会であった。提出したあと池見教授と話をしたときに，次のように言われた。自己分析は玉ねぎの皮を剥くようなものである。皮を剥く度に玉ねぎの香りで涙が出てくるのと同じように涙が出る。そして最後には本来の自分が出てくると言われた。また，深海魚は自ずから照らす，一隅を照らすなどの言葉は強く心に残っている。その時以来，内観療法には興味を持っていた。

　教室員の話では池見先生は吉本伊信先生と対談をされたと言うことを聞いたことがある。しかし，教室での症例検討会では内観療法を適用した症例は見られず，内観療法についての話が出ることはあまりなかった。

2. 九州大学心療内科と内観療法

1993年2月久保千春が九州大学心療内科教授に就任し，その後鳥取大学精神神経科川原隆造教授と知り合い内観療法を紹介され，治療に内観療法を取り入れることになった。吉本伊信先生の内観療法については，九州大学心療内科に川原先生，真栄城輝明先生，竹元隆洋先生や三木善彦先生から講演していただき学んだ。また，九州大学心療内科から教室員を鳥取大学精神神経科に派遣し，実際の内観療法を学んだ。

川原教授は内観医学会を設立したが，その設立にあたり参画した。九大心療内科からは稲光哲明，十川博，溝部宏二，河合啓介らが中心に心身症の患者の治療に内観療法を取り入れ，学会発表を行った。

内観医学会を第5回（平成14年9月）大会と第14回（平成23年10月）を九州大学心療内科で主催した。

3. 内観医学会の歴史

日本内観医学会は内観療法の研究を促進し，医療及び関連領域における発展普及に貢献するとともに，会員相互の連絡を図ることを目的として川原隆造先生（元鳥取大学教授）が中心になり平成10（1998）年設立された。日本内観医学会はその目的達成のために，定期学術集会の開催や定期学術集会に関する「内観医学」の雑誌を発行した。

初代理事長は鳥取大学精神神経科教授川原隆造先生であった。川原先生は平成19（2007）年に逝去され，学会理事長は九州大学心療内科教授久保千春が後を継ぎ，平成26（2014）年から理事長を長山恵一教授が平成29（2017）年まで務めた。本会の事務局は九州大学医学部心療内科に置いていた。その後，三和中央病院内に移った。

内観医学会の学会は，表1の通りである。

表 1　内観医学会の歴史：大会長とテーマ

第 1 回 平成 10 年 12 月 5 日 東京
　法政大学 文学部教育学科 長山恵一 教授「医療における内観」
第 2 回 平成 11 年 9 月 17 日 長野
　信州大学 医学部神経精神科 吉松和哉 教授「全人医療と内観」
第 3 回 平成 12 年 9 月 15 日 金沢
　金沢大学 医学部神経精神医学教室 越野好文 教授
第 4 回 平成 13 年 9 月 22 日 東京
　日本大学 医学部精神神経科学教室 小島卓也 教授「内観療法の現在と未来」
第 5 回 平成 14 年 9 月 21 日 福岡
　九州大学 医学部心療内科 久保千春 教授
第 6 回 平成 15 年 10 月 12 日 米子
　鳥取大学 精神行動医学教室 川原隆造 教授
　「Eastern Knowledge to the World（東洋の知恵を世界へ）」
第 7 回 平成 16 年 10 月 10 日 東京
　法政大学 現代福祉学部 長山恵一 教授
第 8 回 平成 17 年 10 月 7 日 金沢
　金沢大学大学院 医学系研究科脳情報病態学 越野好文 教授
第 9 回 平成 18 年 10 月 7 日 大阪
　近畿大学 医学部精神神経科学教室 人見和彦 教授
第 10 回 平成 19 年 10 月 6 日 岡山
　岡山大学大学院 医歯薬学総合研究科精神神経病態学 黒田重利 教授
　「吉本内観の原点から未来へ」
第 11 回 平成 20 年 10 月 4 日 鹿児島
　医療法人全隆会 指宿竹元病院 竹元隆洋 院長「内観療法の特性と有効性」
第 12 回 平成 21 年 10 月 24 日 東京
　東京医科大学 精神医学講座 飯森眞喜雄 教授「内観療法の内と外」
第 13 回 平成 22 年 9 月 18 日 富山
　富山市民病院 吉本博昭 先生「求められ応えられる内観を目指して」
第 14 回 平成 23 年 10 月 15 日 福岡
　九州大学病院 久保千春 病院長「現代社会における内観療法の意義」
第 15 回 平成 24 年 10 月 20 日 東京
　東邦大学 医学部精神神経医学講座 水野雅文 教授
「内観療法 - 医療における発展と可能性」

第 16 回 平成 25 年 10 月 12 日 長崎
　　長崎大学病院精神神経科学 小澤寛樹 教授「精神保健における内観療法の展開」
第 17 回 平成 26 年 10 月 18 日 奈良
　　奈良女子大学 真栄城 輝明 教授「内観療法の新たな可能性を探る」
第 18 回 平成 27 年 10 月 17 日 和歌山
　　日本赤十字社和歌山医療センター 東 睦広 先生
　　「心理社会的治療における内観療法の可能性」
第 19 回 平成 28 年 9 月 30 日〜10 月 2 日 東京
　　　　　（※ 第 39 回日本内観学会との併催大会）
　　法政大学現代福祉学部 小野純平 教授「内観の原点と展開」
第 20 回 平成 29 年 7 月 7 日〜7 月 9 日 岡山
　　　　　（※第 40 回日本内観学会との併催大会）
　　川崎医療福祉大学 笹野友寿 教授

　川原先生は鳥取大学病院の病棟には一部を内観療法室に改変し，うつ病な
どの気分障害や神経症性障害の患者に適用し，精神医学の分野に内観療法を
と大きな効果を収めた。平成 15（2003）年，第 6 回内観医学会を米子で担
当（大会長）し，国際内観療法学会を設立，第 1 回大会を開催した。国際
内観療法学会は中国，韓国の内観療法家と数年毎に各国で開催しており，今
も中国と日本で続いている。

　平成 29（2017）年 7 月第 20 回大会の理事会，評議員会で日本内観学会
と日本内観医学会の統合が承認された。これに伴い，新たな組織体制で「日
本内観学会」としてスタートすることになった。

4．心療内科の治療法：心身医学療法（表 2）

　心身医療は心身相関すなわち，ストレスと神経，内分泌，免疫との相関を
基本に身体，心理，社会，実存の側面からみる全人的医療であり，患者中心
の医療である[3]。

　まず「病態の把握」，これは患者を心身両面からみていくことである。続
いて「良好な患者・治療者関係」，すなわちラポールを確立することによっ

表2　心身医学療法

1.	病態の把握理解
2.	良好な患者・治療者関係の確立（ラポールの形成）
3.	治療への動機づけ
4.	心身医学的療法の種類
	1）一般内科ないし臨床各科の身体療法
	2）向精神薬（抗不安薬，抗うつ薬，睡眠薬）
	3）生活指導（食事，睡眠，運動，仕事，趣味）
	4）心理療法
	面接による支持的療法（カウンセリング）
	専門的療法：自律訓練法，筋弛緩法，交流分析療法，行動療法，認知行動療法，家族療法，作業療法，箱庭療法，音楽療法など
	5）東洋医学的療法：漢方，鍼灸，森田療法，内観療法，太極拳，ヨーガ療法など

て精神，神経，内分泌，免疫系が安定する。次に「治療への動機づけ」，モチベーションが非常に重要である。

　一般内科ないし臨床各科の身体症状に対する治療を基本にし，うつ，不安，不眠等の症状に対しては向精神薬を使う。また，食事，睡眠，運動などの生活指導を行なう。面接によるカウンセリング，自律訓練法，筋弛緩法，行動療法，音楽療法など，保険点数にも認められている心身医学療法がチーム医療によって行われる。また，内観療法，絶食療法，森田療法などのような東洋的治療法も取入れられている。このように様々な治療法を個々の患者の病状に応じて，あるいは治療者側の条件によって，適宜，取捨選択される。内観療法は，自己を知り，周囲の人たちとの安定した関係を作ることに有効であり，また仕事，趣味，運動などの日常生活習慣の改善に役立つ。

　心理療法の効果の機序としては，感情が発散されること，その結果として心身がリラックスし，心身の状態への気づきが拡大することがあげられる。この気づきがキーポイントで，普段は自分の体の状態や心の状態に気づいていないことが非常に多いのです。気づきが深まれば，多面的な見方，また柔軟な考え方ができるようになり，行動が変わる。やがて方向性の自己発見と

して，患者が「入院して良かった」「非常につらい病気だったけど病気に出会って良かった」など，プラスに考えられる思考や言葉が出るようになる。

心身医療では，自然治癒力をいかに高めるかということが大事である。そのためには患者の精神的な安定，意欲を高めていくことが大切である。十分な休養，睡眠，運動，栄養が生命力を高めて治癒力が働くので，それらを重視している。生命のホメオスタシス（恒常性）を保ち，脳，自律神経，内分泌，免疫機能が高まるように，患者の個別性を尊重し，種々の治療技法を適切に取り入れながら柔軟に対応することが治療者には求められる。

また，体から心に働きかける身心療法も重要である。体を意図的に動かすことにより意識の変化が起こり，不安の解消などには大事である。五感に快刺激を与え身体感覚を快にすることである。きれいな自然や絵を見る，音楽を聴く，おいしい料理，良い匂い，温泉等がある。筋弛緩法，太極拳，ヨガなどいろいろな運動療法がある。緊張と弛緩のバランスが大事である。

5. 九州大学心療内科における内観療法の実際

気管支喘息やアトピー性皮膚炎などのアレルギー疾患や過敏性腸症候群などに絶食療法が適応されている。絶食療法は個室に隔離して通常 10 日間行われる。心理療法として面接が行われるが，対人関係が病態に深く関わっていると考えられる場合には，適応や特徴などを考慮し，適切な時期に内観療法を導入することがある。

内観療法は内観原法[4]を内科病棟でも行えるように，構造を修正して施行している。集中内観の 7 日間，患者は病棟の個室で過ごす。その個室の一角をカーテンで仕切り，内観できる空間を作っている。午前 7 時から午後 6 時の集中内観の時間を 6 コマ（各 90 分）に区切り，近親者との関わりにおける自分について，"してもらったこと""して返したこと""迷惑をかけたこと"の具体的事実を幼少期から年代順に区切って回想してもらう。内観の対象は，母親，父親から始め，生活史に関係の深い人物（両親以外の家族，友人など），"うそと盗み"の順とした。また，摂食障害の発症に影響を及ぼ

100

したと考えられる“病気・食事”も内観の対象とした。各コマの終わりに行う面接は主に病棟主治医が行い，他の医師も補助的に参加する。面接では，内観した内容を全て報告する必要はなく，患者が自由に選択して報告した。内観期間中は，特別な用事がない限り個室内で生活し，他患・病棟スタッフとの雑談，ラジオ・雑誌などの持ち込みは禁止としている。また，日常内観を取り入れることもある。

　また，摂食障害の患者が多く入院しているが，その中で糖尿病を合併した摂食障害の治療には難渋することが多い。これらの患者に内観療法を併用することにより良い治療成績がみられている[5)6)]。

　摂食障害の基本治療は，行動療法の枠組みを用いて，自分自身に目を向けてもらう。その中で患者が感じたことを教えてもらうと，患者がすでに持っている回復のための資源を見いだすことができる。また同時に，患者が抱えている課題も明らかになっていく。特に糖尿病を合併した摂食障害患者の場合，自尊心の回復とともに，糖尿病の存在を認めること，受け入れることも課題となることがある。

　患者にとって，自分の課題や自分の弱さを認めて向き合うことは，とてもつらく悲しいことであり，気持ちが挫けそうになることもある。そのため，治療者が患者に寄り添い，患者の治療意欲を支えていく。治療者は患者と話し合いながら，課題を解決できる大きさに切り分け，患者が少しずつ課題を解決し，自己効力感を獲得していく過程を見守る。患者はその自己効力感を資源にして，さらに大きな課題に取り組んでいく。このような作業の繰り返しにより，患者は自尊心を回復し，糖尿病という事実に向き合っていく。

　患者が退院後も成長していくためには，病院外の他者との関わりからも自尊心を回復していく必要がある。その対象として，母親の存在が大きい。上述したように，思春期に母親の目指すものと患者の望むものがすれ違い，患者の自尊心が育ちにくかったとすれば，本来，自尊心を獲得するために欠かせない対象であった母親と改めて関わり，自尊心を回復するのが自然であると考える。そのためには，家族面接や試験外泊などを利用して，母親と意思

の疎通を図ることが有効である。しかし，両者の間には深い溝が残っていることもあり，直接会って話す機会は自ずと限られる。また，過去の感情のすれ違いを数回の話し合いで解消することは難しいばかりか，自尊心の低さゆえ傷つきやすい患者が，母親の何気ない言葉に敏感に反応して，かえって関係がこじれることもある。このような場合に，内観療法を通じて母親と関わることが有効であると考える。当科の治療を受けてきた患者は，外部からの刺激を統制された中で，内面の気づきや成長が得られることを経験しているという点で，内観療法に親和性がある[6]。そのため，内観療法の効果が出やすいのではないかと考えられる。

6. 内観療法の特徴

内観療法の特徴は，以下のようにまとめられる。

(1) 治療枠，手順が明確である。すなわち，場所的，時間的条件が決められており，考える手順もはっきりしている。

(2) 自分の生き方，考え方と関連が深い。人生観，価値観が病気と関連し，高次レベルの治療目標である。

(3) 感謝の心，我を捨てる（自己否定）。対人緊張がとれ，人間関係がスムーズになり，精神的におだやかになると思われる。

(4) 東洋的療法（絶食療法）との併用も行なわれることがある。

(5) 治療者の健康的で安定したパーソナリティー，豊かな共感性や感受性といった，いわゆる「治療的自己（therapeutic self）」が重要である。

内観療法の効果として，自己や家族関係を知り，周囲の人たちとの安定した関係を作ることができるようになる。逃避していた問題に直面化し，自己評価が高まる。自己存在の意義と価値を知り，生かされている喜びが生じる。すなわち (1) 自己否定→自己肯定, (2) 他者評価→自己評価, (3) 逃避→直面化, (4) 抑圧→解放, (5) 他者配慮→自己解放, が挙げられる。その結果，過去からの対人関係を内省し，自己を知り，周囲の人たちとの安定した関係を作ることができるようになる。また，仕事，趣味や運動などの日常生活習

慣の改善があげられる。

7. 今後の展望

　現代社会は，政治経済社会の不安定，自然災害の多発，環境汚染，国際紛争，AI や IT の情報関連の発達，対人関係の厳しさと希薄，高齢化，少子化などにより，ストレスが増加している。こうした状況のもと，増加している病気として，糖尿病，高血圧，冠動脈疾患などの生活習慣病，高齢化社会を反映した脳血管障害，慢性呼吸器疾患，認知症などの老人性疾患，心身症やうつ病，不安症などのストレス性疾患である。このような慢性疾患はその人の考え方，生き方が大きく関与している。まさに病気は生きてきた人生体験の結晶であると思われる。そのようななかで，自分をより深く知り，よりよく生きるために内観療法は重要と思われる。

参考文献

1)　池見酉次郎:精神身体医学の理論と実際(各論Ⅱ) p246 － 247 池見酉次郎編著, 医学書院，1962.

2)　池見酉次郎：治療的自我，現代心身医学 : p261-269, 医歯薬出版 ,1972

3)　久保千春：全人的医療と心身医学，心身医療 8: p29-33,1996

4)　川原隆造：内観療法の技法と治療効果　心理療法の本質　南江堂；p3-14, 1999

5)　権藤元治 , 河合啓介 , 瀧井正人 , 他：１型糖尿病に神経性大食症を合併した患者への認知行動療法の経過中に内観療法を導入し奏功した一例 . 内観医学 8(1)：p19-28, 2006

6)　波㝱伴和 , 河合啓介 , 髙倉修 , 他：神経性食欲不振症に対する当科の治療「行動制限を用いた認知行動療法」と「内観療法」の親和性と補完性 ―内観療法を併用した３症例を通じて― . 内観医学 12(1)：p37-46, 2010

私の吉本伊信像

本山　陽一

奥武蔵内観研修所

1．はじめに

　人生にとって最も大切なことは出会いだ，と70歳を過ぎた筆者はつくづくと実感させられる。筆者にも今まで多くの出会いがあった。それは人，書物，自然，スポーツ，仕事等多岐に渡る出会いである。中でも人との出会いは尚更と言える。多くの人々との出会いを振り返ると，筆者の人生は本当に恵まれたものだった。その一つ一つがどれも貴重なものであったが，精神的な側面から考えると両親と妻，そして吉本伊信先生，この四人との出会いが特に筆者の精神を成長させてくれたと感じられる。

　今回，吉本伊信像を書くように編集部からの依頼があったので，筆者とのエピソードを通して見た吉本伊信像を報告してみたい。すべての出会いがとても恵まれ，両親や妻との出会いに心から感謝できるようになったと上述したが，こういうふうに思えるようになったのも吉本伊信先生との出会いのお陰であり，内観の成果であることも付け加えておきたい。

2．出会い

　1980年2月，28歳の筆者は初めて大和郡山の内観研修所を訪れた。それまで数回の内観を東京で体験して今までの人生で味わったことのない感激体験をしていたが，姉が郡山の内観研修後に持ち帰ったテープの中に「喜びが怖い」と発言されているテープがあった。それを聞いた瞬間「これは本物だ」と直感して吉本先生のもとを訪れたのだった。

　通されたのは倉庫の一番奥のうす暗い場所だった。当時は毎週30人の内観者さんが訪れ，常に満員状態で通常の研修室には座れなかったのが幸いした。暗い倉庫は集中しやすかったということもあったが，倉庫の面接はほとんどが吉本先生だったからだ。最初に面接にお見えになった先生の印象は，

威厳があって丁寧で，大きさ，奥深さ，気軽さが混然として感じられた。先生が屏風を開けて座られると，厳しさと暖かさで全身が包まれたような気がした。先生に魅せられた瞬間だった。

　面接も巧みで私の微妙な心の動きをすくい上げながら，筆者が興奮して号泣するとサラリとかわし，油断をすると内面の虚を鋭く突くその呼吸の見事さ，最初から最後まで一秒の隙もなく，筆者との距離を微妙に保ちながら導いてくれる技量に，心から敬服せざるを得なかった。それまでの筆者はどちらかと言うと，物事を批判的に見る癖があり，どんなに偉い人でもその欠点が目につき，心から敬服するということは一度もなかった。この吉本先生との出会いは，他者に対する全面的な信頼と尊敬を覚えさせられた初めての体験だった。そして，その信頼と尊敬は，43年間一度も裏切られたことはなく，今日まで続いている。そういう人物に巡り会えたこと，人生の師とも云える人物に巡り会えた幸運を最近つくづくと感じるのである。少し延長して内観をした筆者は，帰る時間も他の内観者さんとズレたために，先生と応接間で個人的に話ができた。その時にいろいろな質問ができたことも，筆者の人生を大きく変える機縁になったことを思えば，すべてが幸運だった。

　帰り道にちょっと不思議な体験をした。研修所から近鉄郡山駅までの約10分間，歩いているはずなのに浮いているような感じがして足が地面に着かない，すると身体がどんどん大きくなってきて，郡山の街並みを上から見下ろしているような感覚に襲われたのである。駅に着くと次第にその感覚は収まったのだが，今思い出しても不思議な感覚だった。

　この日から先生の歩んだ道を追いかける筆者の本格的な内観修行が始まった。

3．人柄

　先生の魅力は，混沌と秩序が混在して先生の中にあったことである。決して高邁な人格者でも無欲の人でもなく，欲があるようで無かったり，頑固な一面を見せるかと思うと子どものように素直だったり，計算高い一面がある

かと思えば計算を捨てた行動を見せる，怖かったと同時にとても優しかった。その他，そういう矛盾する二つの面がいつも同居していて，こだわりがなく自然だった。しかし，内観に対する信頼だけは一点の揺るぎもなく，なんの迷いもなかったように見えた。逆に言うと，それ以外はどうでもよかったので，あらゆることにこだわりがなく，矛盾や不条理をそのままに生きておられたのかもしれない。そういう先生の日常生活に触れることも嬉しかったが，筆者が一番強く惹かれたのはその懐の深さだった。こちらが強くたたけば強く答えてくれる。こちらが質問しなければ何も言わない。底が見えないスケールの大きさが一番好きだった。

4．日常生活

　筆者がお世話になった頃の吉本先生ご夫妻と長島先生の生活は凄まじかった。毎週約 30 人の内観者の予約が 1 ヶ月半ぐらい先まで満員で，それでも断り切れずに，多いときには 45 人の内観者さんが座ったこともあった。日曜日の午後から翌週の日曜日の朝までその方たち全員の一日 8 回の面接，食事等の身の回りのお世話を，年中無休で先生ご夫妻と長島先生の三人だけでこなすのである。

　日曜日の朝，感激した内観者さんたちが帰途に着くのを見送るやいなや，休む暇もなく午後から訪れる次の内観者さんのための準備が始まる。内観者さんの中には感激のあまり，すぐには帰らず先生との記念写真や会話を希望したりする方がおられたが，どんなに忙しくても先生はそういう方々のために喜んで記念写真に応じたり，話し相手になられていた。

　現在，内観研修所を運営してみると本当によくわかるのだが，内観者さんが入れ替わる数時間は次の準備をしたり，休息を取ったりするための貴重な時間なのである。その時間が削られても少しも苦にせず，喜んで帰られる内観者さんのためにサービスをする。それどころか，時には延長したり週の途中から来たりして，その時間がつぶれても少しも嫌な顔をしないのである。考えてみると先生の生活はすべてがこのようであった。すべてが内観者さん

中心の生活であって，ご自分の欲求や都合に対するこだわりは本当になかった。少しでも自分の欲求や都合にこだわっていれば，不満とストレスが溜まる筈である。ところが，先生はこんな過酷で多忙な生活を「毎日が極楽のようや」と言って喜んで感謝して暮らしておられた。事実，こんな殺人的なスケジュールをこなしていた三人だったが，忙しくてあわただしいという雰囲気はまるでなく，むしろ三人とものんびりとした印象があった。厳しさと静寂の中に，穏やかな雰囲気さえ研修所には漂っていたのだ。

　先生の朝は早かった。午前三時から四時頃の間に起きられると，まず読経に30分ぐらいかける。先生の読経は通常の仏壇の前で厳粛に行うものと違って，先生の母上の声の入ったテープをかけながら居間で唱えるもので，気楽でなにか呑気な雰囲気さえ漂うものであった。亡きお母様の声とともに読経するお姿は，お勤めというよりか小さな子どもが母親と戯れて遊んでいるようにも見えた。

　内観者さんの起床時間である五時の5分前頃になると，放送で内観者さんを起こして研修所の一日が始まる。

　朝一番の面接は五時半頃から始まるが，ある日，先生が面接のため階段を昇っていくと，朝日が差し込んで来たことがあった。すると，先生は立ち止まってその朝日に合掌された。十秒ほど合掌するとまた面接に向かわれた。一階の面接に向かう途中に階段の下からその光景を目にした筆者は，その美しさにしばらく足を止めて動けなくなったことを覚えている。また，終戦記念日に先生と昼食を食べながらテレビのニュースを見ていると，次々と年配の方がお参りしているシーンが流れた。テレビに気をとられていた筆者が，ふと先生の方に目を向けると先生は食事の手を止め，テレビに映っている年配者の方々と一緒に合掌されていた。テレビのシーンが次の映像に変わると，何事もなかったかのように食事を続けられた。どんなに忙しくても心の余裕を失わない日常の行動を見ていると，先生がいかにこだわりや欲求から解放され，感謝の中で生活をなさっていたのかが推察されるのである。

　先生の生活は無駄がなく，ほとんど秘密を持たない公開性の高いもので，

そういった意味では本当の合理主義者だった。筆者がお手伝いを始めたばかりの頃，先生は「ここに来た郵便物はすべて見ていいですから」とおっしゃった。かつて業界一の企業を育てた実業家でもあり，その莫大な資産管理のためか，引退後も株をなさっていた。株でも相当なものだったようで「不思議なことにわたしが買った株は全部値上がりするんですよ」と言って笑っておられた。したがって，郵便物の中には株や預貯金等金銭関係のものも数多くあった。来たばかりの私にそれらをすべて勝手に見てもいいとおっしゃるのである。一緒に働く人間を全面的に信用する先生の懐の大きさと秘密を持たない生活ぶりに驚かされた。

　また，先生の生活は本当に裏表のない生活であった。45人も座れるほどの大きな家に暮らしておられたが，そのほとんどは内観者さんのために開放されていた。先生ご夫妻の寝室は四畳半ほどの小さな和室で，そこだけが先生ご夫妻のプライベートな空間であった。つまり，先生ご夫妻は，一日24時間一年365日のほとんどの時間が，内観者さんの眼にさらされる生活をなさっていたのである。お風呂はすべての内観者さんが入った後にご夫妻で入られ，食事も内観者さんと同じものを召し上がる。奥様はもったいないからと内観者さんの残されたものを召し上がることもよくあった。大金持ちの社長夫人である奥様がである。徹底した下座行であった。そんな生活をしながらお二人とも本当に毎日を心から喜んで暮らしておられた。内観者さんのために生きられる生活を「もったいない」と心から感謝しておられたのである。

　先生の口癖は「今晩死ぬかもしれない」であった。やるべきことを先延ばしにしたり翌日に持ち越したりすることがなかった。"善は急げ"を本当に実践されていたのである。こんなこともあった。ある日案内書を送ってくれという電話があって，応対に出られた先生は相手の住所をメモされていた。ふと見るとそのメモ用紙は封筒で，相手の住所を聞きながら封筒の表に宛名書きをなさっていたのだ。電話が終わると同時に宛名書きも終わっていたわけで，先生の毎日はこのように合理的で無駄がなかったのである。

　先生は厳しくて恐い人だった。筆者がお世話になったのは最晩年のことで，昔を知る先輩のお話によると，若い頃の先生はもっと恐かったそうである。その先輩は先生の笑顔を見た記憶がない，とおっしゃっていた。講演では聴衆が腹を抱えて大笑いするような話をなさるのに，先生ご自身は少しも笑わずその講演が終わると，すぐ次の仕事にとりかかるといった毎日で，一瞬の隙も見せない生活だったそうである。それに比べると筆者がお側に仕えていた晩年は，柔らかい面も感じられ，笑顔もよく見られた。それでも筆者には厳しく感じられ，研修所には穏やかではあるが，一日中張りつめた緊張感がみなぎっていた。奥様と筆者がちょっと雑談をしていると「その話は内観とどういう関係がありますか」とやんわり口調でたしなめられたりもした。先生の頭の中は，いつも内観のことだけを考えておられ，研修所全体も内観一色の生活だった。

　先生の愛情は弟子にも向けられており，一分一秒を惜しんで内観が出来るよう配慮を忘れなかった。長島先生は助手の仕事で忙しく働いている時に，突然「今誰に対する自分を調べていますか」と質問されたそうで，仕事中も内観を休めない環境だったようである。筆者の場合はそれほどではなかったが，突然「今から内観をしたらどうですか」と声をかけてくださり，そのまま屏風に入ったりした。ある日のこと半日ぐらい座ったことがあったが，その時に大きな転機が訪れた。あの時，先生は筆者の様子を見て座らせて下さったのか，単なる偶然だったのか今では分からないが，弟子に対する配慮も相当なものであったことは確かである。

　筆者も最初の頃はずいぶん面接の失敗をした。ある時，ちょっと怖い関係の方が内観に来られたことがあった。内観がなかなか進まず，何度面接に伺っても三つのテーマが答えられなかったので，しびれをきらして「していただいたことにどんなことがありましたか？」と答えを催促したら，突然「分かってんだよ！」と家中響き渡るような大声で怒鳴られた。内心「しまった！」と思ってあわてて土下座して謝った。その人はその後機嫌を直して内観を続けてくださったが，あの怒鳴り声は階下にいた先生の耳にも届いたはずだ。

自分の面接で内観者さんを怒らせたことを先生は何と思うだろうか，常々「内観者さんは菩薩様だ。人間ほど自分勝手な動物が内観をしてくれるのはよくよくのことだから，大切にするように」と言われていたのにどうしよう，と思って一階に戻った。ヒヤヒヤしながら居間に入って行くと，先生はおっとりした声で「ええ修行させてもらってまんなあ」と一言おっしゃっただけであった。その一言に本当に救われた気がした。今から考えると，悄然として居間に入って行く筆者の様子を見た先生の慰めの言葉であったのだろう。先生には厳しさの中にこういうやさしさも常に備えておられた。ちなみに私を怒鳴った人も最後には感激の涙を流して，私に「怒鳴ってすみませんでした」と謝って帰られたことも付け加えておきたい。

　内観界で有名な橋口勇信さんも「人に頭を下げることが何ともなくなれば，世の中に恐いものはない」と述べておられるが，先生は功成り名を遂げた晩年になってもよく頭を下げる人であった。面接中でもお子さんの問題で来られた人には，ご自分のお子さんのことを例に出して話してから最後に「子どもの自慢話をしてすみません」と付け加えられたり，夫婦問題で来られた女性にキヌ子奥様の例を出した後「のろけてすみません」と仰有ったり，内観者さんに助言した後も「生意気言ってすみません」といった具合だった。内観者さんの中にはお風呂や洗面台の水を出しっぱなしにしたり，水道の栓をきちんと閉めなかったりする人も時々いた。オリエンテーションの時に注意事項として話をされていたが，最後には必ず「ケチ言ってすみません」と謝られるのだった。また突然に掛かってきた電話で「吉本というのはお前か，内観で金儲けをしているのは！」と怒鳴られた時も先生は「はっ，すみません」と謝り，受話器を置かれた後「仏さんが自惚れるなよと注意してくださってんやなあ」と相手の言葉を真摯に受け止められていた。ご近所から匿名の電話で内観中に流れる放送がうるさい，と抗議があったときは，先生は一切の不平はおっしゃらずにご自分で菓子折を持って，おぼつかない足取りでご近所を一軒一軒謝って歩かれた。

　このように先生は，毎日を平身低頭して感謝して暮らしておられた。それ

でいて卑屈になっていたわけではなく，言わなければならないときには，こちらが「何もそこまで」と思うくらいはっきりとおっしゃり，ご自分の信念は貫かれていた。これほど自由で謙虚で天真爛漫な生活ができたのは，長い修行生活の成果で自意識から解放されていた賜だと思うのである。

5．死を迎える頃

　先生の最晩年は本当に可愛くて無邪気であった。その当時の先生の口癖は「もうボケてあきまへんわ」だった。確かに能力的なことの衰えは隠せなかった。だが，その笑顔は幼子のようにくったくがなく，キリスト教で有名な押田神父様が内観に来られた時，吉本先生の笑顔を一目見て「宗教家は年を取れば取るほどいいですなぁ」と感想を述べられたほどであった。

　最晩年の先生は，以前にも増して和やかな空気が漂い，ちょっと上を見上げて嬉しそうにニコニコしていたり，溢れ出る念仏とともに喜びの感情を押さえるようにして，じっと座っておられたりした。内観者さんの数も20名足らずになり，以前ほど忙しくなくなったこともあったが，私にはすべてが人生の終わりに向けて自然に準備されているように見えた。先生は心の中から自然に喜びが溢れ出ているようだった。体力，知力が衰えた最晩年になっても喜びに満ち溢れた生活であった。潜在意識の底から自分の心を掃除するとこうなれるのか，と生きた証を見るようだった。筆者の周りで聞くボケ老人とは全然違うのである。「人間は自らを磨くとここまでなれるのか」と筆者は感嘆し，「自分もこうなりたい」と憧れるのだった。

　身体や能力がどんなに衰えても，時には意識を無くされた状態になっても，先生の人格，性格は少しも変わらなかった。感情を乱し八つ当たりすることも，我が儘をおっしゃることも一度もなかった。最後まで奥様以外の人に頼みごとはなさらなかった。奥様が傍にいないときは，おぼつかない足取りでご自分で用事をしようとなさった。筆者が気を利かせて先にして差し上げると合掌して「ありがとうございます」と必ずお礼を言われた。相手が弟子であろうと誰であろうと関係なかった。奥様に対してでも身の回りの世話をし

てもらうと「すまんなぁ」と本当にすまなそうにお礼を言われていた。外見上は最期の近い普通のお年寄りとなんら変わることがなかったが，先生の内面にある心がその最期の場面を美しいものにしていた。この頃になると先生の口癖は「お任せします」であった。心の底より任せきった心境に到達なさっていたのであろう。

昏睡状態になられる寸前にお見えになった東洋医学に詳しい方が，先生のお身体をあれこれマッサージなさりながら「先生このほうが楽ですか，これはどうですか」と先生の手足を動かしておられたが，先生は一言「お任せ致します」とおっしゃったきりでその方にされるがままになっておられた。その数時間後，昏睡状態に陥り，その後三週間余りで永眠された。つまり，筆者が最後に聞いた先生のお言葉は「お任せします」であった。先生のご遺体は奈良県立医大に献体された。これはご長男が東北大学医学部時代に献体されたご遺体で解剖の勉強をさせていただいたお礼にと，先生，奥様の身体を使っていただけるようにお二人が生前から登録なさっていたからであり，最後まで頭の下がる生き様であった。

6．終わりに

吉本先生とお別れして 34 年が過ぎようとしているが，筆者はこの間，吉本先生のお言葉を考え続けてきた。最近になってやっと吉本先生のすべてのお言葉が腑に落ちるようになってきた。一つの言葉が腑に落ちる度に喜びで満たされる，そんな 34 年間であった。このような人生を送ることが出来たのも内観研修所を運営させていただいたお陰だとつくづく感じる。当たり前のことだが，内観研修所の生活の中心は内観者さんである。筆者は今まで 7000 人以上の内観者さんの人生や内面の声をほとんど一人で聞かせていただいた。それは 7000 人分の人生を疑似体験したと言っても過言ではないくらい貴重な学びの場であった。さまざまな心が存在し，心の状態は人によって雲泥の差があるという事実を通して，心とは何か，心の管理法，心の法則が創り出すもの等を実践的に学べた。このことが吉本先生のお言葉を理解で

きる大きな要因になったことは間違いない。自分が救われることだけを考え
て内観研修に取り組んでいた 28 歳の筆者に，内観研修所を開設するように
勧めてくださった吉本先生は，今日の筆者を予見しておられたのではないか，
と改めて感謝せざるを得ないのである。

第三章

内観療法の臨床応用

精神科外来診療における内観療法

飯島正明
飯島クリニック

心は，捉え難く，軽々とざわめき，欲するがままにおもむく。
(ブッダ，ダンマパダ，35)

1．はじめに

　われわれは，日々の生活を営むうちに，環境や人間関係のわだかまりや引っかかりを抱え込んでしまう。起きていることは，自分自身の心の投影だともいう。しかし，私たちはどうやって，自分の姿を見，心を知ることができるのであろうか。直面した困難や苦しみの中からどのようにして学び，それを越えて行けばよいのであろうか。

　ここでは，内観によって心が成長する過程を示し，怒りへの対応に触れ，原始仏教や仏教心理学との関連を述べた。

2．内観方法

　始めに内観三項目である，「していただいたこと」，「お返しをしたこと」，「迷惑をかけたこと」を記入してある A4 用紙を渡す。診察時に，いつの時代の誰について内観をするかを決める。通常は，母親について，自分が小学校1・2年生時から始めることが多い。以降，2・3年刻み位で各年代を見ていく。それぞれの項目について出てきたことを箇条書きにし，次の診察時に持参する。想起するときに，リラックスし，その時の情景をありありと思い浮かべるように指示する。診察時に記録内容を見て，自分の気持ち，相手の様子や相手の気持ちなどを話題にし，感想を尋ねる。このことの繰り返しである。

【症例】
症例1：30歳代　男性　会社員　うつ病

病歴：有名大学を出て，大手企業に就職。仕事熱心で，早くに昇進し，年上の部下を幾人か抱えた。部下や上司が自分をなんと思っているか気になって仕方がない。コミュニケーションがとれず，自分がどういう人間なのかわからないと訴えた。

母親：「恥ずかしい」。内職の手伝いをさせられた。身なりが粗末。学歴が低い。

父親：「うざい」。酒に酔って説教をし，寝込んでしまう。人付合いが下手。大手企業を辞職して，自営業をするが失敗し，故郷に帰り農業をしている。自分がうつ病になったのは両親の悪いところを受け継いだためだ。

母親への内観－

して頂いたこと：内職をして，昆虫図鑑や野球用品など，欲しいものを何でも買って貰った。手提げ鞄を手作りして貰った。父を説得して，望遠鏡を買ってくれた。

して返したこと：内職の重い荷物を運ぶのを手伝ったが，恥ずかしかった。肩をもんであげたら喜んでくれた。

迷惑をかけたこと：バス遠足で車酔いをして，背中をさすってくれた。弁当がまずそうだと言ったら，ひどく悲しそうにされた。友達のお母さんよりダサいと感じていた。

感想：母親をばかにしていたが，情愛深く育てて頂いた。胸の中が暖かくなる。感謝の気持ちとはこういうものかと，わかった気がする。

父親への内観－

して頂いたこと：読書会をしてもらった。「他の子供より不利になるようなことはさせない」と言っていた。米国出張時に旅費を節約して，コインなど土産をたくさんくれた。

して返したこと：朝，靴磨きをして，父が無事帰ってくるように祈っていた。

迷惑をかけたこと：野球部のキャプテンになったが，嫌になって反抗した。

感想：一生懸命育てて頂いた。あの頃が懐かしい。父は父であって，何の悲しみも苦しみもなく生きているものだと思っていたが，父も仕事で辛かった

のだと，だからあんな風に酔っ払って，くだを巻いたりしていたのだなと，漸く感じられるようになった。

　故郷の両親に電話をかけて，ありがとうと伝えた。

洞察：上手くいかないのを親のせいにしていたが，そうではなかった。両親だけでなく，家族や会社の同僚も同じ。皆に世話になった。毎日，充実感を持って働ければ良い。どんな仕事でも，やっていける気がする。復職を前に，怖いと感じていた上司に会ったが，何ともなかった。ただの，おっさんだった。

経過：職場復帰して，順調に経過し，終診。

症例2：20歳代　女性　医療職　うつ病

病歴：祖父母が殴り合いのけんかをし，母が愚痴るのを聞かされて育った。心理学を勉強してきたが，自分が怖くなると訴えた。

母親：医療職。優しい。祖母に責められ，苦しそう。愚痴を聞かされた。

母親への内観－

して頂いたこと：服や鞄を手作りしてくれた。果物ナイフの使い方を教えて貰った。学校帰りに職場へ寄ると，アイスを買ってくれた。

して返したこと：習っていたピアノで，母の好きな曲を弾いた。祖父母に怒鳴られて泣いているとき，「大丈夫？」と声をかけた。

迷惑をかけたこと：チックやアトピーがひどくて心配をかけた。参観日で腹痛になり，保健室へ連れて行って貰う途中で治ったのに言わなかった。

感想：良くして貰ったと思うが，それでも恨みが取れない。

（内観が進まず，怒りの感じ直しを施行。）

怒りの感じ直し：愚痴ばかり言わないで！私だって辛いのよ！グジグジしないで！一緒に家を出て行ってよ！

洞察：嫌なことばかり覚えていたが，根底のよくして貰っていたことが湧き上がってきた。母を見ていると，自分の嫌な姿を見ているようで辛かった。愚痴ばかりで行動を起こさないのは自分の姿だった。心理学を勉強して理屈

をこねてばかり，昔はなんて頭でっかちだったんだろう。

経過：母と素直に会うことができた。復職後，同職の教官となった。

症例3：30歳代　男性　会社員　うつ病

病歴：有名大学を卒業し，大手企業に就職。学生の頃から時々死にたくなる。上司が無理な要求をし，勤務評価が低く，口論となる。

母親：感情の起伏が激しく，よく怒られた。

父親：大手企業勤務。偏屈で，訳もなく叩かれた。母に対しても暴力があった。

母方祖母：可愛がってくれた。夏休みなどにはいつも遊びに行った。

（親への抵抗のため，祖母の内観を先行。）

母方祖母への内観−

して頂いたこと：昔話の本を読んでくれた。内緒で，好きなおもちゃを買ってくれたり，うな丼を自分の分までくれた。

して返したこと：一緒に墓参りに行き掃除をした。

迷惑をかけたこと：小学生の頃から塾通いで忙しくなり，寂しかったが，遊びに行けなくなった。お返しをすることもなく，数年前に亡くなってしまった（落涙）。

母親への内観−

して頂いたこと：端午の節句に兜や刀を飾り，遊ばせてくれた。誕生日に，好物のローストチキンを作ってくれた。バイオリンや水泳教室など行かせてくれた（楽しくなかった）。小学校を受験して合格し，抱きしめてくれた（うれしくなかった）。

して返したこと：受験をして希望の小学校へ入学し，喜ばせた。

迷惑をかけたこと：落ち着きがないと注意された。プラモデルを買うお金を，母親の財布からくすねた。

母親への怒り：小学3年時，友人と比べて落ち着きがないと，溜息をつかれた。小学5年時，プラモデルを隠して作っていたのが見つかり，怒鳴ら

れた。事ある毎に溜め息をつかれ，怒られ，して欲しいことを言えなくなった。

怒りの感じ直し：小学3年時，学校でちゃんとしているのに！そんなに僕は駄目なの？僕のこと嫌いなの？小学5年時，ふざけんな！こそこそ部屋に入るな！勉強，勉強とうるせーんだよ！ビクビクするのは嫌なんだ！

感想：肯定してほしかった。母も父に暴力を受け仕方なかったと思う。母を否定してきたのを許してしまうと，今までの自分を否定するようで辛い。しかし，許せるようになってきた。

父親への内観－

して頂いたこと：夏休みに虫取りをし，正月にはたこ揚げをして，父が楽しんでいた。最初で最後の誕生プレゼントにカップを貰ったが，欲しくもなく，嬉しくもなかった。いつも括弧付きの楽しみだった。

して返したこと：大掃除を手伝った。

迷惑をかけたこと：教育資金を惜しみなく出してくれた。

父親への怒り：小学2年時，遊園地で並んでいて，急に殴られた。小学3年時，バイオリン発表会の後，家族で料理店に行き，怒られた。小学5年時，夜，玄関の外に出された。他にも，怒鳴られた，殴られた事が無数にある。

怒りの感じ直し：小学2年時，何か悪いことした!?すごく悲しい！嫌だ，一緒にいたくない！小学3年時，くっそーっ，バカ野郎，うるせー！ウワーッ，出てけっ！！小学5年時，何でだよっ！オレなんか必要ないんだろ！死ねっ，死ねっ，死んじまえっ!!

感想：父もある意味，可哀想な人だ。嫌悪感はあるが，距離が置けてきた。父を許そうという気持ちが出てきた。

経過　復職して順調に経過。終診。

（症例は承諾を得，個人か特定できないように配慮した。）

3．考察

　内観の本質は体験や知恵の中にあり，理屈や知識にはない。極めて個別の体験でありながら，優れて普遍的である特徴が認められる。何か重大な出来

事を思い出したり，劇的な行動を起こすことによってではなく，日常のありふれた出来事を見直していくことによって葛藤を解消していく性質がある。

内観療法の対象は，対人葛藤を抱えているうつ病圏の患者を主として行っている。人間関係の問題を生じ，特に親との葛藤を抱えている人たちである。さらに，内省力や言語化能力が認められるか，自我の脆弱性が強くないか，精神病レベルの病理を来していないかなどから判断している。しかし，内省力は内観をしてみなければわからない面もある。精神的暴力がありながらも，して頂いたことが多く，迷惑をかけても受け容れてもらった者は内省力がある。して頂いたことが少なく，迷惑をかけると拒絶された者は，多くの言葉を持っているようでも，内省力が乏しく，内観が深まらない傾向を認める。患者には，「人間関係の悩みもあって精神的に疲れているようだ。親との関係も今の症状に影響しているかもしれないので，見直してみるのも良い」と説明して内観を勧めることが多い。

症例1では，初診時から両親へのわだかまりを訴えた。当初，否定的だった家族像が，内観によってありのままの事実を見つめ直し，認識が修正され，受容的で肯定的なイメージに変容していた。

また，内観により，対人関係の葛藤が解消される症例だけでなく，元来抱えていた怒りが顕在化する例を経験した。

症例2は家族内の暴力に曝され続け，母親が十分に守ってくれなかったことへの怒りが蓄積していた。内観により母親への肯定感が出てきたが，それでも恨みが取れないと訴えたため，感じ直しの手法を試みた。その結果，内観で出てきた事実を，素直に受け容れて感謝の念を生じ，さらに母親に投影されていた自己像に洞察が至り，恨みも消失した。

また，症例3は父親から脈絡のない暴力を受け，母親は共感のある接触を欠いていた。当初，両親への内観は拒み，可愛がってくれた母方祖母の内観を先に行った。祖母への内観から受容感が出現し，次いで両親への内観を行うことが出来た。さらに感じ直しを施行したが，容易に怒りが治まらず，数回施行した。それでも，感謝へは至らず，「距離を置くことが出来るよう

になった」,「許そうと思う」などと表現した。

　症例2,3のように，内観で怒りが出て来た場合は，怒りを感じ直すことにより，事実を受容していた。怒りを抱えているが，内観のみで葛藤が解消する例と，怒りの感じ直しを要する例がある。この差異は，共感を伴った関わりの多寡によると思われた。

4．恨みへの対応

　内観で出てくる恨みについて、二カ所の内観研修所での対応を紹介する。

　瞑想の森内観研究所所長清水康弘は，恨みが邪魔して内観が頓挫してしまう人に，同研修所の創設者である故柳田鶴声が発案した「うらみ帳」を利用している。内観をしている場所ではなく，別室にて説明し，相手に対する不平，欠点，嫌いな部分，恨みつらみ等のみ列挙して書かせる。書き終えたものを黙読し，内容に拘らないように，内観の作業に入ってもらう。病理の深い人は，書き終えても怒りが起こり，再び恨みを書きたがる場合があるが，内観に徹するよう助言する。

　怒りや恨みは，内観とは正反対であり，それらは外観として，無視して内観するのが原則である。しかし，恨みが出てきて，邪魔することがある。内観を深めれば，そういう偏り，歪みが自然と正されていくが，怒りにとらわれる人はいる。うらみ帳は，怒りや憎しみを，まとめて取り扱うことで，そこから離れて本来の内観に専念することを念頭に置いている。

　また，北陸内観研究所所長長島美稚子も内観カウンセリングなどを行っている。精神科診療を受けている人は，適切に怒りが表出されることが少ないため，内観自体が難しく，「して頂いたこと」を強調して，他者の愛情を感じるようにしている。一方，比較的健康な人は，内観が深まる課程で，今まで回避していた怒りを面接者にぶつける人もいる。これは自然な怒りとして受け止めて，「迷惑をかけられた」思いが表出されているが，「迷惑をかけたこと」として話すように説明している。怒りに対峙し，内観者の回避やネガティブな心情を語って貰うと，自分自身への「迷惑」を捉えられるようになる。

　強い怒りを抱えている場合でも，内観を繰り返せば良いという考えもある。しかし，内観を繰り返すけれども，恨みが取れないと，悲痛な訴えをする者もいる。そのため，怒りの感じ直しなどの手法も必要と思われた。

　内観によって，人との関わりが見えてくると，喜びと感謝が湧いて，自分を受け容れ易くなる。さらに，悲しみ，苦しさや怒りを十分に感じ取り，抑圧されていた感情を解放する。自分の思いや行動のくせに気づき，我欲や執着を知ることができる。目の前に表れた事実をありのままに見ること，そして受け容れることができたとき，自分のあり方は自然に変わって行く。このような経過をまとめると，表のようになる。

表　治療過程

		内観前	内観後	怒りの感じ直し後
症例1	軽症例	怒り	感謝	
症例2	中等症例	怒り	感謝と怒り半ば	感謝
症例3	重症例	怒り	怒り優位	許し

　「生きての恨み」は「死しての恨み」であり，死んでからの世界が信頼できない人々にとっては，生きながら鬼となって晴らさねばならぬ妄執であると馬場あき子は述べ，「例え恨みを遂げながらも瞋恚の心だけがさめやらず炎えつづける紺青の鬼の姿」を伝えている。自らの人生が損なわれても，憎悪に執着する人間の業の深さを窺わせる。恨みをも解消し，人の姿を取り戻す力が内観には秘められていることに，改めて奥深さを感じる。

5．内観と原始仏教の関係

　内観は，ブッダの瞑想に由来するとされている。ブッダは特定の人物を師とすることを止め，自らを師として修行に入る。苦行を否定したのち，ピッパラ樹の下で瞑想に入り，悟りを開いたとされている。集団を離れ，単独者となり苦難を経験し，自己の内面を見つめ直し，心の真実へ到達するパターンを示している。では，ピッパラ樹の下で何を瞑想し，見たのであるのか。中村元は，「釈尊が説いたとされている教えのうちにも，後生の付加仮託になるものが非常に多い」とし，「後代の要素を能うるかぎり排除して，歴史

的人物としての釈尊の生涯を可能な範囲において事実に近いすがたで示そうとつとめ」ている。初期原始仏教の経典から，ブッダの悟りについて，「思索の結果を述べているが，思索の過程を示していない」，「悟りとはなにか？ということについて何の説明もない」としている。このことは，ジョセフ・キャンベルが，「悟りというブッダの境地が悟りに到達する道以外は伝達不能であることをしめしている」とし，「体験者各自の沈黙の体験にたよらなければ獲得できない」と述べていることに類似している。その上で，各経典に共通する部分として，中村は次をあげている。「こうして我は種々の過去の生涯を思い起した，―すなわち，一つの生涯，二つの生涯，（中略）十の生涯，（中略）百の生涯，千の生涯，百千の生涯を，またいくたの宇宙成立期，いくたの宇宙破壊期，宇宙成立破壊期を。（中略）もろもろの生存者が死にまた生まれ（中略）それぞれの業に従っているのを見た」。この部分で，要点はつきており，後代の潤色はないと述べ，ブッダの教えには，特定の教義がなく，現実の人間をあるがままに見ようとする立場であるとした。あるがままを見たとき，苦しみは消えるという。ブッダはすべての自分，人々，宇宙自体をあるがままに見て後，苦しみが消え，悟りを開いたのであるのならば，内観において特定の相手との限られた時間の関わりをあるがままに見て，葛藤が解消するのは，内観はブッダの瞑想のひな型であるのか，とも思われた。

6．仏教心理学の観点

　アビダンマ（仏教教説）はブッダがサーリプッタに説き，サーリプッタが弟子たちに教え，弟子たちが後世にまとめて出来たものとされる。アビダンマの解説書として，十一世紀頃スリランカのアヌルッダがアビダンマッタサンガハを著した。

　そこでは，連続して常にあると認識している現象は，瞬間瞬間生滅する，実体のない波であり，本来の姿は存在せず，無常であると説く。こころが瞬間瞬間変化する過程を認識できるようになると，欲・怒りは実体が「在る」

と誤認していたから生まれたと分かる。

　ひとの体験・現象は，瞬間瞬間の実体のない変化生滅の体験だとありあり
と感じたとき，自我も消えてしまう。定まった自我だと思っていたものがな
い，無我だと分かる。無常であるが故に，無我であり，無常・無我であるこ
とを知れば苦が消え，悟りは開かる。すべては因果法則で繋がっている。

　この境地は容易には識り難く，深遠である。修行に励み，瞑想を深める人
は希であり，その中でも，悟りに至る者は更に少ないとされる由縁である。
しかし，悟りへの道筋で，内観の課程は重要と考える。

7．おわりに

　心の時代と言われた 21 世紀も始まって既に久しい。われわれは，幸せへ
と向かっているのであろうか。私たちには，自分自身の姿を見直し，困難か
ら学ぶ力が備わっている。この力があればこそ，各々の課題を，また時代の
困難をすら越えることが出来るのだと思われてならない。内観を通して，よ
り多くの人たちが心を成長させて下さることを願い，本稿を終えたい。

参考文献

1)　飯島正明．内観療法．原田誠一（編）：外来精神科診療シリーズ　診断の技と
　　工夫．中山書店．2017.

2)　飯島正明．内観療法．原田誠一（編）：外来精神科診療シリーズ　精神療法の
　　技と工夫．中山書店．2017.

3)　吉本伊信：内観法．春秋社．1965.

4)　馬場あき子：鬼の研究．三一書房．1971.

5)　瞑想の森内観研修所．http://naikanhou.com

6)　北陸内観研修所．http://www.e-naikan.jp

7)　アビダンマ講義シリーズ（第 1 巻）物質の分析－ブッダの実践心理学．アル
　　ボムッレ　スマナサーラ．松本晃．サンガ．2005.

8)　アビダンマ講義シリーズ（第 2 巻）心の分析－ブッダの実践心理学．アルボムッ

レ　スマナサーラ．松本晃．サンガ．2006.

9)　アビダンマ講義シリーズ（第 3 巻）心所（心の中身）の分析－ブッダの実践心理学．アルボムッレ　スマナサーラ．松本晃．サンガ．2007.

10)　アビダンマ講義シリーズ（第 5 巻）業とカルマ（輪廻）の分析－ブッダの実践心理学．アルボムッレ　スマナサーラ．松本晃．サンガ．2009.

アルコール依存症の内観療法

竹元隆洋

指宿竹元病院

1. はじめに

　アルコール依存症の自助グループ活動は 1935 年米国のアクロンの街でボ
ブ（外科医）とビル（株仲買人）が週 1 回会って生活体験を語る約束をし
て，実行しているうちに友情・信頼・助け合い・仲間意識が高まり断酒を続
けることができていることを知り AA（Alcoholics Anonymous）を結成し
た[1]。1940 年米国で Alcoholism は病気であることが認められるようにな
り，日本では「アルコール中毒」と訳した。1957 年東京断酒新生会，1963
年全日本断酒連盟発足。同年久里浜病院（現：久里浜医療センター）にアル
コール専門病棟が設置された。1965 年吉本伊信の「内観四十年」が出版され，
同年石田六郎の「内観分析療法の提唱」が日本医事新報に掲載され医学界に
内観が初めて登場した。1976 年指宿竹元病院に内観専門研修棟及びアルコー
ル専門病棟が設置された。1977 年 WHO（世界保健機関）は (ICD-10) で「ア
ルコール中毒」から「アルコール依存症」に病名変更。2012 年 DSM-5（米
国精神医学会）で「アルコール使用障害」を発表，同年日本でアルコール健
康障害対策基本法が成立した。

2. アルコール依存症の診断基準

　2022 年 WHO（世界保健機関）の ICD-11 によって 3 項目のうち 2 項目
あれば診断可能となった。従来は 6 項目のうち 3 項目の基準であった。今
回の 3 項目の基準は（1）「耐性または離脱症状」（2）「アルコール使用の制
御困難」（3）「飲酒中心の生活」。ここで各項目に解説を加えたい。
（1）耐性または離脱症状
① 耐性
　飲酒するとアルコールの中枢神経抑制作用で酩酊がおこりストレス解消な

どには有効であるが，この抑制作用によって快感がおこり，この時，脳内では側坐核に神経伝達物質であるドーパミンが放出されて快感が起こる。[2] この快感記憶によって，繰り返しの欲求・行動がおこり常習飲酒になりやすい。さらに，繰り返しの快感によってドーパミン受容体（細胞）の感受性が低下して快感がにぶくなり，効かなくなる。「もう少し欲しい」と飲酒欲求が強化され飲酒量が1合から2合に増加してしまう。2合の飲酒を繰り返すうちにさらにドーパミンの感受性低下で飲酒欲求が強化され，さらに飲酒量が増加する状態を「耐性ができた」という。こうして，さらに3合の飲酒量に増加しても効かなくなり，3合でも平気，普通（正常）と変らない状態になる。

② 離脱症状

　耐性ができた人が飲酒を中断すると，普通（正常）ではなくなり，異常事態が発生して強い衝動的・強迫的飲酒欲求がおこり離脱症状が出てくる。まず精神症状が出現。落ち着かない，不安，緊張，不眠，意欲低下，せん妄，幻覚などと同時に身体症状として発汗，発熱，手指振戦，ケイレン発作などが出てくる。耐性による飲酒量の増加と強い飲酒欲求と，この離脱症状の出現によって，酒を止めることは極めて困難になってくる。さらに離脱症状がある時，飲酒すると症状が軽快するのでどうしても飲酒してしまう。

（2）アルコール使用の制御困難

　耐性と離脱症状のために制御困難になる一面もあるが，一方にはアルコールが有害であることを否認しながら飲酒してしまう場合も多い。血液検査の結果が悪いと指摘されて飲酒を止めるように忠告されても「このくらいの数値はたいしたことではない」と検査を否認，病気を否認して，現実を直視せず，二度とその病院には行かず自分に不利なことからはすべて現実逃避してしまう。そのためにアルコール問題が深刻になってしまう。それまでに，飲酒をコントロールする努力を重ねても断酒を継続できない段階にくると，断酒をあきらめて「自分の金で飲むのだから何が悪いか」と開き直り飲酒することを正当化して飲み続けることになる。

（3）飲酒中心の生活

断酒をあきらめて飲酒を正当化し不都合なことはすべて否認するようにな
ると，家族の意見も聞かず，他者無視となると極端な自己中心となり迷惑行
動が始まるが，酒と自分のことしか考えず，不利なことは嘘，だまし，言訳，
口実となって，人間関係は急速に悪化する。身近に世話をしてくれる人を犠
牲にしながら他者への迷惑を迷惑と自覚せず迷惑行動が多発してくる。家族
はこれに巻き込まれ振り回されながら，献身的に世話焼き，後始末，尻ぬぐ
いをする「共依存」となり，本人の自立を妨害する良くない支え手（良くな
いイネイブラー）を続けるので依存症は長期化する。ここからは周囲の人々
からの信用もなくなり全てを喪失して孤立していく。依存症はこうして人間
関係障害がさらに深刻化していくことになる。この依存症の中核症状とも言
うべき迷惑行動を内観療法はターゲットにして迷惑を迷惑と自覚し罪悪感を
体感できる治療である。内観療法は治療構造の中核に「迷惑をかけたこと」
がおかれてあり，依存症は「迷惑行動」が中核症状であるので内観療法が最
適の治療であると考える。

3. 指宿竹元病院の治療構造

　依存症の治療は内観療法ひとつで済むわけではない。多角的な方面の治療
構造が必要である。当院は 1972 年開設し 1976 年アルコール専門病棟と内
観療法専用棟を設立し
て集団療法と内観療
法の 2 本柱が機能し
ているので右（表-1）
に示す。

指宿竹元病院の依存症の治療構造
鹿児島県認定依存症治療拠点機関
(1)　依存症専門病棟
(2)　内観療法棟
(3)　治療プログラム
①　物質依存症　4 ヵ月間入院
②　行為依存症　3 ヵ月間入院
(4)　集団精神療法
①生活学習会 (体験発表とコメント・教育指導)
②グループ学習会 (グループミーティング)
③アディクション学習会 (集団認知行動療法)
④SST(デイケアと共同)
(5)　個人精神療法
①内観療法 (2 回の集中内観 (入院 2 ヵ月と 3 ヵ月)・日常内観)
②カウンセリング
(6)　薬物療法
(7)　作業療法
(8)　デイナイトケア棟・住居施設

表-1

4. 依存症専門病棟の生活と集団療法

(1) 依存症専門病棟の生活

　患者同志の生活でお互いに悩み苦しみを正しく理解しあえる。仲間の集まりで孤立から開放される。嘘を言う必要がない。隠しごとや否認の必要がない。

(2) 集団精神療法

　当院では 3 種類の集団療法がある。①生活学習会（入院前の生活と入院治療による変化の体験発表を多職種がコメント）②グループ学習会（グループミーティング）③アディクション学習会（集団認知行動療法）

(3) 集団精神療法の有効性

　①他の人の体験発表が自分の体験と多くの面で重なることで病識が得られる（人の振り見て我が振り直せ）②治療プログラムの進んだ先輩の考え方は自分 1 人の考えより広く，相手のことを重視し，自己中心がなくなっていることに気づく。③入院初期の人と先輩との考え方は大きく変わっているので治療効果を実感できる。④気分は安定し治療意欲がさらに高まる。

5. 個人精神療法（内観療法）

　集団精神療法は他の人の体験や考え方を聞いて同じ病気である自覚から病識が得られ他の考え方を参考にして考え方が広がることには有効だが，個人の内面の深さが不十分である。

　内観療法は，過去の対人関係における自己の態度や行動を客観的，多面的，経時的に調べることによって真実の自己を発見する技法である。内観療法の治療構造（技法）は外面的構造と内面的構造とも簡便で面接者にも内観者にも分かりやすく，治療の終結は 7 日間で他に類をみない短期間である。原法では 6 時から 21 時まで 1 日 15 時間で 7 日間であるが，筆者の病院では，アルコール依存症患者などの場合には，気力体力の低下や慢性の疾患を合併していることが多く，1 日 15 時間は疲労感が強いので，8 時から 18 時まで 1 日 10 時間で面接は 1 日 6 回にしている。内観で調べる 3 項目は原法と同

じであるがアルコール依存症の場合は「酒と自分」または「依存症と自分」というテーマを出すが，かなり有効のようである。食事時間には深化した内観報告を放送する。内観座談会は内観後の洞察の確認と日常内観の動機づけを強化する。

6．内観療法の効果

内観は過去の事実だけを3項目に限定して調べ，人間関係を通して客観的な他者視点から自己を観察する精神療法である。ここで吉本伊信の指導は内観の効果をあげるために「3項目に厳しく限定」（外観にならないように），さらに「過去の事実だけに限定して調べる」と指導していた。「過去の事実だけ」については「その時の考えや思いはその時々の気分で変わるので，変わらない事実だけを調べる」と説明していた。この3項目の事実が内観療法の効果のエビデンスである。一方「調べる」は単なる「思い出」や「想起」ではなく「調査」や「取り調べ」の意味があり，しばしば「検察官が被告を取り調べるように」と加えていた。吉本は1954年から奈良少年刑務所で内観面接をしており，検察のことも熟知していた。3項目が設定されたのは1968年（S43）で上記の「検察官」が犯罪の証拠を集めて事実を明らかにするようにエビデンスに基づく考え方（技法）が出来ていたことが効果を示す根源になっていると考える。この3項目を調べることで内観が深化するようになった。

（1）「してもらったこと」を調べると

両親や多くの人々から多くの愛情を注いでもらった「愛情体験」に気づいてくる。さらにアルコール依存症などの依存症の場合には，特別に自己中心や他者無視によって，色々な心配・迷惑をかけ続けているが，今でもなお周りの人々から愛され支えてもらっていることに基本的信頼感や他者肯定感を実感し，このような自分を大切にして育ててくれて，今もなお大切に支えてくれていることに自己肯定感が得られ，すべての他者や天地万象に「生かされている」ありがたさや「感謝」の気持が湧いてくる。

(2) 「して返したこと」を調べると

　多くの「してもらったこと」があるにもかかわらず自分は何も返していないことに気づく。子どもが「してもらったこと」に対して「して返すこと」がないのは当然なのだが，大人になってもこの「当然意識」を続け，この悪癖は「してもらったこと」さえ忘れて，何も返さず，失礼を重ね自分で勝手に自分を許してしまっている。この悪癖は日常生活の中では思い出すことが困難であり集中内観の時でさえ，多くの内観者が「して返したこと，おかえしは何もありません」と淡淡と回答する。これは「してもらったこと」に対するありがたさや感謝の心がなく，子どものような「当然意識」があるために大人社会の give and take に欠落があり人間関係の未熟さや自己中心，他者無視，甘えなどのため本人は自覚していない迷惑をかけ続けて「してもらったこと」を忘れている（愛情忘却）ために「して返すことは何もない」という回答になってしまう。しかし，集中内観がある程度深化してくるとようやく自覚して「すまない（未済性)」と「償い」の気持が起ってくる。「してかえす」項目では，ある程度深化しないと気づきが得られない難問だと言うことになる。アルコール依存症などの依存症者は自己中心と他者無視の状態になるので，相手のことを考えなくなり「してもらったこと」も「して返したこと」も極端に少なくなる。しかし，依存症からの回復のためには，一般社会で大人として生きていくためにも「して返すこと」が回復へのバロメーターになるのではないかと考える。

(3) 「迷惑をかけたこと」を調べると

　依存症が進行悪化すると他者から多くの愛情をいただきながらも自己中心，他者無視によって他者に与えた迷惑や苦悩の多さに気づき，自己否定はさらに強化されて自己の存在にさえ強い「罪悪感」がおこり「謝罪」の気持が湧いてくる。この「罪悪感」は「うつ病」の罪業妄想などから発生してくる非現実的で病的な罪悪感とは異質なもので「純粋罪悪感」[3]とか「健康的な罪悪感」と呼ばれるものに類似しているが，内観療法の場合の罪悪感は過去の事実を詳細に調べた結果に基づく罪悪感でどんなに深刻になったとして

も精神的に破綻することなく自殺念慮や自殺企図はおこらない。内観療法では，そこに「してもらった」と言う大きな愛の支えがあり，「愛情体験」と「罪悪感」がセットになっており，それがライフネットになっている。しかし，依存症が悪化進行してくると「うつ病」が合併してくる場合もある。このような時は，内観療法をあせらず，「うつ病」を薬物療法で改善させてから状況をみて内観療法を適用することが望ましい。

(4) 3項目を調べることによる内観の深化

　この3項目による気づきの深化の流れを（図-1）[4]に示す。

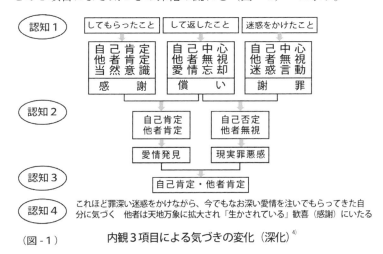

（図-1）　　**内観3項目による気づきの変化（深化）**[4]

7. 断酒者と内観との関わり（意識調査）[5]

　当院に入院し内観療法を体験し，退院後1年以上断酒している断酒会員48人の内観に対する意識調査の結果を示す（複数回答）。集中内観前の心境は「一所懸命やろう」が断酒者には多く入院中から治療に積極的であった（表2）。集中内観直後の心境は「自分の醜さを知り反省心が生まれた」が最も多く，これは罪責感や自己否定的な自己発見から新しい自己を再構築する準備段階の心境である（表3）。断酒決意のきっかけは「集中内観」と「家族のかかわり」が一体になっているものと考えられる（表4）。何が人格・性

格に影響を与えたかでは「内観」が39％で抜群に多い（表5）。内観が人格変化に与える影響としては「大きく影響している」が57.1％で内観の効果を高く評価している（表6）。断酒継続できる理由は「地域断酒会」（36.3％）を高く評価している。さらに「家族の思いやりや理解」（19.9％）と集中内観の経験（19.9％）も一体になっていると考えられる。（表7）この意識調査では当院では内観療法が圧倒的存在になっているようである。

表2 集中内観前の心境

		人数	％
1.	一所懸命やろう	30	60
2.	治療だから仕方がない	11	22
3.	内観して何になるのか不安	5	10
4.	その他	3	6
5.	やりたくない	1	2
		50	100

表3 集中内観直後の心境

		人数	％
1.	自分の醜さを知り反省が生じた	21	22.3
2.	断酒への意欲がわいてきた	12	12.8
3.	生かされている自分を発見	11	11.7
4.	精神的に安定した	10	10.6
5.	すがすがしい気分	9	9.6
6.	もう少し真剣にやればよかった	8	8.6
7.	愛を自覚感謝の気持ちがわいてきた	7	7.4
8.	思いやりの心がわいてきた	6	6.4
9.	人に寛大になれた	3	3.2
10.	心境の変化はなし	2	2.1
11.	人を信頼できるようになった	2	2.1
12.	自信を失い苦痛であった	1	1.1
13.	自信を取り戻す事ができた	1	1.1
14.	その他	1	1.1
		94	100

表 4　断酒決意のきっかけ

		人数	%
1.	集中内観	21	24.4
2.	院内断酒会	17	19.8
3.	家族とのかかわり	14	16.3
4.	断酒会	13	15.0
5.	日常内観	9	10.5
6.	病棟生活	8	9.3
7.	その他	4	4.7
		86	100

表 5　何が人格・性格に影響を与えたか

		人数	%
1.	内観	25	39.0
2.	入院治療全体	12	18.8
3.	保護室での生活	11	17.2
4.	集団生活 (同情者とのふれあい)	8	12.5
5.	院内断酒会	8	12.5
		64	100

表 6　内観が人格変化に与える影響

		人数	%
1.	大きく影響している	28	57.1
2.	少なからず影響している	19	38.8
3.	あまり影響していない	2	4.1
		49	100

表7　断酒継続できる理由

		人数	%
1.	断酒会	29	36.3
2.	家族の思いやりや理解	16	19.9
3.	集中内観の経験	16	19.9
4.	仕事	8	10.0
5.	日常内観	7	8.8
6.	その他	3	3.8
7.	無回答	1	1.3
		80	100

8.　心理テストの内観前後の変化

（1）Y-G 性格検査[6]

　63 例で内観前と内観後の平均を算出し，そのプロフィールを比較すると有意に（1％水準）減少したものは劣等感，神経質，主観的の3項目，有意に増加したものは活動的，支配性，社会的外向の3項目で内観療法が性格的変化に大きな影響を与えていることが示された。また性格類型の変化では内観後にD型やA型が増加し，E型やC型が減少しているのが目立ち，より望ましい性格傾向を示すような変化が認められた。

（2）エゴグラム[7]

　32 例で交流分析の観点から内観前後のエゴグラムで表わすと母性的なPとAにおいて有意（1％水準）上昇が認められ，これは対人関係において，より大人としての自覚が確立されてきたことを示している。

（3）ロールシャッハ・テスト[8]

　15 例で一般的な特徴として反応数が少ない，反応拒否が多い，全体反応のW％が高い。人間運動反応Mが少ない。内観前後の比較では，人間運動反応が比較的に増加。全体反応が減少され，アルコール依存症者の特徴がいくらか改善されている。その他の項目では内観前後の変化は少なかった。

（4）バウム・テスト[9]

50 例でバウムテストでの変化は①樹木のサイズが大きくなる②地平線が出現する③幹が大きくなる④枝開放型が消失⑤枝の数や枝分かれがふえる⑥葉や実もふえる，減ったとしても大きなものになる。全体的傾向としては，内観後は情報が安定し，空想するよりも現実の活動に満足を求め，社会適応や自己拡大の欲求が現れてきたものと解釈できる。

(5) 風景構成法[10]

　46 例で内観前後の変化は各アイテムにおいて 30 ～ 60％の範囲で認められた。構成は内観後にまとまりを見せ，彩色部分が増加。川は蛇行が弱くなり，山は曲線で色が明るく，田には苗や稲があり，道は直線，道の数は複数，人は女性から男性に，石は加工石から自然石に，石は少なくなり複数に，季節の変化が約60％に認められた。全体的にまとまりがあり，明るくやわらかく，より自然な感じで親しみのわく描画に変化する。このことから内観療法はアルコール依存症者の人間的な回復にかなりの効果を示しているようである。

9. アルコール依存症に対する内観療法の予後調査

(1) 1995 年の予後調査[11]

　1995 年当院で内観療法を行い退院して 1 年から 2 年 3 ヵ月経過した 146 例を対象に電話による予後調査を行った。予後が判明したのは 106 例（72.6％）でそのうち死亡が 7 例だった。死亡の 7 例を除き 99 例において断酒者は 42 例で断酒率は 42.4％であった。鈴木[12]によればアルコール依存症の予後調査では 2 年経過してほぼ安定するとしており，諸家の報告でも 1 年半から 2 年にかけての断酒率は 20％程度である。これと比較すると内観療法を適用した場合の断酒率は 42.4％でこれに，予後不明の 47 例を加えた断酒率は 28.7％でかなり高率であることが分る。当院では，1975 年よりアルコール依存症の治療プログラムに 1 回の集中内観を適用していたが，2004 年よりギャンブル障害の治療プログラムに 2 回の集中内観を導入し有効だったため，2007 年より全ての依存症入院治療プログラムで 2 回の集中内観を実施してきた。

(2) 2020 年の予後調査[13]

　内観療法の効果を調べるために退院後 2 年から 5 年経過の予後について273 人を対象に電話調査を行った。その結果，アルコール依存症の回復状況は，完全回復 (完全断酒) が 26.4％から 43.3％，部分回復が 5.8％から 9.4％。再発が 47.2％から 67.8％だった。ギャンブル障害では，完全回復が 36.4％から 59.3％，部分回復が 6.8％から 11.1％，再発が 29.6％から 56.8％だった。どちらも良好な治療成績であると推察され内観療法の有効性が示唆された。また，アルコール依存症で回復している者の背景は，初回入院，就労，通院，同居と関連しており，社会的な関わりが良好に保たれている者だった。内観療法を通して依存症者の心理的特徴である自己中心性や否認が改善することで，社会的な関わりを良好にするのではないかと推察された。

(3) 考察

　1995 年の予後調査と 2020 年では対象は約 2 倍多く，入院期間が 2 カ月間短縮し，入院期間中に集中内観は 2 回にして，調査は退院後経過は 2 年以上とした。1995 年で断酒率は 42.4％と 2020 年 43.3％で極めて類似していた。その結果から内観を 2 回にしたことでプログラムを 2 カ月短縮できて調査対象の退院後経過を 2 年以上に引きあげても断酒率はほとんど同じだった。

文献

1) 　AA J.S.O.：アルコホリクス・アノニマス成年に達する，1–73，1990

2) 　永井拓, 山田清文, 貝淵弘三：ドーパミン D1 受容体により制御される報酬シグナル, 日本アルコール・薬物医学会雑誌,51（6）,2016

3) 　安永浩：治療機転と罪悪感，精神医学,9（4）,281–290,1967

4) 　竹元隆洋：内観療法, 臨床精神医学,35（1）,472–482,2006

5) 　一條信子, 竹元隆洋：断酒生活と内観のかかわり, 第 11 回日本内観学会発表論文集,60–67,1988

6) 　毛利良子, 竹元隆洋, 西明美：アルコール症者の内観療法による性格変化, 第

6 回日本内観学会発表論文集 ,39–42,1983

7） 竹元隆洋 , 臼杵佳余子：交流分析の観点から内観療法の効果について , 第 3 回
日本内観学会発表論文集 ,50–53,1980

8） 一條信子 , 竹元隆洋：アルコール症者のロールシャッハ・テスト ,Y － G 性格
検査の変化 , 第 10 回日本内観学会発表論文集 ,46–50,1987

9） 原竹成美 , 毛利良子 , 伊藤敏博 , 仮屋崎啓子 , 竹元隆洋:内観療法によるアルコー
ル症者の心理的変化―Y － G 性格検査とバウムテストを用いて , 日本内観学
会第 7 回大会発表論文集 ,95–97,1984

10） 川内知子 , 一條信子 , 竹元隆洋：集中内観前後の風景構成法における変化 , 第
13 回日本内観学会発表論文集 ,82–83,1990

11） 竹元隆洋：アルコール依存症に対する内観療法 , 内観研究 ,1（1）,61–71,
1995

12） 鈴木康夫：アルコール症者の予後に関する多面的研究 , 精神経誌 84（4）,
243–261,1982

13） 原田勁吾 , 竹元隆洋：2 回の集中内観を行った依存症者の予後調査 , 内観研究 ,
26（1）,47–59,2020

内観の適応および内観研修所と
連携する際の臨床上の工夫やポイント

長山　惠一

法政大学名誉教授

本章では内観の適応について，あるいは内観研修所と連携しつつ集中内観を適応する際の臨床上のポイントについて論じてみたい。医療機関で既に内観（集中内観）を治療システムの一部に取り入れている施設の場合には，こうした点は問題にならないかもしれない。しかし，残念ながらそうした医療機関は数が限られているのが現状であり，本書の読者の多くは一般の精神科病院や精神科クリニック（心療内科クリニック），心理相談室等で通常の精神科医療，カウンセリングなどの心理治療を行っている方々であろう。本書では内観を治療システムとして導入していない一般の精神科医療（心療内科医療）・心理相談室等に在籍する専門家がどのような患者（来談者）に内観を適応し，どんな点に留意しながら内観研究所と連携しつつ内観を治療に取り入れるかを，(1)内観の臨床適応に関するいくつかの要因，(2)内観研修所と連携する際の臨床上の留意点,(3)内観研修所に紹介するまでの臨床上の工夫，の３点に焦点を当てて論じてみたい。

１．内観の臨床適応に関するいくつかの要因

どのような患者に内観（集中内観）を適応するのかという治療適応の問題については，これまで多くの論者によって論じられてきた。本書ではそれを，① 疾患の種別と内観，② 内観療法（特に集中内観）の紹介や導入に際しての抵抗，③ 内観を勧める時期や治療者患者関係，に焦点をあてて論じてみたい。

① 疾患の種別と内観：

臨床において内観療法の適応という場合，どんな疾患を有する患者に内観を行うのが適切なのかが問題になる。これまでの臨床研究から内観療法

の適応範囲は思いのほか広いことが分かっており，アルコール依存などの嗜癖関連疾患や神経症，思春期不適応（家庭内暴力，不登校など），うつ病，心身症，など幅広い疾患に有効であることが確認されている。とりわけ，医療分野で内観療法を導入した先駆的な臨床家である竹元隆洋（竹元，1995）はアルコール依存の入院治療に集中内観を取り入れて，アルコール依存症治療に大きな成果を上げてきたことは精神医学の領域では良く知られている。川原隆造（川原，1996）は各種神経症や遷延したうつ病などに集中内観を試みて内観の臨床応用の拡大の途を拓いた。心療内科の領域では摂食障害など各種心身症に内観療法は試みられており，臨床的に有効な効果を上げている。アルコール依存の治療にしても摂食障害の治療にしても，治療はなかなか困難であることが臨床的に知られている。そうした疾病にも集中内観はしばしば大きな効果をあげ得るが，それは内観の技法（内観３項目）や集中内観の場のセッティングが患者を身ぐるみ尊重・受容しつつも，自立や自己内省を促す契機がふんだんに含まれるからであろう。

　ただし，内観の適応範囲は広いとは言え，生物学的にも自我に脆弱性を抱えている統合失調症には適応は慎重の上にも慎重になされるべきあろう。うつ病においては，うつ症状が強い時期に内観を行うと病的罪悪感をいたずらに刺激する恐れがあり，うつ症状がおちついた状況を見計らって内観導入を試みる配慮が必要となる。

②　内観療法（特に集中内観）の紹介や導入に際しての抵抗：

　内観療法をどんな疾病に適応するのかという問題も臨床的には大切であるが，それ以上に患者をどのように内観へと誘い内観を体験してもらうかの治療導入に関する工夫が内観療法（集中内観）の場合はとりわけ重要となる。精神科臨床に内観を応用した川原隆造（川原，1996, 7-8頁）は「内観導入までの抵抗」として，（ⅰ）倫理道徳（特に恩思想）の押し付け，（ⅱ）自分の真実を見つめることの抵抗，（ⅲ）内観には宗教色が強い，（ⅳ）内観は難行苦行である，の四つを上げている。（ⅱ）は内観以外の精神療法

にも共通するものだとしても，（ⅰ）（ⅲ）（ⅳ）は内観ならではの抵抗と
いえる。しかし，そうした患者の抵抗を内観（内観療法）の出自（すなわ
ち創始者の吉本伊信が浄土真宗の木辺派に伝わる「身調べ」から内観を発
案した）に起因すると考えるのは的外れだと筆者は考えている。それら一
見, 内観（集中内観）に特異的と思えるような「内観導入までの抵抗」も，
その多くは集中内観の治療テーマ（内観３項目）や禁欲性の高い治療構造
が患者の依存的防衛（健康な自立心を妨げる依存的な攻撃性や自己都合的
な言い訳）にダイレクトに働きかける形式をとるためだと考えられる。内
観の中心的技法である内観３項目が母親（あるいは父親）に「してもらっ
たこと」「してかえしたこと」「迷惑をかけたこと」の内省課題で構成され
ているのは東洋的（あるいは日本的）な恩愛思想（倫理価値規範）と関係
がないことは，その種の倫理価値規範とは無縁な西洋人に内観３項目をそ
のまま適応して治療効果が得られるという多くの臨床知見から明らかであ
る。また集中内観が宗教的な「難行苦行」に見えるのは，内観３項目が恩
愛的な価値規範を日本人に連想させやすいことに加えて，禁欲的な治療
構造が際立っているからである。しかし，集中内観の禁欲的構造は特定の
価値規範を患者（内観者）に押し付けるために存在するのではなく，それ
は患者への無条件の受容や自発性の尊重に貫かれていることは集中内観の
経験者であれば誰もが理解できるところであろう。しかし，こうした理解
はあくまで内観の経験者あるいは内観療法の専門家側の「都合」に過ぎず，
内観未経験者の立場に立って内観導入のために心を砕く必要があることは
他の精神療法以上に重要である。何故なら，他の精神療法の場合，治療導
入は登山に喩えればいわば治療の一合目かも知れないが，内観の場合は患
者がしぶしぶであっても１週間の時間をとって集中内観を内観研修所で受
けてみようと決意するのは治療プロセス全体の３合目〜７合目の段階で起
きるものだからである。そうした「内観導入」への配慮を欠いた内観の無
理強いは結果的に治療者側の価値観の押し付けにもなりかねない。

③　内観を勧める時期や治療者患者関係：

　内観をどんな時期に勧めるかについて，多くの内観研究者や臨床家は患者が自分の症状や不適応行動が親子間の葛藤と関連することを薄々でも自覚するようになってから内観を勧めるとしているのは筆者も同感である。筆者（長山, 2000）はかつて一般の精神科外来で担当していた過食・嘔吐・抑うつ感を主訴とした 31 歳の女性患者に治療の後半段階で内観研修所での集中内観を組み合わせた事例を紹介しつつ「内観への治療導入の工夫」を論じたことがある。この論考は一般の精神科外来（あるいは一般の心理相談室）の通常臨床の中でどのように内観を併用するのか，その際の治療者患者関係の原則を理解する上でヒントになると思われるので概略を以下に紹介する。

＜治療の概要＞

　初診から治療終結まで通院治療は 2 週間に 1 回の頻度で行われ，全経過は約 1 年，総計 25 回の面接がおこなわれた。面接時間は初診時のみ 40 分，その他は 20 ～ 30 分の外来精神療法を通常診療の中で行った。治療経過は内容面から次の I ～IV期に分けられた。

＜治療第 I 期：治療の導入期，第 1 ～ 4 回まで＞

　病歴の聴取と心理検査，治療的なラポール形成を行う。東京慈恵医大の森田療法室で使用している生活史の調査票―「生い立ちの記」―を患者に渡して記載してもらう（ 4 回目）。患者と相談の上，薬物を併用しつつ治療を開始した。心理テストでは病態は神経症水準であり，対人的な距離の取り方に困難を感じやすく，情緒的に不安定で感情的な距離が取り難く，冷静に物事が見られなくなる傾向があるという結果であった。一応のラポールが形成された段階で，薬を併用しながら 2 週間に 1 回，20 ～ 30 分程の精神療法を行うことを提案し，治療が始まる。患者は面接では少し甘えたような口調で訥々と過食について，あるいはこれまでの自分の家のいざこざや母親との軋轢，葛藤を遠慮がちに話す。この時期，筆者は治療者として次のようなこと

を考えていた。（ⅰ）患者の対人能力，特に感情的な表現能力，統合能力にやや問題はあるものの，それなりの能力がある人と感じていた。（ⅱ）治療では患者と適度な距離感を保ちつつ，余り接近戦にならないように注意して精神療法を進める。治療者の時間的都合も考慮して２週間に１回のペースで焦らず精神療法をやっていこう。（ⅲ）母親と父親をめぐる依存葛藤が治療の中心課題であり，精神療法がある程度進んだ段階で内観研修所に紹介して，集中内観を併用しようと最初から意図していた。

＜治療第Ⅱ期：第５～９回＞

「生い立ちの記」を書いて治療者に手渡してから，気分的に少し安定感が出てくると同時に過食の頻度が若干減る。面接は相変わらず訥々とした語り口だが，少しずつ自然に自己の内面世界や感情を語り始める。しかし，面接で沈黙が続くと治療者が何を考えているのか不安になり緊張する。治療者はそれを何度か面接場面で話題に取り上げる。２週に１回，20～30分の面接では治療者患者間の「つながり」の感覚が弱くなると考え，「日記」を精神療法に導入する。患者には「自分の内面を表現する練習にもなる」旨の説明をし，２週間の出来事や感情などを自由にそこに記載してもらい，１日の記載分量はＡ４版のノート三分の一程度にすることを指示した。治療者は治療がある程度進んだ段階で，気持ちの整理と復習の意味合いから集中内観に行くことを提案し，無理強いしないよう注意しつつ内観の一般的な説明と内観啓蒙書を紹介する。患者は余り乗り気でなかったが治療者は敢えてそれを問題にしなかった。

＜治療第Ⅲ期：第10～15回＞

日記を併用した精神療法を開始する。２冊のノートを患者が交互に記載する形を取った。日記の内容を治療者側から特に話題にすることはせず，面接の最初に日記をまず２～３分かけてざっと目を通し，その後精神療法に入る。面接の終了時に預かっていたもう１冊の日記を患者に返し，治療者は面接の終了後に新たに預かった日記を詳しく読んで，そこに朱筆で短いコメントを加えた。患者はその週の日記に書いた事柄や治療者のコメントをしばしば面

接で話題にする。面接では感情表現はまだ不器用だが，日記を介して自分の気持ちを素直に出せるようになり，治療者もそれを励まし，気付いた点を指摘した。面接を重ねるうちに徐々に言葉と感情の乖離が減り，話し方もより自然になる。母親，姉，亡くなった父親との葛藤が語られ，「父も母も私を可愛がってくれたし，心配もしてくれた。でも。心配するのではなく，正面から私のマイナス面も含めて向き合って欲しかった」との思いを述べるようになる。過食は減少する。一方で，徐々に問題の本質は相手にあるのではなく，自分が良くも悪くも問題の鍵を握っていることに気付き始める。

＜治療第Ⅳ期：第 16 〜 22 回＞

　いろいろな面で自分の気持ちを素直に出せるようになり，過食症状は消失する。他人に余計な気遣いが減り，友人やお茶のお稽古での交友関係が楽しめるようになる。母や父は自分と向き合ってくれなかったが，何より自分が自分と向き合ってこなかったと感じるという。行動の範囲が広がり新しいことにチャレンジする気持ちが芽生える。患者はアパートを探して一人暮らしを始める。内服薬を減量し，まもなく投薬を中止した。治療者が再度内観を説明し，集中内観を勧めた結果，内観研修所に行く決意を固める。

〔6泊7日の集中内観を経験する〕母親あるいは姉に対して深い懺悔心と慟哭が体験され，深い内観が体験された旨の報告が研修所側からもたらされた。

＜治療第Ⅴ期：第 23 〜 25 回＞

　一人暮らしをするようになって，今まで母親にやってもらったことの多さに気付き，素直にありがとうと言えるようになった。母親との距離感も出て，かえって良い感じになった。母も年を取った，元気でいて欲しいと素直に思える。集中内観は本当に役に立った。一週間やれたことが自信になった。特に内観では姉に対して自分がいかに嫉妬していたかに気付きびっくりした。食事もS先生（女性面接者）が気配りして作ってくれたのがうれしくて，とても吐けるもんじゃない。最後のミーティングで皆の前で家族のことが言える自分に驚いた。初めて父親の墓参りにも行った。「今まで後悔してばかりだったが，今までの32年があったから今の自分があるのだ。32年間よく

頑張ってきたな，よくやったなという気持ちです」と自己受容が語られ，治療は終結となる。

　上記のような事例を通して筆者は一般の精神科外来（あるいは心理相談）で精神療法（カウンセリング）と内観（集中内観）を併用する際のポイントを以下の四点にまとめた。（ⅰ）依存の病理にかかわる心的葛藤が精神療法（カウンセリング）の中で具体的に話題に上り，それが患者に意識化され始める治療中盤～終盤にかけて集中内観に導入するのが最も効果的である。（ⅱ）精神療法（カウンセリング）を担当する治療者と内観面接者（紹介先の内観研修所）の双方が信頼して役割分担を行い，両者の信頼感や「つながり」が患者に実感されるよう配慮する工夫が大切である。（ⅲ）内観療法を併用する際には精神療法（カウンセリング）を担当する治療者は最初からそれをできるだけ意識的に行う必要がある。治療が膠着状態になってからそれを提案すると治療者側の無意識的な「逃げ」を助長し，また患者側にも不必要に「見捨てられ感」を生む恐れがある。（ⅳ）集中内観への導入としては，ある程度心理的な距離感を保った一般的な精神療法（カウンセリング）が向いており，精神分析のような「転移」「逆転移」を直接的に扱う精神療法は内観導入の方法としてはリスクが大きい。

２．内観研修所と連携する際の臨床上のポイントや集中内観を説明する際の留意点

①集中内観を紹介する治療者が自分で集中内観を体験していることが重要である。

　患者に集中内観を説明するにあたり治療者自身が実際にそれを体験しているかどうかは患者の「内観導入までの抵抗」を理解する上で決定的に重要である。治療者自身が実際に集中内観を経験していれば内観への種々の抵抗感について，程度の違いはあれ自らも経験したことなので患者の質問に臨機応変に答えたり，対応が可能になることは容易に想像がつく。もう

一つ重要なのは治療者が特定の内観研修所で集中内観を体験しようと考える場合，それは内観という方法論を信頼していることに加えて，その研修所（面接者である所長やスタッフ）を専門家として信頼しているからであり，それが患者に集中内観を勧める際に役に立つからである。それは患者の紹介がスムーズに行えるというだけでなく，集中内観に不安を覚える患者にとって双方が専門家として信頼し合っている様相が言外に伝わり安心感を生むからである。

②臨床心理系の大学院生に集中内観を勧めた経験と，その際の説明のポイント

　筆者は昨年まで臨床心理系の大学院（1学年15名）で比較精神療法の講義を担当していた。そこで学生に毎年，臨床教育訓練（精神分析で言えば訓練分析に相当する）の良い機会になるという理由から講義の中で集中内観を勧めてきた。毎年，2〜数名の学生が集中内観を経験し好評を得ていた。その際の説明の要点は患者に集中内観を勧めるポイントにも多分に重なるのでそれを紹介してみたい。臨床心理の専門家を自らが目指す院生の場合，動機の面で患者より高い傾向にあり，比較的に「健康」であることも言うまでもない。しかし，通常のカウンセリングや精神分析などに比して集中内観に戸惑いを覚えるのは患者の場合と五十歩百歩である。院生の場合は以下の説明をかなりストレートに授業中に行い，患者の場合は相手に合わせて個別に対応・説明する違いがあるに過ぎない。

（ⅰ）集中内観は自分を見つめ直す方法論として精神療法のエッセンスを凝縮した普遍性があり，必ずしも「日本的」なものではないし，宗教とも無関係である。

　1週間の集中内観は週1回数年間の教育訓練分析に匹敵する体験となり得る。集中内観がどの程度役に立つかは学生が内観にどう取り組むかにもよるので保障の限りではないが，紹介する内観研修所はプロとして信頼できるところなので内観がマイナスに作用することはない。内観は宗教や特定の価値規範を内観者に押し付けるものでは無いし，大学院を卒業した後，

内観療法や内観学会に無理にかかわる必要もない。精神分析などで教育訓練分析を受ける場合は数年以上の期間がかかり，誰に受けるのかも含めて学派選択がダイレクトにかかわってくる。その点，集中内観は1週間で終わり，本人が望まない限りその後，内観にかかわる必要もない。

（ⅱ）父母とのかかわりから自分を見つめ直す作業は内観に限ったことではなく普遍性がある。

　現に生きている父母というより，皆さんの心の中に生きている「母親」「父親」が自分（の生き方）に大きな影響を与えるのである。父や母が亡くなれば問題が解消する訳では決してない。皆さん方の母親や父親が仮に不幸（な生き方あるいは態度・人間関係などを）な部分を有する人だったとしても，それは相手（母や父）の自由であり，その不幸に貴方までが付き合う必要はない。集中内観で自分を見つめ直す作業は「自分自身と和解（自分自身が自由になる作業）」であり，それは心の中の母や父との和解の作業にも直接かかわってくる。

３．内観研修所に紹介するまでの臨床上の工夫

　一人のセラピストが外来で集中内観を勧める際の臨床上の工夫やポイントについては既に説明したが，病院に入院している患者を外部の内観研修所に紹介する際の筆者なりの工夫や経験について最後に紹介してみたい。

　筆者はアルコール病棟を有する精神科病院に以前から非常勤で勤務しているが，筆者自身はアルコールの病棟の入院患者を担当していない。アルコール病棟の病棟医は自ら集中内観を経験したことがあり，病棟医から依頼されて何人かの患者を外部の内観研修所に紹介したことがある。その際の工夫やポイントは以下のようなものであった。①集中内観を経験してもらえそうな患者を病棟医（主治医）があらかじめ本人の動機や家族の意向，経済的な要素を踏まえた上で選び出して筆者に紹介してくれた。②筆者はあくまで内観の説明や導入を担当する医師として主治医と役割分担していた（これを明確にするために意図的に病棟内では面接はせず，外来診察室にて毎週30分程

度，内観導入面接を行った〔アルコール病棟入院中の２か月間ほど〕）。③最初の面接で，筆者の簡単な自己紹介と役割の説明を行い集中内観の概略を説明し，質問に丁寧に答えた。紹介予定の内観研修所のＨＰを教え，それを見るように勧めた。③就寝前の自由時間の 30 〜 60 分程を使って毎日，自室で内観の練習をしてください，と患者にお願いし内観３項目に沿って想起した内容を毎日日記に記載するよう説明・指導した。④週に１回の面接では患者はノートを参照しながら１週間分の内観的内省を報告し，それを筆者は受容的に励ましつつ傾聴した。

　こうした集中内観の「予行演習（日常内観）」を通して患者は内観が特定の宗教にかかわるものでないこと，あるいは研修所で何か「怖いこと」を言われたり批判される訳ではないことを実感し，内観研修所への紹介がスムーズに行えたことを経験した。

文献

川原隆造：『内観療法』,新興医学出版社,1996

長山恵一：「内観への治療導入への工夫」,内観医学；2,27–34,2000

竹元隆洋：「アルコール依存症に対する内観療法」,内観研究, 1 ；61–71,1995

内観研修所との連携による治療促進過程
－心の成長を抱える枠構造について－
田中櫻子

1. はじめに

　複数の治療機関が関わり，相互に連携をとることで症例が改善に向かうことがある。治療過程に集中内観が導入された報告はこれまでもなされているが，個人を最初に受け入れた機関は，なぜ，内観研修所と連携を行うのか。また，連携によって何が起きるのか。詳しく考察したい。

2. 心理療法と枠構造

　心理面接における枠（時間，場所，料金，ほか）について論じた臨床家としては，例えばアクスラインが知られている (Axline,V.M.1911-1988)。彼女は遊戯療法を行う際に子どもと交わす約束を制限(limitation) と呼んだ(Axline,V.M 1947)。がしかし，否定的なニュアンスも持つ制限という言葉を，本稿では用いないこととする。また単なる枠でもなく，枠構造と呼ぶことにしたい。

　成田は治療構造という言葉を用い，心理療法における治療者の役割を5つあげ，その2番目が「治療構造を設定し維持する」ことだとしている (成田,2001)。クライエントの役割も5つあげ，やはり2番目が「治療構造を守る」である。クライエントは治療構造を守ることで，守られる。治療者も，枠構造（成田の言う治療構造）を守ることで，よりしっかりとクライエントを守ることができる。

　河合は，臨床家が「クライエントの変容のための容器となることが大切」だと述べている (河合,1991)。臨床家は容器としての機能を全うするための努力として，しっかりした枠構造を設定しようとする。そして治療者とクライエントはその枠構造を守る。

　クライエントはやがて社会と広く繋がっていく存在であるから，治療者は一方にクライエントを抱えながら，他方で自らも程よく外界と交流を持つことが大切ではないか。ここに，治療者が他機関と連携をとることが望ましい理由を見出

すことができる。

　次に，内観研修所と私設相談室の枠構造について述べる。

3．私設相談室の個人面接と内観研修所の集中内観

　筆者の私設相談室の場合を例にとると，面接は1回45分から50分，費用は1回8,000円と設定している。面接の申し込みは電話かファックス，あるいはホームページ上のメールフォームで受け付け，予約の調整は筆者が自ら行う。クライエントによって面接の間隔はまちまちだ。

　相談室はドア1枚で日常生活と隔てられており，"非日常の空間"と表現される。面接中，来談者は一人になることはなく，限られた時間内であるが，絶えず面接者に見守られている。

　いっぽう集中内観は1週間という期限内で行われ，料金も研修所によって決まっている。

　内観三項目に沿って調べるメソッド（方法）も，治療の枠構造の一部分を構成している。内観者同士は会話せず，内観以外は何もしない。衣食住のお世話を受けながら，一週間を研修所内で過ごす。

　集中内観では部屋の四隅に立てられた屏風の中に内観者が座し，そこへ面接者が訪ねて来て内観面接が行われる。屏風はゆるやかに内観者を守っているが，日常と非日常を隔てる機能はない。内観研修所では屏風の内側も，屏風の外側も非日常である。集中内観の枠構造は，一言で言うと"非日常での生活"である。

　相談室では限られた面接時間に目の前の面接者とその場で気づきを共有することが起こる。集中内観での気づきは独りでしみじみとかみしめ，屏風内で，孤独に全身で味わう感動となる。集中内観中の内観者は，他の内観者とともにいながらも，独りでいる，と言える。

　内観者は相談室のクライエントと比較して，高い主体性をもって孤独な作業を続けていることが多い。そして内観面接者は，内観者を守り世話するとともに，内観面接によってその主体性を引き出す役割も担う。

以上のように，私設相談室と内観研修所それぞれが，枠構造に特色を持つ。両機関が連携をとることで，2つの異なった枠構造が1つの事例に用いられる。以下，事例を通して考察する。

4．事例提示

〔事例〕

Aさん　51歳　専業主婦　夫と2人の息子との4人家族

（以下，Aさんの発言および手紙の内容は太字で表す。）

(1) 来談までの経緯

X年6月22日

　筆者の私設相談室に一人の男子学生（当時25歳）が来談した。4年制の私立大学に所属，1科目だけ，試験の点数が単位取得にとどかず休学していた。母親，社会人の兄との3人で，大学付近で暮らしていた。父親は地元に残っていた。この学生の母親がAさんである。

　「別の相談室で心理士に病院を紹介された。病院は入院をすすめた。本当にそれでいいのか。病院をすすめたのは心理士だから，心理士に相談に来た。入院したくない。できれば自立したいが今はそれができない。実家にお金もない」と学生は語った。

　知的にしっかりしていそうだが，腕にはリストカットの痕があり，自己管理能力は低くなっているようだ。行動化が予測された。やや批判的な口調も気になった。周囲の人間への信頼感を回復することが最も急がれるのではないかと感じた。筆者の脳裏に，病院以外の安全な場所として内観研修所が浮かんだ。

　学生に集中内観を提案した。朝5時の起床と聞き，学生は「入院のほうがまし」と言った。1週間後に会う約束をし，主治医の診療情報提供書もほしいと伝えた。

X年6月27日

　学生から過量服薬したとの電話。主治医に紹介された病院に，ベッドの空きが無いと断られ，混乱したのだと言う。救急車を呼ぶよう指示した。学生は胃の洗浄を受けた。この日，主治医から相談室に，診療情報提供書が郵送で届

いた。

X年6月29日

　学生が2度目の来談。研究員である父親は非常にプライドが高く，2人の息子を厳しく育てた。次男（学生）の留年に激怒した。自分が勤める研究所に，学生を見習いに送り込むと決めた。下宿先から実家に急に呼び出された学生は，父の勤める研究所に着くや否や泣いて叫んで，過呼吸になった。精神科を受診，投薬が始まる。過量服薬，アルコール飲酒，リストカットと徐々に問題がエスカレートしていった。

　この面接の後，学生は両親に集中内観を受けたいと申し出た。母親と兄は相談室に予約を入れた。学生は，集中内観から戻ったら一人暮らしをしたい，とも言った。

(2) Aさんの経過

X年7月4日

　Aさんからの面接予約の電話は，学生の集中内観期間中に入った。「**（学生は）下宿では寝たきりで，坂道を転がり落ちていく感じがしましたが，集中内観に行って，朝，5時から起きていると知って，涙が出てしまいました…**」と。Aさんは止め処なく話した。

　父親は夫婦内観を即決。両親は学生と入れ替わりに集中内観に入った。

X年7月16日

　両親が集中内観を終える日，内観研修所で親子3人に対するカウンセリングが行われた。一人暮らしをしたいという学生の希望については，三食きちんと食べ，規則正しく睡眠をとり，主治医から許可が出ることが条件になった。Aさんは夫のもとで生活することになった。地元の相談機関で臨床心理士から夫婦で面接を受けることも決まった。Aさんは，地元で学生の主治医であった精神科医にも，進行状況を報告していきたいと言った。

　学生は引き続き筆者が相談室で担当することになった。

X年7月末

　Aさんから手紙が届いた。父親は集中内観について「これからの生き方につ

いて学べる点があった。下手な海外旅行に行くよりも良かった」との感想だった
という。その傍らで，Ａさんは全く日常生活に戻れず，家事も最低限で，昼間
も横になって過ごした。以下は手紙からの抜粋である。

　私の不安は夫から受けることが多いように思います。その不安を息子（学生）
に伝えてしまったようです。私は主人がどういうときに不安になり，イライラし，
私にぶつけてくるのか考えてみました。主人の心の苦しみ，寂しさ，弱さ。社
会的には満たされたポジションにありながらも，人としてはもっと優しさを求め
ているように思いました。主人は私からもっと愛されたいのでは，優しさを求
めているのではないかと思いました－（略）－今まで言えなかったような事まで，
時には主人をしっかり傷付けていると分かっていてもよくしゃべり続けました。
主人は私の不安を知らなかったようで，いつからかとか，どんな風だとかきい
てくれるようになりました。不安になった時，『大丈夫だよ，心配無いよ』と背
中をさすってくれるようになりました。そういう主人は大好きです。元気がない
私を見かねて主人が買い物につれていってくれました。主人は人混みが嫌いで
す。私のことを気遣ってくれているのに応えなくっちゃ，と思えば思うほどドキ
ドキしてきました。主人には申し訳ないのですが，こっそり薬（抗不安薬）を
飲みました。

Ｘ年7月30日

　Ａさんから相談室に電話があり，手紙と全く同じ内容を一気に語った。

　夏から秋にかけて相談室では，学生が自分への不満，社会に対する不満を
たくさん語った。自分には「人に見下されたように感じると我慢できない」面が
あると言い，また，大学を離れた場合には最終学歴が高卒になってしまうことに，
大きな不安を抱いていた。

　Ａさんの不安と学生の不安はまさにパラレルだった。Ａさんは学生にはメール
を，相談室に電話を，不安に突き動かされるたびによこした。相談室からは，
それらを手紙や葉書に置き換えるよう，何度か手紙にして働きかけた。

　やがて両親は学生に一人暮らしを許すが，Ｘ年10月5日を最後にＸ＋1年
の春まで学生は来談しなくなる。Ａさんの不安はなお一層大きくなった。学生は

兄のみ受け入れた。兄に学生の身の安全をゆだねよう，とAさんに提案し，筆者はAさんと不安な気持ちを共有した。

X＋1年1月11日

　Aさんから相談室に電話。夫婦カウンセリングを受けた際，研修所では「ご主人は気が弱い，ということをやっと分かってもらえましたか?」と言われたとのこと。

X＋1年1月25日

　Aさんから相談室に電話。最後の1つである科目の試験を，学生が受けに行かなかったと判明した。Aさんは「**さぼって行かなかったのではないと思うんです。苦しさや切なさが私には分かります**」と語った。

X＋1年2月29日

　Aさんから相談室に電話。「**夫がこわれてきました。息子は，もう，(大学と)切ってあげたほうがいい。私ばかりが苦しいのではなく，主人も苦しいんです。愛する，というのは相手を受け入れる，出来ないことも受け入れるということですよね**」

X＋1年3月14日

　Aさんからの電話。学生が留年したいと言い出した。地元の主治医は「もう一年，学生させてあげることはできないかなあ」との意見だった。Aさんは内観研修所に電話した。研修所からは「夫と相談しなさい。息子の代弁をしてはだめだよ」と言われた。夫婦で話し合った。父親は学生に「無理しなくていいよ。7年がんばった。親のために大学，と考えてるのなら無理しなくていいよ。もう，がんばったから」と伝えた。

X＋1年3月19日

　退学の手続きを終え，下宿を引き揚げて実家に帰ることが決まり，学生が相談室に挨拶に来た。後ろ髪をひかれる思いはあるが，地獄から解放されたと語った。

X＋2年6月30日

　兄から手紙が来た。元学生は穏やかに生活しており，あまり時給が高くない

バイトを，文句を言わず続けているのだという。様々な仕事に応募し，不採用の嵐に遭ったらしい。兄に「そういうこと（不採用の嵐）があったから，今の自分がある」と語ったという。

5．事例の考察
（1）連携と家族内観がもたらした変化について
　考察にあたって，巽が家族内観そのものの発展や歴史をまとめた4つの段階（巽，1995）を援用したい。

① 　母親自身の内観による"母なるもの"の発現を通しての癒し的効果

② 　内観を通しての"父なるもの"の回復とその意義

③ 　家族全体を癒しの単位とする観点に向けての展開

④ 　視界の拡大，再び統合に向けて

　学生が帰省した後，Aさんの状況を継続的に確認できているわけではない。そのため，第3段階以降については兄からの手紙などをもとに，推測も交えた考察となっている。

① 　母親自身の内観による"母なるもの"の発現を通しての癒し的効果

　家族内観は，直接的にまず学生の父親を救った。父親はかなり行き詰まっていた。集中内観で救われた夫を見守る妻，つまりAさんからの手紙に，筆者は"母なるもの"の発現を見る。

「主人は私からもっと愛されたいのでは，優しさを求めているのではないかと思いました」 夫もAさんが感じてきた不安に気づき，夫婦が向き合い，絆を深める作業を開始している。

　Aさんは学生に何度もメールや電話を入れた。Aさんの衝動性は高く，不安は大きかった。学生の一人暮らしが始まると，Aさんの不安はなお一層大きくなった。

　巽の言う"母なるもの"は，良いイメージだけではなく，もうひとつの側面も持つ。河合（1967）は母なるものの持つ二面性について「産み出すものとしての地母神が，また，死の神としての特徴を持つことも，多くの神話に共通に認め

られる。土から生まれ出た植物が，また土にかえるごとく，すべてを産み出す深淵はまた，すべてのものを呑み尽くすものとしての意味も兼ね備えている」としている。

不安に突き動かされて何度も相談室に電話を入れるＡさんに，筆者は，わが子を飲み込み，その命をも奪いかねないグレートマザー的な側面を見ていた。

一方で夫や，学生のことについて語ることで，Ａさんは，自分自身の問題に取り組む作業を行っていたと思われる。先の河合に師事した橋本（2000）は「母親の語る子どもは，子どものことを意味すると同時に，母親の隠れた内的可能性を重ねて語る素材となること，重ねられた母親のメッセージに耳を傾けることが母親自身の問題解決に至ることが示される」と述べている。

学生の兄にすべてを委ねることに，苦しみながらも踏み切ったＡさんは，自分で不安をしばし抱え，それに耐えることができるようになっていった。“母なるもの”の二面性はＡさんの内部で統合されていく。

② 内観を通しての〝父なるもの〟の回復とその意義

“母なるもの”の二面性の統合と並行して，Ａさんの内部では，女性性（アニマ）と男性性（アニムス）も，統合されていったと思われる。

女性の成長のこの点について河合（1967）は「女性が自己実現の道を歩もうとするかぎり，このアニムスを生きてみて，統合してゆく困難な道を選択してゆかねばならない」とし，女性が男性性（アニムス）を生きて発展させていくということは，母性をいったん殺すことだと述べて，一方では「アニムスを真に発展さそうとする人は母性を発展させねばならない」（1994）とも述べている。

橋本は，女性にはその成長過程において「母の世界を嫌い，切ろうとする娘」としての側面を持ち，しかし，「切ろうとする娘の母性は消え去るわけではなく，分裂（スプリット）し，無意識の深いレベルで子供をとらえて離さない否定的な母性として働くことになる」と述べる。橋本は「語りの中で切る母親が変容していくのである。切るという機能（男性機能）が母親の中でうまく働くようになるということであろうか」とも考察している。

年度末の最後の試験を学生が受けに行かなかったことが判明した時，Ａさん

に動揺は全くみられなかった。「**さぼって行かなかったのではないと思うんです。苦しさや切なさが私には分かります**」Aさんは学生の行動に深い理解を見せた。

そして、もともとストレスに強くない夫を気遣い、「**息子は、もう、（大学と）切ってあげたほうがいい**」と語っている。橋本の先の考察と照合すると「切る」機能がAさんの中でうまく働くようになったと言えるのではないだろうか。

この点に着目して、筆者は巽の第2段階にある、内観をとおしての"父なるもの"の回復とその意義にあたると考え、Aさんの中の、母性によって支えられた真に成熟した男性機能の発現を見る。

③　家族全体を癒しの単位とする観点に向けての展開

Aさんは「切る」ことの必要性に気付き、すぐに内観研修所へ電話した。そこでの助言によって、Aさんではなく父親が学生に退学を言い渡した。このプロセスには、夫婦が自分たちの世代で情緒的な交感をしっかり行い、家族が健康な成員を育てる"癒しの場"となっていく方向性が強く暗示されている。巽が言う第3段階「家族全体を癒しの単位とする観点への展開」の始まりとも言えよう。

④　視界の拡大、再び統合に向けて

兄から相談室に手紙が送られてきたのは、Aさんの集中内観から2年後、学生が実家に戻って1年が経過したころであった。兄へ語った内容からは学生の視界が拡大し、自分を取り囲む家族や社会との統合にむけて再び歩み出しているように感じた。巽の第4段階の兆しを感じた。

（2）枠構造について

次に、枠構造に焦点を当てる。筆者が内観研修所との連携を考えた理由は、まず3つ上げることができる。

①　学生の、感情や行動のコントロール能力が著しく低下していたこと。

②　問題解決に、すぐではないが、期限があったこと。

③　対象が家族という非常に大きなもので、且つ、同一の場所で生活していなかったこと。

筆者は治療の場の選択を学生にゆだねた。学生は主治医に紹介状を求めて

おり，相談室を訪れる気持ちがあった。その一方で，主治医に言われた通り入院に向けた行動もとった。非常にアンビバレントな心情が推測できる。

　相談室から集中内観という枠構造が家族のほかの成員に対しても提案され，集中内観の枠構造が家族内観に拡大した。拡大された枠構造は，家族を一か所に集結させた。

　両親の集中内観後に行われた親子3人に対する内観カウンセリングは，その後の家族の住み分け方を変化させた。家族内観という枠構造は，家族のひとりひとりが自分自身の問題と向き合う環境の調整を行った。

　筆者はAさんから予約の電話を受けた時，Aさんに治療の必要性を強く感じた。先の理由にあえて1つ追加したい。

④　Aさんの抱える不安が非常に大きく，相談室の枠構造に収まらないと思われたこと

　Aさんの不安は，果てしなく湧き出てくるようであった。その揺れの大きさは，事例の経過に明らかである。

　相談室だけに着目した場合，枠構造は破られていた。Aさんはちょうど枠構造が内観研修所との連携へと拡大したところに飛び込んできたのだが，枠構造はAさんによってその後も大きく拡大されていく。

　筆者の相談室，内観研修所，Aさんの主治医，地元の相談機関の臨床心理士，そして学生の地元での主治医。Aさんは不安を感じるたびに，これら5つの治療機関のうちいずれかに何らかの反応を求めて，連絡を入れた。Aさんは情報も運んで回った。治療機関が一か所に集まって話し合いを持つことは一度たりとも無かったが，不思議と，筆者には同じ方向を向いて進んでいる感覚があった。

　筆者も，より大きな力に抱えられていた。複数の機関とつながっている感覚，中でも内観研修所に支えられている部分は大きかった。内観研修所は，来談した家族と私設相談室を丸ごと抱えたと言ってよいと思う。

　治療者はクライエントをアセスメントし，ふさわしい枠構造を提案する。しかし，健康な面を内に持っているクライエントは，自分がどのような枠構造ならば変化成長できるか，無意識のうちに理解できており，無意識のうちに選ぶようなのだ。

6. おわりに

　筆者の心の声は「自分の面接に自信が無いから内観の導入を考えてはいないか。」「自分が不安を感じる事例だから内観の導入を考えてはいないか。」と囁く。

　今後の心理臨床においても，筆者は，来談者に集中内観を提案する場合があるだろう。そのたびになぜ内観研修所と連携をとろうと考えるのか，厳しく自分に問いたい。連携には枠構造の変化が伴う，ということに意識を向けたい。枠構造の安易な変更は慎むべきである。枠構造そのものの検討，治療者とクライエントの双方が枠構造を守っているかの確認を，視点を変えて何度も行う必要を感じている。

引用文献

Axline,V.M：Play Therapy.Boston：Houghton-Mifflin, 1947；『遊戯療法』（小林正夫訳）岩崎学術出版社　pp95-97, 1972

河合隼雄：ユング心理学入門, 培風館 ,pp89-95 , 1967

河合隼雄：イメージの心理学, 青土社 ,pp177-180 , 1991

河合隼雄：昔話の深層－ユング心理学とグリム童話－講談社α文庫 ,pp257-262 , 1994

巽信夫：「家族と内観」その今日までの歩み, 内観研究, 1(1)；pp3-11 , 1995

成田善弘 他：心理療法的関係の二重性, 心理療法と人間関係, 岩波書店；pp27-66 , 2001

橋本やよい：母親の心理療法－母と水子の物語－ 日本評論社 ,pp37-40 , pp180-184, 2000

心因性疼痛の絶食内観療法

堀井茂男

慈圭病院

＜抄録＞

　心因性疼痛の1例に，絶食療法と内観療法を併用した絶食内観療法を施行した。 症例 (24 歳，女性) は明朗な顕示的性格であり，主訴の腰痛が麻酔科での治療でよくならず，絶食内観療法を行った。絶食内観療法中に早朝アイスクリームを食べているところを看護婦に発見された (アイスクリーム事件) が，それを契機に真面目な内観になり，その結果腰痛が消失し，精神的にも素直となり，10 年以上再発をみていない (著効)。

　心因性疼痛は，「痛みを持った人間」として人間学的見地に立った多角的治療が重要であり，心身両面からの治療，関与が必要とされる。絶食内観療法は，心身両面からの科学的治療であり，絶食療法と内観療法の各特徴を重ね合わせることにより，精神療法的により深い洞察が得られる可能性が高く，よりよい治療効果が期待される。つまり，絶食内観療法は心因性疼痛の治療にたいへん有用であり，医学的配慮さえ十分であれば安全性も高く，治療効果の期待できる治療法であると思われた。(本稿は、著者が原著 「心因性疼痛の絶食療法」 内観療法第1巻 1 号，73-87 頁，1995 年を改変したものである)

〈key words:fasting therapy(絶食療法),Naikan psychotherapy(内観療法),psycho-genic pain(心因性疼痛),fasting-Naikan combined therapy(絶食内観療法)〉

1. はじめに

　心因性疼痛は該当する身体所見が認められないにもかかわらず，種々の器官にいろいろな程度，性質の痛みを呈するものであり，その原因としてストレスが想定されるものである。診断学的には心身症 (精神痛) と判断されるものもあり，転換症状 (ヒステリー) また心気症つまり神経症と診断されることもあるが，その治療

は治療抵抗性から長期化したり，難治を極めることも多い[8][12]。

　絶食療法は，古来より断食としてある種の修行法とされ研究もされてきており[4]，昭和31年頃より医学的な治療法として応用されはじめた。その頃より、九嶋、長谷川を中心として婦人科領域で発展し[5]、昭和43年頃、鈴木(仁一)により改良され、東北大学方式絶食療法が確立され、消化器系、循環器系など種々の心身症に適用されてきている[22]。一方、内観療法は吉本伊信によりその宗教性が除去され精神療法として確立されてきたもので[35]、岡山大学医学部神経精神科では当科を訪れた神経症，心身症，アルコール依存症などの患者を対象に内観療法を施行してきており，有用な精神療法としていくつかの報告をしてきている[9][10][28]。この絶食療法と内観療法を併用すれば，心身症・神経症などの治療の際さらに新しい効用が期待されるのではないかと考え，私たちは昭和56年頃より，絶食内観併用療法(以下「絶食内観療法」とする)を応用してきており[7][14][19]，また，鈴木，杉田らも絶食内観療法の症例を重ね，その有効性を報告してきている[25][26][27]。

　本論では腰痛，胸部痛を訴える心因性疼痛患者の絶食内観療法の二例を報告し，有用な側面と注意すべき点などについて考察を加えたい。

2. 絶食内観療法の方法

　岡山大学医学部神経精神医学教室における絶食内観療法の一般的経過を図1に示す。絶食療法については東北大学方式に準じ，内観療法を併用することとした。基本的に治療者–患者関係の信頼関係を重視し，導入面接において患者の十二分の了解を得て施行し，治療期間中は身体的チェックを怠りなく行うこととした。内観療法については当初より内観療法を施行すること，復食期および社会復帰期にも内観の継続を図ることとし，具体的な内観のテーマについては患者との話し合いで決めた。

　絶食内観療法の場所的条件としては，一人一部屋とし，便所へ行く以外は終日臥床，入浴なし，面接者以外との会話禁止とし，気分を紛らわすものは全て持ち込み禁止を原則とした。つまり，静かで保護的な場所での絶食内観療法を配

	治療導入期	完全絶食期	復食期	社会復帰期
治療日		1 2 3 4 5 6 7 8 9 10	11 12 13 14 15	
治療的	治療者－患者の信頼関係	完全絶食	復食期	日常内観（日記）
	十分な動機附け	集中内観（変法）	日常内観（日記）	

身体的検査

輸液

飲水（飲水量尿量）

体温，脈，血圧

検尿（尿糖，ケトン体，蛋白，ウロビリ）：毎日
臨血，血糖肝機能，電解質，脂質
心電図

図1　絶食内観療法経過

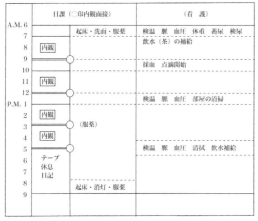

〈一般規則〉・外出禁止（便所は可，但しポータブルトイレ使用時不可）
・安静・臥床・入浴禁止
・面会禁止
・私語禁止（用があれば面接時に，看護婦とは筆談可）
・気分を紛らわすもの持ち込み禁止（ラジオ，雑誌など）
・飲水（茶）は1～2リットル飲用／日
・持ち込み品物：テープコーダー，ペン，メモ紙，着替え，洗濯物
・喫煙する場所の指定（原則的に禁煙）
・復食期は内観回数減少に合わせて変更する

図2　絶食内観療法の日課表　A．絶食期

慮しようとした。具体的な日課については病棟の日課に準じており、絶食期，復食期それぞれの日課について図2、図3に示している。朝6時起床、洗面、服薬があれば服薬、検温などの一般検査の他に、体重、蓄尿などを加えての定期検査を行った後、直ちに内観に入り，夕5時までの間に4回の集中内観面接を行った。夕の面接終了後は休息時間帯とし，内観テープを聞いてもらった。

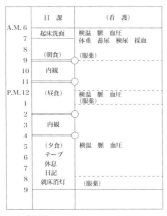

	日 課	（看 護）
A.M. 6		
7	起床洗面	検温 脈 血圧
8		体重 蓄尿 検尿 採血
9	（朝食）	（服薬）
10	内観	
11		
P.M.12	（昼食）	検温 脈 血圧
1		（服薬）
2	内観	
3		
4		
5	（夕食）	検温 脈 血圧
6	テープ	
7	休息	
8	日記	
9	就床消灯	（服薬）

〈一般規則〉
・外出禁止（便所は可）
・安静・臥床・入浴日に入浴可
・面会禁止
・会話力であるが，静かな毎日を送ること
・きを紛らわすもの持ち込み禁止（ラジオ，雑誌など）
・持ち込み品物：テープコーダー，ペン，メモ紙，着替え，洗濯物
・喫煙する場所の指定（原則的に禁煙）
・復食後は日常内観に変更する（日記内観）

図3　絶食内観療法の日課表　B．復食期

本治療法は1対1の関係だけでできるものではなく、医師、看護師など治療スタッフの協力が必要である。そのためにはスタッフがバラバラでなく、一つの医療チームとして治療を行っていくことが肝要であり，本療法を施行するには看護チームと連絡を密にすることとした。

3. 症例

症例は入院時24歳の女性で，主訴は腰痛（我慢できない痛み，痛だるい），診断は主診断が心因性疼痛（心身症）、副診断が軽度腰椎すべり症の患者である。

家族歴としては，精神疾患の遺伝歴はないが，母は世話好きで世間体を気にして考える方で，病弱であり，糖尿病と腰痛を持っている。父は農業をしながら工員として働いている昔気質の人である。患者は3人姉妹の末っ子で、長女は既婚、次女は入院時婚約中であり、家は患者があとを継ぎ、両親の面倒もみることになっているという。

生活歴としては、患者は幼小児期は祖母によく面倒をみてもらっており，祖母と母との折り合いが悪くて困ることがよくあったらしい。　中学時代までの学校の成績は3姉妹のうち患者が一番よくなかったらしい。患者はよく気のつく気だてのよい子（母親談）で、中学校卒業後看護婦になるべく看護学校へ進学、卒業後開業医へ勤めた。既往歴・現病歴に関係するが、開業医に勤めて数カ月後、原因不明の発熱と全身倦怠で1週間休み、その医院は退職し、某総合病院へ勤務を変えた。当初は自宅から通っていたが、夜勤が多いので近くに部屋を借りて勤めていた。なお病前性格は明期でよく喋り、多少気分が変わり易く，母によると顕示的

な面もあるという。 historionic character の傾向があるものと考えられた。

　現病歴は、某年2月、同僚の病欠で夜勤が多くなり多忙になってしばらくしてから急に腰が痛くなり某院整形外科に入院、第5腰椎分離症との診断であり、静養にて一週間でよくなった。しかし、職場復帰してすぐに再燃，今度はすぐには治らなかった。4月に入って岡山大学医学部附属病院整形外科にて精査するも同様の所見であり、本人の訴えに相当するような病変はないとの診断であった。しかし、痛くて歩けない、痛くて我慢できない腰痛はその後も続き、同院麻酔科に6月になって転科した。この頃の痛みは腰全体の痛だるさとしびれた感じで、右に強い両下肢のしびれ感を伴い、しばしば全身痛的な訴えをしていた。麻酔科入院後の治療は針治療、硬膜外ブロック、持続硬膜外ブロック、各種鎮痛剤を使用し、多種類の鎮痛治療が施されていた。ブロックで少し効果があることもあったが、その時々で効果が変化し、一時的なものでしかなく、心因の関与を考え、6月より当科にも紹介された。

　精神科治療経過では、当科神経症外来にて、定期的に面接し，支持的にカウンセリングを行い、向精神薬の投与も行った。 各種抗不安薬，抗うつ薬や強力精神安定薬などの投与で痛みは軽減するが眠気が強く、また向精神薬に対するこだわりもみられた。 一方で支持的に接しながら、生活史を明らかにしていった。患者の生活にはかなりのストレスがあり、その処理が拙かったことなどを話し合っていく中で、本来の自分のあり方を知るために自分の過去を調べ直していく必要があること、また、それが現在の状況から脱出するのに有用であることが話題にのぼり、そこで絶食内観療法の紹介を行った。

　紹介当初は痛みと心とは関係ないと、薬物療法のみ受け入れていたが、次第にストレス状況にあったことを認め、絶食や内観の説明に耳を傾けるようになった。本患者の家族が当科に理解が充分でなかったことから、麻酔科から当科に転科するまでさらに時間を要したが、9月に当科に転科、その1週間後より絶食内観療法を施行することになった。 このとき、患者の肥満の話 (160.8cm,65.5kg) がでており、絶食内観療法でかなり体重減少があるので一挙両得ではないかと説明している。

　絶食内観療法の経過について述べる。　絶食内観療法の治療プログラムは図１の通り(既述)で、絶食初日から内観療法を併用し、完全絶食10日間は一日４回の集中内観，復食期５日間は日常内観をしてもらった。部屋は保護的で，静かで隔離できるところということで、一般神経科病棟二人部屋を一人で使用してもらった。輸液は本患者の場合は絶食５日目から施行、10日目まで行った。但し、後で説明するアイスクリーム事件があったことから本患者が完全絶食をしていたかどうかについては疑問が残る。

　身体的変化については表１に示した。体重減少は3.5kg，肝機能や電解質に注目される変化はなかった。尿中ケトン体は２日目までは（－），ケトン体（2十）になるのが５日目であったが、3、4日目は検査がなされておらず、3日目にはケトン体（十）であったものではないかと推測される。なお、8日目のアイスクリーム事件の前の7日目は(3十)であった。

　内観療法のテーマは、母親に対する自分について小学校入学前から始め、父親、祖母、嘘と盗み、祖父、そして母に戻った。全体として淡々とした内観で治療者に依存的な感じが続き、痛みを訴えては頓服使用という状況が続いていた。本例の心理的変化については表２に示している。絶食当初は身体的愁訴である腰痛の訴えが多くて表面的応答の印象が強く、3日目には主治医不在もあってかナースコールが頻回、筆談で痛みを訴え、頓服の要求だけでは納まらず、注射剤の使用を余儀なくされた(生理食塩水使用)。２日目から内服薬の減量をしていた影響もあったものと思われるが、この3, 4日目が特に苦しそうであった。7日目に嘘と盗みのテーマに入り、主治医は内観がまだ浅いと考えていたが、患者は「(テープと比べて)同じように頑張っている」と述べていた。　この日に痛みがとれないのは心のわだかまりがとれていないからかもしれないと強く暗示し激励をした。そして絶食8日目の早朝、自動販売機の前でアイスクリームを食べているところを看護婦に発見された。主治医が厳しく注意したところかなり深い反省を見せ，それまで浅薄だった内観もかなりの程度まで深まっていった。

　本例は絶食内観療法終了後４日目に退院をした。絶食内観療法終了時に主治医宛に手紙を書いてくれており、ここに抜粋を掲げておく。アイスクリーム事件が

項　　目	（正常値）	前	2日目	4日目	8日目	10日目	15日目	退院時
体重	(kg)	64.0	63.5	62.0	61.0	60.5	60.9	61.0
血圧	(mmHg)	100/66	94/70	104/68	100/70	96/68	116/64	104/58
脈拍数	（1分間値）	86	76	70	66	68	48	70
体温	(℃)	36.2	35.7	36.0	35.6	37.0	36.0	36.1
尿量	(㎖)	―	―	1460	1300	1400	―	―
赤血球数	380〜480万	391	430	430	428	423	427	
ヘモグロビン	11〜16	11.3	12.1	12.2	12.0	12.3	12.0	
白血球数	4000〜8000	4600	4300	4400	3700	3600	4600	
GOT	11〜40	12	13	17	10	11	10	
GPT	6〜35	8	12	10	9	8	9	
Al-P	30〜108	41	46	56	52	51	50	
γ-GTP	3〜35	7	6	10	4	6	5	
Cho-E	280〜680	423	485	438	440	509	413	
T-Bil	0.22〜0.96	0.45	0.72	0.99	0.41	0.66	0.64	
D-Bil	0.09〜0.37	0.16	0.24	0.36	0.13	0.24	0.25	
総蛋白	6.7〜8.5	6.88	7.74	7.46	7.23	7.82	7.22	
A/G	1.0〜2.2	1.30	1.42	1.41	1.48	1.44	―	
Na	136〜148	139	138	136	139	140	140	
K	3.5〜5.0	3.9	3.9	4.0	3.9	3.8	3.3	
Cl	98〜108	109	103	104	108	107	105	
Ca	8.3〜9.8	8.6	9.2	9.2	8.7	9.4	8.9	
CPK	19〜105			―		―	25	―
尿素窒素	8.7〜22.5	9.9	12.3	18.1	13.4	10.0	8.4	
クレアチニン	0.56〜1.23	0.74	0.74	0.81	0.63	0.64	0.50	
尿酸	3.0〜7.6	―	―	―	―	5.3	―	
血糖	60〜100	86				90		
尿糖	―	―	―	―	―	―	―	
尿蛋白	―	―	―	±	―	―	―	
ウロビリノーゲン	―〜±	±	±	±	±	±	±	
ケトン体	―	―	―	※	3＋[注]	―	―	

※尿中ケトン体：1・2日目(−)，3・4・8日目施行できず，5・6日目(2＋)，7日目(3＋)，9日目以降(−)

表1　症例1の検査値の経過

大きな転換点となったことがうかがえる。本患者はその後疼痛の再燃はなく、結婚し、三児の母親として元気に毎日を過ごしている。

　『……絶食内観についての説明をうけた時には「やっていけるのだろうか」という不安と「やせられる」といううれしさがありました。…最初の三日間は絶食だけだというような考えがあったようで本気で内観に打ち込めてなかったように今になると思われてなりません。…第4〜7目までは空腹感と心の中の不安が出てきたの

	症　例
内観導入の時期	麻酔科より転科時 麻酔科医の説得あり
内観への姿勢	"治るのなら" （仕方なくの印象）
集中内観①日目	痛そうな表情 何とか1日終了
〃　②日目	3分法ができる 母への negative な感情表現
〃　③日目	"お母さんがすればいいのに" 淡々とした内観
〃　④日目	"体中痛くてたまらない" 頓服を要求して服用　点滴開始
〃　⑤日目	「頓服なしでいきましょう」 定期薬は胃腸薬のみ
〃　⑥日目	"間食がしたい"→戒める 励ます場面あり
〃　⑦日目	"テープと同様頑張っています" （深まらない印象）
〃　⑧日目	アイスクリーム事件！ 嘘と盗みを真面目に調べる
〃　⑨日目	感謝の念が言葉に表出 痛みの訴えなし
〃　⑩日目	多弁に話す傾向 スッキリしてきた印象
日常内観①〃	復食期　痛みの訴えなし
〃　②〃	会話許され多弁傾向
〃　③〃	"内観療法してよかった"
〃　④〃	両親に会う　大部屋へ
〃　⑤〃	不眠時に内観をしている
集中内観後	絶食内観療法の直後に、痛みのとれた喜びをかみしめる話をすると"家族が喜んでくれた"と涙を流す。4日目に退院。
退院時状況	よく頑張ったことを支持され、ニコニコとして姉と共に退院。

表2　絶食内観療法の精神的経過

でしょう。痛みを訴え何度も薬を飲んでというくり返しだったように思われます。第8日目の朝、空腹感と不安と重なり、何も考えずトイレに行こうと思い、寝ぼけているせいか、正反対の場所へ行き、アイスクリームを買い、食べる前に気付くのが遅く、一口食べて「アッ」と気付くありさまでございました。その時には看護婦さんに見つかりぼうぜんとし…私自身にも腹が立って許せませんでした。深く深く反省いたしました。…（朝一回目の）面接が終わったあと，先生は今までのやさしい顔つきではなく真剣な顔つきで簡単に「内観やる気がないならやめてもいいよ」と言われ、ショックでした。 そして私はここで中止するわけにはいかない。母に対しても他の人に対しても迷惑をかけると思いました。…先生が慰めてくれるように「がんばるんだぞ」と言って下さった言葉で本当にありがたい気持ちでいっぱいでした。それから私は，以前の私ではなく「内観」に少しずつ打ち込めるようになりました。そのころから腰や足，全体の痛みはほとんど薄らいで来ていたように思いました。痛みがあったら内観に打ち込めていないせいだから一所懸命しないといけないという気になり、時々痛みが出現しても「痛みか」というような気楽な気持ちになって…全体の痛みもほとんど感じられなくなってきたようです。第10日目は、やっと終わったという気持ちとここまでよくがんばれたなというホッとしたのが事実です。…先生方や看護婦さんたちの熱心な暖かい心遣い

171

があって自分に戻れたような気がします。「内観」ということを教えてもらって世の中が明るく見えてきました。…本当にここに来てよかったと思います。』

4. 心因性疼痛について

　慢性疼痛は各種疾患、中毒、うつ病や統合失調症、そして転換反応 (身体化障害)、心身症 (精神痛) などさまざまな疾患に多様にみられる。 特に心因性疼痛の診断は国際疾病分類 （ICD-9） では転換反応や心気症として神経症に入れられたり，心身症として精神痛 (psychalgia) に位置付けられたりしていたが、DSM 分類では身体表現性障害の一亜型として、心因性疼痛障害として分類されることになった[8]。 さらに ICD-10 では、身体表現性障害の中の持続性身体表現性疼痛障害として，診断の一つの項目として定義されるようになっている。

　なお慢性疼痛体験は、常に自覚症状であって他覚でないこと、疼痛が感情状態と密接に関連していること、疼痛が知覚障害の程度と必ずしも一致せず関係しないことなどを特徴としている。慢性疼痛は疼痛の体験様式もいろいろであり，その診断・治療は困難なことが多く、「pain prone patient」[2]、「慢性疼痛顕示行為」[12] などと、性格、心理、社会・経済的側面との結びつきが強調され、「pain management program」[12] など総合的見地に立った診断治療が大切であるとされる[17)33)]。

　本報告例の発症は第 5 腰椎分離症の診断からの腰痛であり、器質要因が多少とも関与しており、しかもその疼痛体験が客観的状況に合致しない疼痛の訴えである。 症例の母親は病弱で腰痛持ちであり、患者は姉二人が嫁に行ったことから家を継がなくてはいけないと思い込み，自分だけが貧乏くじをひかされたと考えており、心因の存在，腰痛の出易い状況があった。本例の治療は、鎮痛剤、抗不安薬、抗うつ薬、抗精神病薬の使用の他、神経ブロック、持続硬膜外ブロックなどが用いられたが，効果が不安定で症状の出没が治療と相関せず，治療抵抗性が強かった。 これらのことから心因の存在、ストレス状況があり、疼痛部位は母親との関連を想像させ、心因性疼痛つまり持続性身体表現性疼痛障害 (ICD-10,F:45.4) と診断される。

172

　心因性疼痛の治療は「痛みを持った人間」と　して人間学的見地に立った多角的治療が必要とされる[8)][24)]。本報告例にも薬物，麻酔科的治療，支持的精神療法を使用したが，疼痛の訴えが続き，心身両面からの治療的アプローチとして絶食内観療法を施行した。

5. 絶食内観療法の治療構造

　言うまでもなく、絶食療法は身体的侵襲を通して心身のホメオスターシスの調整からバランスを取り戻そうとする治療法であり、絶食による身体的変化としては体重変化(減少)、尿中ケトン体出現など代謝の変化がみられ、肝機能の悪化、極度の衰弱などの出現することがあり、尿検査、生化学検査などの血液検査、心身医学的チェックなど医学的管理が必要とされる[1)4)17)25)31)]。一方、内観療法は精神的な修養的精神療法であり、指導を受けながらも一人で一日中黙考する場所的・時間的条件を要する治療構造を特徴としている[35)]。

　絶食内観療法ではこの両者の特徴を生かすべく病棟内で工夫した。場所的条件としては静かで保護的な場所を配慮し、保護室、個室あるいは二人部屋で一人一部屋とし、方法のところで述べたように配慮した。時間的条件も，集中内観原法[35)]に準じようと考えたが、絶食内観療法が心身に厳しい治療法であることを考慮して一日4回の面接施行とした。

　絶食内観療法の面接は，治療医がチームを組んで行い，予定表に従って面接に入った。 大学病院であることから教授回診が週に1回あったが、そのときの面接を教授の前で行い、患者が努力している様子が伝わるように配慮した。看護者との連絡は絶食内観療法開始前から協力を要請し、看護の側の注意点についての話し合いを行った。絶食内観療法中は毎日の連絡を密に行い、治療チームとして矛盾のないように配慮，施行することを目標とした。

　以上のように、絶食内観療法の治療構造は患者にとって厳しいものであると共に治療者側にもたいへんな負担になる。治療そのものが非日常的で周囲と異なった特別の設定であることから、意欲の鼓舞、内観に集中するための威厳性の獲得には役立つように思われるが、かなりの効用が期待できなければ応用しにくい面も

ある。

　なお，絶食療法の適応と限界について山内は、特に過敏性大腸症候群、神経循環無力症、境界域高血圧症、食行動異常 (肥満) に効果が大きく、ポリサージェリー、心因性喘息、抑うつ神経症には試みるべきであるが、高齢者や重症の器質性疾患を有する場合は推奨できず、消化性潰瘍や虚血性心疾患は禁忌である。心気傾向が強い場合や極端な知能低下例では効果がないと述べている[30]。絶食内観療法が科学的治療であるためには厳密な適応基準が必要であり、適応の選択は重要である。また、治療に際しての原則的なこととしては、治療者−患者の信頼関係、十分な動機付け、確立された治療構造、そして全人間的見地に立ち常に真摯な気持ちで治療することなどがあげられる[7]。

6. 絶食内観療法の精神的過程

　絶食内観療法の精神的経過について、治療期間中の各々の時期の特徴を表2に示している。 症例の精神的経過をみてみると、導入時は「治るのなら」と他者依存的ではあるが治療に同意し絶食内観療法に入った。絶食当初は身体的愁訴である腰痛の訴えが強く、3 日目には主治医不在もあってかナースコールが多く、筆談で頻回に痛みを訴え、頓服の要求だけでおさまらず、注射剤の使用を余儀なくされた (生理食塩水使用)。2 日目から内服薬の減量をしていた影響もあったものと思われるが、この 3、4 日目が特に苦しそうであった。衰弱感も感じられ、この日から点滴を開始した。外面的には内観が深まった様子はなかったが、「テープと同様頑張っています」と、本人は自覚的には頑張っていると思っていたようである。そして絶食 8 日目の早朝、自動販売機の前でアイスクリームを食べているところを看護婦に発見され、主治医が厳しく注意したところ深い反省を見せ、それまで浅薄だった内観もかなりの程度まで深まり、疼痛にも著効をみせた。

　絶食療法中の精神的変化は、まず空腹感、身体愁訴や不安感が出現、5~7 日目に反省する心が大きくなり，次第に感謝の念，満足感や決意の念が生じてくると言われている。精神医学的には脳波の α 波増加とともに被暗示性の亢進がみられる。ときには絶食によるエクスタシ一感の出現することがあり，絶食療法の期間

の設計，管理が必要な大きな一つの理由になっている。 絶食によってもたらされる精神状態は，altered state of consciousness(精神の清明の境地)、つまり被暗示性の亢進した無我的状態であり，これが絶食療法の効用だとされている。これは絶食療法は他の療法，禅的療法や自律訓練などと併用しよりよい効果があるといわれる理由でもある [22)27)29)31)]。

　内観療法の精神的変化については、1~3 日目が最も苦しく、徐々に場所の狭さ，三つのテー マで調べていくのに慣れていくとされる [32)] が、ここでは奥村の精神的過程を参考に考えたい。奥村は内観療法の精神的過程を 6 段階 (表3 参照) に分けており，正しい反省の仕方により，自己本位を発見し，被愛事実の発見，感謝の心へと内観が深まるにつれて変化し，自己本位の抑制，真の自己になっていくといわれる [20)]。なお，内観療法の工夫として、催眠や自律訓練と併用したり、森田療法を組み合わせる方法が報告されている [6)11)28)] が絶食内観療法ほど形式的に確立されていないようだ。

　絶食内観療法の精神的変化は当然のことながら両療法の特徴を併せもったものとなる。絶食療法では経過にともない精神的退行現象が生じ，被暗示性の亢進した無我的状態となり [25)]、この絶食療法に内観療法を併用するとより深い内観が期待できる [7)]。つまり、内省がしやすく、自己本位の発見、社会的自己、客観的自己の発見、認識が容易になることが想像される。また本療法の経過をみるときに見落としてならないことは，絶食療法は身体療法的で身体のホメオスターシスの調整を基本にした精神への影響であり，内観療法はより純粋に精神的なものであるという点である。詳述はくり返しになるので避けるが本報告例の経過は表 2 に見るように心身両面にわたるものであった。言いかえれば，絶食内観療法は心身両面からケア，治療をしていく全人的治療法であり，心身症の治療法として理想

1	静寂と専念
2	正しい反省の仕方の習得
3	自己本位の発見
4	被愛事実の発見
5	感謝喜悦感と能動性の発動
6	自己本位の抑制，愛をかえす努力

表 3　内観の精神的経過（奥村　1972）

的側面を持っていると思われる。

　症例の内観療法の心的深さの問題については、当初残念ながらあまりよくできた内観ではないと主治医には思われていた。アイスクリーム事件までは第３段階にも充分に達していないと思われ、反省をしてから急速に真面目に内観ができ，一段と深まりを見せ，最終的には奥村の６段階のうち、第４段階の途中、そして第５段階に少し入りかけているところ程度に判断されていた。そして、復食期以降も素直さが発揮され，現実に適応していけるようになっていった。看護師の観察でも当初適当にやっていると思われ、アイスクリーム事件後も真面目とはいえまあまあ頑張っていると思われていた程度であるが、当人にとってはたいへんな感動があったのではないかと推測される。症例の結果は、内観が深いほど治療成績が良好であるという報告が一般的である [7)26)] にもかかわらず、内観の深さと臨床的効果は常に一致するとは限らないという、興味ある仮説を連想させる。

　ここで絶食内観療法の治癒機転について考えておきたい。　絶食療法の治癒機転については、鈴木が「メカニズムとしては末梢のみならず中枢の神経内分泌系及び免疫系が，栄養摂取遮断という強力なストレスにより一度衝撃を受け，ついで再調整されて，損傷されていたホメオスターシスが回復する」ことによると述べ、「絶食の被暗示性亢進時期に他の精神療法、自律訓練や交流分析、簡易精神療法を行うと非絶食時に行ったものと比べると驚くくらい奏功する。しかし今のところ内観法の奏功率が最も高い」と、絶食による内観的効用を絶賛している [25)]。絶食による身体的変化についての研究も鈴木を支持している [27)29)31)]。

　絶食内観療法の治癒機転を精神療法的に考えてみると，症例でよくわかるように，単に理解するとか、勉強するとかでは充分な効果の発現は乏しく、強い感情を伴った感情的体験で洞察することが症状の開放に結びつくものと思われる。この点についてはこれまでも報告してきている [7)10)] のでここでは詳述しないが、それが純粋罪悪感の獲得（安永 [34)]）や自由な良心、素直（村瀬 [15)]）などと表現される治癒機転につながるものであると考えられた。なお，内観の深さと効果のギャップについてはこれまでも報告があり [7)9)]，絶食内観療法の指導の際には留意する必要がある重要な点の一つと思われる。

7. まとめ

心因性疼痛は，「痛みを持った人間」として人間学的見地に立った多角的治療が重要であり，心身両面からの治療、関与が必要とされる。絶食内観療法は，心身両面からの科学的治療であり、絶食療法と内観療法の各特徴を重ね合わせることにより、精神療法的により深い洞察が得られる可能性が高く、よりよい治療効果が期待される。例えば、導入に際して、絶食という言葉は身体疾患の治療法として心理的関与を否認する患者にも受け入れやすい印象があり、単なる内観療法よりも導入が容易であり、絶食療法の被暗示性の亢進から内観的洞察のさらに深い境地が期待される。

つまり，絶食内観療法は心因性疼痛の治療にたいへん有用な治療法であり，適応をより慎重にすれば、治療効果の点でもかなり期待できる治療法である。また、絶食内観療法は医学的配慮さえ充分であれば比較的安全で適応範囲も広いと思われる。

参考文献

1) Cahill,GF,Jr.:Starvation in man,Clin.Endocrinol.Metab5.,397-415,1976.

2) Enge1,G.L.:Review;"Psychogenic"painand the pain-prone patient, Am.J.Med.,,26:899-918,1959.

3) Hendler,N.,Viernstein,M.,Grucer,P. and Long,D.:A preoperative screening test for chronic back pain patients,Psychosomatics, 20:801-805,1979.

4) 高比良英雄:断食研究,岩波書店,1930.

5) 九嶋勝司,長谷川直義:心身症の治療一産婦人科治療の実施手引,診断と治療社,東京,1958.

6) 堀井茂男:内観の構造的改良,第6回日本内観学会発表論文集,pp.8-11,1983.

7) 堀井茂男,森岡英五,池田友彦,青木省三,大月三郎:絶食内観療法の精神医学的考察,第8回日本内観学会発表論文集,pp.,1985.

8) 堀井茂男:心身症と身体表現性障害一慢性疼痛をめぐってー,シンポジウム;心

身症と身体表現性障害 , 心身医 ,27:133-141,1987

9)　堀井茂男 : アルコール依存症者の内観療法 , 岡山医誌 ,443-465,1987.

10)　堀井茂男 , 井上知之 , 戸倉淳　他 : 内観療法による父規に対する罪悪感の変遷一 内観療法併用依存的薬物精神療法にて安定した女性境界型人格障害から一 , 第 16 回日本内観学会大会論文集 , pp.54-57,l993.

11)　堀井茂男 : 森田療法と内観療法の相補的利用 , 第 12 回森田療法学会講演抄録 集 pp.44,1994

12)　丸田俊彦 : 慢性疼痛と精神医学 ,　シンポジウム「慢性疼痛の心身医学」, 心身 医 ,21:393-398,1981.

13)　Mersky,H,:Personality trait of psychiatric patients with pain, J.Psychosom.Res., 16:163-166,1972.

14)　森岡英五 , 堀井茂男 : 絶食内観療法の奏功した不眠症の 1 例 , 第 4 回日本絶食 療法研究会 ,1982.

15)　村顧孝雄 : 石田理論を越えるために , 第 8 回日本内観学会大会発表論文集 , PP.17-22,1985.

16)　村山良介 , 北沢武文 , 岩井浩 : 慢性疼痛に対する薬物治療 , 心身医 ,19:66-73,1979.

17)　長沼六一 : 心因痛患者の臨床精神医学的研究 , 精神経誌 ,79:41-66,1977.

18)　西井保行 , 洲脇寛 , 池田久男 , 森岡英五 : 心因性疼痛を来した 2 例一特に心理 機制と治療薬剤について一 , 心身医 ,21:65-68,1981.

19)　大羽博志 , 高橋茂 , 堀井茂男 : 絶食内観の奏功した女性アルコール依存症の一例 , 第 9 回日本内観学会大会発表論文集 ,pp.82-86,1986.

20)　奥村二吉 : 内観法について思う ; 岡山大学医学部神経精神医学教室年報昭和 49 年 , pp.1-7, 1974.

21)　PE　Sifneos,R Apfel-Savit:z,R and F H Frankel:The phenomenon of 'alexythymia' Psychother.Psychosom.,28:45-57,1977.

22)　鈴木仁一 , 山内祐一 , 堀川正敏他 : 新しい絶食療法の方法と治療成績 , 精身 医 ,12:29C)-295.1972.

23)　Suzuki,J.,Yamauchi,Y.,Yamamoto,H.etc.: Fasting therapy for psychosomatic disorders in Japan,Psychother.Psychosom.,31:307-314,1979

24) 鈴木仁一, 杉国数 : 慢性疼痛患者への心身医学的アブローチ―痛みのかかえる諸問題をいかにコントロールするか―, 心身医 ,21:435-438,1981.

25) 鈴木仁一 : 内観併用絶食療法の手技とその効果の実態 , シンポジウム「心身医学領域における治療の実態」, 心身医 ,22:452-458,1982.

26) 杉田 敬 , 鈴木仁一 , 桃生寛和他 : 絶食・内観併用療法の治療構造と治療成績 (1), 第 5 回日本内観学会発表論文集 ,pp.87-90,1983.

27) 杉田 数 : 心理的・脳波学的変化からみた絶食内観療法の効用について , 第 7 回日本内観学会発表論文集 ,pp.5-11,1984.

28) 洲脇寛 , 堀井茂男 : 内観療法のェッセンスとバリエーショソ , 臨床精神医学 ,20:1023-1028,1991.

29) 田口文人 : 絶食療法施行時の生理因子の変動と治療効果の関連性 , 心身医学 ,24:318-325,1984.

30) 山内祐一 , 鈴木仁一 , 山本晴義 : 絶食療法の適用と限界 , 心身医 ,19:105-114,1979.

31) Yamamoto.H.,Suzuki, J.and Yamauchi,,Y.:Psychophysiologicalstudy on fasting therapy,Psychother.Psychosom.,32:229-240,,1979.

32) 積山茂生 : 集中内観体験者の予後 , 第一回内観学会発表論文集 ,pp.l05y-110,1978.

33) 吉松和哉 :A. 痛みの心身疾患 , 心身疾患 II・青春期精神医学 , 現代精神医学体系 7B (黒丸正四郎 , 諏訪望 , 西園昌久編),pp.3-24, 中山書店 , 東京 ,1979.

34) 安永浩 : 治療機転と罪悪感 , 精神医学 ,9:281-285,,1967.

35) 吉本伊信 : 内観四十年 , 春秋社 , 東京 ,1965.

嗜癖問題に対する内観療法の使い方

河本泰信

医療法人正心会よしの病院　院長

公立諏訪東京理科大学　客員教授

１．はじめに

　集中内観療法や分散内観療法などの伝統的内観療法は物質（アルコール /
薬物）依存症やギャンブル障害をはじめとして，窃盗癖など様々な嗜癖行動
に対してその有効性が報告されている[1)2)5)17)]。本論では，罪悪感に焦点を当
てて，その奏功機序を概説するとともに，集中内観療法および内観カウンセ
リングが有効であった二つの症例を提示する。

２．嗜癖問題と閉鎖的罪悪感

　嗜癖問題を抱えている方は，不利益な結果が生じるたびに，「（やめられる
ものなら）やめたい」「少しでも減らしたい」という願望を強めてゆく。し
かしながら，「やめたい」欲求が増大すると伴に，「使いたい」欲求も増大し，
結果として使い続けるという不本意な結果が繰り返される。

　この相反する心理現象の並存は，精神病理学的に「両価性」と名付けられ
ており，統合失調症など様々な精神障害にみられる。両価性は嗜癖関連障害
においても，中核的な病理の一つであり，欲求のみならず感情や認知などに
も波及し，重症度や予後の指標となる[10)16)]。

　そして，両価性が罪悪感に波及することで，「迷惑をかけたこと」に関連
する事実の想起によって，内省心や懺悔心に，劣等感や恨みを伴うようにな
る。そして，それが自己に向かうと自殺念慮，他者に向かうと家族や治療者
への被害者意識や非難として現れる。

　このように，問題行動を改めるための原動力となるはずの罪悪感が，逆に
回復阻害因子となる。

　両価的な罪悪感は本来「つぐない行動」として他者に開かれているべき罪

悪感が，自己否定の段階に留まっているという意味で閉鎖的であり，内観療法において概念化されている「閉鎖的罪悪感」に相当する[18]。

　嗜癖問題を抱える方は自己価値観が低いため，様々な防衛機制を利用している[3]。そして閉鎖的罪悪感も，「僻み」や「自己卑下」という衣を纏うことで，周囲からの非難に対する心理的防衛として利用されている[15]。それゆえ，閉鎖的罪悪感は嗜癖問題において重要な役割を果たしている[5)8)9)14]。

　以上より，嗜癖問題等を有する方へ内観療法を適応する場合には，罪悪感に関する評価を充分に行ったうえで，適応の是非および適応方法を検討する必要がある。

3．閉鎖的罪悪感を軽減するための工夫

　伝統的内観療法は「閉鎖的罪悪感」から「開放的罪悪感」（懺悔心）への転化を目的として，内観3項目に基づいて過去の出来事の時系列的想起を行う[18]。

　しかし，前述のように，閉鎖的罪悪感が著しい方に対して，直ちに伝統的内観療法を適応することは困難である[19]。それゆえ，適応の前に，閉鎖的罪悪感を軽減するための工夫を要する。例えば，後悔や恨み事などを存分に言語化していただくために，外観（他者を評価すること），あるいは逆内観（「してもらえなかったこと」「してかえしたが感謝されなかったこと」「迷惑をかけられたこと」）の積極的な利用が提起されている[11)12]。一方，内観3項目の一つである「してもらったこと」（被愛事実）のみを想起することで，充足感に浸っていただく内観カウンセリングも試みられている[8)9]。「世話を受けた」という事実の想起によって，「自分は大切にされる価値がある（あった）」という自己肯定感を得る。その結果，被害者意識が和らぐことで，閉鎖的罪悪感が軽減し，嗜癖問題を素直に認めることが可能となる。

4．伝統的内観療法（集中内観／分散内観）について
① 基本的技法

嗜癖問題を有する方に集中内観療法を適応する場合にも，近親者に対する「内観３項目」を幼少期から現在まで具体的に想起するという内観原法に則ることが基本である。期間は各施設，あるいは内観者の事情によって異なるが，概ね５〜８日間である[1)5)]。

　一方，期間を定めずに毎日（毎週）15〜30分間程度内観を行い，定期面接時に報告して頂く方法が分散内観療法である。

　この方法は，アルコール症回復プログラム（ARP）などの治療プログラムの一部として実施される場合が多い。このとき，治療者自身も自らの内観を報告することができれば，参加者に対するモデリングとしての効果が得られる[13)]。

② 　集中内観療法を適応した症例

　親子関係を基盤にした対人葛藤によって嗜癖問題の回復が妨げられている方，あるいは標準的治療では治療効果が乏しい方などが主たる対象者である。適応の具体例として，ギャンブル障害を有する症例を提示する。掲載にあたり，本人より文書にて同意を得たが，本意を損なわない範囲で一部事実関係に変更を加えた[6)]。

【症例】

30代　男性

［主訴］　パチンコがやめられない

［生活歴］　大卒後会社勤務。現在単身。

［現病歴］　X − 20年頃よりパチンコを始めた。

X − 10年には，ほぼ毎日通うようになり，生活費が不足するようになった。そして，「今まで親の言うように『良い子』にしてきたから，少しは楽しんでも許されるだろう」と自分に言い訳をしながら，サラ金からの借金が始まった。この頃失恋し，そのつらさから逃れるために一層パチンコに没頭した。X − 6年，借金が400万円となり，返済不能に陥った。親に立て替えてもらったが，すぐにギャンブルを再開した。その後，ヤミ金も利用するようになった。

X 年，借金が 500 万円となり，自殺念慮が出現し，受診となった。

［初診時所見］ 「パチンコは最も熱中できるものです」「嫌なことを忘れさせてくれた」「（しかし）最近は借金を返すためにパチンコしているので楽しめなくなった」「親を困らせたらいけないと思うが，そう思うと却って行ってしまう」とギャンブルのコントロールが困難になったことを語った。一方で，過干渉な母親を「自分を責め続ける敵」と表現した。ギャンブル渇望の背後には親への強い葛藤が存在していた。

［治療経過］ 親への恨みを傾聴することで，自殺念慮は軽減した。しかし，ギャンブル渇望は持続し，衝動的なギャンブルが続いた。そのため，初診から 3 ヶ月後に入院となった。親への葛藤に取り組むことを希望されたため，集中内観療法を施行した。（母に対して）「パートをして大学の費用などを出してくれた」，「就職が決まった時喜んでくれた」「借金が払えなくなって心配をかけた」などを想起し，内観終了時には「自分だけが苦しんでいると思っていた」としみじみ語った。治療の前後で両親像は，「母親：『押し付けがましい』から『子供想い』へ」，「父親：『頑固』から『不器用だが，優しい』へ」と肯定的内容に変化した（「SCT（文章完成テスト）」より）。退院後には，ギャンブル渇望が軽減していた。

X ＋ 3 年，自助会に通いながら断ギャンブルを継続している。

［コメント］ 「両親への恨み感情などを傾聴すること」（逆内観）によって，被害者意識が軽減したため，集中内観療法への導入が可能となった。両親の立場に立って事実を振り返ることで閉鎖的罪悪感が開放的罪悪感に転化した。

5．内観カウンセリングについて

(1) 基本的技法

　嗜癖問題に対する標準的な治療方針は，断酒や減酒，あるいは断ギャンブルなど嗜癖対象を制御することである。その場合の課題は嗜癖行動から離れた後の空白の時間とその時に生じる様々な不快感への対処である。集団での

自己開示に抵抗が少ない方であれば，自助グループ等の集団療法への参加によって得られるアドバイスが有効であるが，適応者は限られる。そのため，個人療法（カウンセリング）の場で具体的な指示が必要となる場合がある。以下に，著者自身が理解している内観療法的世界観に基づくアドバイスのうち，繁用している三つの指示項目を紹介する[7)8)9)]。

　各アドバイスは，共感によって得られた信頼関係に依拠しながら，タイミングをとらえて伝える必要がある。

① 「医療的」免責によって閉鎖的罪悪感を緩和する

　通常，嗜癖行動に伴って，後悔（「早くやめればよかった」）や閉鎖的罪悪感（「迷惑をかけ続ける自分は価値のない人間だ」）などの自己否定観が増強する。そのため，苦痛への対処行動として，嗜癖行動の頻発という悪循環が生じる。そして周囲の援助をかたくなに拒否するか，あるいは受け入れても援助者との些細な齟齬を責め立てる。まず伝えるべきアドバイスは，「あなたの人生は嗜癖行動によって支えられてきたし，今も支えられています。嗜癖対象に出会えてよかったですね」である。つまり嗜癖対象との深い縁に感謝することから始める。（著者の場合，極端かもしれないが，「もし嗜癖対象という支えがなかったら，あなたは今ここで生きて，私と会っていないかもしれませんね」と伝えることがある。）

　その上で「あなたの嗜癖対象との強い縁は遺伝的に定められ，幼少期の家族関係やその後の社会環境等によって強化されてきました」と成るべくして成った結果であることを伝える。そして縁であるゆえに，意志とは関係なく，「時宜来れば尽きる」ことも強調しておく。このように運命によって結びついた嗜癖対象であるがゆえに，「あなたに100％責任はありません」と嗜癖行動の不可避性と無常性を強調する。このような「医療的」免責によって，自己否定の軽減を図る。

② 恨みや怒りは相手の問題としてすべて投げ返す

　「自分を傷つけた相手に謝罪させたい」「離れたいが（家族だから）離れられない」などのように，特定の人物への恨みと執着，あるいは愛着との板挟

みで苦悩している方は多い。この状況に対して,「してもらったこともある（恩もある）」,あるいは「あなたにも問題がある（お互い様）」という指摘によって,却って被害者意識が強まることもあり,注意が必要である。加えて,この「許す／許される」という理想的な関係性への誘導は袋小路をもたらす。なぜなら,行き着く先には,「自分（あるいは相手）には許す資格や許される価値があるのか?」という,臨床の場では回答不能な問いが待っているからである。

したがって「許す／許される」という視点に陥ることを回避するために,自他の問題を厳しく切り分ける必要がある。すなわち,相手が行った行為のうち,本人が「迷惑かけられたこと」や「してもらえなかったこと」と認識した出来事はすべて,相手の意図にかかわらず,相手の問題（業）と割り切る。つまり,「逆内観によって想起した項目はすべて相手の問題である」と定義したうえで,相手に投げ返すわけである。この定義とお返しに関する判断はすべて主観的な自分の価値観で行えばよく,相手の関与は不要である。この意味で,「相手が謝罪すること」にこだわることは,相手の価値観に自分の人生をゆだねる生き方である。それは従属的な生き方,つまり嗜癖（依存）的な生き方である。

相手の立場に立って自分を調べるのが内観療法であるが,その目的は相手との過去の関係性を利用して,自らの責任を知ることにある。目的はあくまで己の行動修正であり,相手に期待して,相手のために内観をするわけではない。自分の責任（分）を果たすことを主目的としているという意味で,内観療法は徹底した個人主義的な心理療法とも言い得る。

③ 治療目標を「嗜癖対象の制御」から「感謝を伝えること」にシフトする

断酒や減酒などの嗜癖行動の制御を治療目標として掲げた場合,その成否は治療努力よりも環境や偶発的出来事,あるいは生来の気質など,いわゆる「運」に左右されることが多い。加えて,他者との比較が可能であるがゆえに,不平等感や劣等感が高まり,治療動機を損なう。

このとき,内観療法的課題に視点を移していただくことが,治療動機の維

持に有効な場合がある。

　具体的な手順としては，まず，本人にとって「気掛かりな」相手を対象に「してもらったこと」を想起していただく。想起内容は過去のことでも現在のことでもよい。

　しかし，この問いかけに対しては，多くの場合，抵抗が生じ，当初は外観あるいは逆内観になる。そして，自分を嗜癖問題に至らしめた人への恨み，そして後悔などが表明されることもある。これらに対しては肯定否定も含めて一切の評価を行わず，傾聴する。そして，①②のアドバイスを適宜利用しながら，上記の想起を繰り返し促す。

　次に，してもらったことへの「お返し」に関するプランを考えていただく。

　実際には「ありがとう」（場合によっては「申し訳ありません」）を適切な場面で相手に伝えることができれば充分である。ただし実際に伝えるのは機会のある時でよいこと，無理をしてその機会を作る必要はないことを確認する。重要な点は，準備をしておくこと（「お返しリスト」の作成）であって，実際にお返しができたか否かは二の次である。

　つまり，「人間関係の負債」（未済のお返しやつぐない）が多ければ多い程，即ち未だ伝えきれていない「ありがとう」や「ごめんなさい」が多ければ多い程，今後行うべきことが多いということであり，それは生きるべき理由が多いということになる。このマイナスをプラスに転換する認知の逆転によって，「お返しリスト」は負債ではなく資産となり，自己肯定度を示す指標となる。

(2)　内観カウンセリングを適応した症例

　次に内観療法的アドバイスを柱としたカウンセリング（「内観カウンセリング」）を適応したアルコール依存症の症例を提示する[9]。本症例においても本人より文書にて同意を得ているが，本意を損なわない範囲で一部事実関係に変更を加えた。

【症例】

40 代　男性

［主訴］　「酒がやめられない」「眠れない」

［家族歴］　父親に飲酒酩酊時の暴言癖あり

［生活歴］　11 歳頃万引き癖を矯正するため宗教団体の施設に数カ月間預けられた。大卒後会社勤務。現在，無職，父と二人暮らし。

［現病歴］　18 歳で初飲。時に酩酊時記憶欠損あり。24 歳頃より習慣飲酒，すぐに 4 〜 5 合 / 日の過量飲酒となる。X − 16 年頃よりアルコール性膵炎を繰り返す。

　X − 13 年失職。両親と同居するようになり連続飲酒が出現。酒量は 1 升 / 日に及んだ。

　X − 6 年 A 精神科病院受診。半年間断酒後，再び連続飲酒を繰り返す。この頃母が病死。

　X − 1 年 2 月紹介され当院受診。

［初診時所見］　飲酒渇望および飲酒コントロール障害（連続飲酒の反復），飲酒中心の生活，アルコール性肝障害および膵炎の反復など進行したアルコール依存症候群と診断。併存精神疾患は見られないものの，空虚感や抑うつ気分を伴っていた。

［治療経過①：断酒を目的とした標準的治療］　抗酒剤服用および精神科デイケア（自助的ミーティングと集団認知行動療法）参加。

　X − 1 年 8 月より連続飲酒を繰り返し，飲酒時には職員に対する愚痴や暴言などの迷惑電話がみられた。

　X 年 5 月，1 カ月の通院中断を経て，受診。このときから著者が主治医となった。

［治療経過②：内観カウンセリング］　「仕事をしたい」という焦り，「夜ひとりで考えているとつらい」という孤独感や「自分がアル中になったのは親のせい」「母に騙されて宗教施設に入れられた」という恨みが主たる訴えであった。これに対して，評価や解釈はせず，共感的に受け止め，今までの努力を

支持した。

　飲酒行動と母へ「恨みを抱いていること」への罪悪感とが強く関連していた。そのため，X年6月より「母への葛藤の軽減」を目的とした内観カウンセリングを開始した。具体的には月2回の通院時に30分程度，「してもらったこと」に焦点を当てて，対象（者）や年代は定めず，思いつくまま想起していただいた。導入時には，「酒」も対象として含めた。当初は，「（酒は）挫折したつらさを紛らわしてくれた」などと酒への礼賛が続いたが，その都度，共感的に受け止めた上で，①②③のアドバイスを適宜行った。

　X年10月　家族を対象として語るようになったものの，「父に動物園に連れて行ってもらった」「妹は掃除を手伝ってくれた」と母以外の家族に対する想起が主であった。

　X＋1年2月「母にカレーを頻繁にねだっていた」ことを想起した。この想起を梃にして「万引きで母を相当悩ませたと思う」と母の立場で過去の振り返りが出来るようになった。そして「母には恨みと感謝の二つがあるけど，そういう自分でもいいですね」と穏やかに自分の人生，そして母を受け入れるようになった。その後飲酒欲求は減少した。

　X＋3年3月　断酒を継続している。

［コメント］　重度のアルコール依存症であり，標準的な断酒治療は無効であった。内観カウンセリングによって，「カレー」に関する想起が被愛体験の核となって，母親への恨みが軽減した。その結果，母との関係をありのままで受け入れることができるようになり，閉鎖的罪悪感が消退した。

6．まとめとして

　嗜癖行動に対する原則的治療方針は，「断ち切ること」もしくは「減らすこと」である。ただ嗜癖対象の増減にのみ一喜一憂すると，膠着状態に陥る。そのような場合には，嗜癖対象から一旦視点を外し，内観療法的視点からの介入を試みることが，膠着から脱する契機となる。

文献

1) 原田勁吾 , 竹元隆洋：2 回の集中内観を行った依存症者の予後調査 . 内観研究 , 26(1), 47-59. 2020.

2) 堀井茂男： 内観療法を診療に生かす , 臨床精神医学 ,39(1)：43-48, 2010.

3) R M Kadden, M D Litt: The Role of Self-Efficacy in the Treatment of Substance Use Disorders. Addict Behav, 36(12), 1120-1126. 2011.

4) 川原隆造：内観療法の技法と治療効果 . （川原隆造・東豊・三木善彦編：心理療法の本質） 日本評論社 . 東京 . 3 - 14.1998.

5) 河本泰信：窃盗癖について―内観療法を施行した 2 症例の検討 . 精神科治療学 , 25(5)：657- 665, 2010.

6) 河本泰信：回復過程からみた病的賭博の病型分類―「葛藤型」と「自閉型」を鑑別することの有用性について― . アディクションと家族 , 28(3)；195-205, 2012.

7) 河本泰信：ドメスティックバイオレンス (DV) における被害者支援について―内観療法的面接適応試論 .　精神療法 .　39(3),101-106.2013.

8) Komoto, Y. Brief intervention based on Naikan therapy for a severe pathological gambler with a family history of addiction: emphasis on guilt and forgiveness. Asian Journal of Gambling Issues and Public Health, 5(1), 1-8. 2015.

9) 河本泰信 , 吉田恵理子 , 長縄瑛子他：治療者自己開示技法を利用した内観カウンセリングについて .　精神療法 ,42(2).229-237.2016.

10) Komoto, Y., Shoun, A., Akiyama, K., Sakamoto, et al.　Development and validation of the Pachinko/Pachi-Slot Playing Ambivalence Scale. Asian Journal of Gambling Issues and Public Health, 7(1), 1-14. 2017.

11) 真栄城輝明：病院臨床における内観療法の導入から展開まで - 集中内観と内観カウンセリングの紹介 . 内観研究 , 27(1), 33-37.2021.

12) 三木潤子 , 三木善彦：内観志向的カウンセリングと集中内観― 5 年間の身体

の痛みからの解放―. 内観研究 , 15(1), 73-81.2009.

13) 宮路正範 , 河本泰信 , 長縄瑛子他：治療者自己開示技法を利用した内観ミーティングについて . 内観研究 , 23(1), 39-49.2017.

14) 長島美稚子 , 長島正博 , & 筒井健雄：集中内観における困難群の特徴― アンケート調査対象者における検討―. 内観研究 , 14(1), 45-57.2008.

15) 長山恵一：内観療法の治療理論（5）―内観療法の罪意識の諸相とダイナミズム -" すまない ""いけない "（土居）の再考 . 内観医学 ,5（1）：77-91,2003.

16) Oser, M. L., McKellar, J., Moos, B. S., & Moos, R. H. Changes in ambivalence mediate the relation between entering treatment and change in alcohol use and problems. Addictive Behaviors, 35(4), 367–369.2010.

17) 竹元隆洋：ギャンブル依存症の内観療法 . 三木喜彦 , 真栄城輝明編：内観療法の現在 , 現代のエスプリ . 至文堂 , 東京 ,2006/9.p32-39.

18) 竹元隆洋：内観療法の技法と理論 . （三木善彦 , 真栄城輝明 , 竹元隆洋編：内観療法）ミネルバ書房 . 東京 .2007.

19) 山本暢朋 , 平井慎二：内観療法により精神病状態が再燃した薬物関連精神疾患の一症例 . 日本アルコール精神医学雑誌 . 12：17-23.2005.

摂食障害と内観

河合啓介
国立国際医療研究センター国府台病院　心療内科

1. はじめに

　内観は自己啓発，矯正医療での運用に始まり，その後，内観療法としてアルコール依存症，不安症，うつ状態，摂食障害などの治療に導入された。この部分については，＜心身医学からみた「内観療法」＞の項目を参照いただきたい。本章では，その中でも摂食障害への内観療法の実際を概説し，身体的合併症を呈する場合における内観療法運用の工夫について述べる。

2. 摂食障害 [1)2)]

　摂食障害は，食行動異常とそれに伴う認知や情動の障害を主徴とした疾患で，大きく分類すると，著しいるい瘦（ＢＭＩ＊：Body mass Index 18.5 未満）を呈する神経性やせ症（Anorexia nervosa: AN）と体重は標準（BMI18.5 以上 25 未満）の範疇にある神経性過食症（Bulimia nervosa: BN）に分かれる。食事と体重・体型への極端なとらわれがあり，低栄養状態による身体的合併症や精神科併存症・合併症のため健康度や社会的機能が著しく低下する。患者の自己評価は体型や体重に大きく影響を受ける。この疾患の患者は，ストレス対処行動として身につけた“過食・嘔吐”や，自己評価を一時的に上昇させる“痩せ”を手放すことに不安が強く，治療による自身の変化に対して相反する感情をもつ。

　AN は有効な薬物療法が確立していない。実際，AN の有病率は思春期・青年期女性の 0.2-0.5％と高く，予後の調査研究では，2.5 年間のフォローで29％，8 年間で 68％，16 年間でようやく 84％ が改善する。つまり，経過は長期化・遷延化しやすい。さらに，AN の死亡率は，精神疾患の中でももっとも不良の群に入り 10 年で約 5％ が死亡すると報告されている。これらの結果からも本疾患特に AN が，難治性疾患であることは明らかである。一方，BN の思春期・青年期の女性有病率は 1-3％ と AN より頻度が高く，BN は，身体的

合併症は少ないが，抑うつ感情に苦しむことが多い。

　治療方法は認知行動療法，家族療法，精神分析的精神療法，支持的精神療法などがあり，それぞれの治療法で治療成績に大きな差はない。これは，精神療法の技法ではなく，摂食障害患者に共通する病理に対するアプローチが有効に働いていると筆者は考える。

　＊BMI（Body Mass Index）：肥満度を表す体格指数。[体重（kg）]÷[身長（m）の 2 乗] で計算する。日本肥満学会の定めた基準では 18.5 未満が「低体重（やせ）」，18.5 以上 25 未満が「普通体重」，25 以上が「肥満」である。

3. 摂食障害への内観療法導入の歴史

　摂食障害を対象とした内観療法の研究についてはその歴史は古く，1979 年頃より報告がある[3]。内観療法が家族に対する心的葛藤の処理の糸口となり，社会適応の改善による治療効果などが当時より報告されている。さらに「摂食障害の患者は，もともと罪を認めることへの抵抗が強い。集中内観だけで治してしまうには無理があるので，大きな治療の流れの中で，一つの区切りとして集中内観を導入する[4]。」「摂食障害患者においては，ある程度の身体的安定と患者 - 治療者間の信頼感の確立が必須であり，社会適応への最終段階での内観療法が有効と思われる[5]。」「摂食障害の回復は一筋縄ではいかず，集中内観後にもカウンセリングによる関わりが必要[6]。」などの研究報告がなされている。我々も AN への内観療法については，内観導入の時期に工夫が必要と考えている。これは，次の段落で述べる。

4. 摂食障害への内観療法の困難さと導入の時期

　摂食障害患者の特徴として，治療への抵抗性がある。体重増加に対して不安があり，治したい気持ちとやせた体型を保ちたいという両価的な気持ちがある[1]。従って，治療の動機付けあるいは，内観前からの良好な患者−医師関係が重要となるのは言うまでもない。さらに，AN 治療が困難な理由として[7]，①未治療の AN 患者は治療動機が乏しい②病態による回避行動としての「やせ」を手放

すことが困難③低栄養による身体危機で内観の導入自体が困難④低栄養による脳機能異常による柔軟性を欠く思考⑤本人だけではなく家族間の課題，学校や職場との関係など取り扱う内容が複数あり，問題軸を絞りにくいなどの五つの要因があると考えている。実際，我々の統合的な認知行動療法を中心とした入院治療プログラム（図 –1）の後半では，上述の五つの要因は解決されている部分が多い。摂食障害への治療の動機付けもある程度進んでいるが，それでも家族や周囲の人々に対して怒りや不信感が根深く残る症例がある。これらの症例に集中内観療を併用している[7][8]。

図 –1　摂食障害の入院治療例

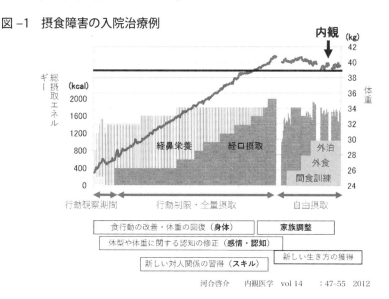

河合啓介　内観医学　vol 14　：47–55　2012

5. 摂食障害患者への内観療法の実際と注意点 (表 –1)

〈心身医学からみた内観療法〉の章に，心療内科病棟での内観療法の実際や面接者として心掛けていることや身体疾患における内観療法の効用などについて記載している。低栄養の補正を内観前に行う以外は，本章と共通する部分が多い。ご参照いただきたい。

AN は低栄養状態による身体的合併症や思考力・認知能力の低下を認め

る。正常の栄養
状態の範疇である
BMI18.5kg/㎡以
上になれば、その
影響は軽減すると
考えられている[2]。
BMI18.5kg/㎡以
下では、教育的な

表-1　摂食障害患者への内観療法の注意点

1. 患者は摂食障害を直すことに両価的であることを理解する。
2. BMI18.5以下では思考力や認知能力が低下していることが医学的に
　エビデンスがあることを患者と共有する。
3. ANの場合、褥瘡や低血糖発作に注意し、それらの予防に努める。
4. 抑うつ状態、PTSD、自閉スペクトラム症、ADHDを併存する患者への
　内観の導入には工夫が必要である。

栄養療法と精神療法の併用が必要である。我々は、総合病院心療内科病棟で
身体合併症への影響に注意しながらANへの集中内観療法を行っている。医
師の管理下の基、低血糖発作を避けるための内観中の経鼻経管栄養の併用や、
褥瘡を避けるために内観療法室に柔らかなクッションを使用するなどの工夫が
必要である。摂食障害では抑うつ、PTSD、自閉症スペクトラム症、注意欠陥
多動症（ADHD）の合併の頻度が高い。抑うつ状態では、精神療法が無効な
ことがあり、安静や薬物療法を優先する。PTSD患者の場合、フラッシュバック
や解離症状が出現する場合は、その治療を優先する。自閉症スペクトラム症,,
ADHDの合併がある場合は、内省や行動範囲の制限が患者にとって苦痛の場
合があり、臨機応変に治療者は対応する。BNへの集中内観は、入院後、刺
激統制下で習慣性の過食嘔吐が改善し、電解質異常が抄出した時期に導入し
ている。低栄養への対応以外は、ANとBNの内観療法について大差はない。

　参考までに、ANの自験例15例の入院及び内観療法導入時のBMIを示す。

| 入院時BMI | 平均±標準偏差 | 13.5 ± 2.1 | 最小値 9.6 | 最大値 17.4 |
| 内観導入時BMI | 平均±標準偏差 | 15.8 ± 1.8 | 最小値 12.1 | 最大値 18.0 |

　例えば155cmの場合、体重32kgでBMI 13.7、体重38kgでBMI 15.8
となる。つまり入院治療で体重を約6kg増加させてから集中内観を導入してい
る。

我々は，これらの条件で集中内観を施行し，これまで全例，身体合併症の悪化が無く終了しているが，ANへの集中内観は総合病院心療内科・精神科あるいは精神療法に理解がある内科医が常勤する単科精神科病院で慎重に行うのが望ましい。

　ここで実際の事例を紹介する。症例は，発表に際して承諾を得ているが，プライバシーに配慮し，いくつかの事例を組み合わせてこれまでの発表症例についても改変している。

事例1　低栄養状態から回復後に集中内観を導入した事例 [7)9)]
年齢：30代　女性
診断：＃1　AN（過食排出型）
家族歴：父　患者が10代のころ悪性腫瘍で死亡
現病歴：元来，人付き合いが苦手な子供であった。思春期に，知人から「太ったね。」と言われ，ダイエットを開始。その後，摂食障害は遷延化し，盗食や万引き行為も顕著になる。入院後，「母は，私が子供の頃から自分の考えを押しつけてきて，いつも自分が正しいと思っている。愛情の押し付け。」と語り，母親への苛立ちが病気の発症や持続に影響しているようであった。これらの課題を中心に，認知行動療法を施行，家族関係を調整して退院した（退院時体重41kg）。その後，再び体重が減少し，再入院した。体重は回復し，周囲との関係も入院中は改善し，自己主張もできるようになったが，「母の元にもどると過食が再発しそう。」と語る。家族関係の再調整が課題になり，集中内観を導入した。
内観面接：「内観5日目までは，母が私にした行為についての嫌な気持ちばかりがでてきたけど，それでも事実を調べていると，母の子供でよかったと，突然思えてきた(涙)。早朝補習が必要な私に朝4時に起きて，毎日愚痴も言わずお弁当を作ってくださった。鮭のおにぎりが好きでした。(母の)味噌汁が好きで夜中に作ってもらっていた。迷惑ばかりかけて本当に申し訳ない。今，私

は愚痴を言いながら自分の子供の弁当を作っている。母のようにはできていない。」、「父が死んでから、父の代わりもしようとしてくれていたと思う。」
「今までは、人と一緒にいても孤独感しか感じられなかったが、本当はいつも周りの人が気にかけてくれていたんだと気がついた。」「病気の時は、正しいとか間違いとかではなく、願望で行動していた。」「自分に不都合な部分はしまい込んでいた。」と語った。

内観療法後：内観療法導入前は、感情表現が乏しく他人事のような話しぶりであった患者が、内観療法後には涙するなど、感情が豊かになった。内観で、母のお弁当の味を想起した後、空腹感や満腹感がよみがえってきた。その後、再入院したが、その後は摂食障害の経過も良好である。「家族が私にどんな気持ちでお世話をしてくれていたか理解できた。私がしてもらった行為の中には、その人の気持ちが込められているのだな。これからはせめて気持ちだけでもお返ししていこうと思う。」「今まで病気の自分を認めていなかった。今は完璧ではないが、ある程度認めている。発症後、周囲の人の愛情を同情と勘違いし、私ははねのけていた。発症前も後も周囲の人は変わらぬ愛情を自分に向け続けていた。」と語った。その後の経過は良好である。

事例2　低栄養状態のまま集中内観を導入した事例

年齢：40代　女性

診断：＃1　AN（過食排出型）　＃2　被虐待歴

裕福であるが不安定な家庭環境で育ったと、患者は初診時に多弁に話した。母からは「愛情ではなく、物を与えられて」育ったという。学童期は肥満気味でからかわれていた記憶がある。摂食障害の発症は大学生時代、「今まで勉強だけしていればよかったのに、急にみんながおしゃれになって混乱。ダイエットを開始した。」その後、しばらく摂食障害は軽快していたが、結婚後、家庭や仕事の悩みで再発。幾つかの病院に入院するが、盗食や隠し持っていた薬剤の大量服薬などの約束違反行動のため、強制退院になることを繰り返して当科を受診した。

身長：155cm　体重：37kg　BMI：15.4

　当院へ入院後も前医と同様の行動化が続いた。治療者は先入観を排して，患者と共に行動化の意味を理解するように努めたが，「頭ではわかっていても身体がついていかない。」「垢がこびりついて取れない。」と語る。その後，今まで語られていなかった過去の外傷体験も明らかになり，患者の治療に対する行動化に影響を与えているようであった。経鼻経管栄養の併用で次第に体重も回復傾向となった。一日経口食 1200 キロカロリーに加え，経鼻経管栄養 600 キロカロリーを併用した段階で集中内観を行った。本例は＜心身症からみた「内観」＞の項目にあるようなスケジュールは使用せず，本人の希望に合わせて，内観する対象を選択した。またやせが残存していたため，個室のベッド上で，経鼻経管栄養も併用した状態（図 - 2 左下）で内観を行った。

図 −2 内観面接の様子

国府台病院

九州大学病院

内観面接：当初から「考えると汚いものが全部出てきている感じ。」「落ちる所まで落ちて，ようやく自分の罪深さがわかった感じがする。」と語る。その後，母に対する内観で「母は，命がけで私を育ててくれた。私が病気の時，母は毎日朝 5 時に起きて，背中におぶって病院につれていってくれていた。そのころ家庭不和で，母も辛かったろう。」と母の行動を回想。「両親は愛情が足りなかった

のではなく，出し方が違ったのだと思う。」「自分は生かされているのだと胸に突き刺ささるように感じ，そこから変わった。」と語る。「病気でいれば心配してもらえると思っていたけど，本当は，病気でなくても愛情をもらっていた」と自分の行動を語った。

内観療法後：行動化の再発が複数回あり，日常内観をすすめた。「大きな事を言って，自滅していた。」と治療後半に語る。その後，数回の入院治療を行い，その後経過は良好である。被虐待歴については，自分の中で消化できたと語るため，今回の治療では直接取り扱っていない。

考察

　我々は，上述の2症例のように，通常の栄養療法や認知行動療法を行った後，さらに内省を進めるための治療として，集中内観を併用している。摂食障害には，さまざまな専門的な治療法があるが，前述したように治療技法によって治療効果に大きな差はない [2]。おそらく治療の核となる部分はこれらの精神療法すべてに共通した部分だと筆者は考えている。実際，精神療法後に，食行動パターンや家族関係が変化した後，患者が，やせや過食嘔吐の症状や体型のコントロールへの過度の囚われを手放して，社会生活に復帰し，病気から真の回復を進めていくためには，自己評価を上げ，自分の生きる意味を発見していく過程が重要である。この部分にも，内観療法は有効に働くと考えている。アルコール依存症患者では，内観を通じて自己中心的な行動の認識や数多くの迷惑行為を赦し続けてくれた家族の犠牲と献身に気付く。うつ病や不安症患者では，内観で愛情体験により他者から赦されてきたという支えを伴う「罪悪感」を持つことができるようになる。この過程を経て，過去の自身の行為をすべて素直に受け入れ，新しい自己像の構築が進み，その結果，症状からの回復が進むと考えられている [9][10]。摂食障害の病態は依存症に近いと考えることもできる。アルコール依存症患者への内観療法の研究は数多くあり，そこから学ぶ点は多い。

6. 内観療法による治癒機序

　摂食障害患者を含め心療内科で入院治療が必要と思われる患者は，内観前

に身体疾患が遷延化しており，患者は疲労困憊状態にあり，自己中心的な考え方に固執している。客観的には被愛体験を経験しているようでも，それを実感する余裕がない[11]。内観により視野を大きく持つことができ，患者は，家族を含めた周囲が懸命に自分を支えていた事実に気付く。この転換が変化の起点となることも多い（心身医学からみた「内観療法」の章の「図‐3」参照）。さらに，集中内観4‐5日目の重要な記憶の想起時に，皮膚感覚や味覚など外界刺激によって生じる五感の一部の想起を伴った場合，内観者の情動に大きな変化が起き，その後の行動に変化が生じることを経験することがある。本章では，事例1のお弁当やお味噌汁の味，事例2の母の背中におんぶされた記憶の再構成と共に「胸に突き刺ささるように感じ」という身体感覚に近い感情の自覚などである[9]。この点についても，本書の＜心身医学からみた「内観療法」＞の項目の内観と身体感覚の関連をご参照いただければ幸いである。

7．AN患者における内観の生物学的指標の研究

　オキシトシンは，視床下部で合成され，脳下垂体後葉から分泌されるホルモンである[12]。出産時の子宮収縮作用や乳汁の分泌促進作用以外に，オキシトシンは脳内で神経伝達物質としてはたらくことも知られており，「愛情」や「他者を信頼する気持ち」に関連していることが近年報告されている[12]。我々はANの集中内観開始初日，4日目，7日目の朝に尿中オキシトシン濃度を経時的に測定した[13]。集中内観時のAN内観群は4例で年齢37±10.4歳　BMI14.9±1.6kg/㎡であった。通常の治療のみのAN対象群は4例で年齢は21±4.5歳，BMIは12±1.6 kg/㎡であった。症例数が少なく，現時点では統計学的解析には至っていないが，内観施行群4例中3例は，内観によりオキシトシン値が上昇し，その内2例は内観初日に比べ，オキシトシン濃度が3倍以上まで上昇した。対象群は4例中2例のオキシトシン濃度が軽度上昇しているのみであった。オキシトシンは授乳やスキンシップにより分泌が刺激される。内観療法では実際にスキンシップをすることはないが，刺激統制下で屏風の内で自分を調べる治療構造，面接者の症状や病理を不問して内観者を尊重する所作[14]や，被愛

事実の発見，母を中心とした身体感覚の想起が，"重要な他者とのスキンシップの再体験"として，内観中にオキシトシンの分泌を促し，心身の大きな変化につながっている可能性がある。この研究については，今後，症例数を集積していくことが必要である。

8. まとめ

　本稿では，摂食障害，特に AN への内観療法の実際，治療上の工夫とそれに関する研究について概説した。AN については，内観療法単独ではなく，他の精神療法との併用が望ましい。また，治療への導入，特に動機付けと身体合併症への対応が重要である。

参考文献

1) 河合啓介：摂食障害　身体科と精神科の連携― 身体科に必要な精神疾患の基礎知識　Current Therapy 2022 Vol.40 No.10　35-39

2) J Treasure, T A Duarte, U Schmidt：Eating disorders Lancet 2020; 395: 899–911

3) 洲脇寛，堀井茂男：神経性無食欲症患者の内観療法」は第 2 回内観学会発表論文集 11 ,1979 年

4) 冨永春夫，松嶋香澄：不安障害,摂食障害など精神症状を主とするもの,川原隆造（編）：内観療法の臨床 理論とその応用,新興医学出版社,東京,pp91-98,1998

5) 高口憲章：拒食と過食の内観療法.こころの科学 No.112, 53-58, 2003

6) 真栄城輝明：心理療法として内観を工夫する－摂食障害の場合－　内観医学第 10 巻第 1 号 3–12, ,2008

7) 河合啓介，久保千春，須藤信行：神経性食欲不振症への入院による認知行動療法と内観療法併用の実際とその意義　内観医学　vol.14　47-55　2012

8) Kawai K.：The effectiveness of Naikan Therapy in combination with cognitive-behavioral therapy for anorexia nervosa inpatient. Naikan Therapy- Techniques and principles for use in clinical practice- Japanese Naikan

Medical Association and Japanese Naikan Association (ed) 183-194 2013

9) 竹元隆洋：内観療法 臨床精神医学講座 第15巻 精神療法 中山書店 215-231 1999

10) 竹元隆洋：全人的医療としての内観 内観医学 第2巻 1号 7-18, 2000

11) 河合啓介：論点 行動様式が症状に影響を与える内科疾患への内観療法 内観研究 25.31-39 2019

12) Nagasawa M .,Mitsui S.,En S.,et al.：Social evolution. Oxytocin-gaze positive loop and the coevolution of human-dog bonds Science348 333-336 2015

13) 河合啓介, 夏寒松, 真栄城輝明：内観の国際化をめぐって―各国の現状と将来への期待―バイオマーカーを用いた日本と中国の共同プロトコール論文 内観研究 vol.26 No.1 27-31 2020

14) 真栄城輝明：内観療法の実際―治療構造を中心に― 内観医学 第11巻 1号 11-18 2009

内観におけるイメージの活用

真栄城輝明

大和内観研修所所長

「君が若し小説を書くために，素材に窮してゐるなら，自分のことを書き給へ。
自伝を書き給へ。この素材は，どんな素材よりも秀れてゐる。先ず自分のこと
から書くべきである＜中略＞自分の事が描けない作家は，一人まへの小説家と
はいへない。＜中略＞己を完膚なく俎上にのせるといふことは，むつかしいこと
である。が，作家はつねに裸になってゐる覚悟がなければならない。」（丹羽文
雄　「小説作法」より）

1．はじめに〜なぜ，自分の内を観るのか？

　内観とは，自分の内を観ることであり，人としての常識を得ることである。す
なわち，自分以外の他者から授かってきた恩恵を自覚し，それに比べて世界に
対して自分がなしえたことの乏しさを知ったとき，罪悪感が生まれ，この世の無
常を痛感するのである。

　丹羽文雄が「小説作法」の中で述べた「小説」を「内観臨床」に，「小説家・作家」
を「心理臨床家・内観面接士」に置き換えて考えれば，心理臨床や内観を生業
にする人は，その方法は兎も角，須く，文字通りに自分の内を観ることが肝要
である，と言えよう。

2．病院臨床における内観

　上海交通大学医学院の王祖承教授は，中国が外国から心理療法を導入する
際に，次に示す10項目の条件を設けてそれに照らして審査をしたという。①「創
始者」が存在すること，②後継者がいること，③標準の方法が確立しているこ
と，④応用（変法）という形が展開されていること，⑤背後に文化的な基盤を
有していること，⑥専用の用語が使われていること，⑦臨床的事象を説明する
理論があること，⑧一回限りでなく反復性があること，⑨患者の治療意欲を引

き出すものがあること，⑩有効性（効果）が認められていること，である。

　内観療法もその審査の対象になったらしく，10 項目の条件をクリアーして，心理療法として認可されている。その結果，上海市では，2010 年 4 月から内観療法を実施すると保険点数が請求できるようになったようである（ちなみに，発祥の地・日本ではその声さえ聞こえてこない）。経済性が保証されたこともあって，中国における内観の発展は目覚ましく，2018 年に佛教大学で開催された第 7 回国際内観療法学会に中国からは，30 名の参加があり，一般演題の発表数は，27 件が提出されている（ちなみに，日本国内の演題数は，11 件）。

　この国では「金にならない精神療法もある」[3] と名指しを受けたこともある内観であるが，中国では保険点数がとれるようになったら，発展にも勢いがついたように思われる。

　さて，筆者の病院臨床は，およそ 24 年であるが，初めの病院での 5 年は，諸事情によって分散内観を，二つ目の病院に移ってから病棟の一角に内観室を設えてもらって集中内観を実践することができた。その 19 年間の内観臨床経験の中から選んだ自験例を紹介しよう。

3．内観療法における描画法

　ここに紹介する事例は，拙著 (2005) からの抜粋であることをお断りしておく。周知のように，内観面接で語られる事柄はかなりはっきりと限定されている。

　テーマとされる三項目（世話・返し・迷惑）以外の話題を内観者が語ろうものなら，特別な場合を除いて，面接者はこれを制限することになる。1 回の面接時間もおよそ数分と短く制限されており，与えられた三項目を話すためにだけ時間は設けられている，と言ってよい。けれども，内観を心理療法として見ていこうとするならば，言葉にならないものについても注目する必要があった。

　描画は言葉にならない，あるいは言葉にできないイメージ表現に優れている。

　その際，描画は言語表現を補足するものとしてだけでなく，言語を越えた働きがあり，表現された作品を面接者の適切なリードによって見ていくとき，内観の深まりを導くことにもなる。そうであれば，内観を心理療法として活用していく

ために，描画法のもつ特質を利用しない手はないだろう。そもそも内観に描画を持ち込んだいきさつを言えば，言葉によるやりとりでは形式的で表面的な内観報告しかできなかった事例に遭遇してみて，非言語的接近の必要を感じ，導入してみたところ，予想を越えた結果が得られたのがきっかけであった。

〈方法〉

　具体的には，集中内観の期間中に，その日の最終面接が終了した時点で，画用紙（Ａ４判）を手渡して，九分割統合絵画法（以後ＮＯＤと略）と呼ばれる描画法を以下に示す教示のもとで実施した。

　「右下から反時計回りに中心に向かう順序か，あるいは『の』の字を書くように，中心から始めて時計回りに右下隅へいく順序のどちらかで，今自分の中に思い浮かんでくるものを思い浮かぶままに，何でも自由に絵に描いて下さい。もし絵にできないようであれば，文字，図形，記号など何でも構いません」

　翌朝の面接では，内観報告を聞いて後に，描かれた内容をもとに描画者自身の連想を尋ねながら，面接者としては内観の流れを念頭に置いて，イメージを広げる面接にした。

　次には，数ある描画法の中からＮＯＤを導入した理由について述べることにする。

〈九分割統合絵画法（ＮＯＤ）とは〉

　九分割統合絵画法（Nine-in-One Drawing Method，略して「ＮＯＤ」）の考案者，森谷寛之[3)4)5)]によれば「密教のマンダラからヒントを得て，画面を3×3に分割して，その中に描画させる技法を工夫した」ようであるが，着想は1983年ごろであった，という。

　その動機については「ひとつはいつもそれぞれ『多面的存在』でありながら，なおかつ『一つの存在』である。それ故，一枚の画用紙に一つのテーマで描くならば『私の全存在』を描くのは原理的に不可能である。この多様性と統一性，すなわち多でありかつ一であるという矛盾する事態を，可能な限り同時に表現できるようにするため」だ，と述べているが，そのきっかけとなったのは統合失調症の臨床実践を通してであった，という。

その臨床実践のなかで「イメージゆたかな統合失調症の心理療法に従事していて，多くの絵を生み出すためにイメージがなかなか一つにまとまらず，（治療者として）悩んでいた時，マンダラの解説書に出会ってヒントを得た」ことを述懐している。

このような経緯で生まれたNODは，確かに「多くの絵を生み出す」クライエントに導入すれば，きわめて有効かも知れないが，たとえイメージが貧困化したケース（事例A）であっても，心理療法としての内観を念頭に置いて丁寧に用いるとき，次に示したような効果が得られることがある。人間はイメージタンクと呼ばれたりする。イメージを有するからこそ，内観はもとより多くの心理療法が適用可能となるとも言えよう。そのイメージを表出する方法に描画法があるが，「錯綜しまとめるのが困難で多様なイメージをできるかぎり包括的，統合的に表現可能なものにする」技法として，とりわけNODは優れている。

〈事例A〉

A氏は59歳で入院してきた重症のアルコール依存症者である。どのように重症かと言えば，離脱期に振戦せん妄をみただけでなく，見当識が侵された状態であり，そのままアルコール性痴呆へと進行してしまうのではと危惧されるほどであった。

15歳で酒の味を知って，20歳で結婚したときから晩酌を覚え，27歳には酒が原因で職を失っている。その後の，数度にわたる転職も全て酒が元であった。このような酒歴もA氏自身の記憶からは消えており，家族療法の中で家族から語られてはじめて明らかにされたものであった。そのA氏の集中内観は6泊7日で行われた。

元来が生真面目な性格であったため，内観への取り組みは真剣であった。が，それでも初日から5日目までは必死の努力にもかかわらず，思い出したことは表層的で紋切型の内容であった。たとえば，「お世話になったことは食事や洗濯をして貰った。返したことは，田植えの手伝いで，迷惑を掛けたことは特になかった」と言う具合である。

内観同様に，NODも初日から真剣に取り組んでいるが，イメージが貧困で

絵にすることができず，図1に示したような文字による記録が5日目まで続いている。

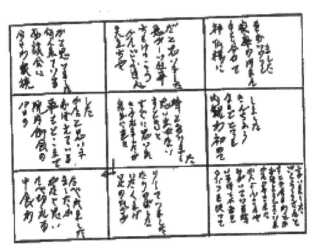

図1

　図1は絵ではなく文字が記されている。①先生に色々きかれましたがすぐに思い出すときと思い出せない時とありました。②足のひざがいたくまげたりのばしたりしていました。③中食わたべ切れるかなと思いましたがたべられました。④18日の院内例会の事もどこまでおぼえているかなと思いました。⑤今わ家族面談会に何人来ているかと思いました。⑥先生方やかんごふさん方もけっこう急がしい仕事だと思いました。⑦神仏様に手を合わせて家族の円まんをおいのりしました。⑧内観わ初めてなのでとてもきんちょうしました。⑨タバコを吸っている時と歯をみがいている時かんごふさんやかんじゃさんにおはようございますとか今日わとかごくろうさんと言いました。

　以上が初日のNODにたどたどしい運筆で記された図1の内容である。描画順は，真ん中から開始して「の」の字を書くように時計回りに描いていく。

　そして，最後の6日目の夜の最終面接のときになって，ようやくNODのなかに絵となって表出されたが，それが図2である。

図2

　A氏の説明によれば，「自分のこれまでの人生は乗物によって表現できる」という。

　①乳母車の時代，②歩けるようになった幼児期は三輪車，③小学3年生から大人の自転車を三角乗りした，④18歳のときはオートバイ，⑤免許を取って最初に乗ったのが軽トラック，⑥30歳を過ぎた頃に乗った乗用車，⑦大型免許を取ってバスの運転手になりたかった，⑧ボートはよく川で子どもを乗せて楽しんだ，⑨ほんとは子どもの頃からの夢があって，大型観光船の船長になりたかった。

　このA氏の説明を聞きながら，面接者（著者）はA氏の生い立ちが脳裏をかすめた。バスの運転手や観光船の船長になり損なった人生が，A氏のこれまでの生活とだぶって聞こえたのでそのまま伝えたところ，初めて涙を浮かべ「酒を止めて××丸（家を船に譬えて）の船長にこれからなろうと思います」と語ったのである。

　そして，残された最終日の内観面接で次のような報告がなされている。

　「思えば，母が私を置いて出て行ったことが不思議でなりませんでしたが，小学校3年生のとき，私に会いに学校まで来てくれたことは，幾つになっても母

が自分のことを忘れなかったのだなーと思いました」

「戦地の父親からの手紙の中に，"大きな声でオーイお父さんと呼んでごらん，きっとお父さんのところまで聞こえるかも知れないよ"とあったのを思い出しました。そして，息子である私の最近の写真を送って欲しい，と書いてあった。両親が私に愛情をもっていたことに気づき，感謝しなければ，と思いました」と。

このように，A氏の内観は最終日になって一気に深まりを見せているが，NODを導入したことで，イメージが内観という形を成したのである。この場合のNODは，徳田良仁[4]がイメージ絵画を用いる精神療法について述べたことばを借りれば「言語なくして言語を越え，あるいはイメージが言語を補足して見るもの（治療者）に訴えかけ，描き手（患者）の寡黙的・抑制的・拒否的なもの，あるいは混乱し，断片的・抽象的・多義的な言語性イメージを，より具体化し現実化させる作用をもっている」ことを示した模範例のように思われる。

事例Aでは，言語だけに頼った面接には限界が感じられた。そこで，イメージ表現に優れた描画法（NOD）を取り入れてみたところ，それによって内観の深まりが得られた。

描画作品を通して内観過程が見事に照射される結果となったと考えている。

NODによって産出されたイメージは，言語的交流としてなされる内観報告に影響を及ぼして両親とのエピソードを想起させることになった。涙を流しつつ両親の愛情を語ったとき，A氏は長い間，自分を苦しめてきた深い孤立感から解放された，とその後の面接で吐露している。被愛感の獲得は内観の専売特許と言っても良いが，重症のアルコール症においては，そこに至るまでが困難な場合が多く，NODなどの描画の併用が必要になってくる。

4．他界から姿を顕した亡き母

会ったことのない母親が屏風の中に姿を顕したケースは，終戦直後に生まれてすぐに母が他界したために母親の顔も知らず，親戚の間を転々と身を寄せて育った女性であった。

内観に入っても母親のことは記憶にないし，親戚の家にあった結婚前の写真

でしか見たことはなかったので，母親は内観の対象にはしなかった。したがって，転々と身を寄せてきた叔父や叔母たちに対する自分を調べていた。人に甘えるという経験に乏しくて，繊細で相手にどう思われているかを気にしながら生きてきたせいで，幼少期から中学までは，養育してもらった叔父，叔母に「してもらったこと」を調べると次々と出てきた。中学はトップの成績で卒業したが，これ以上他人の世話にはなれないと思い，就職している。就職先の社長は彼女の仕事ぶりを高く評価して，夜間の定時制高校に通わせてくれた。高校の成績も優れていたので，夜間の大学にも進んでいる。まじめでよく働く彼女を見て，社長は彼女を女性で初めての管理職に抜擢した。ところが，まじめな性格はよいのだが，潔癖で融通さに欠けるきらいがあり，部下を持つようになると厳しい上司に化してしまった。

　その女性は，潔癖さが仇になって，離婚という事態を招いてしまう。さらに，離婚後，女手ひとつで一人息子を育てているが，反抗的な思春期を迎えた息子との仲が劣悪な状況になり，悩んでいた。と同時に，会社では部下に厳しく，高飛車な態度振る舞いが目に着いた。内観経験のある社長は，彼女の仕事の手腕を高く評価していたので，もう少し視野を広げて人間関係の拙さを改善してほしいという期待を込めて研修の一環として内観を勧めたようである。彼女は社長に勧められて渋々内観にやってきたこともあり，内観中に聞くテープにも抵抗を示した。テープの内観者は母親に対する内観報告が殆どなので，母親を知らない彼女にしたら，焦りと不安を感じながら過ごしていた。それでも根が真面目なので，与えられた課題には真剣に取り組んでいた。すると４日目の夕方に奇跡が起こったのである。内観室は２階にあって，西側に窓が一つだけあり，夕陽が沈む瞬間に，気温が低い晴れた日という条件下で，屏風の中が一瞬明るくなるという自然現象は，これまで他の内観者からも報告されていた。どうやらその条件が揃っていたらしく，内観の面接に訪れた面接者の足音を聞いた彼女は，叫んだ。「先生，今屏風の中に母が姿を顕してくれているので，すぐに画用紙と鉛筆を持ってきて！」と。その声を聞いた面接者が急いでそれらを持っていったら，涙を浮かべて母の姿をスケッチしたのである。まさに，内観では「何かが

顕れる」ことを目の当たりにした瞬間であった。その奇跡と呼んでもよい現象は，彼女にとっても驚きのようであったが，面接者にとっても感動的な場面になった。そして，内観中に母親と出逢ったことで，帰宅後，息子に接する態度に変化が起こった。さらに，会社では部下に対して人が変わったように穏やかに接するようになったのである。後日，筆者を訪ねてきた彼女の姿を見た瞬間，「あ，内観中に絵に描かれた母親と瓜二つだ」と筆者は思ったのである。彼女曰く，「自分でも不思議ですが，内観中に母親の姿に出逢って以来，心が落ち着くようになりました」と。

　親がいなくても子は育つというけれど，それは目の前にいなくても内在化した母像がなければ，人は不安と緊張に苛まれる。

5．内観中に同じ日に同じ夢を見た夫婦

　事例の夫婦は，妻の不倫をきっかけに離婚騒動が起こり，内観にやってきた。妻は罪悪感もあって初日から真剣であった。夫はといえば，嫉妬の渦に苦しんで，内観どころではなかった。少なくとも三日間は，報告する内容と言えば，「なぜ，被害者の自分が内観しなければならないのですか？」と怒りを抑えた話しぶりに終始していた。内観中，朝一番の面接では，昨夜の夢が語られる。妻は初日から複数の夢を見てそれを書き留めて報告してくれていたが，夫は眠れぬ夜を過ごし，夢の報告は一切なかった。それが四日目の朝に面接者も驚くような夢が夫婦に舞い降りたのである。最初に妻の法座（屏風）に伺って面接に臨んだ。すると，「彼（不倫相手）から電話がかかってきた。そばには夫がいた。私は受話器の向こうの彼に向って，"あなたとは金輪際，会う気はありません。二度と電話をかけてこないで！"ときっぱりと電話を切りました」という夢が報告された。妻の面接が済んで，階下の内観室にいる夫の屏風を開けたところ，3日目まで夢を見なかった夫が初めて夢を報告してくれた。

　「妻のもとに不倫相手から電話がきた。そばにいた私の前で"あなたとは金輪際，会う気はありません。二度と電話をかけてこないで！"と言って受話器を置いたのをみて，ほっとした自分がいました」

その夢の内容が妻の見た夢とそっくりそのままだった。夫婦が同じ日に同じ夢を見て報告してくれたのである。女性の内観室は2階で，男性は1階にあるので，内観中は夫婦といえども顔を合わす機会はなかった。にもかかわらず同日に同じ夢を見たのである。内観後，夫婦は離婚を思いとどまって，仕切り直して再出発の機会にしたのである。

6．おわりに

集中内観は，外界からの刺激を遮断するために起床して就寝するまで屏風の中に籠って行われる。すなわち，非日常の世界で過ごすためにイメージが活性化しやすくなる。内観の舞台，つまり内観の治療構造の特徴は，非日常の世界が設えてあることだと言えよう。

確かに，カウンセリングや精神分析が行われる場も非日常性を確保しているのであるが，50分あるいは60分のセラピーが終わるとすぐに日常生活に戻っていくのに対して，内観では一週間という連続した時間が非日常の世界として確保されている。

この両者の場面の相違は意外に大きい。つまり，非日常性が十分に確保された内観においては，それだけで何かが顕れやすい舞台になっていると言えよう。内観の特徴である非日常性についてメタファーによって述べることにしよう。

不思議の国のアリスは，日常場面から逃れてひとり庭に出てきたが，不思議な兎に導かれてトンネルに入り込んでしまう。そこは動物や植物が人間の言葉を喋るという非日常の世界であった。そこで繰り広げられる物語に胸をときめかせた子どもは少なくないだろう。アリスを例に引くまでもなく，童話や物語では扉を開いて非日常の世界へ導かれる，といった筋立てはよくあることである。非日常の世界は深層心理の世界へつながっている。

かくて，内観は日常生活から離れて非日常の世界に籠もって行われるわけであるが，内観の場合，アリスを導いた不思議な兎は，どこにいるというのであろうか？

たとえば，問題行動を起こした子どもに付き添って内観に来た親は，「子ども

に導かれてきたようなものです」と述べたりするので子どもが兎の役割を果たしていることはわかりやすい。あるいは，うつ病や心身症などの症状に悩む人たちも同様に，「症状を何とかしたくて内観に来ました」と言うのを聞けば，症状が兎であることは自明であろう。

このように，不思議な兎はいろいろと姿を変えて人々を内観という非日常の世界へ導いてくれる。そして現代においては，朝の5時に起きて，新聞，ラジオ，テレビなど一切の情報を遮断するだけでなく，携帯電話のスイッチを切って，夜も9時になれば就寝するという生活は，それだけで十分に非日常性を帯びることになるが，内観では面接者以外と対話する機会はないため，心的エネルギーは自己の内面へと向かわざるを得ないだろう。したがって，そこは内面世界を探索するのに格好の場となるのである。

というわけで，内観の舞台には，他界したはずの祖父母や親しい人たちが入れ替わり立ち代わり顕れることもある。また，内観中の夢は，昨夜に見た夢を朝一番の面接で取り上げるために新鮮度抜群であり，その味わいには，格別なものがある。この一例だけでなく，複数のカップルにおいて，同じモチーフの夢を同じ日に見ることがあって，それこそ，能のように「何かが顕れやすい」といった臨床イメージが内観にはある。

参考文献
1) 井沢元彦（1993）：逆説の日本史 1 古代黎明編：封印された「倭」の謎
2) 牛島定信（2012）：「精神療法」第 38 巻第 4 号　巻頭言　金剛出版
3) 境野勝悟（2013）：「日本のこころの教育」　致知出版
4) 徳田良仁（1979）：「芸術療法の展望」芸術療法講座 I，星和書店
5) 真栄城輝明（1991）：印象記―東海支部発会・記念講演会に出席して―　日本ユングクラブ東海支部 NEWSLETTER　発会記念特集号　pp.5-6
6) 真栄城輝明（2005）：「心理療法としての内観」　朱鷺書房

　本文は，日本描画テスト・描画療法学会の許可を得て，臨床描画研究37：38 〜 56，2022　に掲載された『内観における臨床イメージ』から一部を抜粋し，少なくない加筆と修正を施したものである。

第四章

関連領域から見た内観

近代日本の精神療法と仏教思想

中村　敬

東京慈恵会医科大学森田療法センター

1．はじめに

　近代日本における精神療法のパイオニアといえば，森田正馬，吉本伊信，そして古澤平作の名が挙げられるだろう。森田は森田療法を，吉本は内観法を創始し，古澤は阿闍世コンプレックスの概念を基に精神分析を導入・発展させたことによって，日本の精神療法の礎を築いたのだった。

　ところで上記三者の導いた精神療法には大きな相違があるものの，いずれも仏教思想の影響を受けたことが知られている。そこで本稿では森田，吉本，古澤の生涯と療法に，仏教思想がどのように刻印されたのかを見ていくことにした。さらにそれぞれの精神療法が後続の世代に継承される中で，仏教思想の影響がどのように変化したか，またその結果いかなる課題が残されたのかについても検討することにした。

2．創始者たちへの仏教思想の影響

1）　森田正馬と森田療法

　森田療法の創始者，森田正馬 (1874~1938) は，高知県に生まれた。生来過敏な子で，9歳の頃近所の金剛寺で極彩色の地獄絵を見て恐怖に襲われ，悪夢にうなされたことがあり，生涯にわたる死の恐怖の端緒として知られる。14歳の頃からは，いわゆる心臓神経症の状態で度々通院したと伝えられる。森田が仏教思想の片鱗に触れたのはこの時期が始まりだったようである。畑野によれば，森田が中学時代に般若心経と般若理趣経を写経していたことが彼の日記に見出された。前者はもっともよく知られた経典であるが，後者は真言密教の経典であり，性の欲望を肯定する経文だという。畑野は松永有慶の次のような説を引用している。この経文の意味は「人間の生存そのものが欲望である」「欲望の根源というのは，それぞれのもつ生命力である」「人間

218

の持っているバイタリティそのものを，押さえつけるのでなく，生かして，正しい道を教えることによって間違いのない方向へ引っ張っていこうとするのが理趣経である」[3]。畑野が示唆するように，森田理論の「生の欲望」説は，若い頃にこの理趣経を読み込んだことにその源があるのかも知れない。

　さて森田は20歳の時から数年間にわたってパニック発作に悩まされたのだが，それでも21歳で第五高等学校に進学した。高等学校時代には『東洋哲学』『仏教史林』といった仏教雑誌を購読していた。さらには修行法としての禅定（座禅）を強調する「大乗起信論」を読み，その講習会にも足を運んでいたという。東京帝国大学医科大学に入学後も読書録には「般若心経講義」が含まれており，仏教思想への関心の持続がうかがわれる[3]。1903年に東京帝大を卒業後は精神科，呉秀三教授の門下に入り，自らの神経症体験を踏まえて精神療法の研究をテーマに決めた[29]。当初の10年ほど，森田は催眠療法に傾倒したが，後にはこれを対症的な療法に過ぎないとして放棄するに至った。そして当時流行の神経衰弱に対し，安静療法，生活正規法，説得療法など欧米で開発された種々の治療法を追試したものの満足のいく結果が得られなかった。そこでこれらの治療法に幾つかの重要な改良を施した末に，家庭的な環境のもとで絶対臥褥と自発性を重視した作業療法を行い，体得をもたらすという森田療法の原型が生まれたのだった[25]。

　森田療法の要諦は，神経症の患者のとらわれを打破し，あるがまま（自然服従，事実唯真）の姿勢を導くことにある。「あるがまま」とは，とらわれのない心の在り方の謂であるが，森田は禅で重用される金剛般若経を引用して，その境地を「まさに無所住にして，その心を生ずべし（無所住心）」と表現している。「無所住心とは，吾人の注意が，或る一点に固着，集注することなく，而かも全精神が，常に活動して，注意の緊張，遍満して居る状態であらう」[17]。

　このように森田は，自らの治療理論を説明するために禅の言葉をしばしば用いたこともあって，森田療法と禅との類似性がこれまで度々指摘されてきた。たとえば森田のよき理解者であった下田は「（森田）博士の所謂体験療

法の根本理論は，五年十年にして骨董化する『新学説』と趣を異にし，千古不磨の仏教哲学である」と言い[34]，内村も「森田療法は禅思想を取り入れた療法」だと述べた[35]。さらに森田の直弟子であった宇佐や鈴木はこの療法の禅的徹底を図っていった。たしかに森田が青年期から仏教思想に関心を寄せていたのは見てきたとおりであり，鎌倉の臨済宗大本山，円覚寺に三度参禅したものの，一つの公案も通過できなかったと自ら述べている[20]。森田自身は「私の現在の治療法を組み立てるに至ったのは，全く禅とは関係がない。私の著書にもある通り西洋流の療法から，しだいに発達・脱化したものである」[20]と言明しているが，森田療法と禅にある程度の近縁性があることはやはり否定できないだろう。ただし，両者の間には明らかな相違も認められる。禅では「不立文字」と言われるように，言葉による分別（論理）を飛び越えることに重きが置かれる。一方森田療法では，日記指導に見られるごとく，患者の体験を導き，跡付ける手立てとして言葉が重要な役割を担っている。患者と治療者との対話は必須の要素に他ならないのである[26][27]。

　さらに森田が，禅だけではなく浄土真宗の開祖である親鸞に度々言及していることも忘れるべきではない。「親鸞上人も，こんなふうでないかと思われる。……疑わしいけれども，さしあたり神経質の治療に行き詰ったから，しかたなしに森田にまかせる。疑いながら，森田のいうとおりに実行する。これを私は，従順と称している。……従来治療に多く遍歴して，迷い尽くした人ほど，その成功も大きいのである」[19]。患者がはからいを重ねた末に自己の無力を思い知って「疑いながら，しかたなしに，森田にまかせる」ことを是とする言説には，たしかに親鸞の影響を認めることができる。改めて森田の代表的な著作を見てみよう。「神，佛，真如とかいふものは，宇宙の真理，即ち自然の法則であって，法爾である。……吾人は此自然の法則に勝つ能はざることを知り，不可能を不可能として，之に服従することを正信とい（う）」[17]。森田は自らのいう「自然服従」を「自然法爾」とも言い換えていたのだった。

2) 吉本伊信と内観法

　内観法の創始者である吉本伊信 (1916~1988) は，奈良県にて浄土真宗の篤信家であった父母のもとに生まれた。9歳の時，妹が死去したことをきっかけに，信仰心を強めた母の影響で経典を学ぶようになり，「正信念仏偈」を暗誦していたという [40]。後に許嫁の伯父を通して諦観庵の駒谷諦信師を知ることになった。諦観庵は西本諦観師が起こした真宗系の一派で「身調べ」を信仰獲得の手段としており，駒谷師はその三代目であった。許嫁の伯父や駒谷師の導きにより 1936 年から身調べを始めた吉本は，1937 年，4回目の身調べで人事不省に陥った後，ついに「筆舌に尽くしがたい」宿善開発を得たという [40]。その後吉本は駒谷師と共に，身調べを宗教色や身体的苦行の要素を除去した自己探求法へと改良し，1941 年に集中内観を基本にする内観法の形式を整えた。1968 年には「お世話になったこと，して返したこと，迷惑をかけたこと」の3点に集約される内観3項目が確立した。内観法は 1950 年代から犯罪者や非行者の矯正教育に取り入れられ普及していったが，後に精神医学や心理学の分野にも知られるようになり，アルコールや薬物依存に対する精神療法（＝内観療法）として導入され，近年は神経症，心身症や気分障害などにも適応が広げられている [9]。なお真栄城によると，吉本は後年，真宗木部派より僧籍を与えられたとのことである [15]。

　内観療法の治癒機転について川原は次のように述べている。内観3項目の回想から起こった愛情体験の想起と自己中心性の認識から，恩愛感と自責感が身近な人たち，ことに母に対する関係の上でこんこんと湧き起こり，生かされている喜びが体験される。恩愛感と自責感は車の両輪のごとくに他を駆動して自己認識を変革していき，自己を客観的に見る心的態度と相手の立場に立って考える心の態度が獲得される [9]。また内観法を初めて治療法として臨床に応用した石田によれば，内観の過程の中で絶対的母親像と言うものに接したときに，相対的自我が解体し，一切の抵抗が放棄される。その時に絶対的な母の慈愛に救われる。すなわち内観による心的転換は，相対的自我の自力によるものではなく，具象的な自己の母の無限の愛，すなわち絶対的

な母親像であり，そこに内観の特色があるという[5]。

　ところで内観法の源流である身調べは，屏風の中で飲まず・食わず・眠らずの状態で「今死んだら，自分の魂は何処へ行くのか，真剣に無常を問い詰めて，身・命・財を投げ捨てる思いで反省せよ」という課題を与えられるものだった[9]。こうした苦行荒行は，浄土真宗本流から見れば異端（異安心）であり，むしろ自力の行といった方が相応しい。真宗本流の視点からすれば「私の修行は，煩悩にけがれたむなしい行であり，成仏のためにはまったく役に立たない……この念仏のほかに，さらに私のなすべき修行はまったくありません」[8]ということになるからである。内観の指導者である本山も「仏教の系統では内観法は，瞑想，禅定等に近い」と述べている[22]。このあたりの微妙な事情は，以下の千石の記述にも現れている。「浄土真宗の僧侶である私が，心理療法の一環としてであっても，お寺の内外で真宗にとっては，行的匂いのする内観療法を行っていることを，快く思わない僧侶がほとんどです」[32]。にもかかわらず千石は「内観療法が浄土真宗における阿弥陀如来の絶対他力を実感するのに，いかに有効な方便法であるか」[32]ということを力説している。

　いずれにせよ，浄土真宗（阿弥陀信仰＝他力仏教）を源流とする内観にも自力の要素が含まれていることは確かなようである。この点は，先に述べたように禅（自力仏教）と関係の深い森田療法にも親鸞（＝絶対他力）の影響が見られることと併せて，まことに興味深いところである[26)27)]。

3）　古澤平作と阿闍世コンプレックス

　小此木によれば，日本で最初に Freud の理論を紹介したのは在野の研究者であった大槻憲二であるが，精神医学者としては東北帝国大学教授，丸井清泰が最初の精神分析の紹介者として知られている[31]。丸井の門下には，当時助教授の古澤平作 (1897~1968) がいた。古澤は 1897 年，神奈川県に生まれた。仙台の第二高等学校に入学し真宗系の学生寮に入寮してから，真宗大谷派の僧侶，近角常観に出会い大きな影響を受けることになった[6)7)]。

1926 年東北帝大卒業後は丸井教授に師事したが，やがて実践の裏づけがない丸井らの思弁的な精神分析学に疑問を抱き，直接精神分析を学ぶことを志して，1932 年，ウィーンの精神分析協会に留学したのだった。彼地で古澤は，前年東北帝大医学部の機関誌に掲載された阿闍世コンプレックス理論の嚆矢となる論文「精神分析學上より見たる宗教」を独訳し，フロイトに提出した。帰国後，古澤は精神分析を専門とするクリニックを開業する。1954 年には先の「精神分析學上より見たる宗教」のタイトルを「罪悪意識の二種－阿闍世コンプレックス」と改め，精神分析研究第 1 巻に掲載した [1][11]。1955 年には日本精神分析学会の初代会長となった。

　古澤の阿闍世コンプレックス理論は，大般涅槃経など多数の仏典にある阿闍世王説話から想を得たものである。森口 [16]，大宮司ら [1] によれば，阿闍世王説話とはインド，マガダ国，王舎城の頻婆娑羅王，韋提希王妃の息子，阿闍世を巡る物語である。森口らによれば，仏典によって説話の内容には様々なバリエーションがあるが，概略次のように要約される。父王（頻婆娑羅）が仙人（阿闍世の前世）を，その死を待ちきれず（もしくは狩りの不振の腹いせに）殺害する。阿闍世は世俗的欲望（もしくは提婆達多の教唆）により父王を幽閉し死に至らしめる。さらに幽閉された父へ差し入れを行っていた韋提希にも怒りを抱き，殺害未遂の末に幽閉する。殺父の後悔により阿闍世は発病する。幽閉された韋提希が嘆き，釈尊から説法を受け救済される。耆婆大臣の勧めで，阿闍世も釈尊から説法を受け救済される [1][16]。

　上記のような阿闍世王説話を，古澤と小此木は以下のように再構成した。阿闍世の母，韋提希は父王の寵愛の薄れを煩悶する。父王の愛を繋ぎとめるために子供を望んでいた折，森の仙人が 3 年後に死んで自分の胎内に生まれ変わるという予言を聞く。待ちきれずに韋提希は仙人を殺害。その後，阿闍世を身ごもるが恐ろしくなり，堕ろそうとして，高い塔から産み落とす。後にその経緯を知った阿闍世は，母を殺そうとするが，罪悪感のために流注という悪病にかかる。韋提希は阿闍世をゆるし，悪臭を放つ息子を献身的に看病する。母の苦悩を知った阿闍世も母をゆるし，母子の一体感を回復する

（救済される）[30]（下線はすべて筆者）。

　要するに古澤・小此木は，本来は父親殺しが主題である阿闍世王説話を，母子関係の葛藤に改変したのである[1)16]。古澤は，母を愛するが故に父を殺害せんとする欲望傾向（エヂポス錯綜）に，母を愛するが故に母を殺害せんとする欲望傾向（阿闍世錯綜）を対置した[11]。さらに小此木は阿闍世を救済したのは釈尊ではなく韋提希だという変更を加えて，理想化された母子一体感→幻滅と怨み→殺意と罪悪感（懺悔心）→相互のゆるし→一体感の回復という阿闍世コンプレックス理論を定式化した。「阿闍世コンプレックスは……欧米の『罪に対しそれを罰し，償わせる』という父性原理と対照的な，『罪をゆるし，ゆるされる』という母性原理の形であらわれる」[30]。岩田によると，古澤の阿闍世説話の理解には「父母の情愛を阿弥陀仏の慈悲の象徴」とみなし「親子関係を軸に救済を捉える」近角常観の影響が見いだされるという。近角は次のような自らの体験を述べていた。「私が病熱に悶え苦しんでいた時，母が心配して少しも眠らず，日夜看病して下さったことは，韋提希夫人が冷薬を以て，阿闍世王の瘡に塗られたと全く同様に感じます」[7]。このように自らの体験を阿闍世王に重ね合わせ，父母の情愛の背後に阿弥陀仏の救いを見た近角は，「我が心は仏心にとろかされた」と述べたともいう。岩田はこう記す。「近角においては『とろかす』主体は人間ではなく，絶対者である阿弥陀仏である。……親の愛は，相対的なものではあっても，阿弥陀仏の『とろかし』の象徴となり，親子関係は『とろかし』のなされる象徴的場となる」[6)7]。このような近角→古澤の親子関係に関する視点は，先に言及した仏教精神分析家であった石田の内観理解にも影響を及ぼしたのではなかろうか。

　ともあれ古澤の分析治療には，近角を通じて得られた親鸞の影響が終生色褪せなかったようである。「私は被分析者に対して自由連想法と同時に念仏（題目でもよい）を唱えるように勧めることがある」[24]「『真に精神分析の治療効果をあげさせるためには，親鸞の心をもっていなければならない』というのが古澤先生のプリンシプル，基本理念でした」[24]。「古澤は，患者から

分析医に向けられる憎しみという病んだ心を，無償の愛でとろかしていくことを治療の眼目としていた」[6)7)]。

3．精神療法の脱宗教化

1）後継者たちは仏教思想をどう受け止めたか

　見てきたように森田療法，内観法，古澤の精神分析には仏教，ことに鎌倉時代以降の日本の仏教を代表する禅（自力思想）と浄土真宗（他力思想）が，その影響を及ぼしていた[26)27)]。ではこうした仏教思想の影響を次世代の治療者たちはどのように受け止めたのだろうか。

　森田正馬の後継者と認められたのは高良武久であった。高良は九州帝国大学にて下田光造教授の薫陶を受けた後，東京慈恵会医科大学に赴任し，1937年，森田の退任に伴い同大精神医学講座教授に就任した。後に森田療法専門施設である高良興生院を開設し，門下に数多くの森田療法家を育むことにより，この療法の本流をなしたといってもよかろう。

　高良も下田の影響下にあった当初は，森田療法と禅が通底することを明記していた。「森田の神経質学説は下田教授も指摘せる如く，東洋哲学殊に禅と通ずる所があり，海外学者のそれと趣を異にする所が多い」[12)]。だが戦後，高良は徐々に禅に対して距離を置くようになっていった。「森田は常にその治療に宗教的色彩をおびることを排していたのであるが，我々は精神治療の中に宗教がはいることに対しては慎重に自戒すべきである」[13)]。「私は森田療法に対する禅的思想の影響を否定するものではないが，近来意識して森田療法と禅を関係づけることを避けている。禅は特に外国人には神秘的に受け取られやすく，理論を絶したもののように理解される傾向にある。私は森田療法は，人間性の事実に基づいて，患者の生活態度を短日月の間に建設的に転回させるために，精神科学的に組織された総合的治療法として理解することが，国際的にも森田療法を発展させることにも役立つと思うのである」[14)]。

　このように高良は森田療法が科学的療法であることを強調し，その医学的心理学化を推し進めたのであり[28)]，門下の治療者たちも森田療法の説明に

際しなるべく仏教用語を排除するようになった。他方，森田の直接の指導を受けた鈴木知準や臨済宗の僧籍を有していた宇佐玄雄は，それぞれ禅の趣のある入院治療を多年にわたって実践したが，在野の治療者ゆえその影響は限られていた。

　内観についてはどうか。竹内硬は吉本の自伝に付した解説の中で「内観法なるものは，奈良県大和郡山市，吉本伊信氏が，古来，日本に伝わったさまざまな宗教的修行法をもとにして，現代的にこれを改造し，簡易化し，独自な様式を創案したものである。そしてこれは，今やその宗教性を全く除去し，一個の科学的な精神治療法となっているものである」と記した[40]。また村瀬は「（吉本の偉さは）伝統的な修行の形を大幅に変更し，宗教色を徹底的に払拭するという，今考えると実に思い切った根本的な変革を敢えて行った点にあると思います」と述べている[40]。川原も「『内観は宗教より出でて，宗教に非ず』と言われており，著者らの行っている内観療法には，全く宗教的色彩はない」という[9]。こうした動向について木村は「（内観は）最初は宗教的な要素が非常に強かったわけですけれども，この20数年の間に，そういう宗教性が次第に後退させられて，……医療関係の内観というものが主流になってきているのでないかと思います」と評している[10]。

　精神分析の場合は後継者たちが古澤の治療を批判することによって，宗教性の排除が一層徹底された。たとえば土居は，古澤の治療姿勢に宗教心，救済者としての意識が濃厚にあったとし，本当に精神分析的であるのか疑問を持ったという。「先生は救済者としての意識があまりに強いために患者を常にまた容易に自分の中に取り込んでしまい，そのことの中に潜んでいる御自分の無意識には気が付かなかったというのが一番正確な答になると思います。……私は古澤先生を批判することによって精神分析医となりました」[2]。小此木も古澤の持つ宗教性には批判的であった。武田の記述を引用しておこう。「小此木もまた古澤の蘊蓄の深さに傾倒しながらも，古澤の治療姿勢に疑問を抱いた一人であった。古澤の精神分析は西欧合理主義と一致せず，東洋的な人格主義や自然観と結びつくのではないかとの思いが深まり，フロイ

ト的な治療態度を確立することにより軌道を修正するのが，若い世代の責務であると考えるようになった。……土居や小此木からすれば，科学的探究への道を辿った古澤が，その実，東洋的な残像を引きずっているかに見えた。自らをフロイディアンだと言うからには，科学の枠内にあるべきだということになる」[39]。かくしてハーディングが言うように「古澤が退場するとともに，弟子たちは古澤の精神分析から仏教的側面を意識的かつ無意識的に消し去っていった」のだった[24]。

　上記のように森田療法，内観法，精神分析のいずれも，後続の世代によって科学的療法であることが強調されるようになり，仏教思想の影響は脱色されていった。その背景には，敗戦後，東洋的な文化の価値が失墜した一方，米国の文化や科学技術が奔流のごとく押し寄せた時代状況があり，精神療法家もまた科学的合理主義を価値基準に自分たちの治療法のあるべき姿を思い描き，日本独自の療法にまつわるローカルな側面を払拭しようと努めたことがうかがわれる。

2) 影に隠れた主題は何か

　前節で述べたように森田療法，内観法，古澤の精神分析は，それぞれの後継者たちによって仏教思想の影響が排除され，科学的な精神療法を標榜するようになった。このことは原法につきものの粗削りな部分，すなわち創始者の人格や経験，信仰などに依拠した要素，理論上の不整合などを修正し，近代的な精神療法として普遍化を図るためには不可避のプロセスだったといえる。だがその反面，このような近代化，脱宗教化に伴って影に隠れてしまったテーマがなかっただろうか。以下，森田療法と内観法に絞って，これらのテーマに改めて光を投ずることにしたい。

　その一つは，これらの療法によってもたらされる回復（心的転回）が，それぞれの学派の理論によって本当に説明が尽くされているのかという問題である。森田療法においては，この療法の真髄ともいえる「あるがまま」の心的態度について，鈴木が次のような指摘を行っている。「この（あるがままの）心的態度は説得で，言語を通じて知らすことができない。みずから『からだ』

で知るよりほかないのである」³⁶⁾「分別がなくなる心は間髪を入れない動き
の時にでているのです」³⁷⁾「徐々に展開するにしても，ある時に最後のとこ
ろですっと飛び越しをやっているのではないかと思うのです。神経質の人は，
必ずこの飛躍を経験します」³⁸⁾。たしかに森田療法における患者の（あるが
ままの境地への）心的転回は本人がそれと意識せずに「いつのまにか」進ん
で行き，後になってふと気づかれることが多い。変化のプロセスを患者自身
が自覚し難く，それらしい洞察として語られにくいということである。鈴木
のいうように，「あるがまま」の心境は身体－行為－動きの展開する中で自
ずから現成するのであり，精神内界の因果論的な認識（心理学的説明）にとっ
ては断絶＝飛躍があると言わざるを得ないのである。

　内観については，原点になった吉本の体験を見ることにしよう⁴⁰⁾。以下
は吉本にとって4度目の身調べ4日目，駒谷師との面接場面である。
駒谷師「ご自分の罪悪がわかりましたか？」
吉本「表面だけわかっても，心の奥ではなんとも感じてくれません」
　　　　　（中略）
駒谷師「万策尽きました，無宿善には力及ばず」
吉本「お願いします，頼みます」
駒谷師「駄目です，私にその徳もなく自信もありません」
　　　　　（中略）
　屏風の外に行こうとされる師のおひざにすがって，死の恐怖と罪悪の苦し
さにおののきながら，失望のどん底にあえいでおりました。その後，……し
ばらくの間，人事不省におちいっていた私は，ふと気が付くと嬉しくて嬉し
くて，ただ涙のみでした。⁴⁰⁾

　過酷な身調べの中で極限にまで達した吉本の罪責感・絶望感は「人事不省」
の時を挟んで，救済感へと反転した。吉本にとってこの心的転回は筆舌に尽
くしがたいことであり，歓喜の感情が自ずから湧出する体験であった。内観
療法の治癒機転として「自責感と恩愛感が相互に作用して自己認識の変化が
進む」⁹⁾といった心理学的な説明がなされるが，吉本の心的転回はそのよう

な漸進的な認識の変化とはいささか異質なものに感じられる。そこには身体の限界状態－意識（野）の変容を介した飛躍（「横超」）があったのではなかろうか。石田は内観の深化した状態と催眠との近似性に言及し，その根拠として受動的態度や被暗示性の亢進，部分健忘の発生などを挙げた [4]。こうした意識の次元に関わる体験は今日の内観療法とは無縁のものなのだろうか。

　ともあれ森田療法における，あるいは吉本に生じた心的転回は，改めて光を投ずべき主題だと思われる。それは脱宗教化の方向に進んだ針を元に戻すという意味ではない。心的因果論の枠を超えて身体や意識の次元にまで視野を広げることによって，それぞれの治療論を一層深めるということなのである。

　脱宗教化によって影になったいま一つのテーマは，死の主題である。先にも述べたように，森田にとって死の恐怖は自らの原体験であり，かつ人生の根本的なテーマであった。「私は少年時代から40歳頃までは，死を恐れないように思う工夫を随分やってきたけれども，『死は恐れざるを得ず』という事を明らかに知って後は，そのようなむだ骨折りをやめてしまったのであります」 [18]。「人が死にたくないのは，生きたいがためである。……一度覚醒して，生の欲望・自力の発揮という事に気がついたのを心機一転といい，今度は生きるために，火花を散らして働くようになったのを『悟り』というのである」 [21]。かくして森田の療法は，「生を全うする」ことの援助に向けられたのだった。吉本の場合，内観の原体験になった身調べは，「今自分が死んだらどこへ行くのか」を問い詰めるものであった。けれども内観法を確立した後には「内観に励んでいるうちに精神生活の内容が変わり，素直で角がとれ，正直になり，精勤で誠実さが増し，生活態度が一変してくる」 [40]ことを強調したように，身調べ→内観への転換により「死」から「生」（どう生きるか）に焦点が移行したのだった。さらに自我の統合，人格の成長をはかる精神分析も含め，いずれの精神療法もよりよく（より本来的に）生きることへの援助を志向してきたのであり，それこそ精神療法の精神療法たる所以だといっても過言ではない。その反面，精神療法の近代化の過程で精神

療法家の関心は，死をどのように迎えるかという宗教的な主題から遠ざかっていったといえるだろう。

　だが今日私たちは，急速に進む高齢化，新型コロナウィルス感染症のパンデミック，そして地球環境破壊による世界規模での異常気象や自然災害の頻発といった事態を目の当たりにしている。言い換えれば現代は，これらの現象を通して「生」のみらならず「老」「病」「死（滅）」にまつわる不安や苦悩が改めて露呈してきた時代である。一部の森田療法家は高齢者や，がんなど重篤な疾患を抱える人々のメンタルヘルスの向上に努め，「老」「病」に際しての心の支援を継続している。とはいえ「死」が目前に迫った段階での支援はまだ十分とはいえず，最近になって緩和ケアに携わるスピリチュアル・ケアワーカーとの対話が始められた。内観療法に携わる人々も，森田療法家と共通の問題意識を有しているようである。第 19 回内観医学会学術総会においては「死に臨むことと内観」というテーマで合同シンポジウムが開催されており，本山 [23]，清水 [33] の発表内容が学会誌に掲載された。

　このように一部で先駆的取り組みがなされているものの，精神療法家は「死」の主題をどのように視野に収めるのか，他者や自己の死に臨んだ人々に対して，どのような関与があり得るのかという課題は，依然として学派を超えて問い直されるべきテーマだと思われる。

4．おわりに

　本稿では日本の精神療法の礎を築いた森田正馬，吉本伊信，古澤平作に光を当て，それぞれの治療法に影響を及ぼした仏教思想について検討した。その結果，森田正馬に対する禅と親鸞，吉本伊信および古澤平作に対する親鸞―浄土真宗の深い影響が見出された。しかしながら森田療法，内観法，古澤の精神分析はいずれも後続の世代によって宗教性が脱色されて行った。それは精神療法の近代化において必然の道行きであっただろう。だがそのような脱宗教化の過程で，陰に隠れた本質的な主題があったのではないかという観点から，二つの点について考察を加えた。

　第1は心的転回の体験を巡る問題である。森田療法では身体－動きの中で心的転回（飛躍）が自ずから生ずると言われてきたが，そのメカニズムは既存の森田療法の理論から充分説明されてはいない。また集中内観においても深い次元での心的転回（飛躍）には意識（野）の変化が介在する可能性が示唆されているものの，治療理論において正面から論じられてはいないように見える。心的転回の体験を理解するために身体や意識の次元にまで治療理論の射程を延ばすことは，それぞれの精神療法の深化に帰結するはずである。

　第2に，精神療法はおしなべて，よりよく生きることを援助する技法として実践されてきた。しかし現代社会においては，「死」の主題をどうとらえ，他者や自己の死に臨んだ人々に対していかなる心理的支援を行うことができるか，という問いが改めて重要性を帯びてきたといえる。「memento mori（死を忘れるな）」という古の言葉をもってこの稿の結語としたい。

文献

1) 大宮司信，森口眞衣：阿闍世コンプレックスという名称に関する一考察．精神神経学雑誌．110(10): 869-886, 2008.

2) 土居健郎：古沢平作先生と日本的精神分析．精神分析研究 24(4):229-231, 1980.

3) 畑野文夫：森田療法の誕生－森田正馬の生涯と業績－ 三恵社，名古屋，2016.

4) 石田六郎：内観分析療法．精神医学 10(6):478-484, 1968.

5) 石田六郎：内観分析療法．精神分析療法 2:15-25, 1970.

6) 岩田文昭：阿闍世コンプレックスと近角常観．臨床精神医学 38(7):915-919, 2009.

7) 岩田文昭：近代仏教と青年－近角常観とその時代－．岩波書店，東京，2014.

8) 浄土真宗本願寺派研修部：人生の問い．P.183.
http://www.asahi-net.or.jp/~yi9h-uryu/qa/bukkyouQ&A-00-2-15-gyou-kaitou.htm

9) 川原隆造：内観療法．新興医学出版社，東京，1996.

10) 木村慧心：内観と宗教経験の諸相－内観による高度な意識状態の為の考察─. 内観研究 3(1)：3-17, 1997.

11) 古澤平作：罪悪意識の二種─阿闍世コンプレックス. 小此木啓吾, 北山修編, 阿闍世コンプレックス. 創元社, 東京, p72-83, 2001.

12) 高良武久：神経質の問題. 大原健士郎, 阿部亨, 近藤喬一他編：高良武久著作集, I:9-85, 白揚社, 東京, 1988.

13) 高良武久：宗教と精神医学. 大原健士郎, 阿部亨, 近藤喬一他編：高良武久著作集, III:65-74, 白揚社, 東京, 1988.

14) 高良武久：森田療法の発展. 大原健士郎, 阿部亨, 近藤喬一他編：高良武久著作集, II:83-97, 白揚社, 東京, 1988.

15) 真栄城輝明：私的コミュニケーション, 2021.

16) 森口眞衣：阿闍世王伝説と「阿闍世コンプレックス」. 北海道大学大学院文学研究科 研究論集, 3:39-57, 2003.

17) 森田正馬：神経質の本態及療法. 森田正馬全集第 2 巻, 白揚社, 東京, p.279-393,1974 (1928).

18) 森田正馬：第 12 回形外会. 森田正馬全集第 5 巻, 白揚社, 東京, p.110-119,1974 (1931).

19) 森田正馬：第 19 回形外会. 森田正馬全集第 5 巻, 白揚社, 東京, p.189-200,1974 (1932).

20) 森田正馬：第 35 回形外会. 森田正馬全集第 5 巻, 白揚社, 東京, p.376-388,1974. (1933).

21) 森田正馬：第 61 回形外会. 森田正馬全集第 5 巻, 白揚社, 東京, p.703-714,1974 (1936).

22) 本山陽一：内観の今とこれからを考える 「仏教の歴史に学ぶ内観の将来」. 内観研究 25(1)：5-9, 2019.

23) 本山陽一：「死に臨むことと内観」を終えて. 内観医学 19(1)：29-38, 2017.

24) 永尾雄二郎, クリストファー・ハーディング, 生田孝：続・仏教精神分析. 金剛出版, 東京, 2018.

25) Nakamura K. The Formation and Development of Morita Therapy. Two Millennia of Psychiatry in West and East. Gakuju Shoin, Tokyo, p125-132, 2003.

26) 中村敬：精神療法と日本文化の構造 . 内観医学 15(1)：7-18, 2013.

27) 中村敬：精神療法が根を持つこと . 井上和臣編 , 精神療法の饗宴 . 誠信書房 , 東京 , p76-95, 2019.

28) 中村敬：高良武久を＜読む＞ . 森田療法学会雑誌 33(1)：5-11, 2022.

29) 野村章恒：森田正馬評伝 . 白揚社 , 東京 , 1974.

30) 小此木啓吾：日本人の阿闍世コンプレックス . 中公文庫 , 東京 , 1982.

31) Okonogi K. A History of Psychoanalysis in Japan. Japan Society of Psychoanalysis　(ed): Japanese Contributions to Psychoanalysis. Iwasaki Gakujutu Shuppan, Tokyo, P9-33, 2004.

32) 千石真理：内観療法と浄土真宗－アメリカにおける心理療法と仏教の関わり－. 内観研究 11(1):89-94, 2005.

33) 清水康弘：「死に臨むことと内観」の実際 . 内観医学 19(1):39-45, 2017.

34) 下田光造：神経質雑記 . 神経質 , 10(4), 1939.

35) 鈴木知準：森田療法と禅 . 大原健士郎編 , 現代の森田療法 . 白揚社 , 東京 , p385-399, 1977.

36) 鈴木知準：一つの生き方 . 白揚社 , 東京 , 1960.

37) 鈴木知準：ノイローゼの積極的解決 . 誠信書房 , 東京 , 1980.

38) 鈴木知準：不安解決の講義 . 誠信書房 , 東京 , 1987.

39) 武田専：精神分析と仏教 . 新潮社 , 東京 , 1990.

40) 吉本伊信：内観法（新装版）. 春秋社 , 東京 , 1997.

ユング心理学からみた「内観療法」
鈴木　康広
佛教大学教育学部　臨床心理学科　教授

1．はじめに

　2020年2月8日の第5回内観研修会（於佛教大学）において，内観者本人の参加のもと事例検討会が開催された。

　この事例検討会では，内観者（クライエント）が観察対象ではなく，当事者として，意見・感想を述べる，フィードバックする，検討会自体にコミットするという点が出色であった。筆者は指定発言者としてその場にコミットしたが，ユング派分析家の視点から，内観の構造と内観（内観法，内観療法）の効用について論じていきたい。（以下，内観法と内観療法も含意しながら，内観と記す）

　筆者自身の集中内観の体験と拙論[1]をもとに，内観とユング心理学を対比させながら，特に（2）構造，（3）当事者性，（4）夢・調和・家族，を切り口として，内観の治療構造論とその意義(効用)について考える。

2．構造

　筆者がスイスで教育分析を受けたとき，分析室の扉は二重扉になっていて声が外へ漏れない工夫がしてあったが，内観室は同室や隣室の内観者の声が聞こえる環境に驚いた。土橋ら[2]が指摘する「屏風で仕切られてはいるが，空間は共有されることから屏風越しに面接のやり取りが聞こえる」「相部屋や屏風の使用，食事中流される録音記録など，内観者同士が互いに影響を与え合う余地をあえて残すかのような構造」である。

　内観をすすめるうちに，内観の構造には西洋(ユング派)とは違う効用があることを感じた。上述の事例検討会を"いまここでhere & now"の観点で述べると，筆者には，面接者の発表と内観者のコメントが，内観室の相部屋の面接のライブのやり取りであるかのように感じられた。つまり，事例検

討会の発表会場自体が大きな内観室になっているようだった。

　筆者が集中内観を体験した当初は，隣同士の内観者の声が聞こえる環境に，自分の述べる面接内容も隣の内観者に聞こえているのではないかと危惧し，敢えて小さい声にトーンダウンしたり，面接内容を抽象的な表現にしたりと試みた。

　内観室は障子や襖の和室であり，屏風も防音にはならない。和室は高温多湿な日本の風土に合わせた，通気性と採光性の良いものである。壁に耳あり障子に目あり，といった隣室同士お互いの様子を感知し察知しやすい，薄い壁の日本的長屋造りが和室の特徴である。一方，洋室は西洋の自己主張に基づく個人主義を重視する，厚い壁で防音の個室が特徴である。和室の通気性の良さが通音性となっている。屏風も法座をつくり保護しながら片付け可能で，伸縮自在，自由自在で「風通し」良く，通気性と通音性を兼ね備えている。

　しかしながら，集中内観で内観が深まるにつれ，筆者は次第に隣の内観者の耳が気にならなくなっていった。面接者に対する信頼関係が絶対的な基盤となって，面接で内観を深めていくことが「主」となり，隣の内観者への気がかりは「従」となった。自身の内観を深めることが絶対化され，隣同士はお互い様であり，隣の内観者への気がかりやプライバシーの危惧は相対化された。

　面接者への絶対的な信頼と内観室という大きな器のなかで，むしろ，プライバシーや秘密の共有という「同じ釜の飯を食う」仲間同士といった観を生じせしめた。（このことは自助グループや「当事者性」として後述する。）自助グループもそうだが，仲間の「体験談」には心を打たれる本物の感動がある。借り物ではない，その体験ならではの，たましいの叫びである。

　事例検討会で内観者(クライエント)本人のたましいの叫びを共有したことが，内観室での隣同士のたましいの叫びの共有を連想させ，内観の構造を再考するきっかけとなった。スイスのユング派教育分析の場(二重扉の個室)との比較で，風通しの良い大広間の和室と厚い壁の個室の洋室という部屋の頑強さの「構造」の違いのみならず，その構造がもたらす「治療構造論」に

まで連想が広がる。

　ユング派の分析の場が，堅固な密室の個室で，いわば錬金術師が作業 opus を行う修練の場としての洋室であるのに対して，内観の場は，風通しの良い大広間の和室で，隅々の屏風の法座が点々と rhizome（地下茎）的に網の目のように結びついたものである。面接者もその網の目を点々と移動する。内観の場は，その網の目全体を「ひとつの大きな器」として包摂していると思われる。この全体を包む「大きな器」は，いわば釈迦の掌であり，各法座を含む網の目のなかの縦横無尽なやり取りは，釈迦の掌の孫悟空かもしれない。

　ユングは「心理療法」を中世の錬金術師の能動的想像法 active imagination になぞらえて上の図（「物いわぬ書」1677）のように述べている。[3]

　　錬金術師である一組の男女がかまどの側に跪き，神の恩寵を祈る。かまどのなかの容れ物はからである。しかし錬金術の精霊メルクリウスが，ホムンクルスとしてレトルトのなかにヴィジョンとして現れている。彼は太陽と月の上に立ち，求められている対立物の統合を象徴的に表している。

　中世の錬金術師は実際に金を作り出すことは出来なかったが，ユングはこころのメタフォーとして錬金術を重要視した。「こころの金」を作り出そうとする「心理療法」のプロセスと作業 opus であろう。この図では，下部にかまどの側に跪き祈る男女の作業室と，上部に「自己 Self」の象徴としての

ホムンクルス（小人）が立ち現れるレトルトがあり，下部と上部に分かれている。下部のかまどのなかのからの容れ物と上部のレトルトは対応している。ユング派の分析は，かまどのなかのからの容れ物に対し一組の男女（男性性と女性性に基づいて）が跪き祈る作業であり，その結果，夢や洞察など無意識のメッセージがレトルトのなかにヴィジョンとして現れるのであろう。この際，精霊メルクリウスは変幻自在な触媒として無意識のイメージを活性化する。男女の転移と逆転移は，この触媒として機能する。

　ユング派の分析の場は，下部のかまどのある作業 opus の場で，堅固な個室の洋室である。下部のかまどの部屋は「個室としての堅固な枠」をもっている。

　これに対して内観の場は，「全体を大きく包む釈迦の掌」であり，「ユング心理学と仏教」[4] の牧牛図と錬金術の比較のごとく，牧牛図の十枚のプロセスというよりは十枚すべてを最初から囲んでいた「円という枠」，最初から最後まで不変の枠組みとして存在する円，母性的な包含性であると思われる。大きなものに包まれる感覚は，羊水を連想する母性的な包含性であり，仏教的な宗教性とも関連しよう。面接者への絶対的な信頼感（釈迦への信頼）もこれに関与する。

　夢が下部の分析の作業の結果，上部のレトルトのなかに現れるのは，真栄城 [5] の指摘する「西洋の劇では何かが行われるが，日本の能には何ものかが顕われる」[6] に通じよう。

　何ものかが顕われるのは，ユング派では下部の個室の「枠の外」の上部のレトルトであり，内観では釈迦の掌の「枠の内（なか）」である。ユング派教育分析では週一二回，自宅でみた夢を「外から」分析室に持参するのに対して，集中内観では6泊7日の泊まり込みの毎日分析において，夢は内観室の「内（なか）」でみられる。無意識のメッセージを手がかりに洞察を深めていくのに，こうした構造上の違いがあると思われる。構造を考察することが治療構造論につながっていく。内観中の夢については後述する。

3．当事者性

　同室や隣室（隣同士）の内観者の声がお互いに聞こえるということは，食事中にテープで流れる過去の内観者の「体験談」を聴くことと同様に，自助グループにおいて，お互いの体験の coming out を共有することと同じではないだろうか。ピアカウンセリングである。

　こうした構造の内観室は，自助グループの機能をもっている。内観の強みと治癒機序のひとつがここにある。アルコール依存症に対して内観が，他の心理療法に比して有意に有効であることが傍証である。

　ユング派の筆者からみて，AA[7] の創立に関わった William G. Wilson（ビル）が「AA があなたの診察室から始まった」とユングにお礼の手紙を送っているのは興味深い。そのいきさつは[8]，1930 年にアメリカ人のアルコール依存症者がユングの治療を受けて，「もはや医術や精神療法ではどうにもならない」「霊的（spiritual）あるいは宗教的な経験をすれば，つまり“真の転換”を経験すれば回復可能かもしれない」といわれたことから，ある宗教活動に専念し断酒を達成した。その人が別の人を救い，その人が Wilson（ビル）を救い，彼が AA を創立することになる。彼に対する返辞（1961 年 1 月 30 日）[9] のなかでユングは，「彼のアルコールへの渇望は，ある霊的な渇きの低い水準の表現でした。その渇きとはわれわれの存在の一体性（wholeness）に対する渇きであり，中世風の言い方をすれば神との一体化ということであった」と記した。

　AA の 12 ステップでは，お互いに「無力」であることを自覚し，それを共有することによって「再びつながる」（re-ligio 宗教の原義である），つまり「一体感の回復」[10] に至る。

　癒し（heal）とは治療（cure）ではなく，全体性（wholeness）を意味する[11]。「癒される」とは「全体となる」の同義語である[12]。

　自助グループや内観室の隣同士は，AA と同様に，当事者が当事者を癒している。

　C.A. マイヤーやユングが言及するように，「傷つけたものがまた癒すであ

ろう」（アポロンの託宣でアポロドーロスの一部）[12]，類似療法，アナロジーの原理，ホメオパシーである「類似したものが類似したものを癒す」[12]，「同種のものは同種のものによって癒される Similia similibus curantur」[13] という古代ギリシア時代からの癒しの原理である。

当事者の傷は当事者の傷によって癒されるのである。

ここでの傷は，補償的な意味をもち，それを手がかり，手助けにして，人生の意味ある一部分として創造的に活用していく。傷という破壊的なデーモンを真に創造的な何かに変え，新しい人格を構築するよう，病を構成的に治療していくことが「全体性の追求」の意味である[12]。武野[11] によれば，病を単なる症状としてではなく，意味ある象徴として理解することであり，病は単に排除すべきものではなく，その意味を受けとめることによって，病が不要となればおのずと症状は消失し，治らぬ病であればそれとともに生きることの意味を見出していく。「癒される」とは「全体となる」ことの由縁である。

回復（recovery）は，（discovery は発見だが）「もう一度発見すること」であり，これは再構成しつづけ挑戦しつづける，自分という存在を取り戻すプロセスであり，生き方であり，構えであり，日々の挑戦の仕方である[14]。障害や傷は，不便だが不幸ではない（パトリシア・ディーガン）。自尊心や人生を取り戻すこと，もう一度自分の人生を生き直すことは可能だと考えるヴィジョンは，希望と勇気を与える。これが empowerment の源であろう。「挑戦しつづける限り楽観的であり得る」とは河合隼雄（2000）の言葉だが，当事者を力づける裏付けの助言でもある。

話を戻すと，ユングは上述の手紙[9]で，spiritus contra spiritum と述べている。

アルコールは spirit とも呼ばれる。spirit はこころ，たましい，霊，霊魂である。アルコールへの渇望は，霊的な渇き，存在の一体性（wholeness）や神との一体化に対する渇きであることを見抜いたうえでの発言である。しかし，ここには類似療法と逆症的療法の両方の含意があるのではないか。ア

ルコールとたましいは，spirit という同種のもの，同じ文字綴りという意味
から，spirit に対して spirit をもって処すという類似療法の原理のニュアン
ス。そして同時に，アルコールという酩酊させる物質に対してたましいと
いう非物質（精神）をもって処す，アルコール依存症を癒すのはたましい
をもって処すという「反対のものは反対のものを制す contraria contrariis
curentur」[12] 逆症的療法の原理のニュアンスの含意もある。両方のニュア
ンスがあって，相矛盾するパラドクシカルなものの反転と転回が生きてくる
ようだ。

　なぜユングがこのような助言をするのか？ユング自身が当事者，サバイ
バーであったからである。霊的あるいは宗教的な経験による真の転換の体験
者だった。ユングは「赤の書」にみられるような「無意識との対決」をく
ぐり抜けた当事者である。ユングをしてかく言わしめたのは，1913 年から
1928 年の 16 年間にわたる「無意識との対決」の血みどろの格闘の体験ゆ
えである。ユングは医師でありながら患者体験をくぐり抜けて，たましいの
医師になった。当事者であるがゆえの体験の重み，本物性 authenticity が
あり，こころに響き，「魂の深淵からの声」[5] が聴こえてくる。

　ユングは宗教体験を「ヌミノースへの接近」（1945 年 8 月 20 日の手紙）
と述べるが [16]，聖なる体験は，意図を超えて，自律性をもち，大いなるも
の Something Great の前に畏怖の念を抱かせる。

　もがきながらくぐり抜けるなかで，無力であることを自覚し，我（自我）
のはからいを捨てて，大いなるもの Something Great に身を委ねる，そし
て自ずと生かされている感謝の念が湧き上がってくることは，内観における
宗教性と通底するのではないか。

　こうした当事者性が，内観室の構造の中で機能していると思われる。

4．夢・調和・家族－「雨乞い師」による拡充

　夢の顕われ方や取り扱いが，ユング派の教育分析と内観では異なるのは上
述した通りである。ユング派の教育分析では，週に一～二回，自宅でみた夢

を分析室へ持参し、「枠の外」から持ち込んでいる。集中内観では、7日間の毎日分析で、泊まり込んで夜みた夢を朝一番の面接で報告する。夢は内観室という「枠の内（なか）」で得られたものである。

　夢は無意識のメッセージであるが、構造の違いから、「枠の外」か「枠の内（なか）」かの違いが生じるが、形式面だけではなく、内容面、質的にも異なるかもしれない。

　特に内観中の夢に関しては、構造の「枠の内（なか）」に居ながら、そのフィールドとしての内（なか）の「場」（内観室、内観研修所）にコミットしてもたらされることに留意したい[17]。

　もたらされる感じは独語のEinfallに近いのではないか。ユングの友人ヴィルヘルムが語ったという「膠州の雨乞い師rainmaker」[18]を彷彿とさせる[19]。（字数の関係から省略：エピソードの詳細は、鈴木2020[1]を参照下さい）

　雨乞い師がその場にコミットして雨がもたらされたように、内観者が内観室にコミットして夢がもたらされるのであろう。

　内観では、家族が内観を行うと共時性的な夢がみられることを田中ら[20]が報告している。共時性は、個人的な無意識よりも、ユングの言及する集合的無意識に基づいていることが多い[21]。共時性は集合的無意識の現象面での顕われという見方である。共時性の実践的意義については後述する。

　内観では自分のことを調べ、自分と家族のこと（母、父、兄弟姉妹、配偶者など）を調べる。つまり、心的現実（内的現実）としての家族の「布置」の内（なか）に自身、自分をコミットする。心的現実（内的現実）としての家族の布置は、トゲトゲだったり、デコボコだったり、歪んでいたり、軋んでいたり、秩序からはずれた不調和なものかもしれない。

　雨乞い師は、自身がこの布置にコミットすることによって、自分の世界を調和のなかへ運ぶのに成功した。そのようにして、彼の回りにも影響を与え、周りにも同様に調和がもたらされた。

　換言すれば、内観者は、自身が心的現実（内的現実）としての家族の布置にコミットすることによって、自分の世界を調和のなかへ運び込もうとし、

それが上手くいけば周り（外的現実）にも影響を与え，もたらされる恵みの雨である夢など無意識からのメッセージを味わいつつ，周り（外的現実）にも同様に調和がもたらされるであろう。実際には困難な道のり，苦闘の積み重ねではあるのだが。

　以上が，内観が「家族療法」たる由縁である。

　事例化した IP（identified patient）のみならず（IP が家族全体の歪みの最も弱い部分のしわ寄せであることが多いのだが），家族のキーパーソンが内観することで，この内観者の変容によって，家族全体が良い方向へ変容していく由縁[5] である。" 失われていた，マクロコスモスとミクロコスモスの対応を回復した。つまり，コスモロジーのなかに，自分を定位できた "[22] ことを意味する。

　ユング派の立場からみると，内観は心的現実（内的現実）としての家族の布置にコミットすることで，ユングの言及する「膠州の雨乞い師」を実践していると考えられる。もたらされる「雨」は成果であり調和であり，内観中にもたらされる夢を手がかりに内省を深めることにより，調べた家族へのこころのもち様が変容し，それに応じて家族の自分への対応やありようも変容して，家族全体に調和が取り戻されると思われる。

　換言すれば，共時性に注目する態度をもつこと[22] である。これは以下のような実践的意義をもっている (pp51-52)。

　家族や人間関係の問題を考えるとき，単純に因果的思考に頼ると，すぐに「原因」を見出し，誰かを悪者にしたてあげることが多い。たとえば，母親が悪の根源のように思われたりする。しかし，全体の現象を元型的布置として見るときは，誰かが「原因」などではなく，すべてのことが相連関しあっている姿がよく把握され，そのような意識的把握と，その布置に治療者が加わってくることによって，事態が変化するものである。つまり，誰かが悪いかと考えるよりは，皆がこれからどのようにすればよいかと考えることによって，解決の道が見出されてくるのである。

内観中の夢と内観後の調和について，布置へのコミットという観点から，「膠州の雨乞い師」と共時性の実践的意義で拡充した。

5．まとめ

繰り返しになるが，真栄城[5]は内観を「こころを病んだり，不幸な出来事に遭遇したり，人生の荒波に呑み込まれそうになっておぼれかかったとき，魂の深淵からの声を聴くためにするのです」と述べている。集中内観を体験したユング派分析家の筆者が，なぜ「魂の深淵からの声が聴こえる」のかを，ユング心理学と内観を比較することによって，構造，当事者性，布置といった観点から考察した。

参考文献

1)　鈴木康広 (2020)：ユング心理学からみた内観 . 内観研究 , 26(1); 77-85.

2)　土橋義範，佐藤章世，真栄城輝明 (2018)：同室の内観者の面接が別の内観者へ与える影響についての考察－内観面接士養成研修に参加して－ . 内観研究 , 24(1); 61-67.

3)　アニエラ・ヤッフェ編 (1995). 氏原寛訳：ユング－そのイメージとことば－誠信書房 .127-128.

4)　河合隼雄 (1995)：ユング心理学と仏教 . 岩波書店 . 80-81,92-93.

5)　真栄城輝明 (2005)：心理療法としての内観 . 朱鷺書房 . 59,79,230-248.

6)　トマス・インモーンス（1918~2001）：スイス人で日本で活動した宗教学者. 1991

7)　アルコホーリクス・アノニマス（AlcoholicsAnonymous）とは，無名のアルコホーリクたち（飲酒に問題のある人たち）という意味。

8)　斎藤学 (1995)：魂の家族を求めて . 日本評論社 . 37-39.

9)　C.G.Jung(1976)：Gerhard Adler (ed) R.F.C.Hull (tr.) C.G.JUNG LETTERS Volume2 1951-1961. Routledge. 623-625.

10）野中猛 (2000)：分裂病からの回復支援．岩崎学術出版社 . 221-223.

11）武野俊弥 (2010)：ユング心理学を診療に生かす . 臨床精神医学 , 39(1); 51-58.

12）C.A. マイヤー (1989). 河合隼雄監修．河合俊雄訳：夢の意味，ユング心理学概説（2）．創元社 . 116,118-121.

13）C.G. ユング (1976). 小川捷之訳：分析心理学 . みすず書房 . 17.

14）野中猛 (2012)：心の病　回復への道 . 岩波新書 . 180-183.

15）C.G. ユング (2010). ソヌ・シャムダサーニ編 , 河合俊雄監訳：赤の書 . 創元社 .

16）C.G.Jung(1973)：Gerhard Adler (ed) R.F.C.Hull (tr.) C.G.JUNG LETTERS Volume1 1906-1950. Routledge. 376-377.

17）鈴木康広 , 真栄城輝明 (2022)：集中内観における「夢」の考察－ユング派分析家と内観療法家の対話－ . 日本心理臨床学会第 41 回大会　発表論文集 ; 65.

18）老松克博 (2000)：アクティヴ・イマジネーション . 誠信書房 . 202-203.

19）C.G.Jung(1963)：Mysterium Coniunctionis, CW14. Princeton University Press. fn211. 419-420.

20）田中櫻子 , 真栄城輝明 (2017)：心理療法過程における内観療法導入の意義について－内観中に同じ夢を見た夫婦の場合－ . 内観研究 , 23 (1); 51-56.

21）鈴木康広 (2011)：宗教と心理学－宗教的啓示と心理学的洞察の対話 . 創元社（自費出版）. 96-100,119-121.

22）河合隼雄 (1994)：宗教と科学　河合隼雄著作集第 11 巻 . 岩波書店 . 50,51-52.

仏教からみた内観

千石真理

心身めざめ内観センター

公立鳥取環境大学

1．はじめに

　筆者は浄土真宗本願寺派僧侶として，米国ハワイ州で約13年間務め，その間，心理カウンセラーとして，病院チャプレンとして活動をした。現在は日本とハワイで集中内観，内観ワークショップ等を実施している。

　内観療法は，浄土真宗僧侶，吉本伊信師の仏道修行「身調べ」を前身として確立し，以降，多くの人々に宗教性を排除した精神療法として適用されてきた。内観面接者の中には，内観の有効性は認めるものの，宗教，仏教を胡散臭い，非科学的なものと捉え，仏教や浄土真宗との関わりについて切り離したい，という人もいる。しかし筆者の場合は，内観を知れば知るほど，内観と浄土真宗の宗祖，親鸞との関係性がより深く感じられる。内観を実践することにより，仏教，親鸞の世界をより理解できるようになった，と言ってもよい。仏教とは，仏に成るための教えであり，その方法は八万四千通りあるともいわれ，日本の伝統的な仏教には，十三宗五十六派が存在する。この度，「仏教からみた内観」のテーマに沿って執筆させていただくにあたり，内観が哲学的に派生した浄土真宗と開祖，親鸞を基に本論を展開させていただく。

2．仏教からみた内観の目的

（1）　自力から他力へ　転迷開悟の道

　吉本伊信は，内観の目的を「どんな逆境にあっても報恩感謝の気持ちに大転換すること。」と公言し，内観者に，「あなたは今死んでも後悔はないですか。いつ死んでも後悔のないように。」と伝えてきた。筆者は，ここにこそ吉本の内観創生の真意と，内観の本質があると疑わない。実際に親鸞の足跡を辿ると，その人生と信念は，正にこの言葉に象徴されているのがわかる。

　親鸞（1173-1262）は承安3年，源平の争いを中心に戦乱が続く混迷の時代，貴族藤原家に誕生した。幼少期に両親と別れ，九歳で得度して比叡山に上がる。親鸞の他に，平安から鎌倉時代に生まれた主な宗派の指導者は，浄土教を広めた法然，一遍，法華経を称え，天台宗の教義を仏教の基盤とした日蓮，中国の曹洞禅を日本にもたらした道元などがいる。このように，天台宗総本山比叡山延暦寺は，鎌倉仏教を築き上げ，日本仏教史に名前を刻んだ，著名な僧侶を輩出した仏教の中枢であった。現在でも，比叡山では千日回峰行をはじめ，常人では考えられない厳しい仏道修行が行われている。

　親鸞も，悟りの境地に達するため，懸命に仏道を歩むのだが，自分の力では，どうしても煩悩を無くすことができない。厳しい修行をすればするほど，心の奥底から湧き出す，蛇や蠍のような恐ろしい自分の本性に向き合うことになる。このままでは，どうあっても仏のような清い心になれない。悟りを開くことはできない。悩んだ末，親鸞は自力の修行を断念し，比叡山を下りる。これは，それまでの20年の仏道修行を根本から否定する，深い苦悩の果ての決断だった。山を下りた親鸞がすがったのは，京都市内，六角堂に祀られた観音菩薩であった。六角堂は，用明天皇2年（587年）に聖徳太子が創建したと言われ，観音菩薩と聖徳太子への信仰の地として知られている。晩年に，親鸞は聖徳太子への思いを和讃に託している。

　「救世観音大菩薩　聖徳皇と示現して　多々のごとくすてずして

　　阿摩のごとくにそひたまふ」『正像末和讃』

　意訳：救世観音大菩薩は，聖徳太子としてこの世にあらわれ，父のように

　　　　私を捨てず，母のように寄り添ってくださる

　親鸞は六角堂に100日間参籠し，観音菩薩に，迷いを超える救いの道，すなわち生死出づべき道を問い続けた。すると，95日目の夜明け前，親鸞の夢に観音菩薩が表れ，このように告げた。

　「行者宿報設女犯　我成玉女身被犯　一生之間能荘厳　臨終引導生極楽」

　意訳：行者よ。おまえが宿業によって女犯をおこなったとしたら

　　　　私がおまえの妻となり，その咎を引き受けましょう。

そしておまえの生涯を仏法で立派に飾り，臨終にはお浄土へと引き
　　導きましょう。

　観音菩薩は，「これは，私の誓願です。全ての人に説いて聴かせなさい」
と告げ，親鸞が東の方向をみると，切り立った山々に，何千，何万という男
女が立っていた。そこで，観音菩薩のお告げを話したところで，目が覚めた，
という。

　当時の仏教は，決して庶民のための教えではなく，家族を捨てて山に上が
り，厳しい修行をした僧侶のみが悟りを開き，救われるとされていた。しか
し，親鸞はどんなに厳しい修行を重ねても決して打ち消すことのできない自
らの煩悩に苦しんだ。，僧侶は女性に触れてはいけないという戒律があった
が，色と欲から生まれた人間が，果たして，それを否定することはできるの
だろうか。親鸞が見た夢のお告げは，親鸞個人の問題を解決するだけではな
く，修行をすることができない一般庶民もまた，仏の救いの対象である，と
いう阿弥陀仏の救済を顕している。

　この後，親鸞は京の町吉水で，厳しい自力の修行でできなくても阿弥陀仏
に帰依し，念仏を称えることによって救われると説く法然を師とし，日本の
僧侶として最初に肉食妻帯を公に実行した僧侶となった。親鸞によって日本
仏教が堕落した，と批判する学者もいよう。しかし，それまでは，家族妻子
を捨てて仏道修行に励むことができる一部の人たちのための教えであった仏
教が，親鸞によって一般庶民や，修行のできない女，老人，子供にも身近な
ものとなったのだ。仏教と民衆の間に橋を架けたのが親鸞だと筆者は思う。
親鸞は家庭生活を営みながら仏に救われるという他力浄土門の道を，私たち
に開いてくれたのだ。

(2)　壮絶な時代

　親鸞は，弘長 2 年（1262）11 月 28 日に 90 才で往生している。当時の
平均寿命が 24 歳くらいと言われているので，かなりの長寿だが，その人生
は苦難に満ちたものであった。

　親鸞が生きた鎌倉時代は，戦乱，飢饉や疫病，地震や水害等の自然災害で

多くの人が亡くなり，誰もが明日をも知れぬ命だったと聞いていた。これまでは歴史上の遠い過去の話だと思っていたが，コロナ渦を生きねばならぬという，想像だにしなかった災難に見舞われている今，現代人にとっても鎌倉時代の混迷は，決して他人事とは言えない。また，終結の見えないロシア・ウクライナ戦争，それに伴う資源，食料不足など，先の見えない不安，恐れ，焦燥感，絶望を感じずにはいられない。時空を超えて鎌倉時代の人々と同様の苦しみを生きているような気持ちになる。親鸞が布教をしたのは，このような混乱と荒廃の中であった。

　29歳で比叡山を下り，法然上人の門下になった喜こびもつかの間，親鸞35歳の時に念仏弾圧により（承元の法難1270年）越後に流罪。42歳の時，越後で念仏を広めた後，流罪が解け関東に移った。その後，63歳の頃に京都へ戻ったが，当時の京都の町は目を覆うような悲惨な状態だったという。

　鴨長明の『方丈記』には，当時日本民族が遭遇した苦悩が描かれている。京都の町は餓死者の死体で溢れ，各々に読経も埋葬もできないほど死者が多かった。不憫に思った仁和寺慈尊院の隆暁法印らが，せめてもの供養にと，死者の額に「阿」の字を書きつつ，京都を歩いた。京都の東から半分ほど来た時，2か月間で遺体は42,300人余りを数え，京都の町は死臭が漂っていたと，壮絶な記録が残っている。「築地の裏，道のほとり　餓え死ぬ者の類，数知らず。取り捨つる業も知らねば　臭き香世界に満ち満ちて変わりゆく形のあり様目もあてられぬも多かりき」。当時は元気な者から先に亡くなった。夫は妻を守り，妻は子を守って死ぬ。亡くなった母の乳房にしゃぶりつき，泣き叫んでいる赤ん坊や，飢えに耐えかねて死んだ童子を食べる者があったとも記されている。

　当時は同じ天皇の時代でも災難が起こると縁起が悪いと，年号が変えられた。親鸞の九十年間の生涯に11人の天皇が変わり，37の年号が変えられている。

3. 親鸞の他力信仰と内観の心理機制

(1) 阿弥陀仏の救済とは

このような激動の時代を親鸞は生き抜き，念仏を広めたわけだが，人生の終盤，齢84歳にして，塗炭の苦しみ，悲しみを味わうことになる。それは，我が子善鸞に裏切られ勘当した，善鸞義絶事件として知られている。この悲劇について語る前に，浄土真宗の教義の要を説明しておく必要がある。

悪人正機 ―「善人なおもって往生を遂ぐ，いわんや悪人をや。意訳：善人でさえ救われる，まして悪人はなおさらである」『歎異抄』第三条に記された有名な一節である。悪人正機とは，悪人（凡夫）こそが阿弥陀仏の救いの対象であるということである。悪人とは，倫理や道徳を逸脱した行為を行う人ではなく，煩悩，我欲にまみれた，全ての人間の本質を指す。

他力本願 ― 我欲，煩悩にまみれ，永遠に苦しみから逃れられない人間を哀れに思い，阿弥陀仏は，すべての人を必ず救う，と本願を立てた。すべての人とは，他の仏が救わない，罪や過ちを犯したことのある人や，修行のできない女，子供，老人，病人などである。全ての人が救われるには，誰もができる行法が必要である。阿弥陀如来は長く厳しい修行の果てに「南無阿弥陀仏」とその名を称えることによって誰もが救われる念仏を生み出した。親鸞のいう善人とは，自らの善を誇り，欺瞞や邪見，偽善に気づかず，阿弥陀仏の他力にまかせない人のことをいう。親鸞は，比叡山での厳しい修行の果てに，自分ではどうしようもない煩悩にまみれた自分の本性，蛇や蠍のような恐ろしい人間の本質に気づかされた。こんな自分が救われるのは，阿弥陀仏の他力にゆだね，その智慧と慈悲の結晶である念仏を称えるしか救われる術はないと他力念仏を広めた。世間一般では他力本願が誤用され，他人の援助や善意をあてにする時に使われることがある。他力とは，阿弥陀如来の本願の力であり，深く自己を見つめた結果，悪人である自分が阿弥陀仏に救われていくという感謝と喜びが念仏となって称えられるのである。

往生浄土 ― 死んだらどうなるのか。自分の魂はどこに行くのか。死後どうなるかを後生の一大事といい，解脱し六道輪廻を離れる，生死出づべき道

を先達たちは求めた。煩悩を自ら無くす手段を持たない人間が，阿弥陀仏の他力にまかせると，煩悩，罪業を抱えたまま，浄土に往きて仏として生まれると親鸞は念仏の功徳を説いた。

(2)　逆境を報恩感謝へと大転換─親鸞の我が子義絶事件

　以上，浄土真宗の教えを簡潔に説明すると，「本願を信じ，念仏を申すと仏に成る。」と歎異抄第 12 条に示されている通りである。しかし，悪人正機説が，実際に悪いことをするほど往生できる，などと解釈され，親鸞の教えが曲解されることがあった。念仏を巡り，関東で邪義の教えが広まったことを心配した親鸞は,自らの名代として信頼する我が子善鸞を関東に送った。しかし関東では，親鸞の古くからの弟子もおり，親鸞の長子だからといって，善鸞は特別扱いされない。本分を見失った善鸞は，これまで親鸞が説いてきた念仏往生の教えではもはや救われない，私は親鸞の子供だから自分だけが本当のことを知っている，と嘘をつき，多くの信徒の心を惑わせたのだ。この真偽を直接親鸞に問いたい，と関東から真宗門徒たちが京都まで命がけの旅をする。現在では，新幹線で三時間ほどの道のりが，当時は 150 里，数 100 キロを 20 日前後で旅をしたといわれる。道中，獣や山賊に襲われる，波にのまれるなどして，多くの人が亡くなったそうだ。極楽往生の本当の道筋を問いただすという，ただ一つの目的のために命をかけている求道者たちと，それに対峙する親鸞の鬼気迫る問答が記録された第二条は，『歎異抄』の中でも，大変ドラマティックで，重要な章である。詳細は省くが，親鸞は，関東門徒たちに，以下の如く告げている。「親鸞は念仏以外，極楽往生の道は知らない。親鸞は，ただ一筋に念仏して阿弥陀仏に助けていただきなさいと教えて下さった法然上人の仰せを信じているだけで，それ以外に救われる方法は知らない。仮に法然上人に騙されて地獄に落ちたとしても，決して後悔はしない。なぜなら，どんな修行をしても仏になれない私のような最悪な人間には，しょせん，地獄こそ定まれる棲み処であり，そんな人間を救わんがために阿弥陀仏は念仏往生の道を選び定めて下さった。私の救われる道は，これ以外はありません。他力念仏往生の道を歩まれるか，別の道を選ばれる

かは，あなた方次第です。」

　前述のように，親鸞は自らを悪人，あるいは凡夫と称すが，これは世間一般の倫理，道徳を逸脱した行為を行う人を意味するのではない。妬み，怒り，執着などの煩悩を備えた全ての人間の本質を表している。『歎異抄』「悪人正機説」には阿弥陀仏の救済の対象は，厳しい仏道修行をしたとしても煩悩をなくすことができない，本来であれば地獄行の人間である，と示されている。親鸞のいう「悪人」の真の意味を理解しようとする時，我々は親鸞の暴いた人間の本質に向き合うことになる。

(3)　親鸞の悪人正機説と内観法

　その本質に向き合う一つの手段が吉本の開発した内観法である。内観者は命題の三つ目の"迷惑をかけたこと"について想起する時，ことさらに自分の自己中心性や我欲を見せつけられる。内観は，自分のこれまで犯した罪を辿る作業ともいえる。自分の罪を受け入れ，深い懺悔をして初めて，そんな悪人ともいえる自分が許されてきた，愛され，支えられてきた，という事実に気づく。それと同時に，これまで抱えてきた苦しみが他者への感謝と恩愛感へと転じられる。

　明日をも知れぬ壮絶な日々を生きる鎌倉時代の人々の信仰は，まさに命がけであった。親鸞も命をかけて後生の一大事，自らの魂が救われる道を求め，他力念仏の教えを伝えてきた。危険を冒しながら，はるばると関東から訪れた門徒に対し，自分自身の信心を率直に告白し，最後には突き放すかのような親鸞の厳しい口調には，何があっても，これだけは譲れない，守らねばならぬという，自らの牢固たる信仰心が伝わってくる。その後親鸞は，「いまは親ということ，あるべからず，子と思うこと思い切りたり　三宝神明に申し切り終わりぬ　悲しきことなり」と書状を送り，善鸞の義絶を通告している。「悲しきことなり」という一言に込められた親鸞の慟哭，悲痛な感情はいかばかりだったであろうか。そしてこの事件を経て，85歳の頃に作ったというのが，浄土真宗信徒にとって，最も親しみのある，「恩徳讃」という和讃である。1918年に曲をつけられ，今では法座の際に全国の真宗寺院で

必ずと言ってよいほど，唱歌されている。

「如来大悲の恩徳は身を粉にしても報ずべし，師主知識の恩徳も骨を砕きても謝すべし」―「私たちをお救いくださる阿弥陀仏の大いなる慈悲の恩徳と教え導いて下さる釈尊や祖師がたの恩徳に，身を粉にしてでも骨を砕いてでも，深く感謝して報いていかなければならない。」一見，恐ろしく厳しい内容であるが，親鸞の仏恩への究極の懺悔と感謝が，この和讃として結晶している。

　我が子勘当の後にこの和讃が作られたと知った時，筆者は理解に苦しんだものだった。私が親鸞なら，間違いなく我が子の裏切りに悶絶し，阿弥陀仏を呪ったであろう。人生の終盤になんでこんな目に遭わせられるのか，と。しかし，これは浅はかな凡夫の考えである。慟哭，悶絶を通して深く自己を洞察したのが親鸞である。頼りにしていた我が子に裏切られた，という血を流すような大逆境を機縁に，こんな子に育ててしまった，という慚愧や，年を重ねてもなお，蛇蝎の如く強い我欲，執着に囚われた我が心に再び向き合う。その懺悔の極みが，どうしようもない悪人である自分を救って下さるという阿弥陀仏への感謝の極みへと大転換された。大慈大悲の仏の御心に報いたいという報恩感謝の決意と，究極の信仰心が恩徳讃として紡ぎ出された。筆者は，この善鸞義絶による心理機制が恩徳讃へと変容し，これをもって親鸞の他力浄土門教義が結実したと考える。いわずもがな，内観は浄土真宗哲学より派生している。人生のどんな逆境も報恩感謝の気持ちに大転換すること，という吉本伊信の内観の目的は，親鸞の経験した苦悩，生き方，教え，そのものと重なる。

(4)　僧侶の内観

　筆者の内観研修所には，全国から医療従事者，教育者，学生，事業家，主婦等，様々な方が訪れるが，臨床仏教師認定プログラムのスーパーヴァイザーを務めていることもあり，宗派に関わらず，僧侶も研修に訪れる。浄土真宗の僧侶であっても，阿弥陀仏を心から信じることができない，信じていないのに，信徒に説教をしなければならないという苦痛が原因で長年うつ病を患ってい

た住職が研修を受けた。内観によって，母親との関係を見直すことにより，母親は，どんな自分であっても，受け入れてくれていた。健康であれば良いと願い，見守ってくれていたと気づく。その母の愛情と普遍的な母性である阿弥陀仏の慈悲を重ね合わせ，大きな安心を得たという。さらには，寺を支えてくれている檀家の方々に，深く感謝ができるようになった。内観研修前は，死ぬことばかり考えていたが，今は僧侶として充実した日々を送れるようになったと報告してくれた。また，他宗の若い僧侶は，内観をして初めて，経文に書かれている教えの内容が，頭ではなく，心から理解でき，一句一句称えるのに涙が出て止まらなかったと話してくれた。その他にも，僧侶として他人の悩みを聴いているのに，自分は薬物依存で亡くなった兄の死を受け入れることができなかったが，内観を受けて初めて位牌に手が合わせられるようになった人，出奔した亡父を許してはいなかったが，内観中に父が阿弥陀仏と共にお浄土に往くのを感じられたなど，内観を通して自己を変容し，自らの信仰する宗教への帰依心が深まった僧侶は，本当に多い。

4．内観の母性と阿弥陀仏の慈悲

　悩み苦しむ内観者を自己洞察の旅へといざなうために，面接者は研修者滞在中の生活を丸ごと面倒みる配慮と，その人の告白が何であれ受け入れ，包み込む母性を求められる。それが内観の深化を助け，研修者の人生再生への扉を開く鍵となるのである。

　九州大学で日本最初の心療内科開設に携わった池見酉次郎は，「内観法と精神分析」の中で「母は生命の根源」と題し，アジャセ・コンプレックスを唱えた古澤平作（1897–1968）の説を引用し，治療者と，患者の関係を次のように述べている。

　"母親は患者の本源であり，かつては患者と一体だったものである。そして人間の不安の根底にあるものは，この一体感を失うことにあるとされている。そこで治療者との温かい人間関係を通して，このような母親的なものと一体感を体験させ，生命の本源とのつながりを実感できずに，不安におのの

254

く患者を再び大自然の生命の中に生き返らせてやらねばならない。それまで
の人生で患者の心を不安にし，取り乱させていた分離（自分が愛してもらい
たい大事な人から，引き離されたり，疎んじられたすること）をめぐる葛藤
は，このような治療者との，新しい感情体験によって解消し，生命の本源と
一つに溶け合った，健康な精神発達を始める。"

　親鸞は，子供が母を思い，慕う気持ち，それが阿弥陀仏への信心だと，我々
衆生と阿弥陀仏の関係を親子に例える。「子の母をおもふがごとくにて　衆
生仏を憶すれば　現前当来とほからず　如来を拝見うたがはず(浄土和讃)」。
浄土真宗では，阿弥陀仏のことを「親様」とも称す。この母の愛情，見守り
を頂いていると気づいた子供は，その無償の愛情に対し，深い懺悔と感謝の
心を持つ。そして，これからは親を泣かせるような生き方は絶対しない，と
生き方の転換，決意をするのだ。

　浄土真宗の教義で，「二種深信」「機法一体」という教えがある。「二種深信」
の二種とは，機（自己）と法（本願力）の二つのことであり，深信とは，全
く疑いなく，深く信じる心である。すなわち，本来は救いようのない悪人で
あるという自覚を得た自己が，そんな自分をこそ必ず救うという阿弥陀仏の
慈悲の心，他力によって必ず救済されるということを，疑いなく深く信じる
心である。その自己と阿弥陀仏は「機法一体」，すなわち，念仏を称えることで，
ひとつになるのである。

　吉本が「身調べ」という身命をかえりみない苦行を通していきついたのは
「この自分はどんなに悪人であっても，大きな力，愛情によって生かされて
生きている。」という事実であり，内観者は，自己中心性に気づかされて初
めて，その自分を見捨てなかった他者への恩愛を感じ，懺悔，感謝の心が生
まれる。矯正界，医療界などで内観が導入されるにあたり，その普及のため
に吉本は，内観は仏教ではないと言いつつも，「念々称名常懺悔」と，日常
的に内観をするのは念仏を称えるのと同じことである，と述べている。親鸞
がかつて自力の行を捨てて山を下り，仏教と民衆の間に橋を架けたように，
吉本は内観を通して仏教の世界観と現代人の間に橋を架けたかったのではな

いか，と筆者は思う。「あなたはいつ死んでも後悔ないですか。いつ死んでも後悔のないように。」と内観者に問いかけていたのは，鎌倉時代を生き抜いた親鸞のように，私たちは諸行無常の娑婆世界にあって，今は不思議な縁によって生かされているものの，いつ何時，後生の一大事に遭ってもおかしくないと，僧侶として当然の死生観をもっていたからに他ならないだろう。

5．これからの世界と仏教からみた内観の役割

　最後に，親鸞が和国の教主と仰いだ聖徳太子の人間観に触れたい。聖徳太子は異国より伝来した仏教を受容し，604年，日本で最初の憲法，17条憲法を制定した。その第一条は「和をもって尊しとなし。さからうことなきを宗とせよ。」平和を築くにはまず和を尊ぶ心こそ争いをこえる第一条件であると示された。第二条は「篤く三宝を敬え。三宝とは仏法僧なり」と，和して仏国土を築こうとした。しかし同時に仏国土である和国を実現するためには，和の心に背く怒りや腹立ちの心をひるがえさなければならないことだと注目され，第十条に「忿（こころのいかり）を絶ち，瞋（おもえりのいかり）を棄て，人の違うことを怒らざれ。人みな心あり。心おのおの執れることあり。彼れ是とすれば，我れ非とす。我れ是とすれば，彼れ非とす。我れ必ずしも聖に非ず。彼れ必ずしも愚かに非ず。共にこれ凡夫（ただひと）のみ。是非の理，たれか能く定むべけむ」と，凡夫として同じ大地に生きる平等思想を明らかにされた。自分の思想，言動を良しとし，自分と異なる相手に怒り，非難する我々一人一人が凡夫だという自覚に立って，他人を認め，許し，我執を絶つようにと太子は念じた。さらに，摂政として政治にかかわり，百済，隋という諸国の外交と文化の向上に尽くされた聖徳太子が深く，厳しく人間の姿を内観し，「世間虚仮　唯仏是誠」世間はうそ，いつわりで人間は不実で煩悩のかたまりである。それゆえ，仏の教えを拠り所にすることにより，真実の智慧をいただき，火宅無常の世にあっても互いに共存し，生き抜いていくことができると信じ，大和の国を平和へと導いた。この太子の仏教に基づく人間観は，内観によって我々が自己を知り，他者を理解し，許し，

和解する過程によって得るものと同様であろう。

　仏典に，共命鳥という一つの体に二つの頭を持つ鳥の話がある。片方が自己中心的な思いで，他方を殺そうと，騙して毒を食べさせるのだが，頭は二つでも一つの体を共有しているので，結局，この鳥は死んでしまうのだ。仏教では，全ての生き物の命は繋がって支え合っている，平等に尊い命だと説く。人間が目先の欲望のために戦争を起こし，地球環境を汚染し，人間以外の動植物を犠牲にすることは，結局は，人間も共に破滅するということに過ぎない。内観が深まると，例えば一本の木を見る時に，この木を大地の底で支えている根の働きや，肉眼では見えない空気や養分，太陽のエネルギーがあってこそ，ようやく，この木が存在できるのだという事実が解る。母なる大地や自然との繋がり，そして他者との関わりは自分の生命にとってもかけがえがないものだ，と頷けるようになる。この気づきは，仏教の唯識学でいう無分別，あるいは縁起である。この縁起の法に目覚めると，目先の利便性のために生態系を壊したり，無意味な戦争をすることはなくなるであろう。人類は今，和の心を忘れ，本当に危ういところまで来ている。内観の一刻も早い，世界的普及が希求される。

6．おわりに

　筆者が内観に出遭った時，吉本先生も，キヌ子夫人も既に還浄されていた。しかし，吉本先生に指導を受けた先生方のおかげで，内観は存続，発展してきた。阿弥陀仏を信じる者は，自らが仏になっても，有縁の人々を導く役割があるという（第二十二願　還相回向の願）。吉本先生は，お浄土でゆっくり休んではおられない。内観の普及のために，今も私たち面接者を導いて下さっていると，筆者は感じている。本論は，内観療法の基礎となった親鸞思想に焦点を当て，浄土真宗に馴染みの薄い読者にも理解して頂くために，専門用語は極力避け，意訳を用いた。親鸞の時代背景，教義，エピソードを十分に紹介することは難しく，今回だけでは伝えきることができない。しかしながら，内観を生み出した親鸞思想と浄土真宗に関して僅かでも関心をもっ

て頂けたなら，幸いである。

参考文献

池見酉次郎 (1975)：内観法と精神分析，内観法，大和内観研修所 .

海谷則之 (2018)： 恩徳讃ものがたり，本願寺出版社 .

鴨長明 (2004)：方丈記，青空文庫.

千石真理 (2004)：イラク戦争・憲法九条・聖徳太子，大法輪 8，206-212.

千石真理 (2021)：内観療法の現在と展望─仏教の智慧で現在，未来を生き抜く─ 人間性心理学研究 38（2）159 〜 166.

千石真理 (2022)：三つの質問で本当の自分に出会う内観療法─心身一如のコンセプトと共に─「仏教は心の悩みにどう答えるのか」，晃洋書房 .

浄土真宗教学伝道教育センター (2004)：浄土真宗聖典註釈版（親鸞聖人御消息），本願寺出版社 .

浄土真宗教学伝道教育センター (2004)：浄土真宗聖典註釈版（歎異抄），本願寺出版社 .

浄土真宗教学伝道教育センター (2004)：浄土真宗聖典註釈版（正像末和讃），本願寺出版社 .

浄土真宗教学伝道教育センター (2004)：浄土真宗聖典註釈版（浄土和讃），本願寺出版社 .

浄土真宗教学伝道教育センター (2007) 浄土真宗聖典註釈版（善鸞義絶状），本願寺出版社 .

浄土真宗教学伝道教育センター (2016) 浄土真宗聖典註釈版（三帖和讃），本願寺出版社 .

デイケアプログラムにおける内観的認知療法

渡邊　恵美子　塚﨑　稔

三和中央病院

1　はじめに

　1970年代，米国でうつ病に対する精神療法として開発された認知行動療法は，現在ではうつ病をはじめ，不安障害やストレス関連疾患，統合失調症などの精神疾患に対する治療効果および再発予防効果のエビデンスが数多く報告されている。さらに近年では，新しい認知行動療法としてマインドフルネス認知療法が注目されている[7]。マインドフルネス認知療法では，不快な認知を制御し変化させることよりも，そこから距離を置いて受容することを強調する[13]。この「受容」という観点からは，内観療法において内観3項目の視点から自己を客観化し，いままでの自己本位に気づき，それをあるがままに認め受け入れるという点で共通するものがある。さらに内観療法では，自己・他者・人生を肯定的に捉え，「自己との和解」「他者との和解」「人生との和解」ができ，相手に対し「反逆」「回避」「迎合」をせず，「素直」な自己を自覚できる点で特異的である[2]。このように内観療法は優れた心理療法であるが，一方でその治療構造，面接の技法において日常診療で行うことは容易ではない。

　近年，精神医学的治療の主軸はデイケアに移りつつある[19]。三和中央病院(以下当院とする)では，デイケアプログラムにおいて精神疾患メンバーを対象に内観療法のエッセンスを取り入れた認知行動療法的アプローチを2011年8月より実施してきた。この認知行動療法的アプローチは，対象者であるメンバーと集中内観を体験したスタッフ間で行われる共同作業であり，導入しやすく，かつメンバーは内観3項目の想起により他者視点で自己を見つめることで，他者からの被愛体験や感謝の気持ちを感じ，自己肯定感，他者肯定感を自覚できるようになり，より良い生活に役立っていることが調査により明らかになった[10]。その後，我々はこのような内観的な視点で自

己を見直し自己・他者・人生と和解し，反逆，回避，迎合などの行動化を改善していくことがメンバーの更なる QOL の向上につながっていくと考え[18]，プログラムを構造化し，2013 年 7 月より内観的認知療法（Naikan-Based Cognitive Therapy：以下 NBCT）としてセッションを開始した。本論文では，これまでの経過の中でのメンバーの変化，心理的評価尺度の調査結果をもとに NBCT の有用性について考察した。

2　NBCT 導入までの契機

　当院のデイケアでは，生活習慣病の予防や体重コントロールを目的とした生活改善プログラムを実施しており，参加メンバーは意欲的に活動に取り組んでいる。しかし，疾病の再発により入院となってしまう場合やデイケア通院を中断してしまい治療継続が困難となることが多く，生活改善プログラムと併用し自己疾病管理技能の獲得を目的としたアプローチの必要性を強く感じるようになった。そんな中，著者自身が集中内観を体験し，内観の効果の一部として認知の修正や感情・行動のコントロールが可能になることを実感した。そして内観体験がより良い生活につながること，自己対処技能の獲得が可能になることがわかり，内観療法をデイケアプログラムに取り入れることが出来ないか検討した結果，平野が教育現場で応用している「こころのシート」[1]を参考に「ありがとうシート」を作成した。「ありがとうシート」は，1 週間を振り返り「10 個のありがとう」とそれによる気づきや感想を記入する様式である。実際の記入例を紹介すると「足が痛くて嫌だったが，この足のおかげでお世話をしてくれる友人と出会えた」「夜冷えるようになったからと妻が窓やカーテンを閉めて寝冷えしないようにしてくれていた，心づかいがとても嬉しかった」など，メンバー自身に主体的な感情の変化が実感され，その結果他者への感謝が深まり幸福感をより多く感じられるようになっていった[10]。

　2012 年 11 月から内観 3 項目の想起を記入するシート（NBCT シート）に改変したことにより，より内観的思考様式に近い振り返りが出来るように

NBCT シート

平成　　年　　月　　日

氏名 _____

1週間を振り返り、人（家族・友人・病院スタッフ・地域の方など）物、環境、動物、自分の身体などに「してもらったこと」「お返ししたこと」「迷惑をかけたこと」について記入してください。

＊してもらったこと・・・お世話になったこと、してもらって嬉しかったこと、ありがたかった出来事

いつ？	だれに？	どんなこと？

＊お返ししたこと・・・自分がしたことで喜んでもらえたこと、助けになったと思われること

いつ？	だれに？	どんなこと？

＊迷惑をかけたこと・・・自分がしたことで心配をかけたこと、困らせたこと

いつ？	だれに？	どんなこと？

気付き・感想・・・前半の内容やありがとうシートから気づいたことや感想を記入してください。

_____
_____
_____
_____
_____

図1　NBCTシート
（内観研究第22巻　2016年より著者転載）

なった（図1）。「迷惑をかけたこと」の実際の記入例を紹介する。「母に今までしてもらうのが当たり前と思っていた。当たり前だと思っていたことが迷惑をかけたと思う。今思うととてもありがたいことだったと思う」「教師をしていた頃，感情的に教え子を叱り迷惑をかけた，素直に受け止めてくれた教え子や親との関係は温かく，とても感謝している」「振り返るとたくさ

んの迷惑の積み重ねが今日の自分の姿で心からお返しをすることが己の生きる道のように思います」などの感想から他者視点に立った見方ができるようになった[11]。これらのような気づきのために当院のスタッフは，こころのシートを使う立場として，メンバー自身が主体的に感謝の気持ちが体験できるように援助することを考えていくように努めている。また，当院のデイケアスタッフは全員が集中内観を体験しており，この内観体験が治療共同体としての機能を高めていると考える。

　川原は，内観で起こる２つの情動（恩恵感，自責感）は心の展開を起こすためにきわめて重要な駆動力として働くと述べ，内観３項目の想起により恩恵感だけでなく自責感をともに感じることで，より多くの至福感，より深い感謝になり認知の修正を可能にするという[5]。我々は QOL を維持，更なる向上につなげていけるよう内観的思考様式を集団で導入しやすい工夫として検討を重ね，プログラムを構造化し NBCT として現在のような形でデイケアに導入している。「なお，NBCT については本論文末尾に手順書を掲載しているので参照されたい（付録：デイケアプログラムにおける内観的認知療法）。」

3　対象および方法

　対象：当院のデイケアに通院する精神疾患メンバー 26 名（内訳：統合失調症 16 名，うつ病 4 名，双極性感情障害 3 名，神経症性障害 3 名）である。全員にプログラムの参加，調査にあたり目的などについて説明し同意を得ている。

　方法：毎週金曜日の午前中にデイケア室にて実施している（図 2）。NBCT手順書にそって，1 クール 9 セッションとし第 1 回目から 8 回目まではテーマを決め，その対象者に対する自分について内観 3 項目の想起を行う。想起した内容は「NBCT シート」に記入する。「NBCT シート」は NBCT 導入後より 1 週間の振り返りから過去の振り返りへと変更した。1 セッションにかける時間は約 1 時間 45 分で，前半 45 分を導入準備とし，内観に関する資

図2　NBCT実施状況
（内観研究第22巻　2016年より著者転載）

料や内観テープを用いてモデリングを行った後，全体でディスカッションをし，気づきを共有する。後半の1時間は約20〜30分で「NBCTシート」に記入し，その後記入内容をグループワークとして全体でシェアリングする。全体の座談会でまとめを行い終了となる。第9回目のセッションは，まとめの回としてモデリングに第1回目から8回目までの各自の「NBCTシート」を用いる。各自で対象者を選びシートに記入後，グループでのシェアリングを行う。リーダーは内観を体験したスタッフが行い，ディスカッション，シェアリング，座談会でのメンバーの話を傾聴し，内観的思考を捉えフィードバックを行うこともある。参加の有無や参加姿勢は自由としており，体調に合わせて参加したり，シートは記入しないがモデリングやシェアリングには参加するということもある。

4　結果

⑴　NBCT導入前後の健康度の変化

　「NBCTシート」導入の効果を判定するため，WHOが開発した主観的健康感尺度（WHO SUBI）[14]を用いて導入前，導入後6か月の評価を行い，参加メンバー26名の平均値を比較した。導入前後を比較すると，導入後の心の健康度，疲労度ともに有意に改善されていた（図3）。心の健康度は31点未満，心の疲労度は42点未満で要注意とされているが，導入後の結果では危機的状況から改善されていることがわかる。11の尺度による評価もすべての項目で改善されており，特に「人生に対する前向きの気持ち」，「至福感」，「家族との関係」，「精神的なコントロール感」，「人生に対する失望感の

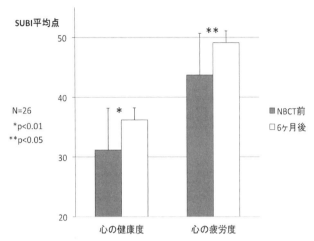

図3　NBCT 前後の SUBI の変化
（内観研究第 22 巻　2016 年より著者転載）

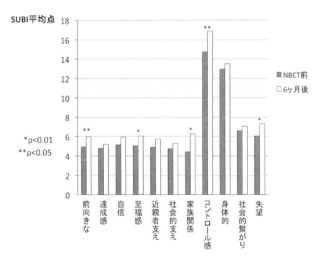

図4　NBCT 前後の SUBI 下位項目の変化
（内観研究第 22 巻　2016 年より著者転載）

改善」の項目においては，導入前後で有意な差が認められた（図４）。

⑵　NBCT 導入前後の生活の質の変化

　生活の質（QOL）の変化を知るために，WHO が開発した生活の質尺度（WHO QOL26）[20] を用いて導入前，導入後 6 か月の評価を行い，参加メンバー 26 名の平均値を比較した。その結果，1 クールが終了した時点で QOL に殆ど変化は認められなかった。しかし，参加メンバーを高参加率群（毎回参加し尚且つ全てのセッションに参加した群）と低参加率群（参加回数が少なかった群あるいは前半のみ，後半のみの参加群）に分けて QOL の平均値を算定したところ，高参加率群では有意に QOL 評価が上昇し，低参加率群では低下していたが有意差はなかった（図 5）。

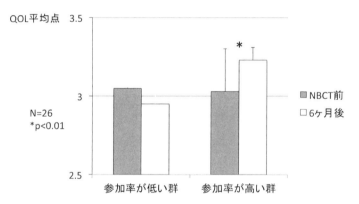

図 5　NBCT 前後の QOL の変化
（内観研究第 22 巻　2016 年より著者転載）

5　事例

NBCT 導入後にデイケアに参加するようになった事例を提示する。

A 氏，48 歳，男性，診断：反復性うつ病

生活歴：B 市にて同胞 2 人中 1 番目長男として出生。父親は厳格で神経質な性格であったが，よくかわいがってくれた。母親は優しい性格で厳しい父からよく守ってくれていた。

　市内の高校に進学，卒業後県外の歯科技工士専門学校へ進学。卒業後は技

工士として勤めるが人間関係の問題で2年後に自己退職し，その後はトラック運転手として働くが，46歳時飲酒運転をおこし無職となる。2度の結婚と離婚歴があり，挙子2名。2回目の離婚後，妻，娘と別れて単独生活をしている。

現病歴：X－3年，離婚後から抑うつ状態となり心療内科クリニックを受診。うつ病の診断を受け定期的に通院していた。X年11月に交通事故を起こした後，職を解雇され，抑うつ気分，希死念慮がみられた。X年12月某日，飲酒後に「どうでもよくなった」と大量服薬し救急病院へ搬送される。翌日搬送先からの紹介で当院へ入院となった。X年12月末に退院するが3か月後，再び希死念慮の出現により再入院した。X＋1年4月に抑うつ症状は改善し退院となったが，薬物療法を行っても意欲の低下が持続し，自宅に引きこもったように過ごしていた。X＋1年11月に主治医よりデイケア参加を勧められNBCTプログラムへの導入を検討した。A氏にNBCTについて，目的やこれまでの経過についての説明を個別に行い活動に参加することへの同意を得た。

NBCT開始時：固い表情で常に孤立しており，話しかけられると応じるが口数は少なかった。NBCT開始当初の「NBCTシート」の記入内容は「人間関係で心に残ったのは自己嫌悪だけで，それが嫌で人前で話すことができなくなり，これからも話そうとは思いません」「人と関わりを持つのが嫌です」「一番つらいときに両親に捨てられた」など否定的，悲観的なものばかりであった。

NBCT 1か月後：参加率は高く毎回最後までセッションに参加していた。両親に対する恨みが強いため，良い感情のある元妻や娘に対する「してもらったこと」の振り返りを中心に繰り返すよう提案した。また，ウォーミングアップ後に支持的に接しシート記入時に共感的に声掛けを心がけた。元妻や娘に対するシートの内容は「バレーボールを頑張っている娘を見るのが一番の癒しになっています」「メールでのやり取りで支えてもらっています」など良いイメージのものばかりで，その内容を話すときには表情がほぐれ笑顔が見

られていた。次第に元妻，娘に対して内観 3 項目の想起ができるようになっていった。

導入 2 か月後：「NBCT シート」の内容では「貧乏な時期に母から，欲しかったアポロの帽子を買ってもらいました」「母には歳を取ってからとても迷惑をかけました，今も音信不通な状態が続いていますが何かきっかけがあれば元のような付き合いをしたいと思っています」と記入し全員の前で発表した。それ以降はテーマに沿って母，父に対しても内観 3 項目の振り返りができるようになった。「はじめは抵抗があったけど自分を振り返っていくことで，今は心がほぐれ何でも話せるようになりました」と本人が話すようにデイケア参加時の表情は笑顔が増え，他メンバーと交流するようになった。髪形やファッションにも気を遣うようになり，他のデイケアプログラムに対しても積極的に参加するようになった。

6　考察

　NBCT は，従来の認知行動療法とは異なり，内観的な視点即ち，「していただいたこと，して返したこと，迷惑をかけたこと」という観点に沿って自己を見直し，今までの自己本位に気づき，それをあるがままに認め受け入れることで，自己・他者・人生との関係を新しく構築することが可能となる。その結果として，患者の自己対処技能を獲得，維持，向上させ，さらに自尊心を自覚し，疾病を持ちながらも生活の質の向上に寄与できるリカバリー志向のプログラムである。これらの NBCT の有効性は，「NBCT シート」の効果，テーマの設定，簡易化された NBCT プログラムによって達成されていると考えられる。そして，治療共同体という枠組みの中で，メンバーのリカバリーという点から NBCT の役割を考察する。

⑴　「NBCT シート」の効果

　「NBCT シート」は自己記入式のいわゆる筆記療法のひとつである。Lepore らは，筆記療法には自己の感情を客観視し，操作できるようになり，自己制御力と自己効力感が増強される効果があるという[8]。「NBCT シート」

導入前後の SUBI の結果では，人生全体に対する否定的な感情が改善され，心の安定を乱されるような出来事が起こった時もそれをうまく制御できやすくなっていることが示されている。また，家族との関係の改善やより多くの至福感が得られていることが示されている。

⑵　テーマの設定

　NBCT 導入時にテーマを明確にし，対象者に対する自分に集中して想起を行うことで想起内容がより具体的になる。事例の A 氏では「だいぶん迷惑を掛けました」という漠然とした内容から「トラブルに巻き込まれた時に無償で母から大金を工面してもらいました」「自分の都合でひとり娘を母に預けて悲しい思いをさせました」というように記入内容に変化がみられた。坂野は，内観のプロセスはセルフモニタリングと認知の再構成のプロセスであると説明し，その効果的なセルフモニタリングと認知の再構成を行うためには，その対象となる問題が具体的でなければならないという[16]。テーマを明確に設定したことにより，セルフモニタリングと認知の再構成が生じやすい状況が生まれている[3]。

⑶　簡易化された NBCT プログラム

　NBCT の対象者である精神疾患メンバーは，自我脆弱性を有し，防衛機制によってプログラムに対する抵抗につながることは少なくない。しかし，NBCT 参加に関してはメンバー自身の自由意思としている点やプログラムにおける支持的・共感的空間によって，徐々に参加者の抵抗は緩和されていく。グループワークで認知行動療法的に楽しく行えることもあり，抵抗のあるメンバーに対しても導入しやすいという利点がある。また，プログラム中やその前後で個別に心理的ケアができることも利点のひとつである。それらを踏まえて，NBCT プログラムは 1 セッション 1 時間 45 分という短時間で構成されていて参加しやすく継続しやすい特性を持っていると考えている。実際に現参加者の半数以上が導入時から継続して参加している。また，最初は参加意欲が低くても，参加を継続していくことにより意欲の向上や QOL の向上につながることが今回の調査や症例により分かった。そのため，導入

初期のメンバーや意欲の低いメンバーに対する十分な配慮や関わりを行っていくことが重要である。

⑷　治療共同体

　治療共同体という概念は，医療の中で受身的，従属的立場であった患者に対し，治療者と患者が平等の立場のもとにコミュニティミーティングと呼ばれる話し合いを治療の中心的機能として社会的学習を図るプロセスを示している。その効果には問題や行動に深い洞察を与え，問題を処理するのに適した方法を身につけ，社会での適応能力の促進，役割意識やモラルを高めることなどが挙げられる[15]。NBCT プログラムをデイケアで実施することは，ディスカッションやグループワークでの意見交換が治療共同体の役割を持ち，1人だとひとつでしかなかった気づきも集団の力により二つ，三つと多方向からの気づきとなり視野が広がり，自分の考えに自信が持てるようになり洞察を深める動機付けとなる。また，自らの体験や想起内容を素直に語り合うことや「NBCT シート」を通して感謝の気持ちを伝えあうことで「心が温かくなり涙が出た」「心のぱっくり割れた傷を消毒してもらっている感じ」など情動的感情の表現をメンバー間で共有することができ，感謝，至福感の輪が患者・治療者の枠を超えて広がっている。

　精神科デイケアには様々な疾患のメンバーが混在している。NBCT を実施しているとメンバーから「病気が違うということを気にしていたが人間として尊敬する」「こんな風に感じることができることがすばらしい，自分ももっと真剣に取り組みたい」という声がきかれるようになり，疾患を超えて他者をあるがままに受け入れる姿勢が感じられている。

⑸　リカバリーのプロセス

　リカバリーとは，いわゆる疾患や障害の医学的な「回復」にとどまらず，ある人が疾病や障害で「失ったもの」を回復するとともに「疾病や障害を抱えながらも」希望や自尊心を持ち，可能な限り自立した生活を送ることを意味する。このような回復（リカバリー）モデルは，多少の症状が残っていたとしても，健康な部分を生かし，残存する症状と上手くつきあいながら生活

し，働き，学び，コミュニティに参加することを目標に患者を支援するという考え方である[12]。リカバリーは達成するものではなく過程であり，その過程は1人ひとり異なっており，その過程は線ではなく階段状に進んでいくものである[6]。

NBCTプログラムでは，先に述べた「NBCTシート」の効果，テーマの設定，簡易化された治療構造によって，セルフモニタリングと認知の再構成を生じやすくなる。さらに，被愛体験や感謝，至福感をより多く感じることで自己・他者・人生に対し，肯定的に認めることができ，人生の質の向上に役立つと考えられる。一方で，治療共同体としてのデイケア活動に参加することで，より良い人間関係の構築が可能となり，役割意識を感じることができる。他者を受け入れ，ありのままの自分を肯定し，自分を支持し理解してくれる人がいるというストレングスにつながる。その中で主体者として人生を肯定的に自己決定し行動していくことが可能となる。

竹元は統合失調症に対する内観療法の長期予後について，自己の内面の主体性を自覚して社会認知機能が改善し，心豊かな人生を生きており実存的でスピリチュアルな生き方が継続されているようである[17]と報告している。NBCTプログラムの継続は，まさにメンバーのリカバリーのプロセスになり得るものと考えている。

NBCTプログラムの効果は，メンバーへの認知の修正のみに作用するだけではなく，リカバリーのプロセスに影響を与えていると考えられる。それは，内観を体験したスタッフの持つメンバーへの共感性，さらには内観の醸し出す受容的雰囲気など内観的な環境が，実は大きな要因となっている。つまり，プログラムを構成するスタッフ側の内観体験がなければ，NBCTの効果は充分発揮できないといえる。

⑹ NBCTの限界

村瀬は集中内観の効果として「他者や自分を見る見方，他者像・自己像が変化する」「生きる意欲が活性化される」「自己の目指す目標に向かって着実に現実を見据えながら歩を進めていく力（意志力）が増大する」[9]と挙げ

ているが，NBCT で得られる洞察には限界があり，気づきの深さにおいて
NBCT は集中内観に及ばない。しかし，飯野が提唱する「学校内観」について，
1 回の内観のエクササイズの内容はそれほど深いものではなくても，何度も
積み重ねて実施することで，本来の内観に近づこうとするものがあるとして
いる[2]。週に 1 回，1 時間 45 分のプログラムでの気づきを持続させていく
ためには意欲的な参加の継続が求められる。

7　まとめ

　デイケア参加メンバーが地域で主体的に生活を送るために，デイケアにお
ける支援はどうあるべきだろうか。デイケアはそこに参加するメンバーに，
疾病からの回復，自己喪失感からの脱却，安心感やゆとりをもてる治療のた
めの基本的な場を提供するだけでなく，心理教育アプローチや個別のかかわ
りによって支援できる治療構造をもつ必要がある[4]。

　当院のデイケアで開発した NBCT プログラムは，参加メンバーのリカバ
リーのための治療構造をもった手法であると考えている。自己対処技能を獲
得，維持，向上し，疾病を持ちながらも生活の質，人生の質，至福感の向上
につながっていく。しかし，NBCT プログラムには継続した参加が求められ，
そのためのアプローチは必要不可欠である。今後はメンバーに合わせて日常
的な記録内観への移行も視野に，さらに検討を重ねていく必要があると考え
る。

文献

1)　平野大巳：スクールカウンセラーによる内観ワークの試み. 内観研究, 16(1);
　　71-87, 2010.

2)　飯野哲朗：思いやりを育てる内観エクササイズ. 図書文化社, 3-5, 2005.

3)　井上和臣：認知行動療法の基礎と臨床. 内観研究, 12(1); 3-9, 2006.

4)　香山明美, 小林正義, 鶴見隆彦：生活を支援する精神障害作業療法. 医歯薬出
　　版株式会社, 2014.

5) 川原隆造 , 東豊 , 三木善彦 : 心理療法の本質 . 日本評論社 , 3-14, 1999.

6) 國方弘子 : 地域で生活する精神障がい者に対する「自尊心回復グループ認知行動看護療法プログラム」実施前後の変化 . 日本看護研究学会雑誌 , 36(1); 93-102, 2013.

7) 倉田知佳 : うつ病に対する新しい認知行動療法 . 精神科治療学 , 30(5); 665-671, 2015.

8) Lepore, SJ, Greenberg, MA, Bruno, M.: The writing cure: How expressive writing promotes health and emotional well boing, 99-117, 2002.

9) 村瀬孝雄 , 河合隼雄 : 臨床心理学大系第 9 巻 . 心理療法 3, 金子書房 , 1989.

10) 新原恵美子 , 馬場博 , 塚﨑稔 :「ありがとうシート」導入の試み . 第 35 回日本内観学会大会抄録集 , 34-35, 2012.

11) 新原恵美子 , 馬場博 , 塚﨑稔 : 内観的認知療法をデイケアプログラムに導入して . 第 37 回日本内観学会大会抄録集 , 49-50, 2014.

12) 西園昌久 , 丹羽真一 , 安西信雄他 : 我が国の統合失調症治療の課題と治療の質の向上を目指した取り組み . 臨床精神薬理 , 18: 757-765, 2015.

13) Segal,ZV, Williams, JMG, Teasdale, JD: Mindfulness-Based Cognitive Therapy for Depression. A New Approach to Preventing Relapse. The Guilford Press. New York, 2002.

14) Sell H,Nagpalr. : Assessment of Subjective Well － Being. New Delhi, Word Health Organization. 1992.

15) 坂野雄二 : 認知行動療法 . 日本評論社 , 1995.

16) 鈴木純一 : 集団精神療法〜理論と実際〜 . 金剛出版 , 2014.

17) 竹元隆洋 : 統合失調症に対する内観療法の長期予後 . 内観研究 , 18(1); 63-72, 2012.

18) 塚﨑稔 : 内観療法と QOL: 内観医学 , 6, (1); 3-13, 2004.

19) 牛島定信 : 最近の精神療法事情 . 精神療法 , 39(1): 5-8, 2013.

20) World Health Organization: WHOQOL Measuring Quality of Life. WHO, Geneva, 1997.

内観的認知療法手順書（付録：デイケアプログラムにおける内観的認知療法）

【目的】
　内観的認知療法（Naikan-Based Cognitive Therapy：以下 NBCT）は，三和中央病院デイケアにおいて開発された内観的思考を身につけるための治療方法です。内観的思考とは，①物事を事実から捉え，②具体的ポイントを絞って，③相手の立場に焦点を当てて考えていく姿勢です。内観的思考によって，他者に対して感謝の気持ちをもった内観的な認知を自分自身が感じ，疾病を予防しながら，これからの人生の質（ＱＯＬ）を高め，より豊かな生活を送ることができます。

【内観的なものの見方・考え方（内観的思考）を身につけよう】
1）　物事を事実から捉える姿勢
　私たちは，物事を捉えるときに，自分の価値判断で決めることがあります。相手の反応が良かった，悪かったで結果を判断しがちです。内観的思考では，相手のよい，悪いという判断を止めて，事実を思い出すことに注意を向けていきます。
2）　具体的にポイントを絞って考える姿勢
　事実を思い出すときに，相手に対して自分が「世話になったこと」「して返したこと」「迷惑をかけたこと」の３つのことに限定して思い出します。また，その対象は母，父といった身近な人物との関係を思い出します。このように具体的にポイントを絞ることで集中力が増し，細かな事実を細部まで思い出すとこができます。
3）　相手の立場に焦点を当てて考える姿勢
　相手に対する自分を考えるときに，自分を独立させて考えるのではなく，「相手の立場になって」考えます。そうすることによって他者との関係のあり方が鮮明になってきます。

【内観的思考によって感じることができる内観的な認知とは】

　内観的なものの見方・考え方を身につけていきますと，現在の自分が，特別な意識している記憶，優勢となっている記憶に左右されていることに気づきます。

　人は，「いま意識している記憶」によって悩みます。逆に，自分のなかに隠れている記憶をたどっていくことによって，その悩みから解放されていくのです。この隠れた記憶を思い出すことによって，今の自分の認識が変化し，自分自身が変化していくことを経験するのです。それは，他者に迷惑をかけたり，手助けをしてもらったり，さまざまな関わりの中で自分がありのままに生きてきていることを理解できるようになったからです。そして，他者に対する感謝の気持ちが自然に感じられるようになってきます。

【NBCT プログラム】

Ⅰ．初回面接

　デイケアメンバーに対して NBCT の目的，内観的思考についての説明とNBCT の内容を詳しく説明し，プログラム導入の同意を得ます。初回面接の目的は，疾病の予防と，これから生活していく上で自分の考え方がどのように変化していくのかを確認することです。

Ⅱ．対象者

　NBCT の対象者は，当院のデイケアに通院しているメンバー患者で，NBCT の目的，プログラムに同意し，主治医の許可が得られている方です。

Ⅲ．教材について

　NBCT で使用する教材は，NBCT 用ワークシート，内観関連書籍，内観体験テープなどです。

Ⅳ．スタッフについて

　NBCT のスタッフは医師，看護師，作業療法士，精神保健福祉士，臨床心理士などで，1 名のリーダーを決めます。リーダーとなる人は，集中内観体験者が望ましいです。

Ⅴ．プログラムの内容

初回面接後，第1回目から始まり，第9回目のセッションで終了します。

各セッションの主要なテーマは，

第1回目：母親あるいは養育者

第2回目：父親あるいは養育者

第3回目：兄弟，子供，配偶者

第4回目：自分の身体

第5回目：自分の身体

第6回目：主治医，デイケアスタッフ，メンバー

第7回目：かけがえのない人

第8回目：母親あるいは養育者

第9回目：今クールの振り返り（グループセッション）

主要なテーマの対象者に対して自分が「世話になったこと」「して返したこと」「迷惑をかけたこと」の3つのことに限定して思い出します。

＊初回面接は新規参加者のみ事前に個別に行います。

＊第9回目は第1回目から第8回目までの「NBCT用ワークシート」を各自で見直し，グループで開示し感想を話し合ってもらいます。感想や気づきを座談会で発表してもらいます。

Ⅵ．各セッションの構成

（1）1セッションにかける時間は1時間45分です。

（2）毎週金曜日の10：00〜11：45に行い，1クール約2か月間の実施とします。

（3）第9回目のセッションに関してはモデリングに8回分のNBCT用ワークシートを使用します。それを各グループでシェアリングし，シートを記入（3項目は個人，気づき・感想はグループで記入）座談会で発表します。

各セッションの構成

アプローチ	時間	内容
ウォーミングアップ	5分	呼吸法を用いて軽いリラックス体操 3-4人のグループでおこなう
モデリング	40分	内観に関する書籍の朗読あるいは 内観体験テープの試聴しディスカッション
NBCT実施	30分	ＮＢＣＴ用シートの記入
シェアリング	15分	内観的思考をグループ内でシェアリングする
座談会	15分	各人が感想を分かち合い，シェアリング内容を全体で共有する

①　ウォーミングアップ

　10：00前から席に座って準備して待っているメンバーが多いので開始5分くらい前から腹式呼吸（呼吸法）の声掛けなどで静かにリラックスして過ごして頂きます。これをウォーミングアップとします。

②　モデリング

　内観関連書籍やテープを用いて内観的思考のモデリングを行います。内観に関する書籍をみんなで読む，あるいは内観体験テープを聴くことで，内観的思考を身につける要領を学習します。資料の内容はNBCTのモデルになるような内容を選択し，それに合わせリーダーが体験を自己開示できる内容のものが望ましいです。ディスカッションは気づきを促すために有効です。自分で言葉にしたり，ほかの人の意見を聞いたりすることでお互い支え合いながら気づきを深めていけることを感じてもらいます。

③　NBCT実施

　対象者に対する自分を内観3項目に沿って回想し，その内容をNBCT用ワークシートに記入します。スタッフも一緒に実施します。

④　シェアリング

　NBCT用ワークシートの記入内容をグループ内で話し合い，感想や気づきを述べてもらいます。場合によってはスタッフの介入が必要になってきます。

⑤　座談会

　NBCT用ワークシートの内容やグループ内でシェアリングした内容を発表し合い，全体で共有するとともにリーダーがまとめを行い，セッションの終了とします。

Ⅶ．リーダーの役割

リーダーは，座談会でメンバーからの感想を傾聴し，コメントもおこなうこともあります。メンバーの内観的思考を敏感に捉え，フィードバックするためには，自身も内観を体験することが望ましいです。

【NBCTの評価】

　内観的思考の指標としてＳＵＢＩ（ＷＨＯ作成の心の健康度調査票），指宿竹元病院式内観評価尺度を用います。

三和中央病院デイケア室

成人 ADHD に対する内観療法

尾上　了三　　　塚﨑　稔

三和中央病院

1．はじめに

　近年，注意欠如多動症 (以下 ADHD) は社会的にも認知度が高くなってきている。星野[1]によれば ADHD には，①衝動性②多動性③不注意があり失敗行動が多いため否定的自己イメージを持ちやすく，そのため抑うつ的で不安感をコントロールできなくなりやすい傾向がある。さらに，ストレス耐性が低く自己評価や自尊心の低下もみられる。また，自分の様々な問題行動などは家庭環境やトラウマのせいだと思い込み，心理教育にのせにくく，セルフモニタリングや自己観察の困難さもみられると指摘している。このような特性のために成人 ADHD に対する内観療法は，一般に困難とされることがある[9]。一方宮崎ら[5]によれば，ADHD 等発達症の患者にとって集中内観は治療転機となることが経験され，内観により変化した内省やイメージは，その特性から維持しやすく長期間の良好な持続性を保つことができると報告している。

　三和中央病院 (以下当院) では最近，成人 ADHD 患者の受診が増加しており，薬物療法，心理社会的療法を実践しているが，治療後に復職しても職場不適応を起こすことも少なくない[7]。このような成人 ADHD 患者に対して 1 週間の集中内観は多大なストレスを伴うことが安易に予想され，且つ低ストレス耐性や自己評価・自尊心の低下なども懸念される。今回，当院で成人 ADHD 患者に対し集中内観をおこない，その前後の心理的変化と，当院外来通院中の心境をインタビューすることができたのでここにまとめ，今後の成人 ADHD 患者への内観療法を再考したので報告する。

2．目的

　成人 ADHD 患者に対し，内観療法がいかなる効果を示したか，どのよう

な工夫が必要かを再考することで，今後 ADHD 患者へのアプローチを向上させていくことを目的とした。

3．評価方法

　成人 ADHD 患者（A 氏）の集中内観中の言動・気づきと面接者による観察，およびその後外来通院中の A 氏への半構造化インタビュー (1 年経って感じる内観後の変化，内観して自覚できたこと，周囲の反応) の内容，心理検査をそれぞれ検討した。なお，倫理的配慮として，研究対象者へは研究内容，目的，プライバシーの保護について口頭と書面での説明を行い，同意を得た。

4．症例

A 氏　40 歳代　男性

主病名：ADHD(注意欠如多動症)

生活歴：B 市にて 2 名同胞中第 2 子長男として出生。小中学校時代は多動がめだち，落ち着きなくよくいじめられたという。私立高校から大学進学。卒業後はシステムエンジニアとして県外に就労するも集中力がなくミスが多くなり不適応状態となり 1 年半で退職。その後地元に戻り 5 カ所ほど転職をしたのちに 35 歳より造船会社の総務課で労務管理職に就いた。現在妻と子供と 5 人暮らし。

現病歴：中学・高校・大学と気分の浮き沈みが激しかったという。就職先でも聞き間違いが多く，話の最中に自分の意見を先に言ってしまい，人間関係がうまくいかず転職を繰り返している。その後現在の職場で労務管理業務に就くが，不注意が目立ち，上司からミスを指摘され，うつ病を併発し X 年 3 月に当院を受診し入院となった。入院中は会社の上司が理解してくれないなど不満を一方的に話し他罰的であった。YG 性格検査では情緒不安定，攻撃性，非内省的指標が高く，CAARS（コナーズ成人 ADHD 評価スケール）では不注意・衝動性ともに高得点であった。

　病棟スタッフはまずゆっくり休養することを本人へ伝えた。次第に病棟の

状況に慣れ，抗うつ薬，アトモキセチン 80 ｍｇにて抑うつ気分の改善が認められてきた。Ａ氏との会話の中で，上司や妻への他罰的言動や両親，特に母親への攻撃性が顕在化していた。それに対して主治医より，内観療法は周囲の人に対する視点が変わり，客観的な視点から自分自身を見つめ直すことができる[6]ということを説明したところ興味を示し，内観療法への同意が得られた。

5．集中内観の実際

　表１に集中内観の経過を示す。内観１日目は母親への強い攻撃性や陰性感情を認めたが，２日目以降は両親，妻，上司への感謝の気持ちを素直に表現していた。しかし，集中内観の過程でしばしばＡ氏は屏風の中にいることへの苦痛を感じて，立ち上がったり落ち着きなく集中力に欠けることがあった。ADHD 患者では，新しいものを受け入れることが困難で，こだわりが強いため内観が深まらなかったり，一度集中力が途切れた場合，再度集中し直すことに困難さが目立つ場面が多く見られることが指摘されている[7]。面接者は内観３項目以外の質問にも臨機応変に対応しながら柔軟に傾聴し，集中内観の継続を促していった。７日目の母に対する内観では，「自分自身でも ADHD を理解するのが難しいのに，母親はそんな自分をしっかり理解しようという思いで育ててくれた」と語った。長年のわだかまりであった母親が自分の行動を ADHD として認識してくれたことに気づき，これが母親との和解となり治療の転機となった。

　集中内観の感想文では，「過去の失敗・挫折体験が，自分の自信のなさになっていることに気付きました。今回の内観を通して，妻・父親，そしてあまり感謝していなかった母親がいつも私の人生をサポートして頂いていたことを実感しました。今まで一人で背負っていかなければと思っていた母への誤解が自分自身を苦しめていたことが分かりました。」と述べていた。

　心理検査では，内観前後に行った YG 検査で「抑うつ性」「気分の変化」「非協調性」などが低下し，「活動的」や「社会的外向」が改善していた。(図 1)

	対象者	内観者の言動・気づき	面接者による観察
1日目	母	母とは仲が悪い関係であるので思い出すことに苦労しました。とにかく母親との関係が出てこない。	「私立高校に通ったことで学費や交通費の面などで不満を言われた、母とは気持ちの面で合っていない。」など母親に対し陰性感情が強く愛情の再確認に至っていない。
2日目	母	「入学式の時にランドセルと服を用意してくれて喜んでいたことを思い出しました。」	母からの被愛体験を感じていた。
3日目	父	「父親は私の病気のことが理解できないことで大変苦悩な表情をしていました。私だけがつらい思いをしているのではないことがわかりました。」	親もA氏の発達障害の事を理解できず悩んでいたのかもしれないという過去の事実を認識していた。
4日目	妻	「仕事に長く就けない私に対して我慢して離婚しないでいて頂いたことに感謝します。」	妻への感謝の気持ちと愛情を認識している。
5日目	妻	「すべて妻にまかせっきりで、自分が職を転々としたり正社員でなく派遣社員扱いで働いていたため収入も安定せず、大変な迷惑をかけてしまった。それなのに私を見捨てずついてきてくれたことに感謝しています。」	妻への罪悪感と謝罪の気持ちを感じていた。
6日目	上司	「人間関係が悪化しうつ状態になっている自分に配慮して仕事を軽減してくれました。自分に良くしてくれる上司がいることに気付きました。」	周囲の人々への客観的な考え方や捉え方ができるようになっていた。
7日目	母	「母は私自身の個性、行動がなかなか理解しづらかっただけど、ADHDという病気を理解してくれた。仕事だけでなく家族との交流を深める努力をしたいと思いました。」	家族や職場内の人間関係の問題が自分にあったと分かり前向きに取り組む姿勢がみられた。その結果、自分を苦しめていたのは自身の考え方が原因だったことを発見するに至った。

表1　集中内観の経過
（内観研究第 27 巻　2021 年より著者転載）

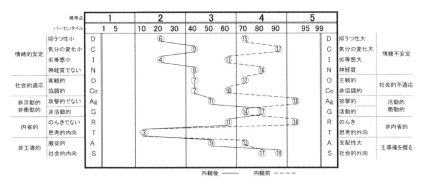

図1　YG 性格検査結果
（内観研究第 27 巻　2021 年より著者転載）

6．退院後の経過

　退院後は，復職しながら定期的に当院のデイケアへ通い，内観的認知療法 (以下 NBCT)[8] を導入した。職場の業務内容や人間関係で悩むこともあったが，NBCT における自己対処技能の獲得・維持・向上を行いつつ，職場での対人関係は比較的良好で問題なく経過している。退院して 1 年後に行っ

た A 氏へのインタビューでは以下のように述べている。

（1）1年経って感じる内観後の変化

・自分自身に対する振り返り作業ができるようになった，上司を客観的にみられるようになった。

・以前は仕事や家庭においていろいろと忘れることが多かったがそれらを意識できるようになった。

・ADHD の症状に気づくことができるようになったように感じる。

・物事の表面ばかりみていたが内側もみられるようになってきた。

・周りの空気が読めるようになった気がする。

・他者と意見が合わないとき，口論になりかけていても自身の不満・怒りの度合いを察知できるようになったことで回避できるようになった。

（2）内観して自覚できたこと

・自分自身をよく知れた，自分の特性に気づけた。

・自分の ADHD のことは知っていたから，子供も同じようになるんじゃないかなど不安はあったが，例えそうでも前向きに生きられることを知れたことで自分の体験から相談にも乗れるんじゃないかと思い，あまりマイナスに捉えなくなった。

・デイケアにも真剣に取り組む姿勢が養えた。

・なぜ人間関係がうまくいかなかったのか自覚できるようになってきた。

（3）周囲の反応

・妻からは「まず人の話を聞くように」などアドバイスを受け素直に聞き入れている。

・職場では，上司が最大限理解してくれようという意思が感じられてありがたいと思う。

・「あまり喋らなくなったね」と言われる。

・以前はひっきりなしに仕事の依頼を受けていたが，負担になるようなことは断れるようになった。

7．考察

　成人 ADHD には多くのケースで自己肯定感の低さを認め，それにより自律スキルやソーシャルスキルをバランスよく両立して身につけることが極めて難しい[2]といった特性がある。そのため，今村ら[3]は成人 ADHD の支援には心理社会的治療，即ち職場での環境調整や認知行動療法，感情コントロールトレーニングの必要性を指摘している。内観療法には，認知行動療法としての側面，即ち自分の考え方の傾向に気づくことができ，セルフモニタリングの機能や，不満・怒りをコントロールするアンガーマネジメントの役割も期待できる[5]。また，当院のデイケアでは，リワークプログラムにおいて復職上の職場での対人関係スキルの向上を目的に NBCT を導入することで日常生活や職場内での情緒の安定やストレス低減に役立っている[8]。

　約 1 年後のインタビューでは，A 氏は職場内の人間関係において相手の立場に立った考え方や自分にとっての負荷となるような要求を断ることができるようになっていた。また，退院後も病院との関わりを絶つことなく外来通院，デイケアでの NBCT をはじめとする様々なプログラムに参加することで内観的思考を継続することができており，その影響は 1 年後も続いていることが認められた。これらのことから成人 ADHD 患者への集中内観は，本人にとっての治療転機となること，また内観によって得られた内省やイメージの変化は，新しいものを受け入れることが困難だが一度取り入れた新しいイメージが変更しづらいという特性[5]と，継続的なデイケアへの参加も相まって長期間よい影響を与えることが可能であると思われた。一方，内観面接者の成人 ADHD 患者への関わりも見逃せない。衝動性の表出や内観療法への集中力低下など面接時に苦慮することがある。面接時の対応では，患者の情報を共有すると共に原則的には傾聴することを重視するが，時には助言するなどその場に応じた柔軟な判断が求められる。三木[4]は，内観面接において聞き役に徹するだけではなく時には助言をするなど柔軟な姿勢をもつことが重要と述べている。成人 ADHD に対する内観療法においては，面接

者はその特性を理解した上で，内観が継続できるように受容的且つ柔軟性を
もって面接にあたる必要があると考える。

8．まとめ

　ADHD 患者に対して 1 週間の集中内観は，ADHD 特性を考慮すると多大
なストレスを伴うことが予想されたが，内観面接者の受容的かつ柔軟的な関
わりによってやり遂げることが出来れば，患者にとっての治療転機となり，
内観療法によって得られた自己イメージの変化は，その特性と継続的なデイ
ケアへの参加も相まって長期間良好な影響を与えることが可能であると思わ
れる。今後，ADHD 患者への内観療法の有用性をさらに継続的に検討して
いく必要がある。

　なお，本論文に関連して開示すべき利益相反はない。

引用・参考文献

1)　星野仁彦：発達障害に気づかない大人たち，祥伝社新書，2010.

2)　本田秀夫：大人になった発達障害，認知神経科学 19，33-39，2017.

3)　今村明，金替伸治，山本直毅：ADHD を持つ成人の治療と支援，精神医学
　　59(3)，209-216，2017.

4)　三木善彦：内観療法と解決志向アプローチ，帝塚山大学心理学部紀要 1，
　　9-24，2012.

5)　宮崎弘美，塚崎稔，小澤寛樹：発達症外来患者の内観による治療転機とその
　　持続性についての考察，内観医学 17(1)，69-84，2015.

6)　大山真弘：おかあさんにしてもらったことはなんですか，サンマーク出版，
　　東京都，4-5，2012.

7)　梅永雄二：発達障害者の就労上の困難性と具体的対策，特集障害者雇用の変
　　化と法政策・職場の課題 685，57-68，2017.

8)　渡邊恵美子，小野和美，馬場博，塚崎稔：デイケアプログラムにおける内観
　　的認知療法，内観研究 22(1)，75-89，2016.

9) Wang Zhucheng: Naikan therapy for Adult ADHD. The 7th Chinese Naikan therapy academic conference in China 2019.

第五章

内観の展開

ヒトのビッグ・ヒストリーと ニューロサイエンスから内観を考える

小澤　寛樹

長崎大学大学院

医歯薬総合研究科 精神神経科学

１．はじめに

　ヒトの進化はチンパンジーと分かれた 700 万年前が起源とされる。その頃は数種類の人類がいたといわれるが，なぜ我々ホモサピエンスだけが残ったのかが人類進化の重要な問題と指摘されている。この点について詳細な論説を提示しているのが世界的なベストセラーとなったビジネス書，ユヴァル・ノア・ハラリ著「サピエンス全史」である。

　これに続き，エマニュエル・トッド，ジャック・アタリによって人類史的なグローバル理論が展開され，最近ではオランダ人のルドガー・ブレグマンの「Human Kind」がハラリの著書に追随したヒトのビッグ・ヒストリーに関する著作といえる。

　歴史人口学を基礎とする文化人類学者であるトッドは，著書『我々はどこから来て，今どこにいるのか？』（文藝春秋，2022）でこう語る。彼の家族システム分類（絶対核家族，平等主義的核家族，外婚制共同体家族，直系家族）によれば，日本・韓国・台湾・香港は「直系家族」に分類される。この分類では親は子に対して権威的であり，兄弟の相続は不平等である。ドイツもこのグループに入る。日本とユダヤでは従兄弟婚が許されており，基本的価値は親の権威と兄弟間の不平等主義である。分割相続を困難にするため農業国に多い。女性の地位は比較的高く，特に長男の嫁は家族のキーパーソンとなる。秩序と安定を好み，政権交代が少ない。

　一方中国は「外婚制共同体家族」に分類される。中国ロシア型ともいわれ，権威ある父親と平等な兄弟への遺産の分配を基盤としており，共産主義に向いているという。これは中国が時として北方民族の支配を受けていた歴史と

関連しているのかもしれない。華南地域にはやはり直系家族に分類される痕跡的影響があることを述べている。

　内観療法の流布を考えた時，このような国ごとの家族背景は人類家族学的視点からも興味がそそられる。直系家族の国に内観的治療法が浸透するのであれば，今後北欧，イスラエルやユダヤ社会で内観療法が受け入れられる可能性がある。そうするとトッドの家族システム分類の蓋然性の一つの傍証になるかもしれない。また中国において内観療法が発展した理由としては，このほかに仏教伝来時に定着した「気の思想」や元々中国に存在した伝統的な考えと仏教的内省・瞑想的思考と比較的現世肯定の最近の中国の思想が反映されている可能性もある（図1）。

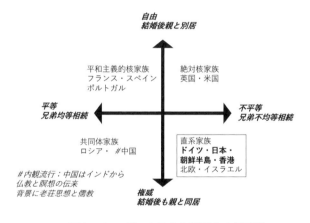

図1　トッドによる家族類型と内観療法

　人類が生き残った理由としての「変革」に，ハラリは①認知革命②農業革命③科学革命を上げている。特に認知革命は言語機能の飛躍的な機能的拡大を指す。単に警告や意味のある情報の伝達であれば，他の生き物，例えばミツバチとも可能である。しかし人類はより複雑な情報伝達，おそらく共同作業する上で重要な言語伝達能力を獲得した。さらに共通の幻想を共有できる能力，つまり虚構を形成することを人類の生き残った理由として上げている。彼は精神性においては，宗教の中でも仏教に期待している。多くの世界的な

ビジネスマンが禅宗などに興味を持ち実践している。また新しい精神科専門医のトレーニングにおいても，森田療法，内観療法など日本の精神性に基盤をおく治療法が必須の項目に入った。

このようなビジネス界の動きを背景に，脳科学分野においてもデフォルトモードネットワーク（何も考えていない時の脳活動）が瞑想などの体験に重要な役割を持つことが知られている。仏教的な思考が脳内にどのように育まれるのか，東洋的な思考の脳科学的解釈が注目される。上記のような視点から「内観の今とこれからを」考えてみたい。

2．サピエンス全史

ビジネス書としてもベストセラーになったユヴァル・ノア・ハラリの「サピエンス全史」によれば，人類（サピエンス）は約 700 万年前，ヒトとチンパンジーの最後の共通の祖先から分かれた。250 万年ごろ東アフリカの一部に生息してホモ属が進化していき，最初の石器を使い出したが，他の大型肉食動物のターゲットであり食物連鎖上では決して上位の生き物ではなかった。人類の特徴として，①脳が大きい　②二足歩行　③道具を使用　④独特の社会構造を有していた。一番の特徴はやはり巨大な脳を有することである。細胞効率が悪い脳が巨大化することは決して進化・生存上有利とは言えない。30 万年前には火を日常的に使用するようになり，生物を加熱した食料を得るようになって栄養状態が変化した。このことから食事の時間が短くなり行動範囲が広がった。長い腸を持つ人類はそれまで食事・狩り・休息に各 5 時間を要した。動物園のチンパンジーやゴリラが一日中横になっているように見えるのはそのためである。10 万年前ごろに最大のライバルであるネアンデルタール人と諍いがあり，化石資料からはこの時サピエンスはネアンデルタールの生活領域から撤退したことが推定されている。その後 7 万年前にはサピエンスが圧勝し，ネアンデルタール人を駆逐した可能性が考えられる。また遺伝学的研究からは，この 2 種が交配していた事実が認められ，ネアンデルタールの DNA の数パーセントがサピエンスに残っているといわ

れている。

　最後の氷河期が終わる5万年前ごろ，突然変異によるニューロネットワーク変化（ハラリの推察）を契機に，最初の変革である「認知革命」が起きた。これは言語的進化とも言えるものである。例えば「気をつけろライオンだ」「見ろ，鷲だ」といった警告に関わる伝達はサバンナモンキーや鳥類も言語を持っている。しかし「ライオンは今，川の向こう岸にいる」などの少し複雑な文章，「彼はライオンを倒したらしい」などの噂話にも通じる会話は人類独自のものであり，そこからさらに「ライオンはわが部族の守護神だ」など，精神科医からは妄想と言えるような言語思考にまで発達していったと仮定している。

　集団形成に必要な「ダンバー数」という有名な指標がある。人の大脳皮質の体積から，人がスムーズに安定した関係性を維持できるのは150人が限界とする理論である。人類の人口が増加するに従い，数百人以上の集団が成立するには部族間の噂話，宗教，虚構の存在が必要である。また人類は攻撃的な特性（史上もっとも危険な種）とあいまって，他の種族を絶滅させるほどの存在になった。虚構の形成能力はその後グローバリズムの変遷に従い，貨幣，宗教，イデオロギーが大きな集団形成の土台を担うようになった。複雑な社会構造に基づく虚構の形成能力により他のサピエンス族を抹殺した。ホモ・サピエンスはこの認知革命のおかげで，「ライオンはわが部族の守護神だ」と言う能力を獲得した。噂話，虚構，すなわちこの能力こそが，サピエンスの言語特徴として異彩を放っている。

3．進化精神医学

　アメリカの医師で進化生物学者のランドルフ・M・ネシーらは「病気はなぜ，あるのか」という問いに対して，うつ病や統合失調症など人口の1％近くに及ぶ高頻度な疾患が進化上存在するのは，なんらかの生存に有利な点が存在することを上げている。例えば強迫性障害は動物の縄張り行動・Grooming。パニック症は逃げるか戦うか，また煙探知機としての役割。恐

怖症は有毒の虫，へびなどに対する危険なものへの逃避・早く認知する能力。
社交不安症は社会的活動における Blushing，懐柔意図，村八分から逃れる
戦略の意味。うつ病は服従・なだめ・諦め，すなわち適切でない路線の変更。
失恋の抑うつはこれに該当する可能性がある。

　氷河期における人類の生活はマンモス・トナカイを追う飽食と飢餓のサイ
クルの1年，身体的なリスクの高い狩猟生活であり，厳しい気候変動が生物
の増減を左右した過酷な状況が推察される。マラソンに人々が夢中になる理
由かもしれないが，人類は他の動物に比して遠距離移動を可能としている。
『運動脳』の著者ハンセン博士は，この時側坐核のドーパミン分泌が亢進され，
いわゆるランニングハイ状態を形成することから，人類は世界に拡大する可
能性を獲得したと指摘している。また節約遺伝子は，氷河期の飢餓と満腹の
サイクルから古代人が自己のエネルギー利用と貯蔵を高めるために獲得でき
た特質と考えられている。

　話は戻るが，60万年前から15万年前，サピエンスは河畔や河口という
他の霊長類のいない環境を生活の場に選んだ。結果的にこの環境で得られる
食物には偶然にも不飽和脂肪酸が多かった。アラキドン酸，EPA，DHA と
いう脳の機能に必須の不飽和脂肪酸に富む食事をしていたことになる。皮下
脂肪をつけることにより，長期の飢餓にも耐えられるようになった。この脂
肪酸代謝経路の変化は一方で，脳の重量増大にも作用する。60万年前から
15万年前の時期に，ホスホリパーゼサイクルの突然変異が起こり，脳のシ
ナプスが増えたことで機能的な発達が始まる。このような現象が認知革命に
関連するかもしれない。

4．脳科学と宗教性

　仏教はおそらく，人間の奉じる他のどんな信条と比べても，幸福の問題を
重要視していると考えられる。2500年にわたって，仏教は幸福の本質と根
源について体系的に研究してきた。科学界では仏教哲学とその瞑想の実践の
双方に関心が高まっている。

　今ビジネスサイトで流行している瞑想・マインドフルネスであるが，脳科学的には課題負荷のない安静時に活動が増加する脳領域である DN，すなわち脳内のアイドリングが存在し，瞑想も実は本当の意味では脳は休まってないとも言われている。

　また瞑想の質により脳が活性化する場所が異なり脳内部位ネットワークが変わる。瞑想の効用によって，脳由来神経栄養因子（BDNF）や内在性の神経幹細胞の活性化により脳の重量が増加するとする報告もある（日経サイエンス,瞑想の科学,2015）。

　Tang YY らの総説にはマインドフルネス・瞑想の脳科学的視点が詳細に記載されている（Tang YY, Hölzel BK, Posner MI.Nat Rev Neurosci. 2015）。一般的に脳のエネルギー活動は作業時と非作業時では約 5% の差しかなく（95% は DN に使われている），睡眠中でも脳の酸素消費量は覚醒時とそれほど変わらない。おそらく睡眠中も何らかの積極的な脳活動を行っていることが推察されている。

　瞑想・マインドフルネスの技法の中心は安静にし，呼吸に集中して判断を中止する。この時，血圧は下がり，コルチゾールは低下し，心拍数も低下する。一方脳の酸素消費は増加する。形式的なマインドフルネスの種類としては，マインドフルネスストレス低減法（MBSR），マインドフルネスベース CBT，さらに内観との親和性が高いヨガも含まれる。日常的な食事や歩行に伴うマインドフルネスも存在する。複雑なため未解明な部分が多かったが，今世紀に入り脳イメージング・テクノロジーの発達にともない，脳の一部の領域が高次な脳機能を担うだけでなく，いくつかの脳領域がネットワークを形成することが明らかになってきた。このような仕組みを「大規模脳ネットワーク」と称することがある。この瞑想・マインドフルネスに重要な大規模脳ネットワークとして以下の 3 つのネットワークが注目されている。①デフォルトモードネットワーク（DN）安静時，休息時，空想や白昼夢いわゆる『ぼーっとしている』ときに作動する。内側前頭前野や後部帯状回などが関連したマインドワンダリングと対極的なネットワークでもある。②中央実

行ネットワーク（CN：Central executive network）；ワーキングメモリや遂行機能の役割を持ち前頭前野背外側部や後頭頂葉などが関与している。③サリエンスネットワーク（SN：Salience network）顕著性ネットワークともいわれる。前部島皮質や前部帯状回などが関与し，刺激に注意（気づき）を向けるときに作用し，DN（休息）⇄ SN（注意・気づき）⇄ CN（思考）のごとく，DN と CN の切り替えを行うネットワークである。

　これは近年注目される関係である。意外なことに，サリエンスネットワークは瞑想時に活性化することが知られている。一方，ストレス・うつ状態における脳内ネットワークにおいては膝窩部前帯状回や扁桃体が過活性し，逆に背側の前頭前野は低活性であり Cognitive Control Network（CCN）と安静時においてもその活動が逆相関と推定されている。CCN は最近，一般に中央実行ネットワーク（CN）とも呼ばれる。主に背外側前頭前野と後部頭頂皮質，頭頂間溝周辺からなる SN，DN とともに 3 つのネットワークの 1 つである大規模脳ネットワークの一つであり，持続的注意，複雑問題解決，ワーキングメモリに関与している。近年，この 3 つのネットワークの関連性によって心の状態が変化するという「トリプルネットワーク理論」が提唱され，これらのバランスが崩れると，「うつ」症状を呈することが知られている。つまり，2 つのネットワークを切り替える顕著性ネットワークの働きはとても重要であり，島皮質は，末梢からの神経の入力を受け，体からの情報を得ている。さらに重要なのは，SN は他の 2 つのネットワークと異なり，年齢とともに発達するネットワークであることである。またうつ病で亢進している膝窩部前帯状回への deep brain stimulation と，背外側前頭前野への repetitive transcranial magnetic stimulation（rTMS）がともに治療効果を示すことなどから，DN-CEN の異常がうつ病の病態に関連している可能性が考えられる。さらにそれをスイッチングしている。SN を担う部位として島皮質の重要性が指摘される。島皮質はまたは視床からの入力があり，視床の内側腹側核基部から直接の投射を受け，扁桃体の中心核からの強い入力を受ける。内側腹側核は痛みや気温，かゆみ，周りの酸素の量，性的な感

触などの，情動や恒常性に関する情報を担っていると考えられている。

　機能的核磁気共鳴画像法 (fMRI) による研究によって，島皮質は痛みの体験や喜怒哀楽や不快感，恐怖などの基礎的な感情の体験に重要な役割を持つことが示された。これらの感情に共通することとして，これらが身体の状態を変化させる点と，高い主観的特性に関連付けられる点がある。島皮質は身体状態に関連する情報を，高次認知と情動の処理に統合する役割を持つと位置付けられる。島皮質は視床を介して恒常性に関する求心性の経路から入力を受け，扁桃体や線条体腹側部や，前頭眼窩野などの，他の多くの辺縁系に関連した領域に出力する。

　例えば恐ろしいものを見た時その情報が島皮質に伝わり，最後に島皮質の前部に伝わり，体がビクッとした，心拍数が上がった，緊張したとわかると意識化が起こる。核磁気共鳴画像法 (MRI) による研究において，瞑想する人は右の島皮質後部が有意に厚いことが示されている。

　主観的時間感覚や内観療法に重要な内省・罪の意識，モラルまた瞑想ヨガに通ずる自己身体意識に重要な役割が推察されている（Jankowski KF, Takahashi Psychiatry Clin Neurosci. 2014）。これまでは情動の中核は扁桃体という見方があったが，最近はこの島皮質が自律神経と連携をとり感情の生成により重要な役割を持つと考えられてきている。例えば空腹により血糖値が下がるとSN(サリエンスネットワーク)が活性化し，CN(中央実行ネットワーク）に切り替わり，生命維持を最優先にする行動をとるシステムとなる。CN（中央実行ネットワーク）には身体をモニタリングすることができないため，過活動状態になる可能性があり，島皮質を介した SN が恒常性維持を担っている。SN は高次の脳機能に干渉して体の機能を管理し，CN が働くようにしている。SN は適切に意識へ割り込むことを行っている。体が疲労すると SN は DM への切り替えを促進する（中枢性疲労）。CN を担う前頭前野から SN に抑制的作用する回路は存在する。これは意思が強い弱いという態度と関係しているかもしれない。またこの SN を思春期青年期に阻害するとその後うつ病などのメンタルヘルスの問題に関連するという報告も

ある。

　内観において重要な問題である人の罪悪感であるが，これも前頭前野の活動が主要な役割を持つことが明らかにされてきている。前述のように，罪を考える上では島皮質の重要性は見逃せない。一方，皮質下の原始的な領域である扁桃体の活動は"不平等"に関連しており，高次認知機能の中枢である前頭前野に存在する一方，他者との相対的な結果を示す"不平等"に対する表現は，原始的な脳である皮質下の扁桃体と側坐核とのバランスにより行われている。

　内観のプロセスを考えると罪悪感と感謝の転換，例えば CN ⇄ DM のスイッチにおける気付き回路の役割の存在が明確になると理論的脳科学的実態性が提示される。否定しないで内向きに内省する態度の構造の理解が必要である（図2）。ただし，このような画像研究の注意点としてトートロジー（関心領域のみ）にならないための注意が必要である。

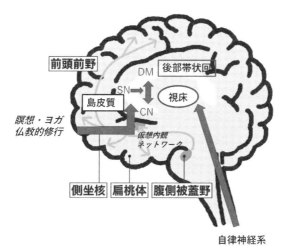

図2　内観に関わる脳ネットワーク

5．内観の未来

　今後の脳科学に基づくエビデンスベース的な内観研究においては，①

RCT による検討　②BDNF，オキシトシン，コルチゾールなどホルモン，免疫物質，痛み物質などのホルモン，液性因子の内観前後の測定　③fMRI，脳容積，脳内ネットワークなどの脳画像研究　④運動・栄養・薬剤・TMSなど介入による影響を見ていくことが発展につながると考えられる。⑤脳内の大規模ネットワークの視点から領域間の結合への影響（オーケストレーション）も明らかにすべきである。内観のネットワークの理解が深まれば，呼吸や運動（散歩など）を取り入れた内観療法も今後期待されるところである。

　表1には最近流行しているマインドフル認知行動療法と内観療法の脳科学的臨床的視点で比較を示す。また日本精神神経学会　専攻医研修マニュアルにおいては内観学会に関与する先生方の努力により，日本精神神経学会の研修手帳を改編した専攻医研修手帳において，「1.精神療法：認知行動療法や力動的精神療法を上級者の指導の下に実践する。森田療法や内観療法について理解する」と明記され，今後精神科医の基礎的素養として内観が組み込まれた。

	マインドフル・瞑想	内観
脳科学	島皮質を介したSNによるDM・CNスイッチングが重要	罪悪感・感謝に重要な前頭葉・扁桃体・側坐核・島皮質が関心領域
適応	ストレス対応 自律神経系リセット	依存・愛着 家族病理 complex
技法	容易ー(長時間は難しい) コントロールできる自律神経	構造化 過去の集中思索 慈悲と慈愛の瞑想
応用	日常の精神衛生	クライシスの介入
対象世界	無我、あるがまま	罪・恥・感謝・許し・和解
宗教的行為	易行	難行
ポリシー	今ここ 目の前にフォーカス	過去の熟慮、記憶の精査 ヒストリーに注目

表1　マインドフル・瞑想と内観との比較

6．まとめ

(1) 進化精神医学関与から人間の精神衛生に Meditation based Medicine が期待される。特にヨガや東洋仏教的視点の重要性が指摘される。

（2）医学教育の中に内観療法の項目が導入されることが可能になる。専門医の研修項目に明記される，標準的な精神科医における理解を深める契機と言える。最近ではリワークプログラム・ストレスチェック制度・働き方改革−人材研修に内観の応用が期待される。瞑想やマインドフルネスはグーグルで採用，スポーツメンタルヘルスにおけるポジティブサイコロジーの側面からも利用されてきている。

（3）時代は仏教的軸を持つ療法に関心が集まっている。国際的な視点から医学的脳科学的検証に基づいたエビデンスが求められる。ただし，マインドフルネスのようなブームにも懐疑的な態度が必要である。今ここと人生史をたどる内省 - 身体感覚と罪悪・感謝の弁証法的考察から神経の可塑性から心の可塑性を探る（脳内ネットワーク）ことが本質的であり，特に面接者や熟達した内観者の画像研究も役立つかもしれない。

参考文献

文献は限定的なものにとどめた。

1) ユヴァル・ノア・ハラリ：サピエンス全史, 文明の構造と人類の幸福. 河出書房新社 .2016

2) ランドルフ・M. ネシー , ジョージ・C. ウィリアムズ：病気はなぜ, あるのか―進化医学による新しい理解. 新曜社 . 2001

3) Gotink.R.A., Meijboom.R., Vernooij.M.W., Smits.M., & Hunink.M.：M.8-week mindfulness based stressreduction induces brain changes similar to traditional long-termmeditation practice−a systematic review. Brain and Cognition, 108, 32-41. 2016.

4) Nihonsugi T, Ihara A, Haruno M. ：Selective increase of intention-based economicdecisions by noninvasive brain stimulation to the dorsolateralprefrontal cortex.J Neurosci. 35（8）：3412-9. 2015

5) M. リカール , A. ルッツ, ：瞑想の脳科学 . 日経サイエンス 2015

6) エマニュエル・トッド .：我々はどこから来て，今どこにいるのか？上・下
堀 茂樹 . 文藝春秋 .2022

7) アンデシュ・ハンセン：運動脳 . サンマーク出版 2022

8) The neuroscience of mindfulness meditation. Tang YY, Hölzel BK, Posner MI.
Nat Rev Neurosci. 16(4):213-25. 2015

9) Jankowski KF, Takahashi H：Cognitive neuroscience of social emotions and
implications for psychopathology: examining embarrassment, guilt, envy, and
schadenfreude.　Psychiatry Clin Neurosci. 68(5).319-36.2014

時空を超えるＥメール内観

大山真弘
蓮華院誕生寺内観研修所　所長

１．はじめに

　宿泊しての１週間の集中内観を体験するためには１週間の休みが必要です。超多忙な人々や子供を抱えた育児中の母親には，そういう時間は取れず，集中内観に来れません。そこで，『いつでも，どこでも出来るＥメール内観』を考え，体験して頂きました。すると，集中内観とほぼ同じ様な効果が得られ，しかも，コロナパンデミックの最中でも支障なく，心理療法内観を行え，悩み問題解決や病気の改善に役立ち，喜んで頂きました。現在では既に300人以上の方々がＥメール内観を体験され，９割以上の方々に効果がありました。今後ますますインターネットの世界は進むと思われますが，集中内観と併せて，Ｅメール内観も併用しながら，内観の普及発展を図っていきたいと思っております。

　「不易流行」という言葉がありますが，内観の本質的なもの，変えてはいけない最も大切な所は何かと考えた時に，それは「内観３項目」であると思いいたりました。そこで，「内観３項目」という３つの質問は残し，直接面接できない事を補い，内観者に自分自身で考えて気づいて頂くために，４番目の質問「（３つの質問を通じて）気づいた事は何ですか？」を加えて，４つの質問でＥメール内観を行う事にしました。

Ｅメール内観の概要は以下の通りです。

⑴　内観者は内観面接の１回分を毎日１回，都合の良い時・場所で内観する。
　　（できれば，30分以上）（アルバムや日記を見ながら内観しても良い）
⑵　「気づいた事は何ですか？」という４番目の質問を加える。
⑶　毎日１回，内観者の都合の良い時に内観メールをアドバイザー（面接者役）に送信する。

⑷ アドバイザーも，アドバイザーの都合の良い時に返信する（受信後一日
　　内）

⑸ 期間は 1 ヶ月（以上）

　次に 2018 年 10 月 Kyushu Journal of Social Work 発表の英語論文 "The
Effective Descriptions, Qualitative and Comparative Analysis of
Intensive Naikan Therapy and E-mail Naikan Therapy"『集中内観と
E メール内観における効果に関する記述の質的分析』(大山真弘, 茶屋道卓也)
について概略致します。

2．E メール内観者について
◎E メール内観者累計数 134 名（2008 年〜 2017 年 5 月末）
◎3 種類の E メール内観者（95％は a）
　a.　一日内観＋E メール内観
　b.　集中内観＋E メール内観
　c.　E メール内観のみ
◎多忙な人，休みを取れない人は E メール内観を選んでいる。

3．研究目的
（背景）多様化するニーズやライフスタイルの変化
◎集中内観と E メール内観の比較検証
◎それぞれの特徴と効果的な使い方
◎内観療法の効果を高め社会貢献

4．方法
◎内観感想文の言語データ（約 1400 字）を基本対象とする質的研究
◎研究目的に沿ったデータを抽出
◎コーディング：

（1次コーディング）データの意味を表現するラベル付け

（2次コーディング）そのラベルの中からいくつかの集団を作る中で，抽象度を高めつつ上位の概念を示す。

◎帰納的推論を繰り返す。

◎本質的命題（現象に一貫して存在する概念：コア概念）を抽出する。

分析の方法

○データを記録化（内観体験感想文→文字データ）
○内容の意味を解釈しながら"概念"の作成

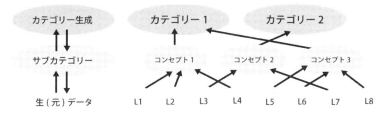

倫理的配慮：

◎調査対象者から，研究利用への了解を得られた人のみを対象とした。

◎データの作成分析にあたっては，入力段階から個人に関わる情報は記号化して個人情報保護に努めた。

表1　対象者の性別と平均年齢

単位＝人，平均年齢＝歳

	男性	女性	総数	平均年齢
集中内観	13	7	20	38.6
Eメール内観	7	13	20	41.2

○内観実施期間

集中内観実施者群：2016年11月〜2017年5月

Eメール内観実施者群：2012年3月〜2017年5月

表2　調査対象者の基本属性（現住所）

単位＝人

	九州	関東	中部	関西	中国	海外	合計
集中内観	15	1	2	1	1	0	20
E メール内観	14	5				1	20

E メール内観は外国人もいる。（英語で行った）

表3　調査対象者の内観利用に関する動機

単位＝人，（　）内は％

	集中内観	E メール内観
家族問題	8,(40.0%)	7,(35.0%)
自分のメンタルヘルス問題	6,(30.0%)	6,(30.0%)
自己啓発	4,(20.0%)	5,(25%)
夫婦問題	2,(10.0%)	2,(10%)
合計	20,(100.0%)	20,(100.0%)

コーディングの結果次のようなカテゴリーとサブカテゴリーが抽出された：

結果　集中内観

《カテゴリ》	《サブカテゴリ》
《愛情の再認識》	《愛情の深さと広さ》 《幸せの再認識》 《親の愛情に対する意味付け》 《被愛感》
《周囲からのサポートの再認識》	《してもらった事への気づき》
《感謝の深まり》	《親への感謝》 《家族への感謝》 《他人への感謝》 《生への感謝》 《広い枠組みにおける感謝》
《内省の深まり》	《自身に対して持った恥の感覚》 《自らの甘えに対する気づき》 《自身の中の悪心に対する気づき》 《自身の中の鬼に気づく》
《複雑かつ深い感情表出としての泣き》	《複雑な感情表出としての泣き》 《懺悔の涙》 《嬉しい涙》
《感動を伴う新たな気付きや発見》	《深い実感》 《生きづらさの理解》 《精神的財産の獲得》 《新しい受け止め方》 《未来志向の気づき》
《許容の広がり》	《赦す》 《受容》
《落ち着きを得る感覚》	《心の安定》 《体調の安定》
《スピリチュアルな体験》	《ハイヤーパワーへの気づき》 《全体性との関連で気づけた捉えなおし》 《神秘的体験》
《変わることへの決意》	《恩返しに対する欲求》 《決意の表明》

結果　Eメール内観

《カテゴリ》	《サブカテゴリ》
《愛情の再認識》	《愛情の深さと広さ（過去）》
《周囲からのサポートの再認識》	《してもらったことへの気づき》
《感謝の深まり》	《感謝の表現》 《親への感謝》 《妻への感謝》 《他人への感謝》 《当たり前のありがたさ》 《広い枠組みにおける感謝》 《御縁への気づきと感謝》
《内省の深まり》	《自身に対して持った恥の感覚》 《家族に対する申し訳なさ》
《肯定的意味づけとしての涙》	《涙が出る》 《感謝の涙》 《怨み消滅による涙》
《肯定的な生き方のための気づき》	《生きづらさの原因の理解》 《結果に対する受容的姿勢》 《物事への肯定的意味付け》 《自己責任》 《新たな財産の獲得》 《深い実感》 《思考の転換》
《許容の広がり》	《許容の広がり》
《落ち着きを得る感覚》	《安心安定感の享受》 《自己愛の発生》
《幸福感の享受》	《幸福感の享受》
《現在進行形の変化》	《自分の変化（現在進行形）》 《自己との対話》 《立場性を替えた　座の獲得》 《自分と他人の関係変化》 《他人変化》
《変わることへの決意》	《恩返しに対する欲求》 《感謝の体現》 《決意表明》

カテゴリー比較

(集中内観と E メール内観のカテゴリーを比較し，それぞれの特徴を見る。)

カテゴリ比較

集中内観	E メール内観
(1)《 愛情の再認識 》	(1)《 愛情の再認識 》
(2)《 周囲からのサポートの再認識 》	(2)《 周囲からのサポートの再認識 》
(3)《 感謝の深まり 》	(3)《 感謝の深まり 》
(4)《 内省の深まり 》	(4)《 内省の深まり 》
(5)《 複雑かつ深い感情表出としての泣き 》	(5)《 肯定的意味づけとしての涙 》
(6)《 感動を伴う新たな気付きや発見 》	(6)《 肯定的な生き方のための気付き 》
(7)《 許容の広がり 》	(7)《 許容の広がり 》
(8)《 落ち着きを得る感覚 》	(8)《 落ち着きを得る感覚 》
(9)《 スピリチュアルな体験 》	(9)《 幸福感の享受 》
(10)《 変わることへの決意 》	(10)《 現在進行形の変化 》
	(11)《 変わる事への決意 》

◎内観の深まりを示す集中内観と，捉え方の肯定的側面を強化する E メール内観という特徴がある。

カテゴリ《内観の深まり》における比較

集中内観：サブカテゴリ	E メール内観：サブカテゴリ
1. 自身に対して持った恥の感覚	1. 自身に対して持った恥の感覚
2. 自らの甘えに対する気付き	2. 家族に対する申し訳なさ
3. 自身の中の悪心に対する気付き	
4. 自身の中の鬼に気付く	

○集中内観の方が罪悪感が非常に深い

カテゴリ比較 集中内観《感動を伴う新たな気付きや発見》
Eメール内観《肯定的な生き方のための気付き》

集中内観におけるサブカテゴリ
1. 深い実感
2. 生き辛さの理解
3. **精神的財産の獲得**
4. **新しい受け止め方**
5. 未来志向の気付き

Eメール内観におけるサブカテゴリ
1. 生きづらさの原因の理解
2. **結果に対する受容的姿勢**
3. **物事への肯定的意味づけ**
4. 自己責任
5. 新たな財産の獲得
6. 深い実感
7. **思考の転換**

感動的 　　　　　　　　　 肯定的

集中内観のみに抽出されたカテゴリ
《スプリチュアルな体験》の内容

サブカテゴリ	元データ
1. ハイヤーパワーへの気付き	・どんな存在でも届けられる神仏の愛 ・愛は全ての人への赦し
2. 全体性との関連	・自らの内に全てがあると気付いた ・全ては私であり、私は全てである
3. 神秘的体験	・自分の中と外が無限に反響し繋がっている感覚がした ・体験を言葉で説明するのは難しい ・感覚の話だから表現できない

Eメール内観でも不思議な夢を見たり，シンクロナイズしているのに気づく人もいるが，集中内観ではスピリチュアルな体験や深い気付きをする人がEメール内観よりも多い。

考察（1）

◎内観の深まりを示す集中内観と，捉え方の肯定的側面を強化するEメール内観という特徴が見られる。

◎集中内観では，罪悪感の強さ深さが際立っている。

◎ E メール内観では内省そのものは見られるが，深まりに質的な差がある。

◎集中内観ではスピリチュアルな体験や深い気付きをする人が E メール内観よりも多い。

E メール内観のみに抽出されたカテゴリ
《現在進行形の変化》の内容

サブカテゴリ
1. 自分の変化 (現在進行形)
2. 自己との対話
3. 立場性を替えた視座の獲得
4. 自分と他人の関係変化
5. 他人の変化

カテゴリ《変わる事への決意》比較

集中内観：サブカテゴリ

1. 恩返しに対する欲求
(これから家族に対して返す)

2. 決意表明
(このままではいけない。
　　変えるぞという決意)

E メール内観：サブカテゴリ

1. 恩返しに対する欲求
（どうお返ししていくか）

2. 決意表明
（悔い改めてやり直す）

3. 感謝の体現
（感謝の気持ちを伝え続ける）
（周りが気持ちよく暮らせるような
実践を行うようになった）

考察（2）

劇的変化をしめす集中内観と，現在進行形の変化を見せる E メール内観：

◎集中内観は劇的変化が起こる。今後の行動は決意表明のみ。

◎E メール内観は周囲の人々とのやり取りの中で効果を実感する《現在進行形の変化》が起こり，日常内観の習慣化も進む。

５．総合考察

　さて，本研究の主眼は，「集中内観」と「E メール内観」それぞれの効果に関する比較検証を行うこと，そして，多様化するニーズやライフスタイルの変化にあわせて，内観療法そのものが人や社会に対しどのような貢献ができるかを検討することであった。

（1）内観の深まりを示す「集中内観」と捉え方の肯定的側面を強化する「E メール内観」

　まず，内観していく中で対象者の内観の深まりや展開そのものについて述べる。抽出された《カテゴリ》（コア概念）を比較すると展開そのものに大きな変化は見られないものの「深まり」と言う点で相違がみられる。両者に見られた《内省の深まり》と言うカテゴリについて注目してみると，「集中内観」では，罪悪感の強さ深さが際立っている（〈自身の中の悪心に対する気づき〉や〈自身の中の鬼に気づく〉など）。また，情動的な面も強く，情報遮断とあいまって，１週間という短い期間にもかかわらず，内観が非常に深くなり，劇的変化が起こっていると考えられる。これに対し，「E メール内観」では，内省そのものは見られるが，その深まりは浅い（〈自身に対して持った恥の感覚〉や〈家族に対する申し訳なさ〉）。これらは，「涙を流す・泣く」という行為に対する意味付けのなされようにも違いを見せている。「集中内観」では《複雑かつ深い感情表出としての“泣き”》に表現されたように，様々な自己への問いかけや内省の結果として，決してポジティブな「泣き」や「涙」に収斂されなかった。これに対し，「E メール内観」では，肯

定的な意味付けとしての「泣き」や「涙」として概念が抽出されている。

(2) スピリチュアルな体験を促す「集中内観」と「現在進行形の変化」を見せる「E メール内観」

「集中内観」では上述したような内観の深まりから《スピリチュアルな体験》へと深化することが出来ている。しかしながら，今後の行動に関しては《変わることへの決意》に象徴されるよう，決意表明のみの人が多く，日常生活に戻った場合，現実とのギャップに遭遇し，態度や行動の変化を実行しにくい面があると考えられる。他方，「E メール内観」は，1 か月という時間の経過の中で内観を深めていく。生活の中で内観の深まりを応用しながら，そして，実際に効果を確かめながら内観が深まるという実践的な特徴がある。また，その変化は，ゆっくりとした変化であるものの，内観しながら思考の整理もしやすいので，理性的に考えられる内観である。内観による PDCA 活動 (Plan, Do, Check, Action) を実際に行うことで，《現在進行形の変化》を感じ取っている。自身の中に起こる変化を日常生活の中で感じ取るからこそ，内観することが実践で強化され，習慣化も進むといった派生効果も生み出している。その結果，今後の行動に関して非常に具体的という特徴があり，実行しやすく，自分と他人の良い方への変化も出やすく，内観後の効果が高いと考えられる。

(3)「集中内観」と「E メール内観」の連動による相乗効果への期待

本研究の結果を概観すると，「集中内観」と「E メール内観」には，それぞれの長所があり，それらを組み合わせて使う事でより大きな効果が得られる可能性があることも示唆される。すなわち，「集中内観」による深い自己洞察で劇的な心理的変化（特に《スピリチュアルな体験》等を通した変化）が起こった後，「E メール内観」を 1 か月間自宅で行う事で内観が習慣化され，内観の効果を持続することにつながる。内観を継続することが健康な日常生活を維持することに繋がり，結果として，様々な課題を抱え内観を求めてくる人々の QOL の向上に寄与できる可能性を持っている。

6．本研究の限界と今後の課題

　一般的な質的研究は半構造化面接をベースとしたインタビューによる音声データを逐語記録化し分析を行うものである。一方，本研究では「集中内観」と「Ｅメール内観」体験者の「記述」をもとに質的研究を行った。この差異については様々な捉え方ができる。インタビューによるデータの集積は研究者側が意図した内容により即応的に分析対象となるデータを入手しやすく，かつ比較的安易に研究対象者が表現しやすいのが特徴である。これに対し，記述されたデータは，意図的な関与が出来ず，研究対象者の「書く」という事に対するスキルの程度によってもデータの質が左右される。本研究の対象者数に限りがあったため，今後データの集積をさらに行い，分析を行っていくことでさらに新しい知見が得られることも想定される。引き続き，内観療法の実践を行いながら，より効果的な内観のあり様を検証し続けたい。

補足（1）「Ｅメール内観の具体的やり方と内観者への事前説明資料一部」
〇４つの質問

　自宅でできる「Ｅメール内観」を創設しました。Ｅメール内観では，対象者に対して次の４つの質問を使います。

（1）してもらった事は何ですか？

（2）してあげた事は何ですか？

（3）迷惑や心配かけた事は何ですか？

（4）（3つの質問を通じて）気付いた事は何ですか？

〇毎日内観者が行う事

ａ．内観者の都合の良い時間に30分以上内観する。

ｂ．内観者は４つの質問に関する出来事を思い出し，相手サイドから考え，気づきなどを得る。（アルバムや日記などを見ながら内観して下さってかまいません。）

ｃ．内観者の都合の良い時間に４つの質問の答えをメールに書き出し，内

観アドバイザーに送る。

d．内観アドバイザーはメールを受け取ってから，できるだけ 1 日以内に
コメントやアドバイスをつけて内観者に返信する。

e．a 〜 d を毎日 1 回行い，30 日間以上（30 回以上）繰り返す。

（f．質問等は E メールでいつでも OK です。）

〇内観する対象者（一人ずつ）
・家族（母，父，母代わりの人，父代わりの人，配偶者，兄弟，祖父，祖母，
親戚）
・学校の人
・職場や取引先や顧客
・隣近所の人
・友人，知り合い等々

〇内観する対象者と時期区分詳細（E メール内観）
一般的に，次の人々に対して，時期を区切りながら，順番に内観していき
ます。
**（A）母親，または，母親がわりの人（母に対して強い憎しみがあれば後に
します）**
(1) 母親について，生まれてから小学校入学前までの内観 3 項目に当る出
来事を具体的に思い出して書いてください。
(2) 母親について，小学校低学年（1 〜 3 年）の時。（60 才以上の方は小学
校 6 年間）
(3) 母親について，小学校高学年（4 〜 6 年）の時。（60 才以上の方は中学校）
(4) 母親について，中学校の時。
(5) 母親について，高校の時。
(6) 母親について，大学や専門学校の時。
(7) 母親について，何才から何才まで。（社会に出られてからは，転勤や結

婚など人生の区切りとなるような所で，区切られて下さい。2〜3年から，5〜6年で区切っていただければ結構です。長くても10年以内です。）

(8) 母親がご存命の方は，現在まで調べます。死亡された方は，亡くなられた時までです。

(B) 父親，または，父親がわりの人（父に対して強い憎しみがあれば後にします）

＊養育費も紙に計算しながら，内観します。（養育費は食費，被服費，教育費，医療費，雑費です。分からない所は，大体の数字を入れて計算して，父親が終わるまでに総合計を出して下さい）

(1) 父親について，生まれてから小学校入学前まで。

(2) 父親について，小学校低学年（1〜3年）の時。(60才以上の方は小学校6年間)

(3) 父親について，小学校高学年（4〜6年）の時。(60才以上の方は中学校)

(4) 以下，母親の時と同じ。

(C) 配偶者（既婚者のみです。）

結婚してから，適当な年月で区切って，現在までか，配偶者が亡くなった時まで。

(D) 母親，または，母親がわりの人

(1) 母親について，生まれてから小学校入学前まで。

(2) 母親について，小学校低学年（1〜3年）の時。(60才以上の方は小学校6年間)

以下，前回と同じ。

(E) 嘘と盗み

区切りは父親と同じです。

(F) 後は，自分の調べたい人についてお調べ下さい。

（会社研修の方は，名前を出さなくて結構ですので，社内の人についても若干名お調べ下さい。）

314

◎「内観で大事な事 5 つ」
・具体的に思い出す。
・事実を事実としてあるがままに観る。
・視点を変え，相手サイドから考える。
・自分自身で気付く。
・逆内観に注意する。

◎逆内観とは

　逆内観とは，(1) してもらってない事，(2) してやったのにお返しがない事，(3) 迷惑かけられた事，を思い出すことです。憎しみや恨みや強い怒りが出てきますので，容易に幸せから遠ざかりやすいのです。

　強い怒りや憎しみ，恨み等が出てきたら，いったん内観を中断して，お茶を飲んだり，トイレに行ったり，部屋の中を静かに歩いたり，深呼吸したりして下さい。憎しみ等がおさまってから，内観を再開して下さい。極端な場合は，その時期をとばすか，その人をとばして，次の内観に進む場合もあります。

　逆内観ではなく，「内観（してもらった事，してあげた事，迷惑・心配かけた事を調べる事）」するようにして下さい。

◎養育費の計算
(1)　1 回目の父親，あるいは，2 回目の母親に対する内観の所で行います。大雑把な計算でかまいません。紙に書かれて下さい。
(2)　資料「内観　調べる順番と時期」の父の所を見て下さい。
(3)　食費，被服費，教育費（スポーツ，塾を含む），医療費，その他雑費の 5 つです。
(4)　内観しているのと同じ時期の分だけ，毎日計算して，小計金額を記録しておいて下さい。その時期の「してもらった事」の所に書かれてもか

まいません。

(5) 父親への内観が済むまでに，総合計金額を出して下さい。

(6) 父親の最後の内観レポートまでに，総合計金額と，それを見てどう思ったかを，メールで教えて下さい。

◎嘘と盗みに関する内観の目的とやり方

「嘘と盗み」という２項目の内観テーマについて説明します。

嘘と盗みがいつも悪い訳ではありません。

人と人とを仲直りさせる嘘などはいいわけです。

仕事のうまい先輩の技術を目で盗んで覚えるというような事は許されるわけです。

内観で調べるのは，『悪い方の嘘と盗み』です。

嘘は通常通りの嘘です。

盗みは，物とかお金だけではなく，範囲を広げて考えて下さい。

約束の時間に１時間も遅れて，相手の貴重な時間を盗んだというような盗みもあります。他にも，盗み見る（カンニング）とか，盗み聞くとか，人の心を盗んでもてあそんだ，とかいうような盗みもあります。

対象人物は，生れてから現在までの周りの人全部です。

時期の区切りは，父母の場合とほぼ同じ様な区切りで結構です。（少し長めでもＯＫです。）

何回かに区切りながら，現在まで内観します。

相手がいる場合は，相手の気持ちを推察してみてください。

嘘も盗みも，視点を変えて考えてみて，何に気づくかが大切です。

ですから，Ｅメール内観では，

「調べた時期」

(1) 嘘について

(2) 盗みについて

(3) 気付いた事

の３項目で書いて下さい。

　もし，小学校入学前の時期があまり出てこなかったら，小学校３年生までに，時期を延長して下さっても結構です。

　嘘と盗みの質問は，自分自身をより深く見つめて，気づいた事を今後の人生に役立てようと言うものです。

◎ E メール内観は現在進行形型の内観

　泊まり込みの集中内観ですと，４日目位から色々な気付きが多くなってきます。E メール内観の場合は，約２週間かかります。気付きにより，少し内観者自身の態度や行動が変化すると，それを見た周りの人にも少し変化が現れます。そして，それを見た内観者がまた少し変わります。すると，周りの人々もまた変わっていきます。

　こういう風にいい方向へ変化が循環していきます。いわば，現在進行形型の内観と言え，効果を確認しながらの実践的な所が E メール内観の特徴です。ですから，１ヶ月間以上続けることが大切です。

　また，宿泊してではなく，自宅で行いますので，内観者にとっては安心感があります。

　そして，インターネット環境さえあれば，時空を超え，いつでも内観者もアドバイザーも，各自の都合の良い時間や，旅行中でも世界中どこからでも内観メールのやり取りが出来ます。海外の方々でも，英語など外国語での内観メールのやり取りが可能です。既に色々な国の二けたを越える数の人が E メール内観されました。

補足（2）「E メール内観」についての E メール内観者の感想例
(1) 昔の写真や日記を見ながら内観出来るので，忘れていた事も思い出しやすかった。
(2) 書くので，思考を整理できる。
(3) 書きながら，感情を抑えきれず，涙することもあった。

(4) 私も家族も変化するのが実感できた。

(5) 多忙なビジネスパーソンには, 合宿形式の「集中内観」よりも, むしろ, このＥメールを使っての「日常内観」が最適だと考える。

(6) 幼い子供を抱えている私は, 家を空けられないので, 自宅で, 都合の良い時間に出来るＥメール内観は良かった。

(7) 夜送ると, 時差の関係で翌朝には返信が来ているので, 日本と外国という不便や距離を感じなかった。

(8) 一日内観を体験する方が良いが, この「ウィズコロナ」の時代, またリモート環境が整ってきた今日では, 大山所長の動画や, さらには「徹底的に相手の立場, 思考, 感情から自分を見る」という重要な注意点を解説する「導入動画」を申込完了者に見せてから行うといった準備をする事で, 万全の構えをとることができる。

(9) 部下についての内観では, 会社の記録も参考にして, 当時を思いだしながら内観出来た。

(10)「Ｅメール」テキストという, 後日如何ようにも編集可能な形式で内観者と大山所長のやりとりの履歴が残ることで, エッセンスを加工しやすいという利点がある。集中内観では恐らく指導官との対話や手書きメモといったものだろうから, 後日の再利用を図る際にも自由度が少ないと考えられる。

(11) 毎日の指導返信メールを紙に出力してファイルすると, 後日編集するデジタル加工のメリットに加えて, 紙媒体をひと月分製本し, 読み返しながらマーキングして書き込みを行うことで, 内観が更に深まる効果があると考える。

要すれば, 内観当事者と指導官のやりとりが一冊の本として形に残り, 当事者は, 再度それを読書で復習しながら, マーキング, 書き込みを行えるわけである。

(12) 大脳生理学上の「記憶の定着」という意味からも集中して数日間というスタイルよりも, 毎日少しの時間でも, １ケ月必ず行う, というスタ

イルの方が「内観療法的思考様式」の体得に適していると考えられる。

(13) よそに泊まるのではなく，自宅で内観出来るので，女性の私には安心感があった。

(14) 日常生活の中でふと集中して内観する習慣を身に着けられることの効果が，この「１ケ月間に亘る，『Ｅメール』という方法」にあると考える。私自身このひと月の間，こと中盤から終盤にかけては，内観するつもりのない時間にも，内観的な思考方法が自然発生的に湧き上がってくるのを何度も経験することがあった。無意識下に「内観という方法」が刷り込まれていった効果を痛感した瞬間でもあった。

参考文献

The Effective Descriptions,Qualitative and Comparative Analysis of Intensive Naikan Therapy and E-mail Naikan Terapy Kyushu journal of Social Work. 2018

スクールカウンセラーによる内観ワークの実践

平野大己

さわやかメンタルサポート

１．はじめに

　筆者は，スクールカウンセラー（SC）として，これまで約17年以上にわたり，主として公立小中学校（小学校4校，中学校4校）において内観ワークを実践してきました。内観の研修は，本来，全国各地の研修所や病院において，約1週間の宿泊形式で実施する「集中内観」が基本ですので，学校教育の現場でそのようなスタイルで実施するのは不可能です。そこで，内観のエッセンスである「三項目」《してもらったこと，して返したこと（してあげたこと），迷惑をかけたこと》を活用したワークシート「こころのシート」を新規に作成，学校の協力をいただきながら内観ワークを実践してきました（大学の授業やカウンセラー研修会等においても実施）。体験した児童（小学生は5年生以上）・生徒の数は，2,000名を超えます。

　実施後の子どもたちの感想は，「いろいろな人から支えられていることがわかった」，「今までこんなにも迷惑をかけてきたにもかかわらず，いろんなことをしてもらったから，今の自分がいられるんだと思った」や，さらに，他者に「してもらったこと」と「してあげたこと」の量的比較から，「してあげたこと」の少なさが一目瞭然となり，「今後はしてあげたことの欄にたくさん書けるようになりたい。迷惑の欄は少なくしたい。」という感想も数多く見られます。このことから，内観ワークによって児童・生徒が自ら個人史をふり返り，自分自身を見つめ直す作業を行うことは，道徳の授業では体験できない「自立の第一歩」になり，子どもたちが自己中心性を改善し，自ら人格を向上させていくうえで，とても役に立つのは間違いないと考えられます。将来，計り知れないほど多くの人々と出会うであろう彼，彼女たちにとって，良好な人間関係を形成・維持していけるか否かは，幸福感を大きく左右すると思われます。決して立派な有名人になれなくても，自分なりに同

時代に生きる人々と幸せな人生を歩んでいける，内観ワークはそのきっかけを提供できると確信しています。

＊本稿は，教育現場での実践であるため，「内観療法」に代えて「内観」，「内観法」を用います。

2．学校教育と内観法

(1) 内観について

　内観は，吉本伊信氏が師匠である駒谷諦信氏と共に，浄土真宗の修行法である「身調べ」に工夫を重ね，宗教色を完全に排除し，人格改善法として昭和42年頃に完成したと考えられています。現在では，医療，心理，教育，司法，産業など幅広い分野で活用されています（平成27年12月，日本内観学会は，日本学術会議から「日本学術会議協力学術研究団体」として認定されています）。吉本氏によれば，内観の目的は，「どんな逆境に置かれても感謝報恩の気持ちで暮らせるようになる」ことであり，「おれが…おれが…という我をちょっとでも減らす」ことによって，喜んで暮らせるようになるとされています。「我」にこだわりすぎ，自他の現実を受けとめることができなければ，他者との衝突・紛争は避けられず，自分自身との付き合い方にも苦しみ，不満や恨みこそあれ感謝報恩の気持ちは生じにくくなると思われます。

　内観研修に際しては，漠然とではなく「内観三項目」（3つの質問）を用いて，より具体的に，より詳細に自分を調べる作業を行います。「してもらったこと，して返したこと（してあげたこと），迷惑をかけたこと」の配分は，2割，2割，6割とされます。「迷惑をかけたこと」に6割のウェイトを置く意義は，「（自他は）～あるべき，～あるはず」，「（自分は）してもらって当然」，「自分は常に正しく，悪いのは相手である」といった身勝手な思い込みが，いかに自惚れであり，自己中心的であるか自ら気付くことにあると思われます。そして，相手に一方的に変化を求めるのではなく，自ら相手に「してあげる」ことが自然にできるよう，また，研修で実感する「感謝」や「罪悪感」が，自分の内部や，"口先だけの自己満足"で完結しないよう，利他行為を増やし

ていけることが大事なのだと考えられます。それによって徐々に葛藤が和らぎ，それとともにストレスも軽減，さらに，様々な症状，問題行動や人間関係も改善し，健全な社会生活が可能になり幸福感も得られるのだと思われます。　＊添付図「症状と問題行動の発生メカニズム」参照

(2) こころを育てる「3つの質問」

　教育基本法第1条において，教育の目的は「人格の完成を目指し」とあります。内観法のエッセンスである「3つの質問」は，次に示すとおり，教育の目的を実現する上でも，まさに最適なツールになりうると考えられます。

Ⅰ．してもらったこと（してもらっていること）

『してもらったこと』　①

自分に対する他者からの行為（したこと、していること）を
"してもらった"という視点から受け止める

"してもらって当然"と思い込んでいた事実が、
実はそうでないことに気付く

感謝、自尊心、自己肯定感が生まれ、他者との繋がりも実感

『してもらったこと』　②

不満に思う相手であっても、その方から
してもらったことがある事実を知る

相手を否定することで自分を正当化していた事実
（自分は常に正しく、悪いのは相手）や、「してもらっ
たこと」を調べようとさえしなかったことに気付く

反省、および、相手に抱くイメージの改善

Ⅱ．してあげたこと

『してあげたこと』

● 「してもらったこと」に比べ、「してあげたこと」が
　量的に少ない事実に気付く

● してあげることのできる自分 ⇒ 自信につながる

してあげることを増やしたいと思うようになる（利他行為の増加）

反省、および、相手に抱くイメージの改善

Ⅲ．迷惑をかけたこと

『迷惑をかけたこと』 ①

「常に自分は正しい」という思い込みが、実は、
そうではなかった事実、自分は被害者ではなく
加害者であったかもしれない事実に気付く

自惚れ、思い上がり、身勝手さ、傲慢さに気付く

反省、自律心、謙虚さ

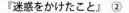

『迷惑をかけたこと』 ②

被害を受けた相手の気持ちを想像する
◎相手はどんな気持ちになっただろうか
◎自分が同じことをされたらどう思うか

▼

相手の身になって考える

▼

自己中心性の自覚、改善へ

『迷惑をかけたこと』 ③

自分がされていやなことは人にしない
同じ過ちは繰り返さない

▼

人間関係の改善、社会性の向上

（3）具体的実施方法

Ⅰ.「こころのシート」について

内観ワークで用いる「こころのシート」（次図）の特徴は以下のとおりです。

①「３つの質問」ごとの記入欄を設け，量的な比較が一目でわかるようにした。

②「してもらったとき」，「してあげたとき」は自分の気持ちを，「迷惑をかけたとき」は相手の気持ちを想像することにより，相手の身になって考える力を養えるようにした。

③児童・生徒の家庭環境は様々であるため，「誰に？」は，母親を始めとする家族に限定せず，思いつく方々すべて，または，ペットなども対象にした。

（シート欄外参照）

こころのシート〈第　　回目：　　　　〜　　　　まで〉　令和　年　月　日

年　　組　　番　　氏名　　　　　　　　　　　　

①してもらったこと

誰に？	いつごろ？	どんなことを？	その時自分はどんな気持ちがしたか？（または、今どんな気持ちがするか）

②してあげたこと

誰に？	いつごろ？	どんなことを？	その時自分はどんな気持ちがしたか？（または、今どんな気持ちがするか）

③迷惑をかけたこと

誰に？	いつごろ？	どんなことを？	相手の気持ちは？（または、自分が同じことをされたらどんな気持ちになるだろうか）今後自分はどうすべきか

＊「誰に？」は、家族（家族がわりの人）、祖父母、親せき、先生、友人、学校職員の方（主事、給食、事務、清掃、警備さんなど）を記入してください。「自然（水、空気、食物など）」や「ペット」、「自分の体」でもよいです。

Ⅱ．実施スケジュール

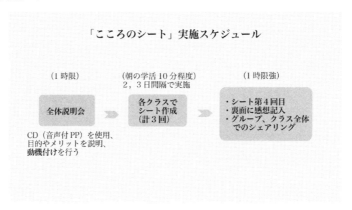

「こころのシート」実施スケジュール

　上図は，具体的スケジュール例です。１回のワークで，「こころのシート」
を計４回実施します。対象が中学生であれば，たとえば，第１回目：誕生
〜小学校入学前，第２回目：小学校低学年，第３回目：小学校高学年，第４
回目：中学校入学後以降のように時期を分割して実施するので，計４枚のシー
トを使用します。実施するタイミングは，中学生であれば，<u>１年生の夏休み
前</u>が最適であると思われます。２学期以降に不登校などが増えるからです。
小学生に実施する場合は，５年生後半以降に実施するのがよいでしょう。

・全体会では，学年全員に集合してもらい（<u>先生方にも必ず参加してもら
　う</u>），筆者作成の CD・（拙著に添付）を使用します。CD での「迷惑」の説
　明は，ユーモアのある内容（たとえば，買い物で迷子になった等）にして，
　あまり深まらないように工夫しています。

・シートの実施（計４回）は，担任主導のもと，各クラスで朝の学活等に
　実施します。

・<u>先生方にも，この機会にぜひ子どもたちと一緒に「こころのシート」を
　体験してもらいます。</u>

　知識だけの理解や，"傍観者"のままでは，重要性を実感することができ
ません。「自分は大丈夫」とは決して思わず，子どもたちと一緒に自分を見

つめ直す体験をすることで「共感」が生まれ，同じ目線で"寄りそう"ことができるようになっていきます。

Ⅲ．シェアリング

　「こころのシート」第4回目終了直後，裏面に感想を記入，引き続き4,5名のグループ，および，クラス全体でシェアリングを行います。

・シェアリングは，以下の生徒の感想に見られるように，たくさんのメリットがあるので，必ず実施するようにします。

　みんなにもいろいろな経験や思い出があるのだなと知った。話を聞くのが楽しく面白かった／「なるほどな」，「それなっ！」と思うことが何回も何回もあった。自分にも同じことがあったと思った／みんなも，たくさんの人に支えられて生きていることがわかった／一番関わっているのは，母や父などの身近な人だと思った／みんなの意外な一面を知ることができた／グループ内での発表が楽しかった。とても充実した時間だった。

・以下の点について，あらかじめ担任から全員に説明します。

　他者の感想を決して批判しない。発表中は口を挟まずに聞く。

　発表したくないことは，無理して言わなくてよい。

＊より詳しい実施方法については，拙著「こころのバランスシート『3つの質問』」（東京図書出版）をご参照ください。

Ⅳ．シートの記載例および感想例

　それでは，実際，子どもたちがどのような内容を書いてくれたか，どのような感想を抱いたかについて，一部を紹介いたします。

【記載例】

《してもらったこと》

　両親が名前を付けてくれた／母が忘れ物を幼稚園に届けてくれた／父が抱っこや肩車をしてくれた／母が誕生日ケーキを一緒に作ってくれた／幼稚園でヒザをケガしたときに先生がガーゼを取りかえてくれた／初めてのダンスのレッスンでビクビクしていたら，先輩が話しかけてくれた／泣いている

とき，（飼い犬が）いつも顔をなめてくれる／松葉杖のとき，先生が階段を
おんぶしてくれた

《してあげたこと》

　　母の日に花をあげた／父に肩もみをしてあげた／幼稚園で祖母の似顔絵を
描いてあげた／家のゴミ捨てを手伝った／風呂で弟の体を洗ってあげた／姉
が入院したとき，ずっとそばにいてあげた

《迷惑をかけたこと》

　　朝，起こしてくれたのに母を怒鳴ってしまった／学校や学童に行きたくな
くて，ぐずって泣いた／デパートや動物園で迷子になり，両親を心配させた／
ピンポンダッシュした／いやがるあだ名で友達を呼んだ

【感想例】

（小学6年生，中学1年生）

- だんだん生意気になっているけれど、母はきちんと面倒を見てくれている。一番信頼できるのは、母なのだと思う。

- 迷惑をかけたときは、いつもイライラしていて相手の気持ちを考えていないことが多かった。「申し訳なかった」、「あやまりたい」と思った。

- 笑顔が出るのは友達のおかげなので、いろいろな人のおかげで今を楽しく生きているのだと思った。

- 最近、家族に「ありがとう」という気持ちが増えた気がする。

- 最近クラスが明るくなってきた。居心地がよくなってきた。

（中学３年生）

- してもらったことや、迷惑をかけたことの方が、してあげたことよりも多いのに、それを当たり前のことのように思い、感謝せずに生きてきたことに気付いた。

- 主観的にしか物事が見れていなかった。客観的に物事を見て、沢山のことに感謝したり、沢山の人の良い所をみつけられるようになりつつある自分は幸せだと思った。自分から周りの人たちに、もっと様々なことをしていきたいと思った。

- 人の気持ちや自分の気持ちをきちんと考える機会があまりなかったので、今回このような時間を作ることがどれだけ大切かを実感できた。

- 生きていること自体が、誰かにしてもらったり、してあげたりすることの連続なのだと思った。

- 道徳は「お手本」を示すのに対し、「こころのシート」は自分史を振り返るのが違いだと思った。

　　　※教育関係者の感想は，最後のページをご覧ください。

Ⅴ．期待される効果

　数多くの子どもたちの感想から，以下のような様々な効果が期待されます。①内省の具体的なやり方が身につく　②相手の身になって考え行動する能力の育成，自利から利他へ（自己中心性の改善）　③自尊心，自信の向上　④自力で大切な気付きを得ることが出来る（道徳と異なる点）　⑤他律から自律への転換　⑥依存から自立への転換　⑦感謝の気持ちや幸福を感じる能力を醸成　⑧良好な人間関係の形成（メンタルヘルスの維持向上）　⑨不登校や，いじめなど問題行動の予防，改善　⑩発達の促進（よりよいアイデンディディの確立）

　ワーク実施後，中学１年全体で不登校ゼロ状態が１年以上続いたケースや（２年に進級後，部活動顧問のパワハラが原因で不登校が発生），小学校では，毎週SC登校日に相談室を利用していた６年生が，内観ワーク実施後，相談室を全く利用しなくなったケースなどがあります。理由を尋ねると，「クラスの居心地がよくなった」ということでした。

Ⅵ．教育的予防としての内観ワーク

　不登校や問題行動の予防として，「治療的予防（問題対応型）」と「教育的予防（健全育成型）」があります（文部科学省・国立教育政策研究所）。前者は，（課題のある）児童生徒を変える（直す）ことにより，大人（専門家）主導

で問題の解決を図っていくものであり，後者は，（全ての）児童生徒が変わる（育つ）ことにより，児童生徒自らが問題の回避や解決を図るように促すもの，とされます。「スクールカウンセラー活用ガイドライン」（東京都教育委員会）における「スクールカウンセラーの職務」の1つに，「こころの教育に資する全ての児童生徒に対応した心理教育プログラム等の実施」が明記されています。やはり，個別対応のみでは限界があり，言わば「もぐらたたき」の状態が続いてしまうと思われます。まずは，子どもたち全員を対象とした心の教育によって，根本的な予防を図ることが不可欠に思われます。内観ワークは，そのための，まさに"うってつけ"の研修と思われます。

3．おわりに

　著者は，臨床心理士としてスクールカウンセラー（SC）になる前に，民間企業に20数年間勤務した経験があります。一個人のわずかな社会経験ではありますが，17，8年間，SCに携わって思うことは，子どもたちが自己中心的で未熟なまま成長すると，将来社会人になっても良好な人間関係が形成できず，夫婦関係や子育てのみならず，会社を始め様々な組織に適応できず，ひいては，社会全体の崩壊を招いてしまうかもしれないという懸念です。
　学校の先生方の中には，管理職も含め，学校以外の社会経験に乏しい方が少なからずいらっしゃると思われます。本来，子どものころから将来の社会生活を見越した人格教育が必要になるところ，それをできる力量のある人材は少ないかもしれません。それゆえ，子どもたちに内省する姿勢をしっかり身に着け，自立した人間になってもらうために，義務教育の時から道徳とともに内観ワークによって家庭教育や日本の教育制度を補う必要があるように強く感じます。もちろん，自分自身をふり返る習慣は，「こころのシート」を一度やれば完璧に身につくものではありません。内省は，生涯にわたり日々繰り返し行う必要がありますので，「こころのシート」は，その具体的なやり方の参考になるものと言えます。多くの児童・生徒にその機会をあまねく提供できるのは，義務教育が絶好のチャンスであると考えられます。

参考文献

吉本伊信：内観の話 . 自己発見の会 , 2011

吉本伊信：内観法　四十年の歩み . 春秋社 , 1989

≪ Q&A ≫

Q1.　道徳の授業と重複しませんか

A1.　内観ワークは，社会的規範や価値観を教示するものではなく，自分史を調べることによって，自分自身の力で大切な気付きを得る可能性がある点で道徳とは異なります。

Q2.　発達障がいのある子には難しいのでは？

A2.　確かに充分な効果は望めないかもしれません。しかし，「３つの質問」に触れること自体に意義があり，また，シェアリングによって自分にない他者の感じ方を知ることが出来る機会は，とても貴重な体験になると思われます。

Q3.　自責性の強い子にはどんな点に配慮したらよいか

A3.　説明会用 CD の「迷惑をかけたこと」の事例紹介では，過度に内省が深まらないよう工夫しています。もし心配があるようでしたら，シートを始める際に，迷惑を調べるのが辛い人は，「してもらったこと」のみ調べるだけでもよい旨をクラスの全員に伝えてください。

Q4.　過去をふり返っていても意味がないのでは

A4.　特に，「迷惑をかけたこと」をふり返りませんと，同じ過ちをくり返すことが考えられ，人としての発展が望めません。とても大切なことです。

Q5.　進学に力を注いでいるので時間を確保できず，子どもたちも関心を示さないと思われます

A5.　学力が高くても，優れた人格を兼ね備えていないと，将来真のエリートとして活躍するには物足りないように思われます。また，内観ワークを体験することによって，学習に対するモチベーションが高まり，成績が向上することはあっても，その逆は考えにくいです。

心身症状と問題行動の発生メカニズム

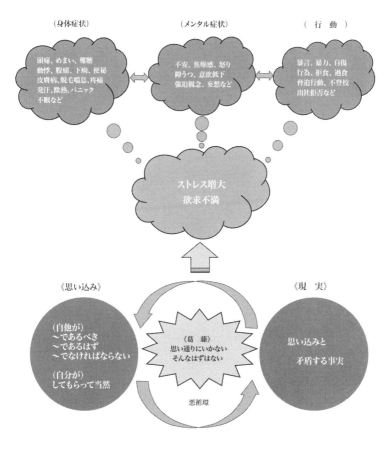

（教育関係者の感想）

教員の感想・評価（小学校）

● 「生徒たちに落ち着きがみられるようになった」、「わがままが抑えられるようになってきた。成長してきている」…実施半年後の担任の感想

● 「はじめはあまり期待していなかったものの、普段は見られない一面が見え、やってもらってよかった」、「すてきなシートでした」…担任、養護

● SCによる「こころのシート」は、児童一人一人に自分で考えてもらう機会を提供できるので、とてもよい試みである。（校内評価）

教員の感想・評価（中学校）

● 自分を客観的に見ることができない生徒が多いので、自分みがきの大きな一歩になりました。被害感ばかりが強い生徒が、少しでも変わってくれたらと思います。

● CD（パワーポイント＋音声）による説明は、スムーズでわかりやすかった。

● 「してもらったこと」に気付くことだけでも大きな成長につながると感じています。

● （シェアリングでは）思っていた以上に、子どもたちは自分の感じていることなどをシェアしていた。（自分自身も）何度か経験することができたので、子どもたちに還元して行けたらと思う。

教育相談センター

● 内観は子どもたちにはむずかしいと思っていたが、記録することができることを知り、手法や効果がわかってよかった。小学生・中学生にも応用できることを知り、一つ引き出しが増えたように思う。

● 今の子供たちにとても必要なことだと思う。自分の内面と向き合う時間はほとんどないと思うので、こういう時間を持たせてあげたい。

● うまく内省できない子どもにとっても、シェアリングで周囲の発表や考えを聞くことで、感じ方の学びにつながると思った。新たな気付きや感謝の念が生まれてくるように思った。

● 学校での活用には、とても興味をひかれた。ぜひ広まってほしい。

第六章

海外の内観

なかがき

　本稿では，日本内観学会の国際交流の観点から，日本の内観の現状と将来について述べさせていただきたいと思います。

　「内観は誰のためにあるのか」この課題は，2023 年第 9 回国際内観療法学会で，ピッツバーグ大学クラーク・チルソン先生から学会員に投げかけられた課題です。内観療法や内観法は，各国の文化の違いや時代の流れに合わせて，変化させるのが良いかという議論の中の発言であったと記憶しています。大和内観研修所の真栄城輝明先生が「内観は内観者のためにある」と即答されていましたが，私も同感です。内観療法を時代の変化や各国の文化に合わせて変化させていくのがよい，反対に内観の本質は吉本伊信先生の内観にあるため型を変えてはいけないという意見もあります。それも真実でしょう。今後，どちらの方向に進むのが良いのか，この機会に国際学会の動向の観点から考察したいと思います。

　中国では内観認知療法が盛んです。王祖承先生が 1988 年に内観を導入し，1995 年には既に，内観療法士の養成も始まり，教育や医療現場に導入されています。China Naikan Therapy Group（中国内観療法学組　2015 年設立）と The World Federation of Chinese Medicine Societies Professional Committee for Naikan Therapy（世界漢方医学連合会内観療法専門委員会　2017 年設立）が活発に活動しています。最近では内観森田療法の報告もあります。2023 年第 9 回国際内観療法学会での復旦大学　李暁茹先生の報告では，内観療法の研修，体験学習，治療にて参加した人数は，2017 年から 2022 年の間で約 10 万人（天津医科大学，毛富強先生のオンライン調査研究）のようです。ほとんどが研修会や体験学習の参加者のようです。その研修期間は，1 〜 7 日と様々ですが，それにしても大人数です。このように中国で内観が大きく発展した理由について真栄城輝明先生の論文では，文化的な背景が関係ありそうですし，天津医科大学名誉教授　郄风卿先生の論文によると，国家的なサポートを

得ているようです。 ここに至るまでは，中国の内観研究者とそれをサポートした日本内観学会の先生方の多大な苦労があったのだと思います。韓国では，2003 年に韓国内観学会が設立されています。カトリック教会がその活動の中心になっているようです。アメリカの内観は，心理療法として臨床の場で使われることはほとんどなく，自己修養のために発展しています。ヨーロッパでの導入は 1970 年代に取り入れられるなど歴史は古いです。ブルガリアの「癒しセンター　あやめ」所長のチェルヴェンコヴァ・ヴェリザラ先生からの報告では，ドイツ，オーストリア，スイス，ブルガリア，スペインなどに内観施設があります。薬物・アルコール依存症のリハビリテーション施設としても運用されているところもあるようです。

　日本の現状です。日本内観学会の会員数は平成 15 年 381 名からのデータを参照すると右肩さがりで平成 28 年は 290 名，内観医学会との合併後，一時期上昇しましたが令和 4 年は 292 人と再び減少しています。入会者はこの数年は 10 名前後です。学会員が減少する傾向は，本学会だけでなく，日本の学術研究団体では，2007~19 年の統計では 7 割で会員数が減少し，それは中小規模の臨床系医学会や基礎医学系学会に顕著です。とはいえ，海外で内観学会活動が盛んな状況で，日本での会員数が減少している事実を受け入れる必要があります。皆様ご存じのように柔道は日本のお家芸でした。試合で判定勝ちのための得点をとるより，一本で勝つ柔道が本質と日本人は考えていました。青色の柔道着を試合で身に着けることは賛否両論でした。しかし，オリンピックの重量級の金メダルを次々国外のアスリートにとられた後，しばらく苦難の歴史をたどり，格闘技としての海外の柔道の良さを取り入れ日本の柔道は再発展しました。日本人からすれば，集中内観の日数や時間，お辞儀の方法，畳や屏風の有無についてなど作法の違いに賛否両論あるでしょうが，海外の内観に積極的に学ぶのが良さそうです。

　話題を内観の形式に戻しますと，本質を深く探求する方向性に加え，すそ野を広げる意味でも，誰でもできる内観法・内観療法の技法の標準化という両者をめざすことも大事だと思います。吉本先生は身調べから，内観法を確立しました。

その後，多くの先生方の努力で，内観法はさらに発展、また精神療法・心理療法として内観療法になりました。つまり，宗教的な修行，自己修養，医療・教育への適応へと広がりました。ご批判の意見はあるとは思いますが，今後は，ここから一部は枝分かれして，内観の型を変え，多くの人が実践可能な標準的な形式として，発展させることを一考する時期に差し掛かっていると考えています。アメリカやヨーロッパでの内観のように瞑想でより健康になりたいと願う人々に，内観に興味を持っていただき，より深い部分を希望する方はここから更に，本質的な内観法に進んでいかれる道を作るのが良いのではないでしょうか。内観研修所や医療施設はその両方のリーダーになっていただきたいと思っています。この本がその第一歩になることを願って，**＜なかがき＞**とさせていただきます。

2023 年 7 月
企画責任委員　河合啓介

中国における内観療法の発展
王祖承
中国・上海交通大学医学院付属精神衛生中心

　日本人の吉本伊信師が創った「内観療法」は 1988 年より中国に入り，すでに 35 年経った。現在内観療法は中国全土に普及しつつ，医療保険の範囲に入っている。その発展はこれまで見たことのない速さと広さで進んでいる。

1. 発展の縁起

　1985 年 12 月〜 1986 年 12 月の一年間，当時上海第二医科大学と上海市精神衛生中心の精神科教授であった私は，中国中央衛生部と日本千葉県静和会浅井病院との研修協定によって，日本千葉県静和会浅井病院において，臨床医学に関する研修を受ける機会があった。

　浅井病院は 1949 年に設立された，日本でも有名な民営精神病院であり，450 床も備えた大きな病院である。そして，浅井病院の医療理念は国際精神医学の発展に寄与し，極めて先端的である。

　私が研修を受けた当時，つまり 80 〜 90 年代前後の約 15 年間に，浅井病院は中国からの臨床医療・看護専門者 30 名以上受け入れ，臨床研修を行っている (主に半年から 1 年の間)。また，中国からの衛生関係部門の要員，専門家，精神科専門家を 100 名以上招待した。これらの活動にかかる費用は膨大であるが，すべて浅井病院が負担している。

　このことについて私はとても不思議に思っていた。どういうわけで，こんなに膨大な資金を出してまで中国からの精神科専門家を受け入れたかと不思議に思い，病院の理事長である浅井利勇氏に尋ねた。私の質問に彼は次のように答えた。

　「中国の精神医学はまだまだ遅れており，もっと発展させていく必要があります。そこで，私たちは支援しなければならないと考えました。第二次世界大戦で日本が戦争に負け，中国東北地方に残った多くの日本人が日本に戻ることが

できず，取り残されて，いわゆる「残留孤児」となりました。それを中国人は侵略された事実を恨まず，これらの残留孤児を育てたのです。ゆえに，このような徳をもって恨みに代える中国人に非常に感謝しています。したがって，私は自分ができることとして中国に感謝し，中国の精神医療を支援したい，と考えました。」

　この話を聞いた私は非常に感動しました。浅井利勇理事長の話に溢れた「恩返し」の気持ちは崇高な精神状態であると思い，私も浅井氏を目標に，彼らの世話や心遣いに「恩返し」したいと思ったわけです。そこで，日本の浅井病院でもらった生活費の一部を帰国後，当院（上海精神衛生センター）のトップに相談した上で，「上海―浅井精神衛生賞」を設けたのです。その後，浅井病院の元理事長浅井利勇氏と現理事長浅井邦彦氏が時折，次々と奨励金を出してくれました。そして，「上海―浅井精神衛生賞」の授与式に，当院ではお二人にその都度感謝状を贈ってきました。

　「恩返し」は最良の道徳的伝統であり，家族と社会を調和的に繋ぐ絆である。「恩返し」を通して，心の調和や情緒の安定を実現でき，心に幸福感を満たしてくれる。したがって，1987年から私は何度も資料を収集した結果，日本の吉本伊信師が創った「内観療法」はまさに「恩返し」を手掛かりとした優れた心理療法だということに気が付いた。新福尚武の精神医学書の中で"内観療法"が紹介されていたので，私は1988年にその本を参考にして「内観療法」を執筆した。その一文は，中国で公開発行されている専門誌『国外医学・精神科分冊』第三期に収められているが，全文は約4500字であった。これは中国において「内観療法」を紹介した最初の文献である。この文章が刊行された時期は約7〜9月の間，つまり吉本伊信氏が亡くなった時期(1988年8月1日)であった。この時期に吉本伊信師が創った内観療法が中国に紹介されたことは，単なる偶然というよりも，何か意味のある偶然と言えるかもしれない。

　その後，私は関連資料を探していたら，真栄城輝明氏の論文が目に留まった。その時，真栄城氏は第13回日本内観学会名古屋大会の大会事務局長であることを知った。1990年に私は彼に手紙を書いた。中国の精神医学大会に招聘し，

特別講演を行ってほしいという依頼をしたが，「自分はまだ若いので，他の偉い先生にお願いしてください」とやんわりと断ってきた。けれども，真栄城氏の返信にはいつも熱情が溢れ，そして『内観通信』のような多くの資料を提供してくれただけでなく，内観療法に関する文献を詳しく紹介してくれた。そこで，2年後に再び講演の依頼をしたところ，真栄城氏はそれに応じてくれて，1992年10月8日に上海で開かれた第七回華東地区精神医学大会で「内観療法の紹介」という特別講演をしてくれた。

　その時，真栄城輝明氏は日本内観学会常任理事で信州大学精神医学教室助教授の巽信夫氏とともに会議に出席してくれた。巽氏は森田療法にも精通していたので「森田療法」について講演してくれた。前世紀の90年代初め，中国の経済は厳しくて，生活状況と接待状況は豊かではないので，彼らは上海に来る費用は自己負担で来てくれた。現在でも，彼らや日本の内観療法専門家たちはこのような状態で中国に来ていて，損得など全く考えていなかった。そのおかげで，それ以来，中国において徐々に内観療法というものが認められ，広く展開されるようになっていった。その後，真栄城氏，巽氏と共に大阪内観研修所の榛木美恵子所長，岡山慈圭病院の堀井茂男病院長は，幾度となく中国に来て，内観療法だけでなく森田療法についても講演してくれた。現在の中国における内観療法の発展をもたらしてくれたのは，日本内観学会のこれらの先生方のお陰である。改めてここに感謝の気持ちを記しておきたい。

2．中国の社会・文化特性と内観療法の適合性

　内観療法のルーツは仏教の浄土真宗に由来しており，その哲学的基礎もまた中国仏教的理論に関連している。そして日本浄土真宗のルーツもまた中国の浄土宗である。つまり，内観療法の文化背景にはすでに中国文化の特性を含んでいるのである。

　前世紀60～70年代の10年の間，中国で国内全土にわたる「文化大革命」という政治運動が行われた。この運動は実に大きな災難であった。この運動によって，当時ほぼすべての中国人に心の傷を刻み，社会構造も変わった。それ

まで「礼，義，誠，信，謙虚，正直，善良，慎独」のような優良な民族的伝統や文化的特性がひどく破壊され，社会全体の雰囲気が悪くなり，道徳水準も大きく落ちていた。

その後，40年近くの努力により，中国社会において，過去の傷は徐々に癒され，多くの民族的伝統も回復するようになった。そして，国際社会との文化的交流が活発的になり，社会全体も発展し続けている。中国全体のイメージも目に見える変化を遂げた。

急速な社会発展や社会構造の転換により，様々な良からぬ現象はまだ存在しており，深く人々の心の奥に潜在しており，時に現れてくる。利己的態度や他人に対する冷たさがしばしば見られる。とりわけ家族の中に，老人と子供を愛する伝統や謙虚かつ助け合う態度が薄すれているように思われる。例えば，不倫と呼ばれる年齢に合わない恋愛はもとより，その結果，望まない妊娠が問題となっている。そのほか，浮気，離婚，家庭内暴力などの家庭内病理的現象がよく起こっている。例えば，離婚による片親家族や留守児童の増加などの現象が注目されている。そして社会的信用度の低下や犯罪率の増加も深刻な問題となっている。

上述のような様々なネガティブな心理—社会的雰囲気の影響により，青少年は子供の時から孤独，自己中心，他人に冷たい，頑固などのネガティブな人格特性を持ち，将来の人間関係に多くのデメリットをもたらすことになっている。

このようなネガティブな人間関係が土台になれば，複雑な社会問題に直面する際に解決できず，或は矛盾をさらに複雑化させ，問題が激化し，衝突することになりかねない。自ずと心理問題や心理的疾患（軽い精神障害と重度精神疾患を含む）の発病率も増加する。

逆に，ポジティブな心理的素質，安定した性格，優秀な道徳水準を備えた場合，周りの環境にうまく馴染んで，社会の発展や社会環境の形成に寄与することができるようになろう。

内観療法の特徴と適応症はまさに人間関係を中心に，個人の人格特性を再構築することによって，焦慮，鬱の感情を軽減し，謙虚，慈愛，かつ他人を尊

重する，他人と助け合えるような心理的特性を生み出す。最終的に，本人に社会的責任を感じさせ，自ら他人に感謝できる心の状態を作り出す。つまり，現代中国の社会状況に内観療法は大いに必要とされる「心理教育」の役割を果たしてくれている。現代の中国人の心理的状態を平穏にするために大きな意味を持つと考えている。

3. 内観療法が中国への展開歴史（1992-2022 年）

(1) 1992 年 7 月，福島の杉田敬氏は中国湖北省科学技術中心が主催した日中身心医学講習会にて内観療法を紹介した。当時の参加者は約 40 名であった。これは中国に入る一回目の講演であった。

　しかし，そのことを知る人は少なく，継続されることもなく，それっきりで終わっている。

(2) 1992 年 10 月 8 日，真栄城輝明氏は上海華東地区精神医学大会で内観療法の特別講演をした。参加者は 400 名余りであり，その後，機会があるたびに中国に来て内観研修会の講師を務めるだけでなく，中国の大学の客員教授や特任教授として中国精神医学界に多大な影響を与えてくれている。

(3) 1994 年 10 月 5 〜 9 日，湖南張家界市に中華医学会第三回全国行為医学学術大会が開かれた際にも真栄城輝明氏は，堀井茂男氏や榛木美恵子氏と共に出席し，講演を行ってくれた。学会の参加者は 600 名余りであり，これは中国の全国大会で内観療法が紹介された最初のことであり，記念すべき年である。

(4) 1994 年，上海市精神衛生中心において私が基調講演をした後，シンポジウムを開催した。そのときのテーマは「内観療法は中国で展開できるのか」であった。その時，6 名の医師が自分の意見を述べ，内観療法が中国において展開され，普及していくことを述べている。そして，『内観通信』にシンポジウムの内容を発表した。

(5) それに続き，浙江省湖州市精神衛生中心に，医師 20 名と看護師 20 名を対象としたアンケート調査を実施した。その結果，内観療法が中国に展開でき

るという結論が得られた。これで，我々の信念も高まり，内観療法を中国に取り入れる手続きを開始した。

(6) 1993年，我々は上海市衛生局に報告書を提出した。当衛生局の許可を得て，「上海市日中医療護理友好交流協会日中連合内観療法研究会」を設立した。

(7) 1995年から2013年まで，上海市精神衛生中心は毎年一回，日本の専門家である真栄城輝明氏，榛木道晴氏，榛木美恵子氏などを招待し，内観療法の講演を行った。そして，「森田治療と内観治療講習班」（国家級継続教育班）において内観療法の講演もお願いしてきた。

(8) 上海市精神衛生中心は内観療法に関する研究を積極的に展開した。神経症，アルコール依存症，精神分裂症及び人間関係問題者を対象に内観療法を実施し，それらの報告や論文などを『上海精神医学』『中国行為医学及脳科学』，『中国健康心理学』等の学術誌に発表し，関連の会議に報告も多数行った。

(9) 1998年，関連部門の許可を得て，中国心理衛生協会付属心理諮詢と心理治療委員会に属した内観療法学組を設立した。

(10) 2000年，上海市精神衛生中心及び上海市三学会（精神医学会，行為医学会，心理衛生学会）の連合大会にて内観療法に関する学術報告をした。

(11) 2000年，上海市政府は「内観療法」を上海市医療保険項目に入れた。

(12) 同時に，天津医科大学の李振濤教授及び天津中医医院の郗鳳卿教授は青少年犯罪者を対象に内観療法を実施し，顕著な効果が見られた。それに続き，天津医科大学毛富強教授は内観療法を中心に，系列的な研究を展開し，その影響は幅広く及んだ。

(13) 2003年から，関係者に呼び掛けて内観療法の組織を設立して，日本の「内観学会」及び「内観医学会」に入会した。これまでの入会者は100名に至っている。

(14) 甘粛省天水市精神衛生中心の何蕊芳医師も内観療法に関する研究を始めた。精神病患者のほかに，関連中・小学校向けて，積極的に「内観法」を宣伝し，顕著な効果を得た。その後，「内観—我々に恩返しを教えた」一文を発表し，大きな影響をもたらした。その後甘粛省第二人民医院（精神衛生中心）へ移動

し病院副院長の職務を担任し内観療法を全力する。

(15) 2004 年から，毎年関連者 15 ～ 30 名を組織して，日本の内観学会大会及び内観医学会大会に参加してきた。これまですでに日本の鳥取，岡山，長崎，沖縄，東京，奈良，大阪，京都などで開催された内観の関連学術活動に参加してきた。

(16) 2005 年 10 月，上海市に「第二回国際内観療法大会」が開かれ，250 名余りの関係者が出席した。

(17) 2006 年から，江蘇省無錫市精神衛生中心は内観療法を展開した。

(18) 2007 年 8 月，甘粛省天水市に於いて第一回中国内観療法大会が開かれ，日本から講師を含めて参加者は 150 名であった。

(19) 2007 年，日本の内観面接士である榛木久実氏は訪問学者 (内観指導者) として上海精神衛生中心に，3 か月間滞在した。その時の内観指導は非常に有意義であった。

(20) 2007 年から，上海市精神衛生中心は毎年 5 ～ 6 名の関係者を集め，大阪内観療法研修所で短期研修を行ってきた。研修は毎回 12 日間で，非常に良い成果を得ている。

(21) 2008 年から，黒龍江省心理諮詢協会及び哈爾浜市曲偉傑心理学校に内観療法の授業が開設された。黒龍江省心理諮詢協会の支持により，「内観療法」を「精神文明」という中国の道徳レベルを向上させるものとして認定された。

(22) 2008 年 3 月，上海市精神衛生中心は中国内観治療師培訓班を開催し，参加者は 11 名いた。これで「内観治療師」の育成は本格的に始まった。

(25) 上海市各レベルの精神衛生医療機関において，内観療法を正式に展開したが，その数は 15 か所にのぼる。

(26) 他の非医療機関においても内観療法を展開している。たとえば，上海復旦大学は関連専門家を組織して，青少年犯罪を対象に内観療法を実施し，良い成果が見られた。

(27) 2009 年 9 月，山東省淄博市に第二回中国内観療法大会が開かれ，参加者は 200 名前後。

(28) 2010 年，中国衛生部は「内観療法」を医療費用徴収項目に取り入れた。2014 年 4 月，同部は「内観療法」の費用徴収基準を調整し，その費用は高くなった。

(29) 2011 年 8 月，天津市天津医科大学に第三回中国内観療法大会が開かれ，参加者は 150 名前後。

(30) 2011 年，中国「人民衛生出版社」が出版した『心理治療系列専著』に，真栄城輝明氏の『内観療法』が正式に翻訳され，出版された (翻訳者:王祖承，黄辛隠，南達元，劉勇)。2011 年 8 月，上海交通大学出版社が真栄城輝明氏のもう一冊の著書『内観之説——心霊和諧的療法』が出版された (翻訳者：陳幼寅，王祖承)。

(31) 山東省淄博市第五人民医院は「内観療法」病室を特別に設立し，病床の数は 30 であった。院長の路英智氏は同時に森田療法専用病室も設けた。路院長は，2019 年 7 月に李江波氏と共に盧立群氏や王勇慷氏の協力を得て真栄城教授の三冊目の本 (「内観療法—重塑心灵之路」) を山東科学技術出版社から翻訳出版している。

(32) 2013 年 8 月，甘粛省蘭州市に第四回中国内観療法大会が開催。参加者 300 名前後。

(33) 広州脳科医院は榛木美恵子氏を招き，広州で「内観療法」の報告を行った。

(34) 2015 年 11 月 6 日-7 日 (金，土)，上海市に第六回国際内観疗法大会及び第五回中国内観療法大会が開催，参加者 300 名前後。

(35) 2017 年北京市に中国第六回内観大会。参加者 300 名前後。

(36) 安徽省蕪湖市に中国第七回内観大会開催。参加者 600 名前後。

(37) 2021 年 8 月 19-22 日，甘粛省兰州市に中国第八回内観大会開催。参加者 450 名前後。

(38) 2022 年 12 月 21-23 日，山東省青島市に中国第九回内観大会開催。

(40) 2017 年に世界中医薬会联合会内観专业研究委员会成立。
2017 年北京に，2018 年山東省聊城に，2019 年天津に，2021 年甘粛省兰州に内観大会開催。

1995 年以降，天津医科大学精神医学研究室の李振涛教授と毛富強教授は内観療法の応用を開始した。最初は未成年者の労働教育所に展開していたが，徐々に臨床医学にも導入するようになった。そして彼らは多くの研究論文を『中華行為医学和脳科学』に発表し，内観療法と認知療法を結合させることで，「内観認知療法」と名付けた。

　2005 年，中国心理衛生協会心理治療・心理カウンセリング専門委員会内観療法研究グループ（以下，内観療法研究グループ）が上海で設立された。それは全国的な内観療法学術組織である。初代学組主任委員は私，王祖承が仰せつかった。2009 年に学術組織交代し，学組主任委員は私，王祖承であり，2013 年に学術組織交代し，学組主任委員は張海音教授になった。2019 年に学術組織交代し，学組主任委員は毛富強教授になった。前後合わせて，9 回の全国大会を開催している（隔年 1 回ごと）。

　2017 年，世界中医薬学会連合会内観療法研究専門委員会（以下，世中連内観療法専門委員会）が北京で設立された。これは国際的な内観療法学術組織である。第 1 回専門委員会主任委員は郗鳳卿教授，2021 年に学術組織交代し，現在は第 2 回で，専門委員会主任委員は毛富強教授で，今までは 4 回の全国大会（年 1 回）が開催された。

　現在，中国内観療法研究グループの理事会メンバーは 82 人（外国籍会員 2 人を含む），顧問 6 人（外国籍会員 2 人を含む），主任委員 1 人，副主任委員 6 人，常務委員 24 人，委員 45 人である。

　現在，世界中連合内観療法専門委員会のメンバーは 163 人（外国籍 34 人を含む）で，名誉会長 3 人，会長 1 人，副会長 20 人（外国籍 4 人を含む），常務理事 57 人（外国籍 8 人を含む），理事 82 人（外国籍 32 人を含む）である。

　1911 年，中国内観療法研究グループは上海市精神衛生中心，天津医科大学，山東省淄博市精神衛生中心，甘粛省第二人民病院，黒竜江ハルビン曲偉傑心理学校の 5 つの単位を第一陣の中国内観療法訓練基地として公表した。

　2021 年，黒竜江省大慶平瀾内観研修所，遼寧省大連黄鶴心理コンサルティ

ング事務所，広東省珠海君康中西医結合クリニック，上海市康平病院，上海市浦東新区南匯精神衛生センター，山東省聊城第四人民病院，山東省青島市正陽心理病院，北京良知中医薬研究院，広東省広州紫彤心理健康コンサルティングサービス有限会社などは第2陣の訓練基地となった。

2017年以降，内観療法トレーニングを展開し，毎年の参加者は，100人以下が55.3%，100-1000人が37.2%，1000人以上が7.4%を占めた。

研修中，活動の35%は公的無利益で，65%は有料で行われた。料金は平均632元で，そのうち86.2%の一人当たり1000元以下だった。

トレーニングの開催期間は，1〜7日が最も一般的で，最長14日，通常3，5，7日が多い。

内観療法の展開は社会と学校の分野においては，主に人間関係（86.2%），感謝教育（70.2%），心身症状（63.8%），学習困難（57.4%），適応障害（16.8%），利他行為（26.6%），誠実教育（19.1%），その他（29.8%）を対象としている。

内観療法は臨床医療分野において，主に不安症（68.1%），うつ病（63.8%），睡眠障害（50.0%），強迫症（46.8%），人格障害（30.9%），ネット依存（28.7%），麻薬依存（12.8%），統合失調症などの重症精神障害（11.7%），アルコール依存（11.7%），その他（46.8%）に適応する。

2017年以来，主な論文発表者は54名あり，その中には毛富強，郄凤卿，路英智，何蕊芳，張海音，潘令儀，陳俊，粟幼嵩，范青，張勤峰，黄辛隠，李红，曲伟杰，陳兴兰，李学君，史景軒，裴孟旭，王锦荣，熊紫彤，夏寒松，卢立群，谢红涛，楊忠玲，王麗，鞍孟旭，陳瓊瓊，张少平，钱铭，陆如平，高岩が含まれている。

また，2017年以降，関係する医科大学で大学院進学研究を展開し，大学院本論文を発表している。関連指導者は：毛富強，黄辛隠，李忠義，張勤峰，路英智，史景軒，武建胤，江景華，陳瓊瓊，鞍孟旭，張博文，孫偉偉，高岩などがある。

これまでに，以下の9冊の内観療法の専門書を出版している。

① 心理療法としての内観（日本真栄城輝明主編）

② 内観を巡るはなし（日本真栄城輝明主編）

③ 心灯を点灯させる――内観療法とその事例評価

④ 内観認知療法の研究

⑤ 内観―幸福の階段

⑥ 内観縦横談

⑦ 内観―薬物戒癖の道―内観療法の麻薬取締実践への応用

⑧ 心理的防護，平安な日常生活―家庭内観操作マニュアル

⑨ 内観療法（日本真栄城輝明主編）

4．引き続き中日民間友好交流の強化することは，中国内観療法を発展させる基礎である：

内観療法は中国における心理治療に適した，東洋心理療法の特性を持つ独特な心理療法である。

1988 年中国に取り入れてから，学習，議論，実践，紹介，普及の段階を経て，すべての段階において良好な効果が見られた。その後，中国心理衛生協会の付属組織に帰属し，定期的に専門の学術会議を開き，臨床治療と医学教育に応用するようになった。そして現在，すでに全国に若干所の教育機関を設け，正式的な医療項目として医療費を徴収できるようになっている。日本人の吉本伊信氏が開発した内観療法は 35 年の歴史を経て，徐々に中国で発展し始め，普及し始めた。この場を借りてまず下記の関係者に感謝の気持ちを表したい。

日本の内観学会，内観医学会の二つの組織から支持していただき，それらの組織は温かく我々と接し，人材，資料，研究費用などを提供してくれていた。毎回中国の講演や交流に来られた時，彼らはいつも心を込めて参加し，旅費や生活などの費用も全部自己負担であった。これは実になかなかできないことである。特に十数年前の中国では，まだ活動経費が足りず，なかなか費用の問題を解決できないのに対して，彼らは非常に理解してくれて，自ら我々を助けようとした。

そして，以下の日本側先生たちにも感謝したい。

1. 真栄城輝明（大和内観研修所所長，元佛教大学特任教授）
2. 榛木美恵子，榛木道晴，榛木久実（大阪内観研修所所長，大阪内観研修所理事長，内観面接士）
3. 巽信夫（元信州大学精神医学教室助教授，元日本内観学会理事長）
4. 堀井茂男（岡山大学医学部精神科臨床教授，日本内観学会理事長）
5. 三木善彦（大阪大学名誉教授）
6. 久保千春（元九州大学総長，中村学園大学学長）
7. 長山恵一（法政大学名誉教授）
8. 竹元隆洋（指宿竹元病院理事長）
9. 塚崎稔（三和中央病院院長）
10. 河合啓介（国立国際医療研究センター国府台病院診療内科科長）　など

　以上は 2023 年までの 35 年間の間，内観療法が中国の固定の心理療法になる過程である。このような成果を得られたのは，日本の内観療法専門家たち，及び中国の精神科専門家，心理学者たちとともに努力した結果である。中国における内観療法の普及に力を入れた人々に，心より感謝したい。

1.日中両国の民間交流，友好往来を引き続き発展させる。

2.「内観療法」の 3 つの項目で日中両国間の各方面の関係を見て，非常に協調作用がある。

3.「森田療法」の 3 つの基本原理（自然に順応，ありがまま，行動第一）を用いて，日中両国の民間交流を促進することは最良の実践である。

　引き続き短期間日本に内観研究者を派遣し，内観療法研究関連大会に参加する。

　引き続き日中民間学術研究の協力，交流を展開する。

　積極的に参加する関係者を奨励し，深い発展を推進する。

参考文献

1）　真栄城輝明，内観療法，北京，人民衛生出版社，2011 年 10 月

2）　真栄城輝明，内観之説，上海，上海交通大学出版社，2011 年 8 月

3) 真栄城輝明，内観療法—重塑心灵之路，山東科学技術出版社，2019 年 9 月

4) 王祖承，内観療法，長沙，国外医学・精神科分冊，1988 年 3 月

5) the 5th 世界中医药学会联合会内観療法研究专业委员会第五届学术年会，论文集，2022.12（毛富强中国内観療法现状调查，P9-25）

中国の諸学会における内観の位置づけ

郄凤卿
天津医科大学　名誉教授

　中国における学術会議には，民間のものや国家性のものとさまざまなレベルがあるが，その承認プロセスはどちらもきわめて厳格である。民間で運営される学会は基本的に認可を得るのが難しく，国家級学会の方が権威性が強い。この国家級学会も４つのレベルに分かれる。

　まず，国家級一級学会であるが，これは二つのカテゴリーに分類され，一つは中華医学会，中華精神衛生協会，中華予防協会など，いずれもトップレベルの学術機関である。二つめは国際機関であり，たとえば世界中薬（漢方薬）聯合会は，伝統医学の発展を目的として設立されたものであり，世界各国の伝統医学の学術交流を行っており，世界保健機関（WHO）とも密接な関係を形成している。これは中国の特色と伝統文化や伝統医学等を兼ね備えた国際機関である。

　次に二級学会であるが，例を挙げると中華医学会心身医学分会や中国心理衛生協会心理カウンセリングおよび心理療法専門委員会等がある。そして，三級学会は，二級学会の傘下組織であり，一般的に「学組」と称されている。中国でも長い歴史を持つ中国内観療法学組は，中国心理衛生協会心理カウンセリングおよび心理療法専門委員会所属の，一般専門性の強い組織である。

　このように，中国の内観療法に関連する三つの学会は，一つは中国心理衛生協会所属であり，心理療法および心理専門は，心理カウンセリングおよび心理療法専門研究委員会に属する内観療法学組である。二つ目は，中国人生科学学会内観療法専門研究委員会，三つ目は世界中医薬学会聯合会内観療法研究専門委員会である。

　では，これらの内観学会のさまざまな特徴について述べる。

　歴史的見地からすると，内観療法学組の設立は古く，「内観療法学組」という概念は，1988年，上海第二医科大学の王祖承教授が，中国で著名な世

356

界精神医学雑誌で発表したのが発端である。それは全国規模の注目を集め，時間の推移につれて国内に普及し，特に上海市衛生局，上海精神衛生センター，上海交通大学，上海第二医科大学による積極的な推進や，日本の国際学者真栄城輝明，堀井茂男，榛木美恵子等の，直接訪中しての講義や講演等で培われた。このような八年の努力が実を結び，1995年，中国心理衛生協会傘下に正式に内観療法学組が設立されたのである。

　内観療法学組の初代会長は王祖承教授が務め，この学組には，李振涛，張海音，郄鳳卿等の中国のベテラン精神科医が参加した。1995年の発足以来，主に中国の各精神科医療機関を中心として内観療法の普及が進められ，その後，教育学や社会学等の分野にも拡大展開されている。内観療法学組は成立以来多くの成果を上げてきたが，その主要メンバーについては，別途紹介したい。

　これらの機構にはちょっとした違いがあり，例えば，内観療法学組は，様々な精神障害を持つ患者さんを対象にして医療機関での診療を行っている。心理カウンセリングおよび心理療法の分野の一部であり，長年にわたりこの軌道を進んできた。

　中国人生科学学会は，教育部所属の機関である。主に社会学，教育学および人生科学，そして家庭教育の分野で活動を展開している。

　中国人生科学学会と内観療法学組の接点は，人生科学の3つの基本原則である。－あなたは何者か？どこから来たか？どこへ行くのか？－この3つの人生科学の基本原理は，すなわち内観の中に存在している。そして，この内観の過程で発見でき，自分の人生を振り返ってみるプロセスによって，自分を変え，考え方を変え，さらに進んで人間関係を変え，自分を教育することができるのである。この点においても人生科学学会の特色と相通じる。

　中国人生科学学会との関係は，この学会の前会長が，筆者と交流を重ねるうちに内観療法があらゆる分野に適用できると気づいたことが大きなきっかけとなって発展したものである。「感謝，謝罪，自戒」は人生科学の原則で

もある。そしてただちに中国人生科学学会の下に内観療法専門研究委員会が設立された。

　そして，世界中医薬学会聯合会とのつながりであるが，すでに述べたように，この組織は国家中医薬管理局傘下にあり，世界各地の伝統医学や伝統文化の普及や協調を担っている。内観療法も伝統文化や哲学との接合点も多く，おのずと結びついたものである。聯合会では内観には仏教学と何らかの関係があるとは考えていなかった。中国の特殊な環境では，宗教的善行と何らかの関係がある学術活動に対して守備的な姿勢を示されることがある。そのためこの方面において，例えば協会の主要メンバーが説明会や講演等の啓蒙活動を展開し，八カ月かかってようやく内観療法の科学的・学術的性質が認められ，最終的に専門研究委員会を立ち上げるに至ったのである。これは二級学会である。

　これらの学会は，基本的に中国内観療法学組が２年に１回，学術活動や大会が開催される。一方，中国人生科学学会内観療法専門研究委員会は，隔年で開催されている。世界中医薬学会聯合会内観療法分科会は，毎年１回開催されている。そのため，重複する会議に関しては，連合で開催することも経常的である。

　現状では，さまざまな問題がある。

　まず，３つの学会が存在することで，会員は基本的に内観療法の実践者や愛好家，つまりすでに内観療法に携わっている人たちで，そういう人たちが宣伝しに来ていることである。学会が３つもあれば必然的に会議の回数も増えるが，その参加者はいつも同じ顔ぶれで，それがまず問題となっている。

　次に，内観療法学組は中国心理衛生協会に属しているが，それは精神医学の範疇で，少なくない人が精神科に対してまだ偏見を持ち，医療機関に掛かりたがらないというのが現状である。このことが普及の範囲やスピードによくない影響をもたらしている。

　第三に，世界中医薬学会聯合会側の問題で，その傘下には数百に及ぶ分科会があり，そのため様々な側面が絡んできている。国際交流会も数十カ国が

参加するため，一つのイベントの開催にも相当な時間とコストがかかってしまう。この問題は大きな課題となっている。

2020年〜22年の間に，郄鳳卿会長の退任と毛富強会長の後継があり，中国心理衛生協会側と世界中医薬学会聯合会内観分科会は，現在，毛富強教授が組織を引率しており，年間の活動を一つの組織下にまとめ，その行動範囲も補完されている。世界中医薬学会聯合会は，会員数380余名と準会員数100余名と社会的活動範囲が広いので，追加ラインナップも多く，この両学会は共通活動の方式を採用するケースが少なくない。

中国内観学組の設立に先立ち，王祖承先生は上海市衛生局，上海精神衛生センターの積極的な支援を得て1995年頃より上海精神衛生センターを中心に周辺都市や上海市の複数の精神衛生センターで研修会を開催し，一歩一歩内観療法の知名度を高めていった。こうした中，2005年，王祖承先生は中国心理衛生協会の名誉会長に就任した。この間，学会内での内観の普及に尽力し，ついには学会の心理カウンセリング・心理療法専門委員会に内観療法学組を立ち上げるに至った。

この学組の初代会長には王祖承，副会長には天津医科大学の李振涛，上海精神衛生センターの張海音，天津市中医薬研究院附属病院の郄鳳卿および山東淄博市精神衛生センターの路英智が就任した。2005年から2009年にかけて「中国内観」が推進され，日本でも内観療法を学んだ何蕊芳医師の主催によって，初の中国内観療法学会が2007年に甘粛省天水市で開催された。その2年後の2009年，当時森田療法と内観療法の両方を推進していた路英智教授が，山東省淄博精神衛生センターで第2回内観療法全国大会を開催した。また2009年には王祖承教授が高齢のため会長を退き，上海精神衛生センター精神衛生部長の張海音教授が第二代会長に就任した。副会長には天津医科大学の李振涛，天津市中医薬研究院附属病院の郄鳳卿，山東淄博市精神衛生センターの路英智と，新たに天津医科大学の毛富強と黒龍江省ハルビン心理学校の曲偉傑が加わった。

2014年，内観学組の改選が行われ，張海音教授が引き続き会長を務め，

李振涛，郄鳳卿，路英智，毛富強，曲偉傑が再選され，何蕊芳医師の内観療法普及への貢献が認められ，彼女が副会長に共同就任した。また，張海音会長と王祖承名誉会長の支援により，2015年に上海で内観療法国際会議が開催され，中国の学会と併せて開催された。この会上で，郄鳳卿教授より王祖承教授に，内観の中国での影響力をより大きくするために，社会，教育，社会学，心理学へ拡大展開することが提案された。その結果，評議会の過半数の賛成を得て，郄鳳卿が担当することになった。北京で特定メンバーを育成し，大拠点を組織することになり，2016年と2017年に筆者が中国人生科学学会内観療法専門委員会，世界中医学会聯合会内観療法研究分会を主催した。2017年，第7回中国内科学会は，中国内観療法学組と新たに設立された世界中医薬学会聯合会内観分会が共催して中国の第七回内観療法大会が行われ，筆者が会長を務めた。

　基本的には，これらの二学会は内観療法学組が医療機関方面となる傾向があることを除き，共同で前進する状況を形成している。世界中医薬学会聯合会内観療法分会は伝統文化，伝統医学，教育，心理学などの活動を開始した。2019年には内観療法学組の再選が行われ，張海音会長が高齢により天津医科大学教授毛富強に交代し，郄鳳卿，曲偉傑，何蕊芳，陳俊，張勤峰，黄辛隠が副会長に再任した。この構成から，これまでずっと一桁だった教育分野の比率が二桁まで上がっていることがわかる。

　次に，中国人生科学学会内観療法分会の状況を紹介する。中国人生科学学会は教育部（日本の文部科学省に該当）傘下の学会であり，人生科学を研究しているため，内観学との接点が多くある。それに基づいて2016年に設立された中国人生科学学会内観療法分会の設立総会の数カ月後に，中国人生科学学会大連内観研修基地が承認され，黄鶴先生がその責任者となった。これは中国人生科学学会の初の正式拠点である。黄鶴先生は，榛木美恵子先生を研修センターの上級顧問として重用し，人生科学と教育学を切り口として，世代間交流にかかる活動を始めた。家族，対人関係，婚姻関係等にかかわるセラピー講座を積極的に開催し，大連で多くの支持を集め，日本人セラピス

トの常駐にも努力した。

　中国人生科学学会内観療法専門研究委員会も内観療法を普及推進するのに，李紫晴先生が天津で設立した天津心之光内観療法センターも，中国人生科学学会内観療法分会に属する。青少年の問題は，その両親の問題とは切り離せないという考え方によって，青少年の心身健康を目的としたサマーキャンプや，青少年の精神障害に対する親の影響等，主に青少年の教育分野において，内観の普及活動を展開している。また，その過程で発見された青少年の心理障害の過程で両親に発生した影響もまた青少年の問題とその両親の問題とは断ち切れないものであると認められ，天津の心之光内観センターでは青少年とその保護者との共同内観の試みが数多く行われている。

　この間，多くの教育機関や伝統文化の教育施設等で非常に良い発展方向があったが，問題もまたすぐに生じた。人生科学学会のオフィスは，当初は政府から無償で貸借していたが，その後，学会が自己資金で賄うことと改定された。その結果，人生科学学会は財政的に不安定な状態に陥り始めたのである。特に収入源を持たない学会は，その傘下の分会に費用負担を求めるようになり，その上，人生科学学会の会費の値上げもあった。人生科学学会の中とはいえ，我々内観療法研究専門委員会は納得できないものの，人生科学学会側が自力でオフィス費用のまかなうことになってしまった。学会は政府からの支援を受けることが習慣化してしまっているため，学会の存続のために会費を上げようという提案にも積極的にはなれなかった。高い会費を徴収すると，他の学会と比較されることになってしまう。例えば中国心理衛生協会や世界中医薬学会聯合会は年に数十元の会費しか徴収しないため，人生科学学会の会費の方が際立って方が高いのである。こうした背景により，人生科学学会側は，会員の支払い能力も考慮したが，内観療法自体の受講料が高くなく，その受講料で学会活動資金をまかなう余裕がなかったこともあり，四年目にこの中国人生科学学会から撤退せざるを得なかったのである。

　次に世界中医薬学会聯合会の内観療法研究専門委員会であるが，この世界中医薬学会聯合会は国家中医薬管理局（SACCM）傘下の大規模団体で，主

に世界各国の中医薬・伝統文化の団体の集合で，中医学・中医薬文化の普及と研究を行っている団体である。しかし，この世界中医薬学会聯合会内観療法研究分会の設立にも，少なくない困難があった。

まず，この大規模学会のスタッフは，内観がどういうものなのか理解できず，ネット検索しても仏教に関することしかヒットしないので，この内観分会の承認には，申請書類を提出・受理されてから6〜7ヶ月近くかかったが，結局承認されないままであった。解決策がない中，学会を主催していた筆者が，同級生でもある衛生部の指導者に話を持ちかけ，世界中医薬学会聯合会に，内観療法の歴史，現在，未来について聞いて欲しいと要望を伝えた。それで筆者が世界中医薬学会聯合会に出向いて講演をし，「内観療法は宗教ではなく，科学である」ということが理解された。

このような背景を経て2017年8月，ついに本会の設立が承認された。現在，この学会の国内の88の支部と共に活動を展開している。世界各地に100以上の海外支部があり，そのほとんどが世界各地で中医学・中医薬文化を研究しており，すべて世界中医薬学会聯合会の調整下にある。今回の内観療法大会は，中国内観療法学組の年次総会と併せて開催された。日本からは，真栄城先生，榛木先生および真栄城先生のグループメンバーが参加した。この世界中医薬学会聯合会は，他の学会と異なり，下部支部は毎年大会を開催し，一定割合の外国籍専門家が参加しなければならないという規則がある。2018年には，山東省の聊城第四人民病院で世界中医薬学会聯合会内観分会が開催された。この内観分会の第2回内観学会大会には，日本の内観学会の主要指導者をはじめ，300名以上の会員が参加した。第3回世界中医薬学会聯合会の第三回大会は天津で開催され，天津市心之光内観療法センターが主催した。中国国内の専門家数名に加え，榛木美恵子先生も特別に出席し，一日中間断なく濃密な交流が行われた。世界中医薬聯合会内観分会の第4回大会は蘭州西北民族大学および甘粛省精神衛生センターの共催で開かれた。中国心理衛生学会内観療法研究会は2年に1回開催されているため，第4回目の今回も両学会の共催で，オンライン形式で開催される。2022年

は計画通り世界中医薬聯合会内観療法分会が主催で，第五回学術大会は中国
の青島市の青島正陽心理衛生病院が主催する。この大会はオンラインでの開
催となったが，現場での直接対面式の交流がより様々な効果が高いと痛感さ
せられた。

　世界中医薬学会聯合会内観分会の出発点は，内観学組とは異なる。中国に
は貧困層が多いため，この貧困層の精神衛生問題は常に存在し，しかも発酵
し続けている。天津市に，愛心之家という専門施設がある。家庭問題や経済
問題などさまざまな葛藤を抱えて家を出た人々を受け入れる特別な施設であ
る。ここで人々を受け入れて活動をする人もまた貧困層に属するといえなく
ない一般の庶民である。ここの人々は，内観に対するニーズが大きく，愛心
之家の指導者である魏医師は，著者の内観療法講演で内観を知って以来，内
観に対する関心が強くなり，魏医師本人も世界中医薬学会聯合会内観分会に
参加し，愛心之家で貧しい人々を中心に内観活動を始めるようになった。こ
の施設での活動は，コロナ禍で施設が閉鎖されるまで2年以上続いた。
　しかしこの2年の間，良好な傾向が多く見られた。参加者の積極的な態度
もあり，ここでの内観体験者の成果は高く，通常3日目くらいから苦痛で
泣き出し，その後は目覚ましい好転を示す人の割合がかなり高かった。あら
ゆる面で効果が非常に良かったので，この愛心之家の内観活動は，世界中医
薬学会聯合会内観分会の支援によって長期にわたって行われ，概ね月1〜2
回，毎回20〜30名程度の規模で開催された。
　ここでの参加者は，良好な治療効果を得てから，自発的に愛心之家を離れ，
自分の家のある町や村に帰っていった。彼らは帰郷して，学んだことつまり
内観の方法を多くの人に広め，人のために役立ちたいと考えるようになった
のである。そうして彼らの多くは自分たちで内観活動を開始したのである。
　彼ら自身は内観が良いものであり，覚醒の源となることを身をもって知り，
それを実践したいと願ったが，やはりそれだけでは十分な基盤を構築できな
かった。心理学の基礎，カウンセリングの基礎を含めた一連の基本原則とい

うものを十分に把握していないため，実施効果にも影響を及ぼしたし，さらに内観には一定の条件や，室内環境，サービスの提供等も必要で，これは全員が実現できるわけではないのである。

　それでも，貧しい地域や貧しい人々の間で内観を発展させていくことは，社会にとって非常に有意義だと感じている。そのため学組あるいは内観分会側も真っ向からサポートを提供してきたし，筆者自身多数回にわたり直接に内観指導を行って来た。また，日本の榛木美恵子先生も度々訪中して，これらの貧困層に対する内観活動に従事された。

　体験者の募集が順調だったこともあり，一回の募集数は最多で約20人，最少でも10人程度と相当な規模で，内観指導師には大きなプレッシャーとなった。指導師が少なく，体験者が多く，しかもこの体験者は内観を行うのに財政基盤が整っていないため，支出もかさむ。基本的に毎回の体験での収入はほとんどなく，指導師もすべて基本的に無償で行っていた。この場合，指導を生業とする指導師の場合，その指導師自身も生活費用を賄えなくなり，そうすると長期的に継続できることではない。この貧困層に対する内観は，天津の愛心之家という団体のみに限られてしまう。この愛心之家の施設も，すべて支援者からの援助によるもので，賃貸料がかからずに済んでいるのである。基本的に宿泊費は不要で，すべて変動的な収入しかなく，体験者やその他の来訪者はある一定程度の精神的解放を得て満足した場合にスポンサーを務めたりするので，特に安定した収入が得られているわけではない。

　筆者は彼らの内観活動の指導をしたことがあるが，このような集団の生活ぶりを通して，50年60年前に自分たちがどんな生活をしていたか，どんな社会生態，どんな対人関係だったかなどを思い出すよすがとなった。貧困や無知，文化の欠如等による世間のマイナス面の露出などを感じたものである。指導師は多くのマイナスの心理効果やプレッシャーを受け止めるはめになった。指導師という立場で，貧困に苦しむ人たちの内観を行うには，非常に強い意志がなければならない。実は人間の本質にはよくない部分が少なからずあり，すべては貧困や無知などの環境条件が，彼らの精神に歪みを作り

出すのである。人を歪ませ，やがてその子供や家族をも歪ませ，そうやって次世代に影響を及ぼす。この内観活動に携わり，数十年前のあのときの貧困社会が，この世代に大きな影響を与えていることをじかに肌で知ることになってしまった。

　この半公共的な内観普及宣伝の過程でも，内観のすぐれた人材を発見することもまた確実にできた。そしてそれらの人材は全国に散らばり，彼らは内観を仕事にすることができたが，その後には内観学会に参加することもできなくなった。

　その最大の理由は，学会には一定の基準があり，一定の学歴がなければ，一定の肩書を得られないということにある。資格がないと輪に溶け込めないものである。そういう優秀な人，内観をよく理解している人は，今でも基本的に民間で暮らしているのである。

　この後に養成された指導師の中には，もともと心理治療や心理カウンセリングの仕事に従事していた。例えば，family ordering psychology（家族順序性療法），音楽療法，九宮格療法，絵画療法などの心理療法やカウンセリングの仕事をしていた人が多く，これらの人たちは皆，内観療法の技術や，習得した基礎知識を合体する形式を採り，各地で展開していた。学術的な規制が緩かったため，内観療法はどんな治療法でも取り入れて自由に試すことができたのである。

　しかし，この普及や実験は長くは続かなかった。まず，前述のように指導師のプレッシャーは大きく，少なくないネガティブなエピソードを耳にしなければならず，給与面でのサポートもなかったからである。そのため，長期間にわたって継続するのは難しく，一方，体験者の流動性も高く，一時的に内観に来ても，経済状態や心理状態が改善されるとすぐに参加をやめてしまい，これらの人群を調整する困難を知ることができた。

　学会側としては，今後もこの領域をあきらめることなく，貧困層でも富裕層でも，メンタルヘルスの問題にタイムリーに対応する必要があり，今後も条件が整えば，貧困地域や貧困層の人たちの間で特別な政策を持って内観活

動を行う可能性をサポートするとともに，今後，内観の普及を推進する上で核心的存在となる志のある人物を探し続けていく所存である。

　中国では，2012年に非常に劇的な内観療法のエピソードがあり，薬物リハビリの方向へ歩み始めた。最初は蘇洲大学の薬物リハビリセンターで開始し，2016年には天津医科大学の毛富強教授と天津市監獄管理局が共同で，天津市監獄管理局傘下の薬物リハビリセンター6カ所で薬物依存症に対する内観療法の利用を展開した。

　その結果は平凡なものにすぎず，予想していたほどではなかったが，それほど悪くもなかった。一般的には，内観療法は徐々に多くの人に受け入れられるようになったといえよう。特に，薬物依存症患者の家族に受け入れられており，内観療法に出会って，性格的に大きな変化が得られた患者も少なからずいた。そして毛富強教授は中国司法部より内観療法による薬物依存治療専門家の称号を授与された。このような名誉ある称号が国家法執行機関や司法当局から授与されるのは中国でも初めてのことである。

　同時に，筆者は中国人生科学学会分会を設立し，主に家族，親子，対人関係の研究に取り組み，個人的にも貧困層と言って差し支えない人群に介入してきた。貧しい地域ほど，社会の質，思想の質，マナーの質，対人関係などが複雑であるからこそ，70代，80代を親に持つ今の世代は，その時代の社会情勢を明確に反映している。

　それと同時に，貧しい人々が内観を実践する一方で，心理学の素養や肩書きこそ持たないものの，その恩恵を受けている人々も少なくない。しかし，全員が自ら故郷に帰ることを積極的に希望し，故郷の人たちに内観を実施しているのもまた事実である。筆者のような立場の者も，基本的にはそのような状況を認めていたのであるが，内観はやはり心理学や医学，哲学に大きく関わる学問であり，そう簡単に実行できるものではなく，最終的には特に完璧な結果にはならなかった。一方，大学生にはノイローゼや睡眠障害など，対人関係や適応上の問題が多く存在している。毛富強教授は，天津医大の学部生を対象に計51回の内観研修を実施し，延べ1,817人が受講したが，睡

眠障害や対人関係への適応などで非常に良い反応が得られているとのことである。

　振り返ってみれば，中国の三つの学会に所属する内観療法分会組織は，異なる分野で内観療法を実行した。そして徐々に社会への影響力を高め，内観療法の人材を増やし，社会成果を拡大させた。2015 年より 8 年の年月をかけて小さな成果を挙げ続け，そして今後も「積少成多」を成すよう期待している。

内観３項目を通して日中の文化差を考える
盧立群

1. はじめに

　近年，内観療法は日本で発展しているだけでなく，世界中に広まっている。特に，中国では，この20年間に，精神医療領域をはじめ，学校教育，矯正教育といった領域で１つの治療方法として積極的に導入されている(盧，2018)。このように中国での内観療法が普及するにつれ，両国の文化差が浮き彫りになってきた。真栄城ら（2013）は，日中(大和内観研修所と上海精神衛生中心)の内観者による集中内観の前後を比較することで，大きな差が見られたことを報告している。その理由の１つとして，両国の文化的な違いが挙げられている。特に，内観３項目に対する理解の違いが影響を及ぼしていると考えられる。調査の結果から言えば，中国人内観者は「してもらったこと」に重点を置いて内観をしているが，「迷惑をかけたこと」に関してはあまり言及されていない。また，盧ら（2014）は，中国の集中内観前後の心理状態の変化を比較する中で，中国人は母親に対する「迷惑」を調べても，「迷惑」だと思った人が少ないだけでなく，罪を自覚すること自体が困難であると述べている。例えば，内観後の座談会（面接）において，中国の内観者は「してもらったこと」を中心にして調べており，ほとんどの人が「迷惑をかけたこと」について全く言及していなかった。「私は，これまでの態度を後悔している。」「自分が間違っていた。」というような気持ちを生じさせた人は１名（26名中）しかいなかったのである。また，内観後の感想を述べる時にも，多くの内観者が「してもらったこと」のみを報告し，「迷惑をかけたこと」について，「自分が悪かった。」「自分が本当に間違っていた。」「母親に何もしてなかったので，申し訳ないと思った。」というような自責の念を感じ，それらを述べた人は４名（26名中）しかいなかった。郊（2018）は，中国社会において，迷惑という認識はまだまだ不足している。迷惑という概念のない中国人に対して，迷惑を無理に考えさせても，効果はあまり期

待できないと指摘している。以上のことを踏まえて，中国人内観者の内観3項目に対する比重は，中国の内観療法の専門家や実施者にとって，留意に値することであり，中国で内観を実施する際には慎重に考えなければならない課題であると思われる。

2. 方法

本稿では，日中両国の大学生を対象にアンケート(付録1)を実施した。アンケート用紙の回収は，配布から1週間後であった。調査対象は，日本人62人(男性32人，女性30人，平均年齢21.37±1.99)，中国人が111人(男性42人，女性69人，平均年齢19.92±0.95)である。回収したアンケートの内容を分析対象とした。

3. 結果

本稿では，両国の大学生を対象として，自分と関わりが深かった人物に対して，「してもらったこと」「して返したこと」「迷惑をかけたこと」という内観3項目にそって，思い浮かべる件数をカウントした上で，具体的な出来事をそれぞれ質的分析でまとめた。具体的には，内観3項目に関する自由記述から，類似の内容を抽出し，それぞれにラベル名をつけ，類似のラベル名をまとめて一つのカテゴリーとした。各カテゴリーの横にそれぞれのラベル名の内訳を示した（表1）。

内観3項目の想起量については，両国とも「してもらったこと」を一番多く思い浮かべられていた。中国人は52%の人が5個以上，日本人は76%の人が5個以上の事柄を思い浮かべていた。また，「して返したこと」については，中国人が25% 5以上思い浮かべていた。日本人は20%であった。更に，「迷惑をかけたこと」については，中国人が30%で，日本人は58%であった。すなわち，「迷惑をかけたこと」を思い浮かべた日本人は中国人のほぼ2倍だった（図1）。

表1　内観3項目による出来事を分析した結果

		中国人			日本人		
し て も ら っ た こ と	日常生活での面倒	私のことを優先してくれたこと	23%		食事の用意	22%	
		生活面の管理	21%		病気になった時の面倒	10%	
		病気中の面倒	20%	77%			32%
		将来の進路への手伝い	9%				
		食事の用意	4%				
	精神的なサポート	頼られる存在感や見守ってくれること	19%		一緒に生活している存在感	28%	
		いろんな面へのアドバイス	4%		教育への支援またはアドバイス	20%	
				23%	挫折や悩みへの支え	8%	68%
					見守ってくれること	8%	
					応援してくれること	4%	
し て 返 し た こ と	物質的あるいは行動としての恩返し	誕生祝いなどのプレゼント	34%		家事の手伝い	30%	
		家事の手伝い	32%	79%	誕生祝いなどのプレゼント	25%	55%
		病気療養中や生活の世話	13%				
	精神的な恩返し	心の支え	21%		勉強の面で喜ばせること	23%	
				21%	自分のポジティブな様子を見せること	8%	45%
					相手の心への支え	5%	
					家族に対する関心が増えたこと	9%	
迷 惑 を か け た こ と	日常生活の場面でかけた迷惑	自己中心的な振舞いをしたこと	30%		自己中心的な振る舞いをしたこと	28%	
		道徳的に悪いことをした	11%		道徳的に悪いことをした	15%	
		進学の問題	11%	58%	学校問題	16%	76%
		病気中の介護	6%		経済の負担	13%	
					病気中の介護	4%	
	精神的にかけた負担	怒らせることや心配かけたこと	16%		悩ませることや心配かけたこと	11%	
		相手を傷つけたこと	14%		挫折を経験したこと	6%	
		親の面子をつぶしたこと	9%	42%	マイナスな情緒体験を共感させたこと	6%	24%
		相手の介入によって問題を解決してくれたこと	3%		意見の食い違い	1%	

図1　両国における内観3項目の想起量

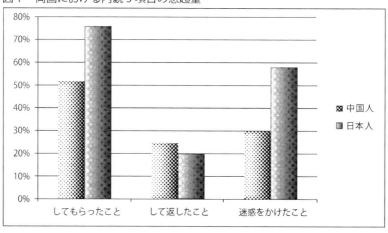

（1）内観３項目による出来事を分析した結果

　内観３項目にそって，思い出した具体的な出来事に関しては，表１に示された。中国人の「してもらったこと」については，「日常生活での面倒」と「精神的なサポート」という２つのカテゴリーが抽出された。「日常生活での面倒」の中に，「私のことを優先してくれたこと」「生活面の管理」「病気中の面倒」「将来の進路への手伝い」「食事の用意」という５つのサブカテゴリーが含まれた。その一方で，「精神的なサポート」は，「頼られる存在感や見守ってくれること」「いろんな面へのアドバイス」という２つのサブカテゴリーに分類できた。また，「して返したこと」については，生活の場面で「物質的あるいは行動としての恩返し」と「心の支え」としての精神的な恩返しという２つのカテゴリーが抽出された。その中に，日常生活において，「誕生祝いなどのプレゼント」「家事の手伝い」「病気療養中や生活の世話」のような恩返しが示された。最後に，「迷惑をかけたこと」については，日常生活における迷惑と精神的にかけた負担という２つの部分に分けた。日常生活における迷惑に関しては，「自己中心的なふるまいをしたこと」「進学の問題」「道徳的に悪いことをした」「病気中の介護」という４つのサブカテゴリーに分類されたが，精神的にかけた負担に関しては，「怒らせることや心配をかけたこと」「相手を傷つけたこと」「親の面子をつぶしたこと」「相手の介入によって，問題を解決してくれたこと」という４つのサブカテゴリーに分類された。

　日本人に対して内観３項目を調べた結果，「してもらったこと」については，中国人と同様な２つのカテゴリーに分類できたが，「食事の用意」「病気になった時の面倒」という普段の「日常生活の面倒」に対して，「一緒に生活している存在感」「教育への支援または教育へのアドバイス」「挫折や悩みへの支え」「見守ってくれること」「応援してくれること」という「精神的なサポート」が見られた。また，「して返したこと」についても，中国人と同様な２つのカテゴリーに分けられた。具体的に言えば，「物質的あるいは行動としての恩返し」の中に，「家事の手伝い」「誕生祝いなどのプレゼント」という２つのサブカテゴリーが含まれたが，「精神的な恩返し」には，「勉強の面で

喜ばせること」「本人のポジティブな様子を見せること」という直接的な関わりもあれば，「相手の心への支え」「家族に対する関心が増えること」という間接的な関わりもあったのである。最後に，「迷惑をかけたこと」については，「日常生活の場面でかけた迷惑」には，「自己中心的なふるまいをしたこと」「道徳的に悪いことをしたこと」「学校問題」「経済の負担」「病気中の介護」という5つのサブカテゴリーに分類されたのに対して，「精神的にかけた負担」に関しては，「悩ませることや心配をかけたこと」「挫折を経験したこと」「マイナスな情緒体験を共感させたこと」「意見の食い違い」という4つのサブカテゴリーが示された。

　さらに，それらの事柄に対する対象者について，日中間で内観3項目により違いがあった。「してもらったこと」に関して，両国とも母親の存在感は顕著に見られたが，中国の母親は「日常生活での面倒」を中心にして関心を持っていた一方で，日本の母親は子どもの精神的な支えを重視していた。「して返したこと」についての対象者は無論，「してもらったこと」と同様に母親であった。中国人の子どもは物質的な恩返しがたくさん見られたのに対して，日本人の子どもは物質的な恩返しと精神的な恩返しがほぼ同じだった。「迷惑をかけたこと」に関して，中国人は自分と関わりが深かった人，即ち自分の家族に対してのみ自覚が生まれるという特徴が見られ，家族以外の人間関係は特に言及されていなかった。それに対して，日本人は相手がどのような存在であっても迷惑をかけたという自覚が生じたという特徴が示された。

(2) 両国における各カテゴリーを比較した結果

　両国の思い出した事柄からそれぞれ分類された各カテゴリーから見ると，両国における相違のカテゴリーが見られた（表2）。「してもらったこと」については，「一緒に生活している存在感」「挫折や悩みへの支え」「（大事な試験や重要な試合を）応援に来てくれたこと」は日本人の特徴であった。それに対して，中国人の親が自分の「子どものことを優先すること」「生活面の管理」「将来の進路への手伝い」は日本人の親と区別されたことであった。

表2　両国における相違のカテゴリー

	中国人	日本人
してもらったこと	私のことを優先してくれた 生活面の管理 将来の進路への手伝い	一緒に生活している存在感 挫折や悩みへの支え 応援してくれること
して返したこと	病気療養中や生活の世話	勉強の面で喜ばせること 自分のポジティブな様子を見せること 家族に対する関心が増えたこと
迷惑をかけたこと	進学の問題 相手を傷つけたこと 親の面子をつぶしたこと 相手の介入によって問題を解決してくれたこと	学校問題 経済の負担 挫折を経験したこと マイナスな情緒体験を共感させたこと 意見の食い違い

　また,「して返したこと」については,「勉強の面で喜ばせること」「本人の
ポジティブな様子を見せること」「家族に対する関心が増えたこと」という
直接的な関わりは中国人と違い, 日本人の独特な特徴であるのを示した。一
方で,中国人の「病気療養中や生活の世話」は日本人の中に見られなかった。
さらに,「迷惑をかけたこと」については両国で認識が異なることが示された。
中国人は「迷惑をかけたこと」には必ず理由や説明をつける傾向がみられる。
例えば, ある不登校を経験した男の子が父に対する「迷惑をかけたこと」を
思い出した時,「不登校で, 学校の先生は父を学校まで呼び出し, 父の面子
を潰したので, 父に迷惑をかけたなぁと思った」という内容を書いている。
一方, 日本人の中にも不登校経験者はいたが, 彼らは皆言い訳をせず, 不登
校そのものが「迷惑をかけたこと」であると書いている。また, 中国人と日
本人で「迷惑をかけたこと」に対して最も異なる点は, その出来事の責任が
どちらにあるのかということである。中国人の場合には, その「迷惑」が自
分のせいであると認めた場合のみ,「迷惑をかけたこと」という認識が成立
するのだ。例えば,「学校でクラスメイトに怪我をさせたので, 私は退学さ
せられそうになった。母は先生たちと大変なやりとりして私が学校に残れる
ように説得してくれた。」「私によい学校に行かせるために, あちこち頼んで

くれた。」そのような自分の問題を相手の介入によって解決されたこととか，自分の力でできることなのに，相手にやらせてしまった，相手の手を煩わせた，相手に手間をかけた，相手に苦労をかけてしまったようなことが多く挙げられた。しかも，そのような認識はマイナスな出来事と結びついたものが多く，「誰かに心配をかける」とか「怒らせる」とか「傷つける」といった否定的な思い出が多く挙げられている。例えば，「自分は父のことを理解せずに，父とけんかして怒らせた。」「母に知らせずに出かけて，心配をかけた。母は私のことを探しに行った。私は悪かった。」一方，日本人の場合には，「夜遅くまで付き合ってくれたこと」「朝起こしてもらったこと」「習い事でお金がかかったこと」というような，相手が自分のためにしてくれた事実のみで迷惑として認識された。

4．考察

　日中の大学生を対象としてアンケート調査を行ったところ，両国の文化差に起因すると思われる結果を得た。

（1）日本人による母子関係の視点から

　具体的な出来事に対する対象者は両国ともほとんど母親であった。確かに，人間関係の始まりは母と子の関係である。母親にとって，妊娠し誕生するまでの子どもは自分の一部分であり，抱きしめて育ててゆくことになる。このような母子一体感は，万国に共通する普遍的な人間関係として存在していると思われる。しかし，母親と関連して想起される内観3項目による各カテゴリーに関しては，日本と中国で大きな違いが見られた。

　中国では「日常生活での面倒」を中心にしている一方で，日本では「精神的なサポート」の方が圧倒的に多かったのである。そこから見ると，日本の母親は中国の母親より，子どもとの精神的なつながりを重視している可能性があると考えられる。言い換えると，日本の母親は子育ての面で物理的なサポートは当然であり，それに加えて愛情という精神的なサポートを子どもに注ぐことが当然とされている。そのため，日本の母子密着度は強く，母親は

子どもをあたかも自分の分身かのように扱い，子どもに対して独特の情緒的共感性を持つと考えられる。

　また，日本人のような「勉強の面で喜ばせること」「自分のポジティブな様子を見せること」という母親への恩返しは中国人には見られなかった。それは，日本の母親が子どものために払う犠牲的で献身的な努力と強く関連づくからである。東 (2012) は，日本人の達成意欲は，周りの人々，特に強い相互依存で結ばれた家族など身近な人たちの期待を感じとり，それを自分自身の中に内面化したものが原動力になる傾向が顕著であると指摘している。母親に「してもらったこと」に比べて，「して返したこと」が少なかった時，自分の中に恥ずかしさがこみ上げてくる。そのような気づきがあってこそ，自分はどのように次の段階に進んでいくのかがわかり，達成意欲も生じてくる。それゆえ，日本の子どもは母親の期待を受けて頑張ることを，母親への恩返しとして認識するようになると考えられる。

　更に，そのような自己犠牲的な母親の行動を見ている子どもは，やがて母親が自分のために犠牲になっていることに気づく。文化人類学者である我妻・原 (1974) は「日本人特有の罪悪感というのは，『自分が，親，特に母親を傷つけて育ったのだ』という罪の観念である。子供が何かに失敗したり，あるいは何か悪いことでもすれば，親が失望し，落胆することになる。その意味で親が『傷付く』のは日本に限ったことではない。だが，従来の日本では，親が『傷付く』ことが子供にとって特別の意味をもち，罪悪感を生ぜしめやすい事情があった。それは，日本の母親の多くに『モラル・マゾヒズム』と呼ばれる傾向があったことである。」と述べている。村瀬 (1996) は日本の母親が，自分を犠牲にしてまで献身的に子どもの世話に心を傾けてきたということが，母親に「してもらったこと」，母親に「迷惑をかけたこと」を強い感動を伴って想起させる大きな条件であると指摘している。子どもは，母親を喜ばせたいと思って頑張って勉強し，仕事する傾向がある。自分のためだけではなく，自分を世話してくれた親の恩に対して「報いたい気持ち」から頑張る。このような自分にとって重要な人物を喜ばせたい，あるいは失望さ

せたくないという心理は，日本人特有のものではないだろうか。

(2) 中国人による親孝行の思想から

　中国人の母親は，子どもの日常生活，全般の世話が親の義務という認識がある。しかし，日本人の母親のような母子密着感や，子どもを自分の分身と捉えるような傾向は見られない。それは，中国人の二千年来の論語や儒教の思想に影響を与えられるからである。論語では，親は必ず子をかわいがり，子は必ず親の恩を返さなければならないという思想を持っている。つまり，親子の間に行動から行動へという形で行っていくのである。例えば，「為人子，止于孝；為人父，止于慈」[1]（子として親孝行するべきだ，親として子をかわいがるべきだ）というような考え方がある。そのような儒教の背景に基づいて，中国の親子関係には，子どもの世話と恩返しとしての親孝行は，日本と違って純粋に義務として考えているのである。また，前述の結果からみると，中国人は自分と関わりが深かった人に対してのみ「迷惑」を自覚するのである。それは中国人による親孝行の思想と関連していると考えられる。つまり，中国人は身近な人にかけた迷惑は，子ども側の「不孝」と親側の「不慈」に関わると思われる。そこから考えると，中国人の「迷惑をかけたこと」が常に否定的な思い出とつながる理由は不孝・不慈への気づきではなかろうか。

　その一方で，自分の身近な人以外の社会的な関係を持つ人との関係は，迷惑をかけ合いながら築いていく（相原，2007）。すなわち，人間関係を築くための迷惑だと言えるだろう。中国では，「礼を受けたら礼を持って返さねばならない」[2]という諺がある。自分が頼んでも頼まれても平気で引き受けて社会的な人間関係の潤滑油として認められる。中国は人情[3]の社会である。人に何かを頼むことは，その人を頼りにしているということである。そこには，その人との関係を築きたい，関係を強くしたいとの願いもあり，その人を高く評価しているという意味もある。だから，このような「頼む・頼まれる」社会関係では，何か迷惑をかけた意識が強くないし迷惑をかけたと認識しても決して悪いことだという自分の罪として認識はしない。しかし，「自分が悪かった」という自分の非を認めると，どのような関係においても，「迷惑」

を自覚し,「罪悪感」(自責感)が生じることは可能だと考えている。それは中国人が「迷惑」を自覚する前にその出来事の責任を検討し,「迷惑」を自覚すると同時に理由と説明をつける場合が多いと関連している。

(3)「自責感」の捉え方

　中国における「迷惑」は自分の非,すなわち自分が責任を背負うことを前提としてそのような因果関係の中で生じる申し訳ない気持ちだと言えるだろう。その中に自分を責めるという「自責感」を伴うのが特徴である。内観で「迷惑をかけたこと」を想起することで生じる「罪悪感」は,自分を世話した親族や親友に対して自分が彼らに迷惑をかけたという思考パターンから生じるものである。「罪悪感」という言葉より「自責感」という言葉の方が中国人にとってふさわしいと考えられる。その理由は「罪悪感」という言葉自体の中国語の意味に関わっている。「罪悪感」に対する理解については,クラウン中日辞典(2001)で「罪悪感」を調べると見つからなかったが,「罪」に関する言葉は「罪悪」「犯罪」などが出ている。いずれにしても,中国の「罪悪」が相当重いニュアンスを持っていて簡単に口に出さない言葉であることは事実である。中国人にとっての「罪悪感」は,漢字から「罪悪」の「感覚」として理解すればよいのかもしれない。例えば,「罪悪深重」という言葉[4]がある。仏教の世界で仏に向かって詫びる意識という「懺悔の念」と関連している。また,「罪悪深重,死無帰所」[5]は,大きな悪いことをしたり,大きな罪を犯したりすることで,死んでも行く場所がないという意味である。仏教の世界では,輪廻転生の概念があるが,「罪悪深重」な人が死んだら行く場所もないということは,相当重い「罪」だと言えよう。「罪」という漢字は,上部が網の象形,下が非である。非を是非にして罪科のあるものとし,網を加えて罪人を捕縛する意味である(白川,1979)。また,中国における「悪」について「農夫と蛇」[6]という寓話に言及したい。『ある冬の寒い朝,農夫は道端で凍えている蛇を見つける。哀れに思った農夫はそれを懐に入れ,温めてやる。やがて蛇は目覚め,農夫に噛みつく。毒に当たった農夫は死ぬ間際に「決して悪人に哀れみをかけてはいけない」と言った。』この寓話とよ

く一緒に使われる中国の寓話である「東郭先生と狼」[7]にも，狼のような悪人に哀れみをかけてはいけないことが強調されている。つまり，中国人の認識には，「悪」は永遠に悪であるということである。だからこそ，「罪悪感」は中国人にとって，常に使われる言葉ではない。

(4) 中国語の「迷惑」―「麻煩」(mafan) の由来

　日本語の「迷惑」はそのまま中国語に翻訳すると，「麻煩」(mafan) という言葉である。しかし，中国語の「麻煩」は日本語の「迷惑」とのニュアンスが異なる。「麻煩」という言葉の由来については，昔，中国で紙を製造する時に，72の手順があり，プロセスが多すぎるということで，「麻煩」を使う（「天工開物」）[8]。すなわち，煩わしいことなので，「麻煩」である。また，「国語辞典」[9]には，「麻煩」について，3つの意味が記載されている。①煩わしいこと，②相手を困らせること，③相手に負担をかけること（他人にお願いする時の挨拶の言葉）である。つまり，「麻煩」は相手にお願いして，煩わしいことをしてもらった時にも使える言葉であり，感謝の意味が含まれている。これは，中国人内観者の最初に「迷惑」を自覚しにくい，なかなか思い出せない1つの理由なのではないかと推測する。内観者は内観対象者にお願いする時，または内観対象者を困らせる時に，「麻煩」という概念を意識する。

　また，前述の中国語の「麻煩」という言葉の解釈には，「困らせること」と「お願いすること」の両方が含まれる。つまり，「謝罪」と「感謝」の両方の意味を持っている。しかし，日本語の「迷惑」は，「謝罪」のみである。「謝罪」と「感謝」は同じく「謝」を含んでいるが，その意味は全く違う。まず，「謝」という漢字は頭が垂れ下がり，花と葉がしおれる形である。しかし，「謝罪」の「謝」は詫びること，謝ることを意味しているが，「感謝」の「謝」は礼を言うこと，また，礼物という意味がある。クラウン中日辞典 (2001) で「謝」を調べると，1番目の意味は感謝すること，2番目の意味は詫びること，謝ること，3番目は（やんわりと）断る，拒絶すること，4番目は（花や葉が）散ること，5番目は姓だと記されている。広辞苑 (1998) では，1番目に示

された意味は，詫びること，謝ることであるが，2番目は断ること，3番目は礼を言うこと，また，礼物の意味，4番目は別れ去ること，おとろえしぼむことだと書いている。この2つの辞書の記載の違いが示すように中国人の意識の中には，「謝」は感謝の比重が多いのに対して日本人にとっては，「謝罪」という意味の方が強いと思われる。また，中国では「井戸を掘った人を忘れるな」[10] という諺がある。つまり，「感謝」はいつまでも忘れてはいけないということである。「迷惑」より「感謝」の方を先に意識し，多く思い浮かべることは中国人の感謝意識と関連していると思われる。

　本稿では，内観3項目を通して日中の文化差から，中国人の内観3項目に対する認識の特徴を検討した。今後，内観が中国で広まっていく際には，内観3項目をどのように捉え，特に「迷惑をかけたこと」について，慎重に考えていくことが必要に思われる。中国における「迷惑」の捉え方を把握した上で，「迷惑」を反映できる適切な内観の言葉を見出し，そして中国人なりの「罪悪感」の発生について，今後の検討課題だと思われる。

注
1)　出典は春秋時代の曾子の「礼記・大学篇」である。
2)　出典は西漢時代の戴聖の「礼記・曲礼上」である。
3)　人情とは人と人との間にやりとりを通して形成した関係と感情を維持するためのものである。
4)　出典は宋・欧陽修の「与十四弟書」である。
5)　出典は清・蒲松齢の「聊斎志異・魯公女」である。
6)　出典はイソップ寓話である。
7)　出典は明・馬中錫の「東田文集」である。
8)　「天工開物」は農業，工業などの技術内容を記録した著作である。日本に伝わったのは，元禄7年（1694），あるいは宝永5年（1708）以前である（李, 1999）。
9)　中国大辞典編集部により，商務印書館出版（2011）で，国語研究者に向けて

編集した辞典である。

10）出典は鄭負の「黄金街欲望」である（「中国俗語大辞典」，上海辞書出版社，2011）。

引用文献

相原茂 (2007): 感謝と謝罪―はじめて聞く日中 "異文化" 話．講談社，p.168.

東洋 (2012): 日本人のしつけと教育―発達の日米比較にもとづいて．東京大学出版社.

真栄城輝明・盧立群・森下文・王祖承 (2013): 日中内観療法の比較検討―大和と上海の実践から見えてきたもの．第 36 回日本内観学会抄録集，p.41 － 42.

松岡栄志・白井啓介・樋口靖・代田智明 (2001): クラウン中日辞典．三省堂 .

村瀬孝雄 (1996): 内観 理論と文化関連性 . 自己の臨床心理学 3. 誠信書房，p.168-169.

盧立群・森下文・真栄城輝明・王祖承 (2014): 中国における集中内観前後の比較検討―上海の実践から見えてきたもの．内観研究，20(1)，p.79-89.

盧立群 (2018): 中国の内観療法の紹介．内観研究，24(1)，p.37-44.

李素楨 (1999): 日中文化比較研究．渡邊興五郎監修．文化書房博文社，p.181.

新村出 (1998): 広辞苑〔第五版〕．岩波書店 .

白川静 (1979): 中国古代の文化．講談社学術文庫，p.126.

郄鳳卿 (2018): 発展の道を歩む内観療法．第 2 回世界中医薬連合学会論文集，p.3.

我妻洋・原ひろ子 (1974): しつけ．弘文堂.

内観は日本のものですか：
アメリカにおける内観と仏教モダニズム
クラーク・チルソン

　医学人類学者のオベーセーカラ氏は，「文化の働きは，痛みの動機や感情が公に受け入れられる意味と象徴のセットに変換されるプロセスである」と指摘しています (Obeyesekere　1985, 147 頁)。ブライアン・グッド氏とアーサー・クラインマン氏は，病気物語を理解する上で「文化の働き」が重要であると主張しています。私はまた，「文化の働き」が心理療法の実践の発展やその理解にどのような影響を与えるかにも注目する必要があると考えています。

　精神分析や認知行動療法など，ヨーロッパや北米で開発された心理療法は，しばしば普遍的な療法として扱われている。一方，日本で開発された森田療法や内観法などの心理療法は，日本独自の療法とされ，欧米人にはあまり有用でないと見なされています。

　内観法に関する研究は，しばしば内観法が日本の伝統文化とどのように合致するかを示そうとしてきました。例えば，村瀬孝雄先生は，素直 (すなお) と言う概念で内観法が日本の文化に適合する基本的な方法であると主張しました。趙 (Zhao) 氏は，内観法が日本の「和」と関連していることを著述しています。金光寿郎氏は，内観法を東洋思想の文脈に位置づけようと試みました。内観法は日本の文化に適合していますが，それを単に日本的なものと見る必要はありません。

　2023 年に東京大学で開催された第 45 回内観学会で，「内観法は日本のものなのか」と私が尋ねたところ，多くの人がそう思っていると示しました。一方，真栄城輝明先生は，文化的背景に関係なく，内観法はそれを行う人々のものだと述べました。真栄城先生の鋭い指摘は，チカコ・オザワ＝デ・シルバ氏が日本とヨーロッパで内観法を行った人々の証言を比較した際に見出したものと一致しています。彼女は，内観法の三つの質問に関連して，日本人とヨーロッパ人が述べた内容に重なりがあり，内観法が異なる文化的背景を持つ人々にもポジティ

ブな変化をもたらす可能性があると結論付けました。

　このエッセイで私が論じたいのは，単に内観法が一般的には日本人でない人々や特にアメリカ人に個人的な利益をもたらすことではありません。むしろ，私の目的は，日本とは異なるアメリカの文化的な文脈が，アメリカにおける内観の実践をどのように支えることができるかを示すことである。その文化的な文脈は仏教近代主義（仏教モダニズム）であり，多くのアメリカ人が仏教は宗教ではなく生活の知恵の源として高く評価しています。異なる文化的な文脈が内観法にどのような影響を与えるかを理解することで，内観法が単に日本的なものではなく，アメリカ文化の一部と合致すると解釈されます。したがってアメリカ人に適しているということが見えてきます。

1. アメリカの心理療法と仏教モダニズム

　アメリカでは仏教徒は人口の約1%にすぎないが，多くのアメリカ人が仏教モダニズムの思想に親しんでおり，それが今日アメリカで一般的に用いられている心理療法の発展に影響を与えている。仏教モダニズムはアメリカ，特に大卒の教養ある白人の間で人気がある。仏教モダニズムについて影響力のある学問書を書いた宗教学者のデビッド・マクマハン氏は，仏教モダニズムを次のように定義している：「仏教モダニズムとは，近代の支配的な文化や知的勢力との関わりによって大きく形成された，さまざまな仏教の形態を指す」（McMahan 2012，160頁）。

　仏教モダニズムは，内観法の源である仏教や一般的に日本で見られる仏教とは異なります。吉本伊信先生は，内観法を「身調べ」と呼ばれる民間浄土真宗の修行法から発展させました。これは，自分が犯した過ちを反省し，阿弥陀の他力救済を信じなければ地獄に落ちる危険があることを強調した。一方，仏教モダニズムは，人は仏性を持っているため「善」であり，いかなる神の助けもなく悟りを開くことができると思われる傾向がある。また，仏教モダニズムは，葬式や法要，現世利益を求める仏神への祈願を重視しないという点で，日本の伝統的な仏教とは対照的である。

仏教近代主義者（仏教モダニスト）は，仏教の本質は合理的であり，科学と調和していると主張しています。アジアで一般的に行われている仏教の儀式は，しばしば釈迦の「真の仏教」とは異なるものであり，場合によっては堕落と見なされることもあります。仏教モダニズムは，慈悲，智慧，悟りといった概念に重点を置いています。彼らはしばしば仏教を「宗教」ではなく「哲学」であると言う。仏教モダニストは信仰よりも個人の経験を重視します。アメリカにおいて，仏教モダニストにとって最も重要な実践は，瞑想であり，これはストレスを軽減し，幸福を促進するための心のトレーニングと見なされています。「仏教モダニスト」と名乗る人は皆無に等しいが，学者たちは，仏教は基本的に合理的であり，瞑想はより良い人生を送るための中心的な修行であると考える人々にこの言葉を適用している。

　仏教モダニズムの歴史には，少なくとも20世紀初頭まで遡る2つの重要な考え方がある。第一に，仏教は現代の西洋心理学者が研究するに値する古代の心理学であるということ。第二に，仏教は心理療法の方法を補完することができるという考えです（Helderman 2020）。1904年，「アメリカ心理学の父」と呼ばれるウィリアム・ジェームズ氏は，仏教モダニストのダルマパラ（Dharmapala 1864-1933）の講演に対して，「これ（仏教）こそ，今から25年後に誰もが研究する心理学である」と述べた（Fields 1992, 135頁）。

　ジェームズ氏の25年という予測は時期尚早であったが，50年後には確実に実現し始めた。これは，1950年代から1960年代にかけて米国で最も影響力のあった仏教モダニズムの推進者である鈴木大拙（1870-1966）の活動によるところが大きい。鈴木氏は，物質主義，消費主義，伝統的なキリスト教に不満を持つ多くのアメリカ人にとって魅力的な心理学的な言葉を使って禅を紹介した（Harrington 2016）。1949年，鈴木氏の『禅仏教入門』の復刻版がユングの前書き付きで出版された。これにより，アメリカの精神分析家や人間性心理療法家たちは禅に関心を持つようになった。

　影響力のある精神分析家エーリヒ・フロム氏は，抑圧的な社会化から個人を解放する効果的な方法として禅を提唱した。彼は鈴木に著書『自由からの逃走』

を送った。二人は友人となり，共同研究者となった。1950 年代後半，彼らは禅が精神分析にどのように貢献できるかについて議論した。フロムはメキシコシティで開かれた会議の開催に協力し，その結果，『禅と精神分析』という本が出版された。

　1960 年代半ばまでに，アメリカの知識人の間で，「真の仏教」として仏教モダニズムを理解するようになりました。ジョン・カバット・ジン氏というマサチューセッツ工科大学 (MIT) の若い大学院生が仏教瞑想を始めたのもこの頃である。彼はその後，ケンブリッジ禅センターの所長となる (Kabat-Zinn 2011)。そして 1976 年，彼はマサチューセッツ大学医学部で働き始め，入院患者にマインドフルネス瞑想を教えた。1990 年代になると，マインドフルネスは心理的問題に対処する方法として注目されるようになった。様々なマインドフルネスの介入法が開発された。最初のものは，カバット・ジンが開発したマインドフルネスストレス低減法 (Mindfulness Based Stress Reduction; MBSR) である。仕事や日常生活に伴うストレスだけでなく，慢性的な身体的苦痛によるストレスの緩和にも用いられた。MBSR が肯定的な結果をもたらすことが科学的研究で明らかになり始めると，他のマインドフルネス介入法が開発された。マインドフルネス認知療法 (Mindfulness Based Cognitive Therapy; MBCT) はうつ病に苦しむ人々のために開発され，マインドフルネス再発予防 (Mindfulness Based Relapse Prevention; MBRP) はアルコール依存と薬物使用障害やギャンブル依存症の人々を助けるために使われた。マインドフルネスはまた，思考そのものを変えるのではなく，思考との関係を変えることに重点を置いた第三世代の認知行動療法 (CBT) にも適応されるようになった。

　仏教モダニズムの禅の視点に大きな影響を受けたもう一つの療法は，弁証法的行動療法 (DBT) である。DBT の創始者であるマーシャ・ラインハン氏は，1990 年代に行動療法の学術的なトレーニングと禅の個人的な経験を基に，この療法を開発しました。1983 年にはカリフォルニア州にある禅の修道院であるシャスタ・アビーで集中的な瞑想を行いました。その後，彼女はドイツのウィリギス禅センターで 4 か月間修行した。DBT の弁証法は，一方では物事のあり

方を根本的に受け入れ，他方では変わらなければならないというものである。「根本的受容」の部分は禅から来ている (Linehan 2021)。

2000 年代になると，瞑想，特に座禅に似たマインドフルネス瞑想は，心の健康に有益であると広く認められるようになりました。2006 年，高名な学術雑誌『American Psychologist』に掲載された論文には，「瞑想は現在，あらゆる心理療法の法の中で最も永続的で，広く普及し，研究されている方法のひとつである」と書かれている (Walsh and Shapiro 2006, 227 頁)。

近年，アメリカ人は瞑想を心のトレーニングや幸福につながる健康法として一般的に捉えている (Edelglass 2017)。瞑想はストレスを軽減し，ポジティブな感情を高める効果があるとされています。これは，英語で出版された仏教と幸福を関連づける多くの人気書籍でも見ることができます。これらの書籍のいくつかの例（多数あります）は以下の通りです：『Dear Lama Zopa: Radical Solutions for Transforming Problems into Happiness』（ラマ・チュプテン・ゾパ著），『Buddhism for Busy People: Finding Happiness in a Hurried World』（デイビッド・ミッチー著），『366 Buddhist Proverbs: A Year of Practical Buddhism for Happiness Meditation and Enlightenment』（カツキ・セキダ著），『Zen and the Art of Happiness』（クリス・プレンティス著）です。

アメリカにおける仏教モダニズムの歴史の中で，仏教全般や瞑想が幸福につながるとされる文脈において，アメリカで内観が普及し始めたのである。

2．アメリカにおける内観の経緯

内観の創始者である吉本伊信先生は，内観を日本人だけのものだとは考えていなかった。彼は著作の一部を英語に翻訳させ，1958 年に 63 ページの小冊子『Self-Reflection Will Guide you to the Right Way』として自費出版した。この本には，少年刑務所での経験に基づいて内観の実践方法が紹介されている。彼はそれを 2000 部ほど，アメリカの矯正協会に送った（吉本 1965, 192 頁）。誰も受け取ってくれず，返送されてしまったが，吉本がアメリカ人に内観を伝え

ようとした行為は，内観がアメリカ人にとっても役に立つと考えたことを示している。

　アメリカで最初に内観を知らしめたのは社会科学者だった。1962年と1965年，ノースウェスタン大学の日系二世の社会学者ジョン・キツセが，日本の刑務所における内観の研究を発表した。これらの論文の中で彼は，内観がどのように行われたかを説明し，受刑者に他者への負い目と自分自身の責任を認識させることによって，受刑者を更生させようと試みたと述べている。

　1970年代，アメリカの大学の人類学者が内観の研究を始めた。タキエ・リーブラは1976年に，内観がいかに日本文化的な更生方法であるかについて論じた。彼女は奈良で吉本先生と内観者にインタビューを行った結果，「日本文化の核となる価値観を最もよく解明している更生法は，内観と呼ばれる道徳主義的なセラピーである」(1976, 201) と主張した。

　この時期，医学人類学者のデビッド・レイノルズ氏も内観の研究を行っていました。彼は1973年に吉本先生の元で集中内観を行い，その後，1978年に奈良内観研修所でフィールドワークを行いました。1983年には，彼が英語で初めて内観についての長編の研究書である『Naikan Psychotherapy: Meditation for Self-Development』(内観心理療法：自己啓発のための瞑想) を出版した。レイノルズ氏は内観と森田療法の研究を基に，"Constructive living"(建設的な生き方)を開発した。彼の弟子たちの中には，アメリカで内観を広めた者もいる。その中で最も影響力があるのは，1992年からバーモント州にあるToDoインスティテュートのディレクターを務めるグレッグ・クレッチ氏である。ToDoには数百人の会員がおり，森田療法と内観を中心とした「日本心理学」と呼ばれるコースを提供している。また，コースを終了した者には「日本心理学」の修了証の授与や，毎年1週間の集中内観リトリート，内観をベースにしたオンライン講座（感謝に関する講座など）も提供している。クレッチ氏には何冊かの著書があるが代表作としては　Naikan: Gratitude, Grace, and the Japanese Art of Self-Reflection（感謝，恩寵，そして日本の自省術 2002年）がよく知られている。同書は英語で書かれた内観入門書として最も人気があり，2022年には

改訂記念版が出版されたほどです。

3. アメリカにおける内観と仏教

　日本では，内観は一般的に心理療法や医学と結びついている。例えば，日本で出版されている内観に関する書籍や記事は，一般的に心理学者，心理療法士，または精神科医によって執筆されています。内観は「療法」として言及されます。もちろん，日本では内観は仏教とも関連付けられていますが，それは療法との関連付けよりも希薄です。

　アメリカでは状況は逆である。アメリカでは，内観は心理療法との関連はあるが，内観に真剣に取り組んでいる心理療法家はほとんどいない。内観は，仏教と関係のある場所で実践されたり，仏教に関心を持つ人々に紹介されたり，仏教関連の出版物で取り上げられることが一般的です。つまり，どこで内観が行われ，誰が内観を教え，内観について英語で何が語られてきたかを見れば，内観がアメリカでいかに仏教と密接に結びついているかがわかる。

　1980 年代から 90 年代初頭にかけて，ほとんどのアメリカ人は仏教寺院で集中内観を受けた。1981 年，レイノルズ氏の指導のもと 12 人がカリフォルニア州のサンルイスオビスポにある真宗の寺で集中内観を行った。1983 年にはロサンゼルスの禅寺で 5 人が集中内観した (Reynolds 1984)。1980 年代後半には，何人かのアメリカ人が来日し，宇佐美先生の指導の下，三重県の専光坊という寺で内観を行った。その中には，スタンフォード大学で演劇を教えていたパトリシア・ライアン氏もいた。専光坊での内観体験を綴ったエッセイの中で，彼女は宇佐美先生が内観者に説法をし，彼女にとって宇佐美先生は仏様のように見えるようになったと述べています (Ryan 1989)。1990 年 1 月，ライアン氏は夫と共にサンフランシスコ禅センターで 4 人の集中内観研修を指導した。サンフランシスコ禅センターで集中内観が実施されたのは初めてではなかった。その 1 年前，石井彰氏とロバート・ブテラ氏が同センターで集中内観研修を指導した。

　その後，2000 年代から 2010 年代にかけて，他の仏教寺院が内観の講演

会を開いたり，内観のワークショップを開いたりして，内観を広めた。これらの寺院の中には，ユタ州のソルトレイク仏教寺院，オークランドの仏教教会，クリーブランドの雲水禅堂 (Cloud Water Zendō)，シアトルの別院，ニューヨークの禅センターなどがあった。

　内観に個人的な関心を寄せていた何人かの仏教僧侶も，内観を推進してきた。ロナルド・ホーゲン・グリーン氏，モリス・セキヨ・サリバン氏，千石真理氏などである。グリーン氏は禅マウンテン僧院に所属僧侶するである。グリーン氏が力強い集中内観体験があり，その後コロラドで弟子たちのために集中内観トレーニングを指導した。2013 年にはピッツバーグ禅センターで 4 名の集中内観研修を指導した。サリバン氏はフロリダを拠点とする臨済宗の聖職者で，ステットソン大学でチャプレンを務め，ボルシア仏教フェローシップの代表を務めている。彼は定期的に内観について教え，内観修行を含むリトリートを指導してきた。千石真理氏は，真宗浄土真宗本願寺派の布教使として，2000 年代にハワイで集中内観を指導した。

　また，代替的な修行を推進する仏教教師もいる。例えば，アメリカ仏教会のドナルド・カストロ牧師は，エコロジーへの意識を高めるために，内観を使って人々に「母なる大地」との関係について考えることを勧めている。（すなわち，自分は母なる大地から何を受け取ったのか？母なる大地に何を返してきたか？）

　アメリカで最も影響力のある内観指導者グレッグ・クレッチ氏は，アメリカの仏教教会 (Buddhist Churches of America) と密接な関係にあり，同教会のために内観の指導を行っている。彼は仏教とメンタルヘルスに関する委員会の議長に任命された。内観に関する入門書（前述）を執筆し，Question Your Life: Naikan Self-Reflection and the Transformation of Our Stories（『人生に問いかけよ：内観の自己反省と私たちの物語の変容』）という本を編集しました。この本では，内観に触発されたエッセイをまとめたものです。これらの本では，彼はマイスター・エックハート氏などの有名なキリスト教徒や，ティック・ナット・ハン氏，ペマ・チョドロン氏，鈴木俊隆氏，青山俊董氏などのさまざまな仏教徒の引用をしています。

内観はマインドフルネス瞑想と結びつけられることがある。米国在住の人類学者オザワ・デ・シルヴァ氏は，マギル大学（カナダ）で "Mindfulness in Cultural Context "（「文化的文脈におけるマインドフルネス」）と題する会議で講演を行った。彼女はその後，"Mindfulness on the Kindness of Others：The Contemplative Practice of Naikan in Cultural Context "（「他者の親切心に向けたマインドフルネス：文化的文脈における内観の瞑想的実践」）と題した論文を発表した。オザワ・デ・シルヴァ氏は，マインドフルネスに関する研究を支援するマインド・アンド・ライフ研究所でも活動しており，京都で開催された 2018 年国際会議で内観修行における心と自己変容の仏教理論について発表しました。

最後に，アメリカの仏教モダニズム雑誌も内観の記事を取り上げている。広く知られている雑誌『Tricycle』には，内観に関する記事が掲載され，ジョン・カイン氏が集中内観の経験について「美しい罠」と題したエッセイを出版しました。また，グレッグ・クレッチ氏による内観講座も同誌のウェブサイト上で開催されている。

4．結び

内観は，日本で生まれ，日本人によって開発され，主に日本で行われてきたという点では，日本的であると理解することができる。しかし，単に「内観は日本的だ」と言うことは，内観が日本人だけのものであることを示唆している。内観が根本的に日本的であるというのは，野球が根本的にアメリカ的であると言うようなものだ。確かに野球はアメリカで，アメリカ人によって開発され，アメリカで広くプレーされている。しかし，野球は単にアメリカ的なものではない。ワールド・ベースボール・クラシックという大会が存在するのは，さまざまな国が野球をプレーしているからだ。ゲームのルールは同じでも，各国でどのようにプレーするかは，それぞれの国の文化の影響を受けている。例えば，日本ではパワーヒッターがバントをすることがあるが，アメリカでは非常に珍しい。野球のスタイルの違いは，異なる文化的思想に支えられている。

　内観は日本的なものでありながら，それだけではありません。内観が異なる文化にどのように「合うか」が重要です。内観に興味を持つアメリカ人にとって，内観は「素直」とか「和」とか「親孝行」とか，日本の伝統的な価値観で理解されるものだけではない。アメリカではそのような日本の伝統的な価値観はありません。しかし，仏教モダニズムがある。仏教モダニズムというフィルターを通して，内観がアメリカ人に「合う」と思われる。

　アメリカで内観に興味を持つ理由には，幾つかの文化的な要素も影響を与える可能性があるかもしれません。自身の罪を告白するカトリックやユダヤ教の伝統が一部に連想することもありますし，組織的な支援を必要としない個人的な追求を通じて自己改善を求める最近の傾向もあります。しかし，アメリカで内観を理解するためには，仏教モダニズムが果たした重要な役割を認識する必要があります。日本では仏教といえば葬式や供養のイメージが強いが，アメリカではよりよく生きるための，科学的に検証された古来の修行法を提供するのが一般的だ。このような理由から，内観を仏教の文脈に位置づけることで，アメリカ人にとって魅力的なものになってきたのです。

参考文献

William, Edelglass. 2017："Buddhism, Happiness, and the Science of Mediation." In Meditation, Buddhism, and Science, edited by David McMahan and Erik Braun, pp. 62–83. Oxford University Press.

Rick, Fields. 1992：How the Swans came to the Lake: A Narrative History of Buddhism in America. Shambala.

Ira, Helderman. 2020："Psychological Interpreters of Buddhism" Oxford Research Encyclopedia, Religion.

Wakoh Shannon, Hickey. 2019：Mind Cure: How Meditation Became Medicine. Oxford University Press.

金光寿郎 .2004:東洋思想史と内観『東洋思想と精神療法』川原隆造編 .pp.3-23. 日本評論社

Jon, Kabat-Zinn. 2011: Some Reflections on the Origins of MBSR, Skillful Means, and the Trouble with Maps. Contemporary Buddhism 12: 281-306.

John, Kitsuse. 1962: A Method of Reform in Japanese Prisons. Orient/West 7(11): 17-22.

John, Kitsuse. 1965: Moral Treatment and reformation of inmates in Japanese prisons. Psychologia 8:9-23.

Krech, Gregg. 2022: Naikan: Gratitude, Grace, and the Japanese Art of Self-Reflection. Stone Bridge Press.

Takie Sugiyama, Lebra. 1976: Japanese Patterns of Behavior. University of Hawaii Press.

Marsha M, Linehan. 2021: Building a Life Worth Living: A Memoir. Random House.

Patricia, Ryan. 1989: "Naikan at Senkobo" in Flowing Bridges, Quiet Waters: Japanese Psychotherapies, Morita and Naikan, edited by David Reynolds, 132-139. Albany: SUNY Press.

Ryan Patricia, Madson.1993: Shidosha. In Running through the Clouds: Constructive Living Currents, ed David K. Reynolds, 121-129. Albany: SUNY Press.

David L, McMahan.2008: The Making of Buddhist Modernism. Oxford University Press.

David L, McMahan.2012: "Buddhist Modernism." In Buddhism in the Modern World, edited by David McMahan, pp. 159–176. New York: Routledge

Takeo, Murase.1986: "Naikan therapy." In Japanese Culture and Behavior, edited by William Lebra and Takie Lebra. Honolulu: University of Hawaii Press.

Gananath, Obeyesekere.1985: "Depression, Buddhism, and the Work of Culture in Sri Lanka." In Culture and Depression, edited by Arthur Kleinman and Byron Good, pp. 134–152. Berkeley: University of California Press.

第七章

私と内観

私と内観と日本内観学会 −内観人名録を企画した経緯−
長田　清
長田クリニック

1. 日本内観学会のユニークさ

　内観は吉本伊信によって，人間修養の手段として開発されている。その後，内観は身体症状や精神症状にも有効であることがわかってきて，心理療法家や精神科医などの専門家が加わり，1978（S53）年に日本内観学会が設立された。

　この学会のユニークなところは，専門家だけでなく，非専門家である一般の人々の入会を受け入れているところである。吉本伊信は，内観面接者が偉いのではなく，内観に取り組む人こそが偉大であり，面接者はただの世話人でしかないと言っている。故にこの学会においては皆が平等であり，専門性を基準としたヒエラルキーはないのである。

　学会の雰囲気は独特である。医学系の学会と違って，医師や心理士，大学の教員などに交じって，内観研修所の職員，警察・鑑別所・少年院など矯正関係のスタッフ，学校関係者なども見られ多種多様である。

　内観の魅力は，それまで人格の問題，行動障害と見られて，治療や対応に困っていた「アルコール依存症」「覚醒剤中毒」などの薬物依存，そして非行，不登校などの思春期問題にも有効なことである。精神医学的治療では，問題の原因を追及して，それに対する対処法を考え，行動を変えさせ，必要なら薬物を投与するのだが，うまくいかないことも多い。それが内観では，問題を追及することなく，問題解決を迫るでもなく，本人の自発的な気づきと変化への動機づけを内観者に委ねるのである。

　集中内観では1週間缶詰にされ洗脳されるというフレームからパターナリスティックなイメージを持たれ誤解されることがあるのだが，実際は本人の自由意志こそが尊重され，中断も可能であり，マイペースのセルフカウンセリングということになる。その場所を提供するのが内観研修所であり，内

観のお手伝いをする面接者は指導者ではなく，コーチでもなく，サポーターというのが実際である。

2．私の内観との出会い

　われわれ医療者は，大学で学んできた教科書的知識を元に，臨床実践の中で患者の病気や障害に対応する技術的知識を身につけていかなければならない。病気については教科書にその特徴が記載されているが，実臨床では定められた処方による投薬では治療がうまくいかないことが多い。万人に通用するはずの診断名も，それに基づく治療ガイドラインも目の前の個々人にピタリとは当てはまらないのである。人はそれぞれ違った経緯で苦悩を抱え，症状を呈しているため，一人ひとりの家族歴，生活歴，生き方，信念，価値観などを検討する必要がある。さらに患者の側の要因だけでなく，治療者側の態度，信念，価値観などもまた治療結果に影響を及ぼす。

　複雑な要因が絡んで起こってくる問題や苦悩，病気に対して治療者が一方的に治そうとすると多大なエネルギーを要することになる。しかし内観では，治療者が相手を治すのではなく，本人が自分の問題に気づき，それを自分の力で克服していくお手伝いをするだけなのである。これが大きな魅力である。

　私がアルコール依存症専門病棟を担当することになった時，それまでの統合失調症患者を相手にするのとは違う難しさに直面した。薬も効かず，否認が強く従わず，すぐに飲酒しスリップしてしまう。そのため久里浜病院でアルコール依存症リハビリテーションプログラムの研修を受けて体制を整えた。院内断酒会も始め，病棟運営はかなり良くなったが，それでも彼らに対するネガティブな気持は消えず，心からの信頼感はお互いになかった。

　そんな風に治療で四苦八苦している時，良き精神療法を求めていて出合ったのが内観である。内観という言葉を聞いてほどなくして，内観を受けたという断酒会会員を見かけた。人格者然としていて，その風貌に内観の効果を確信した。治り方だけで信じるとは我ながらおっちょこちょいだと思うが，早速勉強しようと，大和郡山の内観研修所の門を叩いた。1987 年 6 月のこ

とである。

3. 集中内観へのオリエンテーション

　新しく物事に取り組む時や，新たに組織に加入する場合に，速やかに適応し修得できるようにするのがオリエンテーションであり，小中高大学入学時や医学実習などでも体験してきた。しかし，そんな風に手取足取り教えてもらえる，という期待は裏切られた。

① 簡単なガイダンス

　私が受けた1週間の集中内観では，トイレ，風呂の案内，早朝の庭掃除の奉仕，簡単な生活ガイドを受けた後は，屏風で仕切られた畳半畳のスペースの中に導かれ「ほな，始めなはれ」と言われてスタートした。荒野に投げ出されたような心細い気持で，もっと丁寧に手順を教えてほしいと思った。吉本先生は，1分1秒でも惜しんで内観に集中しなさいという本意で，メモ書きも1日の終わりの記録もダメで，内観3項目の質問についてひたすら内省するようにと言う。実は研修に入る前に慌てて三木善彦先生の『内観療法入門』[1]を取り寄せて読んでいたので，あらましはわかっていた。それなのに不安で依存心から期待していたのである。それに対して吉本先生は偉大な人なのに威圧感を与えず淡々と，多くを語らずに態度で道を示す。もっと会話でお茶を濁して時間を稼ぎたい気持を見透かされていたのだ。自分でやるしかない。

② 内観テープ

　「母に対する自分ついて」「父に対する自分について」の内観をしても，なかなか思うように内観が深まらないものである。そういう時に役に立ったのが過去の内観者の語る話を聞くことであった。

　1日3回の食事の際にも内観から離れないようにと，テープに録音された内観者の語りが流される。いろいろな内観があり，女性，男性，年配者，若い人，あるいは医師，神父など職業のわかる人の話もある。内観が深く進み，涙声，囁き声，絞り出すような声だったりして，後悔や感謝，喜びなどの情

動が伝わってきて，自分の内観の行く先が見えてくる。『医学と内観』竹元隆洋先生，『医師』井原彰一先生などのテープが印象的だった。今から思うと，吉本先生は私が医師だからそれらのテープを選んだのかもしれない。適切な録音テープは良いモデリングとして私の行く先を導いてくれた。

③　面接所作

　1〜2時間おきにやってくる面接者は，屏風の前に正座をして合掌し，深々と礼をした後，屏風を開ける。見えないが気配でその所作がわかる。対面した後合掌し，再度お辞儀をしてから「ただいまの時間，どなたに対していつのご自分をお調べになって下さいましたでしょうか」と問う。3項目について答えた後「どうもありがとうございました」と言われ，双方お辞儀をする。面接者は屏風を閉めて，さらに外で最敬礼を繰り返した後去って行く。数分の問答であるが，その間，何度もお辞儀されるので，つられてお辞儀する。こちらが尊重され大切にされているというのが伝わってきて，身の引き締まる思いがする。

　こういう所作も内観を深めていくためのオリエンテーションになっていたことを改めて感じる。

④　環境

　1週間分の着替えと洗面用具，ノートを入れたボストンバッグを持ち，内観研修所の門を潜った。ホテルでもなく，病院でもなく，学校でもない未知の場所での1週間の生活である。研修の緊張もあり，旅行というよりは異界への扉を開くような不安感，内観という治療法を見てやろうという学習意欲半分，あわよくば何らかの自分の欠点修正，執着からの解放が得られればという気持や，自分が変われるという期待感もある。1週間の研修期間は，家を離れるという制約と1週間の時間を奪われるということが大きな抵抗になるのだが，結果的にはそれが必要であることは後からわかった。

　覚悟はしていたが，大部屋だった。部屋の四隅に屏風で仕切られた半畳のスペースに入れられる。ただ食事も屏風の中なのでお互い顔を合わせることはない。声は聞こえてくるので，ある程度の年齢はわかる。面接の際，小さ

な声で話すのだが，静寂の中よく聞き取れる。不思議なことに2，3回は耳に飛び込んで来たが，その後は自分のことでいっぱいになり，気にならなくなった。ただ何の変化も起こらない自分なのに，2日目頃から泣き声が漏れ聞こえてくると，自分ももっと深く内観しなければという促しと感じられた。大部屋という構造もオリエンテーションとなっている。

　屏風の中での生活は，最初苦痛な行動制限と感じられた。しかし時間が経つにつれ，心地よくなる。トイレ，入浴以外は動かず，美味しい食事も三度運んでくれる。面接も向こうからやって来る。最初はヒマで退屈だったが，想念が次々に浮かんでくるにつれ忙しくなってくる。しかもそれが臨場感を持って再現されるから。ここで脳の活動が大量のエネルギーを消費するということを実感した。肉体的には座しているだけなのに，就寝時横になるとぐったりと疲れてすぐに眠りに落ちた。

4．治療者の体験発表

　他の学会でもそうであろうが，日本内観学会においても，研究者自らが治療者としての自身の在り方を問う姿勢が顕著である。自分を未熟な人間として捉え，人間としての自分を反省し，治療者としての役割を問い直している姿が見られる。それは学会での発表や論文中に，自らの内観体験が多く語られていることから分かる。尊敬する先輩達のモデリングがあることで，それに続く者達も同じように自己開示して，己の姿を点検し続けるという良き流れが作られているように思う。3名紹介したい。

①塚崎稔（三和中央病院）[2]

　―私は25年前に30代で父親の運営する病院を継ぐことになった。すでに父親は他界していたが，残された病院の運営は大変なものであった。病院経営やアルコール依存症患者の治療に関して全く無知な状態で，私はすぐに無力感と絶望感に陥った。当時，病院でアルコール依存症の治療に内観療法が導入されており，看護スタッフは逆境の中で苦しんでいる私に対して集中内観を奨めてくれた。内観してみると，実は亡くなった父親も自

分と同じような悩みを抱えて苦労していた事実を知り，それまで抱えていた父親への陰性感情が消え，感謝の心へと180度転換した。清々しい気持だった。内観に魅せられた私は，それから断酒会などもよく参加するようになった。

現在学会事務局長をされている塚崎先生は，若くして父親の残した病院を何の準備もないまま継ぐことになり，大変な苦労に直面された。経営面しかり，治療面しかり。それが集中内観を体験することにより，自らの未熟さに気づき，父親への不満，疎外感が解消され，親近感，感謝の気持ちに転換されたのである。内観の効用を実感したからこそ，患者さんにも心から内観を勧めることができる。この自己開示により人柄に触れることができる。

②齋藤利和（平岸病院）[3]

―1979年3月，内観研修所で集中内観を受けた。医学校を出てすぐに民間の精神病院に就職。集中内観を受けたいと思ったのは，7年目の医者としてはきちんと精神療法の訓練を受けていないと言われるのではないかという不安がいっぱいで○○療法といわれるものの一つも身に着けていないと格好がつかないと思ったからだ。

―内観研修所は通常日曜の入所であったが学会に出席した帰りに寄ったために木曜日に入所。吉本先生は何処にでもいる「関西のおっさん」という感じ。遅れた理由，来た目的などを聞かれる。アルコール依存症の治療をしている医者であることも話す。薄暗い別館に通され，内観開始。ともかく眠い。何も思いだせない。小学校入学前なんか思い出せるもんかと，内観を放棄。以前，内観した人の面接のテープが流されている。なんとなく耳障りの感じ。泣いているなぞと考えるとぞっとする。アル中のテープが流される。特に感慨はない。吉本先生が面接にきて「このテープあなたの為にかけました。何か感想ありますか」との問いに「こんな話は聞き慣れていますから」と答えてしまう。

　2日目，睡魔とイライラはピークに達して，逃げ出したいという気持ちに突き上げられた。どうにか2日目が終わった。3日目の朝，「逃げ出そ

う」ということしか頭になかった。面接に来た長島先生に切り出した。「学会の後すぐ来たものですから用意しなければならない物を持ってきていないので街に買い物に行ってきたいのですが」。うそではないが，所詮逃げ出す口実だった。長島先生にあっさりと「どうぞ」と言われ街へ出た。何も考えられないアタマ。体だけは自然に動いてシーツを買い，下着を買い，ちり紙を買った。帰途，商店街を抜けたところでコーヒーの香り。「入ろう」と思ったら，急に汗が出た。走って，研修所の門の中に飛び込むと気持ちは楽になった。思い切ってお願いをした。「実は今の部屋は暗くて，眠たくて内観になりません。明るい部屋に移してください」。

　部屋を移ってから，少しずつ過去の情景が浮かぶようになった。月曜日の朝は快晴だった。窓から入る陽の中に運ばれて来たご飯は炊き立てで，味噌汁からも湯気が立っている。熱いご飯を口に運んだ瞬間だった。涙が出て止まらなくなった。涙が邪心を払ってくれたようで，その後は内観が進んだ。次の朝，アルコール依存症の方の面接の様子が放送で流れた。言葉の一つ一つが心にザーツと染み入ってきた。学ぶことの多い語りが続く。吉本先生が面接にこられた。「放送どうでした」と尋ねられたので，「アルコールの方のこんなにすばらしい心に接したことはありません」と答えた。先生はいつものようにあっさりと「これ，初日に聞いたテープでっせ」といわれた。「私は今まで，患者さんの声が聞こえていなかったに違いない」と呆然とした。謙虚となるべき体験が逆に私を傲慢にした。

―実はそれまで厳しい父に対してあまり良い感情を持っていなかった。小学校の低学年に２回肺門リンパ腺結核を発症した私は，小学校４〜５年生の時，暖かい埼玉の叔父の家に預けられた。叔父の家になじめず，自分が不幸だと思い続けていた。小学校高学年の父との関係について調べていた時のことであった。夏休みに帰郷して再び叔父の家に帰る汽車に乗ったとき，送ってきた父の目に涙があったことを思いだした。「ああ，父も泣いていたのだ」と思ったとき，不幸だったのは息子の病気のために別れ別れにならねばならなかった両親の方だったと気づいた。自己憐憫に満ちた

わがままな自分の殻がゆっくりと崩れていくのを感じた。水躍日の昼，私の内観研修は突然終わった。退所の時，先生と奥様が玄関に正座し合掌して見送ってくださった。ありがたかった。

齋藤先生は，第43回日本内観学会学術集会の大会長をされ，その時の会長講演でご自分の話をされた。内観中に，患者さんのデモテープを聴いて，その純真なる心の声に感動し，今まで患者さん達の心に向き合ってこなかった傲慢さを反省したとのこと。また，自分を見捨てたと思い恨んでいた父親の，親の心に初めて気づき，我が儘で自己中心的だった自分に気づいたと。親子の相克とその克服のストーリーは誰にとっても参考になる話である。

③村瀬孝雄（初代日本内観学会会長）

柳田鶴声（瞑想の森内観研修所）による記録[4]。

－村瀬先生が57歳の夏，昭和63年7月，1週間内観の面接をさせていただく光栄に預かりました。内観中の村瀬先生との一問一答の記録より抜粋させていただきます。

－柳田「ではこの1週間のご感想をお話ししてくださいますか」

村瀬「このところずーっと引っかかっていた親との関係，とりわけ母親との関係に明るい目処がたったというか，『そうだったのか』と，『原因は全部自分だったんじゃないか』と，そういう思いがしみじみとしております。ですから，これからの生きていく上で，一つの光が明るくなって，味わいのある暖かい静かな光が射してきたとでもいいましょうか，そんな思いがしております」

村瀬「内観は広い意味の心理療法ですが，もともとが宗教と縁の深いもので，つまり『人間は死んだらどうなるか』と死をとい詰めるというふうに内観の創始者吉本伊信先生は常に言っておられまして，非常に実存的な療法です。しかしやはり研究というだけでは，自分が本当に納得できるものをお伝えできたという思いがありませんでしたので，私自身がやはりもう一度内観をする必要があると思いまして，今回内観をしてみました。」

「帰って参りました時に，一緒に住んでおります母は風邪で臥せっていた

んですが，歳ですので大事にせにゃいかんなという程度で特に心配もせず，私はシンポジウムの準備をしていました。しかし日一日と具合が悪くなってきまして，7月27日，水曜日に母を喪いました。ちょうど今日が初7日なんです。」「この際敢えて，私の一番身近な母の死をテーマとして，私自身を事例として，私自身を研究者として，提供させていただくことにしました。非常に個人的なことになるわけですが，『個別的なことから普遍性に到る』というのが我々臨床の基本的な一つの考え方だろうと思います。厳密にいえば母の死からまだ1週間経っていないわけでして，客観化していく上ではあまりにも時間が熟していないという思いがありますが，しかしここでこういう機会に私の個人的なことをお話することをお許しいただきたいと思います。」

「母は僅か1週間寝込んだだけでございまして，その1週間の間に，いってみれば，人間が自然に死んでいく姿を凝縮して示してくれたのではないかと思うんです。自宅で私達に看取られて亡くなりましたので，近頃こういう経験をもてる機会というのも非常に少なくなったかと思います。そういう意味でも母への供養と思いまして，報告いたします。」

「最近の母に対して調べていた時なんですが，ここ1年ぐらい母の背中が急に丸くなってきたんですね。私は確かに『痛いだろうなぁ，辛いだろうなぁ』という同情の思いはありましたが，反面では，これはもう歳とってきたから仕方がないことじゃないか，日頃あまり姿勢も良くないことだし，慣れればいずれ辛くもなくなることだろうと，そんなふうに多少他人事のように思っていたという思いも正直言ってあったのです。ところが内観をしてみまして愕然としたことはですね，80年にわたって生き抜いてきた，そして母親が背負ってきました過去の重荷そのものが，あの背中の姿に現れていたんじゃないかと。しかもその80年の大部分，45歳の時に私の父を失い，その後私達兄弟3人を育て上げました。そして，その苦労はほとんど誰にも母は語ってこなかったと思うのですが，その辛さが，その苦労があの背中になって出ていた，そんな当たり前のことが，57歳にも

404

なって今回内観するまでほとんど思ったことがなかったんですね。」

「内観ということを通しまして，母の気持ちにやっと少し近づくことが出来，同時に自分が今まで母親をどこかで遠ざけていたということにも気付くことが出来ました。私は比較的親思いの息子だと思っておりました。しかし非常に基本的なところでそうではなかったという思いがして屏風の中で泣き伏せていた時間がありました。」

「風邪で寝ていた母は，次第に食欲が無くなりまして，こんなことは初めてだとしきりに気にしておりました。早く元気になりたいと，確かに焦っている気持ちはあったんですね。それに対して私は『焦るのが一番いけない，静かにしていればまた元気になる』というふうに力づけていましたけれども，今思いますと，あの時あんなに食欲の無さを気にしていた母は，やはりどこかで非常に深く死を畏れ，死を予感していたのではないかと思います。」

「私は，内観をした直後であったにもかかわらず，そこまでわかりませんでした。力づけといえば確かに多少の力づけになったかもしれませんが，しかし，母に辛さを，息子が，本当のところは十分に感じ取ってくれなかったかということで，きっと寂しかったろうと思います。でも母は『そうね』と静かに頷いていてくれたんです。」

「その頃になりますと母は，私にはあまり話をしませんでしたけれども，妻とか，お手伝いの人達に，しきりに自分の幼かった時から結婚してその後の様子というものを話すようになっていたんですね。いってみれば自分の一生を総括・統合していたんではないかと思います。」「死ぬ前の日には，家内が一晩母と枕を並べまして，添い寝をして，話を一晩中聞いてくれたんですが，ほとんど母は眠ることなく来し方行く末，様々なことを話し続けて，そして『もう，これで任せられる』というようなことを言って，いわば母自身が内観をしていた節もあるんですね。姑を自分が看取った時のことを反省したりしておったそうです。そして亡くなった当日の朝方まで話し込んで，その後うとうとと休んだという1日でした。」

——こうして，内観した 1 週間後にお母様がお亡くなりになり，また，その 4 日後には吉本伊信先生がお亡くなりになるという，僅かの時間の間に人生の大恩人を 2 人失ったわけです。

村瀬孝雄先生は，長年日本内観学会の理事長をなされ，研究面でも生涯内観の研究に尽くされた方である。ご自身の内観体験と母親の死が重なり，より印象深い体験となっている。親が年をとり，親孝行しているつもりでいても，息子としての気づきが足りず，孝養が十分でなかったと反省されている。

吉本伊信は「内観は死を見つめてするものです」と言っている。私の理解では，極限状態に追い込んで自分を見つめ直すということである。虚飾を取り払った裸の自分になることなので，親の前では赤子のような存在になってしまう。そこで初めて，仕事や夢や欲や雑多の感情に取り憑かれて，人としての根本の有様を忘れていたことを思い知らされる。

このように先輩達の内観体験に触れ，そこから自分の内観的な振り返り，日常内観のひとときを得て，自分と他者との関係を見直す時間が持てるのがこの学会の有り難いところである。

5. 内観人名録

お互いの自己開示を比較的見聞きすることが多いのが日本内観学会の特徴である。初対面の大先輩でも，講演や論文などで，その内観体験を開示されるので親近感がある。学会員の多くが集中内観を体験しているので，その効果を自らが実感し，その気づきを共有してくれる。その結果パーソナルスペース（対人距離）が縮む。

私が初めて日本内観学会に参加したのは，平成 6 年（1994），第 17 回日本内観学会（指宿大会）であった。一目で医療関係，大学関係ではないことがわかる人たちが半数ほどいた。そのためか緊張感より和やかな雰囲気が漂っていた。私が受付で登録していると，いろいろな方から声をかけて戴き，親しく迎えて頂いた。各地の内観研修所の方たちも多く，皆さん初対面ながら，気さくに挨拶して貰った。研究者以外の参加者も多いものの研究発表は，

内観の効用，応用，事例発表，理論化など真剣で熱気に溢れていた。

　それから何度か学会に参加して，令和4年5月には第44回大会を沖縄で開催させて頂いた。この学会も他の学会同様高齢化の波が避けられず，知己を得ていた方々も少なからず引退・逝去されている。そういった方々の業績や人となりを忘れてしまうのは惜しいと思う。またコロナ禍でオンライン集会が増え，学会に集って親しく交歓する機会もなくなっている。このままお互いを忘れていくのではないかという危機感を感じた。この学会の良さ，平等，互いへの尊敬，親近感がこのまま失われていくのは惜しい。

　それで，いつでもお互いを理解，確認できる資料が必要と考え，『内観人名録』の作成を企画した。目的は，学会のアクティブな中心メンバーの活動や人柄を紹介する資料を作る。それにより互いを資源として活用し，理解を深め学会員同士の交流を活発化することである。さらに他学会へも「内観療法」の良さを発信し，交流する材料として使えるものとする。そのように考えて，第一部は学会理事，評議員，研修所所長達を中心に希望者を掲載。その後広く学会員の希望者の掲載も順次行っていく予定である。内容は顔写真，略歴，趣味，近況，内観活動歴，内観体験記など，コンパクトに見開き2ページとし簡単に閲覧できるようなものにする。新旧交代の波に乗りながら，次世代へ学会の資源を引き継いでいくものになればと思う。

参考文献

　三木善彦：内観療法入門　創元社 1976

　塚崎稔：内観と森田の対話－内観の立場から. 内観研究, 28(1)；15-19.2022

　齋藤利和：私の内観体験. 内観研究, 28(1)；3-4.2022

　柳田鶴声：村瀬先生の魅力－存在感－. 内観研究, 5(1)；5-10.1999

あとがき

　日本内観学会と日本内観医学会より発刊された内観に関する研究論文を
まとめた書籍には、「Naikan Therapy -Techniques and principles for use
in clinical practice- . Japanese Naikan Medical Association CHIHARU
KUBO、Japanese Naikan Association SHIGEO HORII. Daido Gakkan
2013」があります。これは英語版で海外向けに内観療法を紹介したもので
発刊から 10 年が経過していました。一方、国内向けには、「まえがき」に
も書かれていますように、日本内観学会初代会長だった村瀬孝雄先生編集の
日本内観学会会員有志による「内観法入門、誠信書房 1993 年」がありますが、
内観療法まで含めた内観に関する体系だった書籍がまだありませんでした。

　そのような事情で、内観に関する書籍を日本内観学会から発刊しようとい
うことになり、編集代表の真栄城輝明先生からお話があったのが 2022 年 7
月だったと記憶しています。最初のタイトルが「内観療法 ―入門から臨床
応用まで―」というものでした。掲載目次の案を見て、そのボリュームの大
きさに驚きました。「内観法入門」は執筆者が 13 名で構成されていましたが、
本書はその倍以上の執筆者が名を連ねています。さらに、編集案からわずか
1 年ほどでこれほどの内容を掲載できましたのも、真栄城編集代表と執筆者
の信頼関係の上に成り立っているからであって、企画責任委員となっている
私などほとんどなにもしていないので頭が下がる思いです。編集会議は、す
べてオンライン上でおこない、タイトルの修正や、新しい知見が加えられて
いきました。

　振り返ってこれまでに、多くの研究者が内観学会大会や内観医学会大会で
研究成果を発表し、論文として投稿されて新しい内観の知見が蓄積されてき
ました。そのような、研究者の大切な内観への思いをまとめることの責任が
内観学会にはあるものと思います。本書は、主として「内観研究」の第 10
巻（2004 年）から第 28 巻（2022 年）に掲載された論文の中から新しい知
見の論文をピックアップしたものです。かねてより、内観に関心を寄せ、内

観の研究を始めた若い研究者にとって、待ち望まれた内容となっていること
と思います。

　本書を読み進めていくうちに、内観法・内観療法という日本発祥の精神
療法が原法とは異なった形で、臨床現場で実施されてきていることがわかる
でしょう。3 年前に始まった Covid-19 がもたらした生活様式の激変は、内
観研修所や医療施設に大きな変革を余儀なくされました。集中内観実施が中
止されるなか、オンライン内観の試みなど、新しい内観の形へと変化してい
ます。

　カウンセリングに内観の要素を取り入れた面接や、外来で行う内観療法な
どはこれからの内観の発展を示唆するものと思います。しかし、内観の構造
は変わりつつあっても、集中内観という治療構造の中で生み出される他者か
ら愛を受けてきた事実の発見と自己への罪の自覚から、本来持っている素直
な自己へ回帰し、他者との関係を構築し直すという他の精神療法にない内観
独自の治癒転帰はそのまま受け継がれ、発展していくことが望まれます。

　本書を発行するにあたり、原稿を寄せてくださった先生方に心より感謝申
し上げるとともに、まだたくさんの優れた論文が紙面の関係上、掲載できな
かったことが企画責任者として大変心苦しい思いでいます。しかし、本書を
読み終えた読者の皆様が内観に興味を持ち、悩みを持つ友人、苦しんでいる
患者への一助になるとすれば編集者一同の最大の喜びです。

　最後に、多くの論文を本書にまとめあげ、全体の構成を整える作業にご尽
力いただいた朱鷺書房の嶋牧夫氏にこの場を借りて厚く御礼申し上げます。

2023 年 7 月

企画責任委員　塚崎　稔

編著者紹介
【内観法・内観療法の実践と研究】

編集顧問
堀井茂男（日本内観学会理事長・慈圭病院理事長）

久保千春（元日本内観医学会理事長・元九州大学総長・中村学園大学学長）

編集代表
真栄城輝明（日本内観学会編集委員長・大和内観研修所所長）

塚崎稔（日本内観学会事務局長・三和中央病院院長）

河合啓介（日本内観学会編集副委員長・国立国際医療研究センター国府台病院心療内科科長）

編集委員
高橋美保（東京大学教授）

橋本章子（帝京大学非常勤講師）

千石真理（心身めざめセンター主宰）

清水康弘（瞑想の森内観研修所所長）

【目次】

＜第二章＞

「内観の歴史と吉本伊信」

内観と吉本伊信の歴史–日本内観学会の誕生まで–　　　　　　　竹元隆洋

吉本伊信と内観　　　　　　　　　　　　　　　　　　　　　　井原彰一

池見西次郎と吉本伊信と私　　　　　　　　　　　　　　　　　久保千春

私の吉本伊信像　　　　　　　　　本山陽一(奥武蔵内観研修所所長)

＜第三章＞

「内観療法の臨床応用」

精神科外来診療における内観療法　　　　　　　　　　　　　　飯島正明

アルコール依存症の内観療法　　　　　　　　　　　　　　　　竹元隆洋

内観の適応および内観研修所と連携する際の臨床上の工夫やポイント

　　　　　　　　　　　　　　　　　　　　　　　　　　　　　長山恵一

内観研修所との連携による治療促進過程–心の成長を抱える枠構造について–

　　　　　　　　　　　　　　　　　　　　　　　　　　　　　田中櫻子

心因性疼痛の絶食内観療法　　　　　　　　　　　　　　　　　堀井茂男

嗜癖問題に対する内観療法の使い方　　　　河本泰信(よしの病院院長)

摂食障害と内観　　　　　　　　　　　　　　　　　　　　　　河合啓介

内観におけるイメージの活用　　　　　　　　　　　　　　真栄城輝明

＜第四章＞

「関連領域から見た内観」

近代日本の精神療法と仏教思想　　　　　　　　　　　　　　　中村敬

ユング心理学から見た「内観療法」　　　　　鈴木康広(佛教大学教授)

仏教からみた内観　　　　　　　　　　　　　　　　　　　　　千石真理

デイケアプログラムにおける内観的認知療法

　　　　　　　　　　　　　　　渡邉恵美子・塚崎稔(三和中央病院)

成人 ADHD に対する内観　　　　　　尾上了三・塚崎稔(三和中央病院)

内観療法用語　総集編

「アルコール依存症」

　慢性的な飲酒を続けているうちに脳細胞は麻痺して感受性が低下し，酩酊の効果が低下して酩酊の報酬効果を求めてさらに飲酒量を増加し続けることになる。脳は，その過量のアルコールに馴れてしまうのでホメオスターシス（恒常性）によって過量のアルコールでも心身のバランスがとれる状態になってしまう。万一，その一定量を飲酒しなければ脳にとっては異常事態になってしまう。

　その状態が依存形成であり，その症状が離脱症状（禁断症状）である。アルコール依存症の診断ガイドライン (WHO 国際疾病分類) によれば，①飲酒量増加（アルコール耐性の強化）②強迫的飲酒欲求（衝動的欲求）③飲酒行動をコントロール（抑制）できない④飲酒中心性，飲酒最優先の思考や行動⑤飲酒抑制の障害と過量飲酒による明確な有害性を否認して飲酒する⑥離脱症状の出現などの 6 項目のうち 3 項目以上あればアルコール依存症と診断される。慢性的過量飲酒による「アルコール関連疾患」には①身体的障害（胃腸障害，肝炎，肝硬変，前頭葉萎縮，神経機能低下，多発神経炎，心筋障害など）②精神的障害（精神不安定，性格・人格的レベル低下，アルコール精神病と呼ばれる振戦せん妄，アルコール幻覚症，アルコールてんかん，コルサコフ症候群など）③社会的障害（家族不和，離婚，職場不適応，失業，地域社会問題としての飲酒運転，迷惑行為など）がある。このような依存症が長期間持続する原因について Schaef AW. (1987) は 1 次的に人間関係依存（共依存）があって，依存症者を支え助けてしまうイネイブラー（支え手）との加害者被害者関係・支配者被支配者関係が持続しており，その結果 2 次的に物質摂取依存（アルコール・薬物依存など）や行為過程依存（ギャンブル，買物，暴力，虐待など）が発生し持続すると提唱した。アルコール依存症の治療では，このようなよくない人間関係の根本的治療が必要不可欠である。そのために内観療法はアルコール依存症の治療に有用性を示している。（竹元隆洋）

「嘘と盗み」

414

＜内観の真髄へ導くもの＞

　周知のように，内観は自由に連想を語るのと違って，課題が設けられている。吉本伊信は，3項目の中では“迷惑”を，その他では“嘘と盗み”という課題を重視しているが，それはなぜかと言うと，そこに内観の真髄を見ていたからである。吉本が好んで口にした法話の一節に次のような句がある。“我が身は悪しきいたずら者と思えば自力はすたるなり”。『今死んだらどこへ行くのか』と無常観に最大のポイントを置いてきた“身調べ”に対して，内観では罪悪感に重点を移した。その理由として「今死んだらどこへ行くのかを真剣に思える人は，もうすでに相当深く進んでいる人と考えていいから』と説く。つまり，悟りの境地に導く無常観へ至るには，罪悪感を観取する必要があって，そのためには『自分の罪を知ることが死をとりつめる近道だ』と考えたのである。

＜罪悪感から無常観へ＞

　“身調べ”の時代は，罪悪感を観取するために「善いことと悪いこと，どちらが多かったですか？』という課題を内観者に問うたようだ。しかし，その方法では具体的な罪悪感が出づらいと考えた吉本は，内観に3項目を設けただけでなく，“嘘と盗み”というテーマを設定した。このように内観は身調べに比べて，与えられたテーマが具体的になった分だけ取り組みやすくなったと言われている。ところで，3項目に止まらず，なにゆえ内観では“嘘と盗み”を追加したのだろうか？吉本の答えはこうである。「口先では私は罪人ですといっておっても，他人から泥棒と言われると，何を！と怒るのであります。怒るということは‘私は罪人でございます’と言っているのが，実は表面だけのことなのだということを示していることになります。本当の罪人と自覚するには，深い反省が必要です。罪人が罪人だったと悟った時，真理の目が開けるのです。」内観が，悟り（転迷開悟）の境地を獲得することに目標を置くならば，“嘘と盗み”のテーマこそ，罪悪感を伴って無常観へ至る王道となる，と吉本は考えた。（真栄城輝明）

「開悟人」

　自己の迷いに苦悩し自己の体験に基づいて深い罪悪感に到達できれば己の存在をはじめすべてのものの無常を悟ることができる。禅宗では見性（けんしょう）と呼び

自己の本来の心性を徹見して悟ることとしている。浄土真宗の一派で行われた「身調べ」という精神修業（内観の前身）では飲まず食べず眠らずで自分の生活，生き方を振り返り生死無常を悟り，転迷開悟，大悟徹底，宿善開発と言われるような開悟に到達できた人々が大勢いたとされている。現在の内観はいわゆる開悟を目標とするものではない。内観の創始者吉本伊信 (1916~1988) は内観について「罪悪感だけでも（無常感を感ずるまでには至らなくても）自覚すれば精神生活の内容に大変革が起こる」と著書「内観四十年」（春秋社）に述べている。この精神生活の大変革のレベルでも前非を悔い改め我欲，我執を離れスピリチュアル（霊的）で自由な生き方ができているので広義の「開悟」と呼ぶことが許されるかもしれない。（竹元隆洋）

「我執からの解放」

　内観法の創始者，吉本伊信は，内観のねらいを，「"俺が"，"俺が"の"が（我）"を捨てること」と，端的に述べている。精神分析学者であり，東洋の英知にも造詣の深い，フロム・Eも，同様に自我拘束からの解放こそ，人間の救いの源泉である旨を指摘している。

　その際，彼は人間の基本的な二つの存在様式，"持つこと (To Have)"と，"あること (To Be)"に注目し，そこに生きる上での根源的な意味を見出している。"持つ的態度"とは，文字通り対象を所有するという在り方である。ただ，この関係では，私と対象との間には，生命的交流が欠けている。他方，"ある的態度"とは，世界と一つとなり，対象とともに生きるという能動的な生命過程であり，又成ること，つまりは変化し生成することを意味している。この消息は，まさに森田療法における，"かくあるべし"といった，とらわれ（持つ的態度の病理）から，"あるがままの世界（ある的態度）"への変容に，そのモデルを伺うことが出来るとともに，内観の心理学的理解にも，通底しよう。

　ところで，発達心理学も教える如く，自我意識は母子未分の原初的生命的一体の世界から，所有意識の発達と共に次第に分化してくるが，この歩みは，反面，あるがままの生命の本源からの疎外のプロセスでもある。内観は，自我成立と同根な生命の本源からの疎外を解放し，あるがままの自己（真我）の発現を促すべく，巧妙かつ

合理的な仕組みとなっている。なお，その際捨てるべき自我が，それなりに成り立っていることを前提ともしている。つまり，内観によってもたらされる，あるがままの世界は，単なる自他未分の意識レベルではなく，自他分離を前提にした自我をも含みつつ超える（自他止揚）といった機制による，生命の本源との高次の和解に向けてのプロセスといえよう。（巽信夫）

「家族内観」

　内観創始者，吉本氏自身，若年者には，其の目的を問わず，親子共に内観することを薦めていたようである。内観研究領域でも，その取り組みが重ねられてきた。とりわけ，自我機能自体に様々な脆弱性や未熟性がはらまれている場合，まずは，その母親自身への内観導入を介し，"母なるものの発現"を通しての，癒し的効用が注目された。やがて，"母なるもの"の発現の歪みに関し，背在する父母間不調和が，有形無形に関わっているという実情を踏まえ，父親への内観導入の必要性も指摘されるようになる。

　この背景には，父性機能の意義につき，母性機能の発現を支持すると共に，子供の分離，個別化課題における，非母親空間への探索活動の際，新しい心理基地を提供する事で，母親空間からの分離を促進するという，発達心理学的知見の裏づけもあった。やがて，クライエントの癒しを主目的とした家族内観は，家族全体の癒しを単位とする方向へと展開されてゆく。

　この背景には，クライエントの病理を，個体内部の障害として捉える伝統的観点に対し，「全体としての家族」，ひいては「多世代間伝達」といった見地から，個としての病理を，その家族（及び家族史）の機能不全兆候として捉える，家族療法分野での，認識上の変革も，預かっていたようである。と同時に，子供の癒しのための家族内観でなく，そのような作為や意図性を超え，親がひたすら内観を通じ，自らの解放に取り組むなかで，自ずと家族全体の変容がもたらされるという観点への止揚は，家族内観ならではの裏づけであろう。

　なお，その際一方で当事者（クライエント）自身の自立にむけての個別的取り組みの尊重といった，複眼的視点を看過することの陥穽にも，言及されている。（巽信夫）

「国際内観療法学会」

2008 年 8 月に開催された，W.P.A in Yokohama に，数多くの内観関連演題が応募，発表され，海外の医療，福祉関係者の関心を高めた。この席上，内観の国際化時代を踏まえ，日本及び，中国，韓国の参加者が集い，「国際内観療法学会」設立に向けての提言がなされ，賛同が得られた。その際，当学会事務局は，日本内観医学会事務局に置き，とりあえず，2 年毎をメドに，各国で持ち回りの，主催担当（その際，2 回に 1 度は，日本で開催）という方針が，確認された。

以下，現在に至る経緯を紹介する。

＊ 2003 年 10 月，第 1 回国際内観療法学会＝第 6 回日本内観医学会と合同（会長，川原隆造，鳥取大学教授，テーマ：東洋の知恵を世界へ）。

＊ 2005 年 11 月，第 2 回国際内観療法学会（中国，上海，組織委員会代表，Zeping Xiao 学術委員会代表，Zucheng Wang，テーマ：もっとゆとりのある心）。

＊ 2007 年 10 月，第 3 回国際内観療法学会＝第 10 回日本内観医学会と合同（会長，黒田重利，岡山大学教授，テーマ：吉本内観の原点から未来へ）。

＊ 2010 年 11 月，内観国際シンポジウム（第 4 回国際内観療法学会に準ず），（韓国，李大伝韓国内観学会会長，テーマ：内観療法を通じての抑うつ治療と，自殺臨床の実際）（巽信夫）

「自我機能強化」

集中内観の治療構造や内省のテーマは退行促進的な母性的要素と，超自我的，あるいは自我機能強化的な父性的要素の二つが巧妙に組み合わされている。退行促進的な要素も，自我機能を弱めるような対人依存的な悪性の退行（バリント）に関連するものは内観ではきびしく制限され，他方，自我機能を育成する治療の場の支えが内観では醸成され，良性の退行（バリント）が促進されるように仕組まれている。

集中内観の回想は「自力でおのれの過去を思い起こす」作業であり，幼小児期の自分の行為を，今・現在の「大人の視点から」「相手の立場に立って」想起するので

あり，内観3項目で重視されるテーマは「（母や父に）迷惑をかけたこと」の内省である。さらに，面接者は内観者の自主性にもとづく回想作業を最敬礼の面接作法で最大限に尊重し，励ます仕掛けになっている。こうした良性の退行を促進する集中内観の仕組みと超自我的な課題設定があいまって，内観者の自我機能は強化され，自我による自我のための退行が実現される仕組みが臨床的に作り出されている。（長山恵一）

「集中内観」

　集中内観は吉本伊信（1916~1988）が宗教的精神修養法であった「身調べ」を改良し宗教色を完全に払拭して1940年に内観の原形（原法）を創始したものである。

　内観の目的は，（1）よりよく生きるために（求道法）(2) ストレスや悩みからの解放法（3) 精神的・身体的な疾病の治療としての内観療法がある。このように目的はさまざまであるが，その技法は定型的で問題や症状の如何にかかわらず同じ手法で対応する。

＜外面的治療構造＞

　集中内観の場は，原法では森田療法と同じように面接（指導）者の自宅で行い，面接者の父性的，母性的な雰囲気のなかで，全面的に受容され，食事は内観者が座っている屏風まで運び，入浴などの世話もする。内観の場は和室の隅を屏風で仕切り，その1メートル四方の空間で午前6時より午後9時まで，1日15時間内観のみに集中し，1週間を1クールとする。面接者は1時間30分～2時間ごとに屏風を開いて内観者と面接する。面接時間は3~5分間で1日に7~9回面接をする。内観は短期集中がひとつの特性であり，その集中を高めるために新聞，テレビや散歩など内観以外のことをすることや雑談，私語も禁止して行動制限される。

＜内面的治療構造＞

　内観は過去の対人関係において自分の態度や行動を客観的・多面的・経時的に自己を観察する方法で，その調べ方は厳密に3つの視点（内観3項目）に限定された条件で想起する。まず，対象人物を最初に母親として人間関係の深い人物の順に選択する。生まれてから数年間隔の現在に至るまでの自分について3項目（①してもらっ

たこと②して返したこと③迷惑をかけたこと）を想起させる。この 3 項目を詳細に調べることによって，①他者の愛の発見に気づいて他者肯定，自己肯定とともに感謝の気持ちが起こる。②自己中心性や依存性，未熟さに気づいて償いの気持ちが起こる。③他者に与えた苦しみの大きさに気づき自己否定，罪悪感が強化され謝罪の気持ちが起こる。このような自己像・他者像の認知修正によって我執（我欲）から解放され，行動変容や症状改善が認められ，新しい生き方，自己実現へのエネルギーが沸き起こってくる。（竹元隆洋）

「宿善開発」

宿善は「しゅうぜん」ともいう。広辞苑（岩波書店）によれば前世に積んだ善根，例文として御文章「平生に弥陀如来の本願の我等をたすけたまふことわりをききひらくことは宿善の開発によるがゆえなり」とある。開発は「かいほつ」ともいう。ここでは知識を開き導くこと，例文として「人文を開発する」とある。「宿善開発」とは宗教的な生死無常の悟りに到達し得た境地である。それはこの用語集の「開悟人」とほぼ同意語になる。吉本伊信の著書「反省（内観）」（1946）では宿善開発の境地に到達できた時を「不失体往生」とし，身体（いのち）を失わず極楽に生まれる境地としている。その時を境にして，信前・信後と区別している。同じ著書の中で「父は宿善あって求法へ発心され，四日目にめでたく御入信くださいました」と記している。同意・類意語として転迷開悟，大悟徹底，後生の夜明け，大法に遇う，御遇佛などがある。（竹元隆洋）

「浄土真宗」

浄土真宗は仏教の一派であるが，紀元前後にインドから中国に伝わった仏教は朝鮮をへて日本に伝来した。聖徳太子 (574~622) によって仏教思想が普及。奈良仏教から平安仏教となり最澄の天台宗，空悔の真言宗開宗，その頃から阿弥陀仏の救いによって極楽浄土に生まれるという浄土教が発達した。鎌倉時代の戦乱の世に末法思想が広まり，貴族に代って民衆の時代となって天台宗の出身である法然，親鸞，道元，日蓮に代表される鎌倉新仏教が 12~13 世紀に普及した。まず法然 (1133~1212)

は他の修行をさしおいて，もっぱら念仏することによって阿弥陀仏の慈悲と人びとの阿弥陀仏への信によって救済の可能性が開かれる（弥陀の本願）と説き「専修念仏」によって浄土宗を開宗した。その基本理念は「他力易行」で経済力も学問もない民衆が「自力」で仏の知を得ることは困難であるが，阿弥陀仏はあらゆるものを平等に往生せしめるために念仏という易行を人々に与えたと説いて大きな希望を与えた。法然に絶対従順の態度であった親鸞 (1173~1262) は法然の教説を継承し，それを内面化，徹底化した。親鸞は新たな宗派を開く意思はなかったが，後世の人びとから「浄土真宗」の開祖と呼ばれるようになった。親鸞の考え方の底には，自分はいかなる修行もおよびがたい身であるという自覚と自己否定，絶望があり，己を阿弥陀仏の本願慈悲におまかせし，己をなげ出す心情があった。この自覚が「歎異抄」の悪人正機説であり「善人なほもて往生をとぐ，いはんや悪人をや」という有名なことばがある。自力作善で修行をしている善人は当然極楽浄土に往生させはするが，むしろ煩悩にくるわされ悪を犯し罪を重ねてしまうすべての人間が悪人である。阿弥陀の本願・慈悲はその悪人を救うためにたてられたものだから悪人こそ往生の正機だとしている。阿弥陀仏の本願を信じ，己の身をゆだねて念仏することこそ阿弥陀仏の恩に報い感謝するもの（報恩感謝の念仏）である。これが絶対他力（自然）とよばれる。そうすることによって，過去・現在・未来の一切の罪を善へと転化せしめることを自然法爾という。宗教における神（仏）と人間との関係は内観においては人間（他者）の愛と人間（自己）の罪との関係であると考えることができる。（竹元隆洋）

「素直」

　内観療法は精神修養法としての内観に起源をもつ実践的な方法論であり，他の精神療法のように体系的な治療理論が存在していない。村瀬孝雄が内観体験の本質を表す鍵概念として提唱したのが「素直」であり，「素直」は日本人が価値規範や人生哲学を語るとき，しばしば使う日常用語であり，すぐれて日本的でありながら同時にある種の普遍性を備えている。村瀬は「素直」を古代神道にかかわる日本的な価値規範であると規定し，「素直」に＜個人内面の領域の素直＞と＜対人関係の領域の素直＞の二つがあることを指摘した。前者の「素直」には，①円滑，力まずに柔らかく，

柔軟に，②穏やかに，柔らかく，優しく，マイルドに，③葛藤や争いや禁圧あるいは
フラストレイション（不満）などを免れている，④先入見あるいは偏見や歪曲がない，
⑤喜びそして感謝と調和している。などの意味合いがあり，後者の「素直」には，①
柔順（従順）もしくは扱いやすい，御しやすい，②自己主張的あるいは攻撃的とは
反対の，受容的傾向，③自律的とは反対の，どちらかというと受け身的で依存的な
傾向，いわゆるエゴイズムとか自己中心的な傾向が少なく，そのため周囲とも調和し
やすい，⑤隠し立てをせずに自分をあけ広げに見せ，自分自身に対して忠実である，
⑥抵抗とか対抗もしくは対立あるいは敵対といった傾向を免れている。などの意味合
いがある。

　比較精神療法の立場から内観法を研究した長山恵一は，村瀬の＜個人内面の領域
の素直＞が，西洋の個（ヒュポスタシス・ペルソナ＝キリスト教の三位一体論）や「す
む（澄む＝住む）」体験，清明心に共通する「液体の中の沈澱（天地創造のモチーフ）」
にかかわる元型的体験であることを指摘した。「素直」は，より普遍的な＜個人内面
の領域の素直＞と文化拘束的な＜対人関係の領域の素直＞とが織り合わされた価値
規範の様式であり，「素直」を理解するには普遍性と文化拘束性をともに視野に入れ
る必要がある。（長山恵一）

「絶食併用内観療法（絶食内観療法）」

　内観療法に絶食療法を併用し，両者の特色をより生かそうとするもので，通常東北
大学方式の絶食療法に集中内観を併用する。絶食療法は 10 日間の完全絶食と 5 日
の復食期からなり，その効果は心身のバランスを取り戻し，絶食による本来の心身の
あるがままの状態 (ASC altered state of consciousness) になり，病的状態から健康を
取り戻すことにあるとされ，被暗示性の亢進を伴うことから他の精神療法の併用も有
効とされる。絶食内観療法は絶食期に約 2 時間おきの内観面接を，吉本原法に準じ
た方法で行い，復食期から日常内観に移行し，終了後も日常内観や日記内観を継続
してもらうことが多い。内観に絶食を併用することによって，心身両面のアプローチ
を行うことから内観のみを導入するより容易であり，ASC 状態による内観的思考の深
まりが期待される。岡山大学などの報告では神経症性障害の他，アルコール依存症，

摂食障害，心因性疼痛，斜頸などへの効果が報告されている。(堀井茂男)

「治療構造」

　内観療法は精神療法の中でも治療構造度が極めて高く，構造を介して体験や洞察が深まるよう巧妙に設定されている。治療構造は外面的構造と内面的構造とに分けられる。集中内観の外面的構造は，1週間 (6泊7日～7泊8日) の刺激遮断の環境設定と様式化された内観面接，食事時に流される内観テープの放送などで構成されている。内観者は部屋の隅に屏風を立て，洗面・トイレ・風呂以外は屏風の中に坐って1日15時間，内観3項目に沿って自問自答にて内省を進める。食事は屏風の中で摂り，食事時間帯には種々の内観テープが参考のために放送される。内観者は1.5~2時間の1セッションの間に内省した内容を内観3項目に沿って簡潔に面接で報告する。面接は1回数分，1日に7-9回繰り返され，面接の作法や報告の仕方は様式化されている。

　内面的構造で最も重要なのが内観3項目とそれにかかわるシステマティックな内省手順と面接の仕方である。集中内観では，内観者が内省に集中できるように禁欲的なルールが設定されており，行動制限・刺激遮断にかかわる物理的な禁欲のほかに，他の内観者と一切会話をしない対人関係面での禁欲や内観3項目のみを内省するという内省方法にかかわる禁欲が設定されている。面接は最敬礼を伴う面接者の一連の作法によって始まり，面接者の問いかけは，" ただ今の時間，どなたに対する何時のご自分をお調べ下さいましたでしょうか? " と毎回変わらない。内観者は，それに答えて1セッションの間 に内省した内容を内観3項目に沿って面接者に報告する。内観者は思い出した全てを面接者に話す必要はなく，1～2のエピソードを選んで簡潔に報告する。また言いたくないことは面接で言わなくても良い決まりになっている。

　集中内観の治療構造は厳しい父性的なルールと，食事や身の廻りの「お世話」など母性的な受容のバランスの上に組み立てられている。外面的構造と内面的構造によって，面接者・内観者間の一対一の依存は排除され，心理的な侵入を回避しながら，「内観の場」全体で内観者を支え，自力での内省が深まるよう工夫がされている。(長山恵一)

「治療抵抗」

　集中内観の治療抵抗は，大きく，①内観の場面（空間）への抵抗，②内観面接者への抵抗，③内観的内省への抵抗，の三つに分けられるが，それらは臨床的には密接にかかわり合っている。内観場面への抵抗は，屏風という閉鎖空間に1週間閉居することへの抵抗であり，腰痛や体のこわばりなどの身体的苦痛として表現され，内観1~2日目の初期に起きやすい。内観面接者への抵抗は，内観特有の治療者患者関係（内観者・面接者関係）にかかわる抵抗である。面接者は「型」にそって報告を傾聴し，内観者は自力で内省するシステムであるために，面接場面では直接的な依存感情が満たされず，面接者に対して「厳しい」「よそよそしい」「冷たい」等の抵抗を覚えることがある。内観的内省への抵抗は，内観3項目に直接かかわる抵抗であり，「道徳倫理の押し付けだ」「宗教のようだ」といったものから，特定の内省対象への想起困難や自己省察への抵抗などさまざまなレベルのものがある。内観3項目のうち，「迷惑をかけたこと」の想起にもっとも抵抗が起きやすいが，それは迷惑想起が内観の本質であり，神経症的防衛や病理的依存の処理に直接かかわるテーマであるので，そこに治療抵抗が集約されるからである。内観では相手の立場に立って内省することが求められるが，面接者が内観者〔患者〕の治療抵抗を不用意に問題にするとき，厳しい内省テーマが最初から設定されている集中内観の場合，面接者の方が内観者の立場に立つことを忘れて逆転移を起こしていることに気づき難いことがあるので用心が必要である。（長山恵一）

「罪性の事実」

　内観における基本3項目の意図は，自己を基点として，自他を問うという既存の日常的態度を一切留保し，他者を基点として，ひたすら自己の事実を問い詰めるところにある（自他の視点変換）。内観作業の進みとともに，思いもよらぬ新事実の数々を見出してゆくが，大切なことは，その新事実の背後に潜む，相手の心，自分の心との邂逅を重ねてゆくことである（自他合一）。なお，その際，相手の心を相手の心として捉え，自分の心を自分の心として捉える，心的な（自他分離）の成立が，前提と

もなってくる。つまり，内観3項目を真に体験しうるには，このような自我機能の成立が，求められてもいる。さて，「してもらった事」の具体的想起とともに，それらにまつわる相手の自分にまつわる計り知れない犠牲，一方，「して返した事」の意外なほどの乏しさ，さらには，「迷惑をかけた事」の数々を通じ，次第に背在する利己的な自己の姿への気付きが，深められてゆく。とりわけ，前二者のテーマに基づく心的体験，即ち相手に与えてきた事の極めて乏しいにもかかわらず，相手から多くを与えられてきたという一連の気付きは，自己が他者により生かされてきたという「被愛の事実」への自覚を促し，第三のテーマを介しての，自己の利己性に基づく他者への加害性という気付きにより，自己の「罪性の事実」への自覚が，促されてゆく。さらに，「被愛の事実」，及び自己の「罪性の事実」は，その相互照射により，一層輪郭が浮き彫りにされ，より奥行きのある自覚へと止揚されてゆく。なお，その際内観では，とりわけ「迷惑をかけた事」に，6割の比重をかけ調べることになっている。ここに，内観の究極的な志向が，自我形成と等根な，自己の真の罪性の受容を通じ，我執からの解放を促すべく，巧みかつ効果的に仕組まれているといえよう。（巽信夫）

「内観3項目」

　内観療法の最も基本となる内省の三つのテーマと内省の様式。母親や父親など，身近な他者に対して自分のした行為や具体的なエピソードを「してもらったこと（していただいたこと）」「して返したこと」「迷惑をかけたこと」の三つのテーマ（内観3項目）に沿って自問自答の形式で内省する。集中内観の場合，面接から面接までの1セッション（1.5〜2時間）の間に内観者が内省する対象は，母なら母という特定の個人に固定され，内省の時期も数年ごとに区切られ細分化される。内省対象や時期をセッションごとに固定化することで精神集中や焦点化が促され，内省の拡散が予防できる。同一対象に対する自分を，生まれてから現在に至るまで時系列に沿って内省し，母親が済んだら，次ぎは父親，兄弟，配偶者といった順番に，身近な他者との関係を通して自己を多面的に調べていく。

　内観者は内観3項目に沿って，次ぎのような思考様式に従って内省をすすめる。①貸借対照表的思考（バランスシート的思考）ー「してもらったこと」「して返したこと」

にかかわる貸し借りの感覚にもとづいた思考様式。②2・2・6方式―内観3項目のうち「迷惑」想起に6割の重きを置いて内省する。③架空・仮定の話を排して、事実（自分がした行為）を具体的・詳細に絵に描けるように思い起こす。④相手の立場に立って調べる―自分のした行為が相手にどんな影響を与えたかを、視点（視座）を相手に移して内省する。

　内観3項目は一見単純に見えるが、内観者の依存にまつわる心理的な防衛―「うらみ」―を巧妙に処理する組み合わせになっている。内観者の内省は内観初期には「してもらったこと・して返したこと」という認知的な組み合わせになることが多いが、終盤になると「してもらったこと・迷惑をかけたこと」という認知様式に変化し、多大な迷惑をかけたにもかかわらず、多くのことをしてもらった事実に気付き、被愛感や基本的信頼感を懺悔心とともに実感する。内観3項目は回想におけるガイドラインとして機能する反面、そこには心理的抵抗や葛藤が最も厳しく顕れてくる。（長山恵一）

「内観者」

　内観者とは、内観をするために内観研修所や内観の出来る施設を訪れた人のことである。内観にやってくる動機は、それこそ人さまざまである。神経症や心身症を患って医療機関（病院やクリニック）を受診した場合、そこでの内観者は患者と呼ばれる。あるいは、そこが心理相談室に併設された内観療法室であれば、内観者はクライエントと称されることになる。また、神社仏閣などが修行の方法として内観を取り入れている場合には、そこでの内観者は求道者とも呼ばれる。さらに、なかには企業が自前の内観研修所を運営して、社員研修の一環として内観を導入している所もある。したがって、一口に内観者と言ってもその内実は、じつに様々なのである。かつて、内観が誕生する前に、"身調べ"と称する精神修養法があった。内観はそこから生まれてきたと言われているが、その"身調べ"においては、内観者のことを"病人さん"と呼んでいたようである。（真栄城輝明）

「内観適応」

　自己の罪性への気づきを介し、我執からの解放を促す、内観臨床にあって、従来

から，神経症（含，パニック障害，PTSD）や心身症，アルコール症や，薬物依存等の嗜癖行動，適応障害や鬱病遷延例，夫婦の危機，等が，経験的に選択されてきた。これらは，神経症自我から，より健康な自我水準への転換を促す点で共通していよう。一方，内観の究極テーマは，自己の死をとりつめる（無常観の感得）にあり，それだけに，その本質において死との向き合い（生の質的転換）を布置とする，中年危機（含，実存神経症）や，死への直面化を余儀なくされるサイコオンコロジー，及びターミナルケア等のリエゾン，コンサルテーション領域は，まさに内観本来の目的に適った活用法といえよう。

　なお，内観にあって，面接者の役割は大きい。絶対傾聴を旨とし，内観作業の裏方に徹する訳であるが，このシンプルな内観面接の型のなかに，一期一会（存在と存在の対話）的な，癒し的交流のエッセンスが濃縮されている。

　メンタルヘルス活動への関心が高まりつつある昨今，医療関連従事者側への，内観導入（内観体験，面接者体験）も，今後の貴重な活用領域であろう。（巽信夫）

「内観導入」

　通常の内観適応者に関しても，充分な動機づけが準備されているほど，その効用も大きい。一方，健常な自我機能に不全性が伺われる場合，内観導入前段階で，内観作業遂行可能な，心的準備体制を整え，かつ，内観中も慎重に見守る配慮が求められる。内観は，他者の視点にたって，自分の心の事実を見つめ直し，あるがままの自己の実相との邂逅を促す作業である。そのためには，まずなによりも自己と他者との心的分化が前提となり，かつ既存の自己像に相反する自己の姿への気づきに耐えうる能力，換言すれば，いわゆる心的両価性（葛藤）許容能力の存在が，求められる。とりわけ，普段，社会的役割（タテマエ）や，いわゆる良い子としての自分に過剰に自己を同一化してきたタイプ（仮の自己）の場合，内観導入前の支持的カウンセリング段階で，本音（とりわけ，負の感情）の表出体験を通じ，心の正負両面を受容し統合できる心的体制の醸成こそは，その要（かなめ）といえよう。（巽信夫）

「内観法と内観療法」

内観法は，浄土真宗の一派に伝わる人間の根源的な救いの法としての"身調べ"を母体としているところに，その真髄があろう。吉本伊信は，この身調べ法が，ひたすら無常感の感得（死のとりつめ）をめざす厳しい行法であることから，そのテーマを，"自己の罪性の自覚"へとシフトし，現行の自己探求法としての内観法を創始した。

このおかげで，内観法は，その一般的な普及が容易となり，更に心の癒しの法（内観療法）としても次第に注目され，今日に至っている。反面，この内観法と内観療法という語句は，しばし同義語的ないし混同的に使用されがちなことも，実情である。

＜内観法＞

内観は，我執（自我拘束）からの解放を通じ，あるがままの自己発現を促す"自己探求法"である。その具体的方法及び仕組みは，「集中内観」の項で紹介されている通りである。

当初，吉本は嬌正教育界を中心に普及活動を始めるが，やがて実業，学校，家庭，医療，宗教といった各界に浸透し，今や国際的にもその成果が注目され，内観法の普遍性が裏づけられている。

＜内観療法＞

内観は，ある程度健常な自我の成立を前提とした仕組みになっている。

それだけに，"療法"として内観〈内観療法〉を活用する場合には，その仕組みの理論的解明とともに，適応選択が課題となってくる。これらの点については，内観関連学会を通じ，その研鑽が重ねられてきた。具体的には，神経症圏(PTSDやパニック障害，適応障害を含む)，アルコールや摂食障害等の嗜癖行動，うつ病の遷延例，心身症等がその主要対象となっている。一方，内観困難例に対しても，様々な導入上の工夫や，対応上の取り組みの試みがなされている。（巽信夫）

「内観面接者」

内観面接者といえば，内観研修所の場合，内観面接だけを担当している人だと思われがちであるが，実際の仕事は，それだけに止まらず，多彩である。平たく言えば，内観者が内観に専念するための世話係である。たとえば，朝は内観者を起こし，一緒に掃除をしたあと，面接に臨むことになるが，それ以外にも食事や風呂の世話はも

とより，内観中に問題行動が発生すれば，それにも対処しなければならない。ちょうど子育て中の親のように内観者に寄り添う人を内観面接者と呼んでいる。医療機関で内観面接を担当している人の職種は，医師，臨床心理士，ケースワーカー，看護師などさまざまである。

　内観面接者の必要な条件を挙げるとすれば，以下の3点は欠かせないだろう。

　① 面接者自身が集中内観を体験していること，つまり，自分自身を知っていること。

　② 自分自身はもとより，他者への関心と信頼感を備えていること。

　③ 他の対人援助職と同様に守秘義務に敏感であること。

（真栄城輝明）

「内観療法に於ける"転移と逆転移"」

　転移・逆転移は，一対一の治療者患者関係を軸に治療を進める精神分析特有のものの見方や考え方である。その種の治療概念は個々の療法の具体的な仕組みや防衛処理の方法と密接なかかわりがある。集中内観では内観者が行うべき課題やテーマは事前に決められており，面接もパターン化され，時間も1回数分ときわめて短い。このため，内観面接では精神分析のような生の依存関係が生じる余地はほとんどない。それゆえ，集中内観では精神分析のような形の転移・逆転移は生じない。しかし，転移は治療抵抗や防衛と密接にかかわっており，集中内観でも内観3項目に沿って内省する際の「抵抗」に関連して内観者面接者関係は重要である。転移をこうした意味合いで理解すれば，集中内観でも転移・逆転移は見られることになる。

　①　陰性の転移・逆転移に類似した現象（相手の立場に立てない「外観」的な内観者面接者関係）―内観では相手の立場（たとえば父や母の立場）にたって過去を想起するよう内観者に要請する。面接者にも内観者の内省を尊重する態度が求められる。しかし，種々の事情で内観が深まらないとき，面接者があせって内観者の内省を指導しようとすると奇妙なことが起きかねない。面接者は内観者に「相手の立場（たとえば父や母の立場）に立って」内省するよう要請しながら，面接者自身は内観者の立場に立てない現実が生まれてしまう。こうした陰性的な態度は互いに影響し合い，内観者の内省の深まりを阻害する。

429

② 　陽性の転移・逆転移に類似した現象（「期待に添えないこと」「期待に添うこと」にかかわる内観者面接者関係）―内観では「（母や父の）期待に添えなかった」ことを「迷惑」と勘違いしやすい。それは仮定・想定にもとづく話なので，相手にかけた事実としての「迷惑」ではない。内観者が「（母や父の）期待に添えなかった」と流涙するのは，母や父に実際にかけた「迷惑」から目をそむける作用があり，同時にそれは面接者の「期待に添って」立派な内観をして見せようという意識の表れでもある。こうなると，内観者面接者間には「期待をかける・期待に添う」という微妙な依存関係が布置され，「迷惑」想起の深まりを阻害する事態となる。（長山恵一）

「日常内観」

　内観療法とは面接者のもとで，一定期間（7日間），一定条件のもとで行われる「集中内観」，と日常生活のなかで継続的に短時間 (30 分～ 1 時間程度) ずつ行う「日常内観」（別名：分散内観）とからなる。日常内観は集中内観終了後に引き続き行うものとされているが，集中内観を体験していない人でも日常内観を繰り返すことで内観は深化する。日常内観では面接者はいないので，自分のやりたい時にやりたい場所でやりたい方法で行えばよい。技法は集中内観と同様に対象人物を設定して時代区分をするが，今日一日のことであってもよい。3 項目「してもらったこと」「して返したこと」「迷惑をかけたこと」について想起するのが原則だが，場合によっては 1 項目だけまたは 2 項目だけを想起する方法でもよい。日常内観の記録を「記録内観」とか「内観日記」として外来治療に活用されることもある。このような短時間の内観でも継続することで，集中内観の効果が持続されさらに深化して，病状や問題行動の改善に多大な効果が認められている。（竹元隆洋）

「日本内観医学会」

　日本内観医学会は内観療法の研究を促進し，医療及び関連領域における発展普及に貢献するとともに，会員相互の連絡を図ることを目的としている。
　主な活動内容は以下の通りである。1. 定期学術集会および総会の開催（年 1 回）

2. 国際内観療法学会の国内開催時の主催　3.「内観医学」の発行　4. 内外の諸学会との協力活動　5. その他，本会の目的を達成するために必要な事業.

　また，内観療法の専門家として広い知識と練磨された技能を備える優れた医師を社会におくり，社会における精神健康の保持および増進に貢献し，併せて内観療法の普及向上を図る。初代理事長は，川原隆造先生であった。会員は，日本国内だけでなく外国会員（中国）を併せて 120 名くらいである。

　第 1 回内観医学会が，平成 10 年 (1998 年) 12 月 5 日，東京で開催された。各学会ごとにテーマを決めて，特別講演・シンポジウム・一般講演などが聞かれている。（久保千春）

「日本内観学会」

　「内観」は吉本伊信 (1916~1988) によって創始され，1954 年から嬌正教育に導入され，1965 年から医学や心理学に導入されて「内観療法」と呼ばれるようになった。内観は真実の全人的な自己発見を目標にしているので，あらゆる疾病や問題や行動などを対象にしている。1978 年「日本内観学会」が設立されたが，医学・心理学の領域に限らず教育，企業，宗教，嬌正など学際的学会になっている。本学会の主軸は内観の理論研究とその普及活動であり，学会のプログラムに必ず内観体験者の発表が組み込まれているのも特徴的なことである。その後，1988 年より内観療法ワークショップを年 1 回開催，1992 年に年 2 回の「内観ニュース」発刊，1995 年から専門的学術誌として「内観研究」を発行してきた。その間には本学会から派生独立してきたものとして，1990 年に「自己発見の会」や「内観研修所協会」の設立，1991 年から年 3 回主にヨーロッパで活動してきた「内観国際会議」がある。さらに 1998 年からは医学・心理学専門者集団で設立された「日本内観医学会」があり，それが中心になって 2002 年「国際内観療法学会」が設立されている。（竹元隆洋）

「日本内観研修所協会」

　1985 年（昭和 60 年）9 月，第一回の内観懇話会が大和郡山市の内観研修所で開催されて以来，メンバーは自分の都合が許す限り，毎年一度，世話人の決めた日程

に大和郡山市の内観研修所に集っていた。これは吉本伊信が，全国の内観研修所に呼びかけたものだが，内観研修所以外にも声をかけられた一部の学識経験者もオブザーバーとして参加した。この会の目的は，あまり公式には話せないお互いの悩みや困っていること等を話し合い，それぞれの研修所の質を高めていこうというものであった。会の性格は，規約も会計もなく世話人が一人いるだけで，参加者はその年の参加費だけを払えば何の責任も義務も生じない穏やかな集まりだった。この会を組織的なものに発展させ発足したのが，現在の日本内観研修所協会である。日本内観研修所協会は，1994年（平成6年）に発足し，初代・会長に三木善彦が就任し，毎年全国各地で年一回の大会を開催してきた。2002年（平成14年）に池上吉彦が二代目会長を引き継ぎ，現在まで17回の大会を開催している。途中，日本内観研修所協会内部では，方針を巡ってさまざまな議論が重ねられてきたが，現在では内観懇話会の精神に立ち返って，お互いの研修と情報交換を主な方針としている。当分の間，日本内観研修所協会の存在と三役（会長，副会長，事務局）の名前は公開するが，一般会員の名簿は非公開となっている。（本山陽一）

「被愛の事実」

　内観作業の要である"自己の罪性"への気付きにつき，それのみを直接単独に追求することは，いかに強靭な精神の持ち主でも，容易ではない。このテーマは，従来正当化されてきた既存の自己像（自我意識の象徴）の放棄を意味するだけに，相応の不安を伴い，自我への執着が強いほど，抵抗もまた大きくなってくる。自我意識は，"母なるもの"からの分離に伴う原疎外を潜在させながら，所有意識に基付く自己防衛力の発達とともに，その個別性を形成させてゆく。この消息からも，既存の自己像への執着の根深さも肯かれよう。それだけに，分離，個別化した状態でも，そのままに限りなく受容され肯定されてきたという，無条件の"被愛の事実"の再発見こそ，原疎外からの解放を促し，既存の自己像への執着緩和に貢献してゆく。と同時に，とりわけ，「してもらった事」，「して返した事」の点検を主軸にした，この「被愛の事実」の再発見は，自己防衛により封印されてきた，自己の真の罪性と向き合い，ひいては其の受容を促してゆく土壌的役割を荷うと言えよう。（巽信夫）

「屏風」

　屏風は，その文字が示す通り「風を防ぐ」調度であった。中国の周の時代に誕生した屏風は，韓国を伝って日本に入ってきたと言われている。ときは天武天皇の頃，新羅から贈られている。内観研修所では，内観者がやってくると部屋の隅には屏風が立てられる。

　すると，そこに畳半畳の空間ができる。その空間を内観研修所では法座と呼んでいるが，そこに法座ができることによって，研修所全体の空気がピーンと張りつめたものに変わる。日常の世界が非日常の世界に変わってしまうのである。内観における屏風の効用について挙げるならば，非日常空間を創出する機能を真っ先に指摘したい。そして，一定の期間，内観者はその中で過ごすことになる。そこは一見すると，狭くて窮屈に感じられるが，内観が進むにつれ，その様相が違って感じられてくる。屏風の代わりに衝立でもよいが，それは，胎内のように内観者を守る機能を備え，内観には欠かせない道具となっている。（真栄城輝明）

「身調べ」

　浄土真宗の一派で行われていた精神修業法であった。飲まず食べず眠らずで，過去の自分の生活，生き方を振り返り深い罪悪感に到達することで己の存在をはじめ，すべてのものの無常，生死無常を悟り，転迷開悟，宿善開発と言われる境地に到達することを目的に行われていた。この「身調べ」を吉本伊信（1916~1988)が体験し，1937年宿善開発に到り，この喜び，この感激を世界中の人々に伝えたいと願って「身調べ」の宗教性を完全に払拭し，誰にでもできるように改良して「内観」を創始した。（竹元隆洋）

「無常観」

　無常に近い概念としては平安朝時代の「はかなし」という情緒的感情を表わす言葉があった。「はか」は外界に現れた仕事量であったものが転じて「はかなし」となった。平安朝末から中世（鎌倉時代）にかけて現実の戦乱，平家の没落，動乱やうち

433

続く天災地変によって社会不安が増大し，この事態に対応する言業として「はかなし」が仏教的色彩をもつ「常ならぬ世」にうつされた。

　さらに自身で具体的に実感的に体験した兵（つわもの）の世界，男性の感情が「常ならぬ世」から「無常」にうつされた。「無常感」は無常の哀感または詠嘆的無常観の意味である。そのような無常感覚や無常美感から徹底した「無常観」を確立しようとしたのは「正法眼蔵」95 巻の道元 (1200~1253) であった。道元は「無常を観ずる」ことから出発し，無常を単に一切の事物は生滅転変して常住できないとか「栄枯盛衰」「諸行無常」「一切皆空」などの概念にとどめなかった。無常は自他を含めた客観的，根本的事実であるとし，「無常」の背後の自己行為やすべての体験を基にして無常を悟ることを重視した。「無常を観ずることによって，吾我を離れることが第一の用心」と述べている。吾我すなわち我欲, 我執を去ること，自己執着を捨てること（自我を超えた心＝スピリチュアル（霊的）なめざめ）で自由な生き方に到達できるという心の用い方や態度，方法を述べている。内観との関わりでは内観 3 項目の「して返したこと」はほとんどなく，さらに「迷惑かけたこと」の多さを自覚する。内観では「迷惑かけたこと」に 6 割の時間を費やす。そのため他者を無視して自己中心の行動を繰り返してきたという罪悪感が強化される。その結果，己の固定観念によって安定，利得をはかってきた恒常化，有常の概念が根底から拒否され否定されて，現実的，客観的事実に碁づく無常観に到達する。そこから「無常を観ずる（内観をする）」ことによってスピリチュアルな生き方が実現できるようになる。（竹元隆洋）

「喪の作業」

　精神療法の自己洞察は依存から自立への作業と言い換えることもできるが，それは理論的には抑うつ的態勢（メラニー・クライン）の通過や「喪の作業」と深くかかわっている。母親（父親）に「迷惑をかけられた」という被害的感情を帯びた思いや信念は，幼児的依存的な態度や病理的罪悪感と結びついており，理論的には妄想・分裂的態勢（メラニー・クライン）に関連している。内観は幼少期の出来事を今・現在の大人の視点から，「してもらったこと」「して返したこと」「迷惑をかけたこと」というテーマで内省するシステムなので，妄想・分裂的態勢から抑うつ的態勢への移行を直接

的に扱う方法論となっており，内観の体験はそのまま「喪の作業」に重なる。内観が依存と自立，病理的罪悪惑と健康な懺悔心をめぐって人間の深層心理に深い影響を及ぼし，また西洋人にも適応可能なのは，幼児的万能感や被害的感情の修正という抑うつ的態勢の通過や喪の作業に関連する普遍的課題を扱っているからである。内観3項目や迷惑想起を儒教的倫理観だけで理解すると，こうした内観の本質を見失うことになりかねない。(長山恵一)

「吉本伊信」

　吉本伊信 (1916~1988) は，奈良県大和郡山市の肥料商の三男として生まれた。1924 (大正13) 年に幼い妹の死を体験したことを契機として，母親の信仰・求道の影響を受け，聞法，読経勤行をともにした。郡山中学に入学後，書道はますます熟達し，転校して郡山園芸学校を卒業してからは仏教経典を学び始めた。吉本が19歳の時，両親から将来の結婚相手として兄嫁の姪キヌ子 (当時15歳) を紹介されたことによって彼女に尊敬されるような人格者になりたいという向上心からさらに信心を深め仏法を極めようと努めた。当時，キヌ子の親族には浄土真宗の篤信者が多く，そこで宗教的精神修養法である「身調べ」を知ることになった。1935 (昭和10) 年20歳で結婚し，4回目の「身調べ」で宿善開発 (悟りの境地) に到達し得た。その時の模様を「人事不省におちいっていた私は，ふと気づくと嬉しくて嬉しくて，ただ涙のみでした。これから先はもう書けません。筆舌に尽くし難いといったことであります。…この喜び，この感動を世界中の人々に伝えたい。これこそ人生最大の目的であり喜びであると確信を得ました」と，その著書「内観四十年」に述べている。その後1940 (昭和15) 年25歳の頃，「身調べ」の宗教色を払拭し，技法を改善して年代区分や対象人物を明確にして，「内観」の原型が創始された。1949 (昭和24) 年肺結核となり入院したが，吉本はレザー会社の社長としても才覚を示し，1953 (昭和28) 年退院と同時に，その収益を基に内観の普及活動に邁進し始めた。1954年からは奈良少年刑務所をはじめとして全国の矯正教育界や学校教育，心理学，医学の分野にも普及し始めた。1968 (昭和43) 年にはさらに内観の成果を高めるために指導技法を改革して，「してもらったこと」「して返したこと」「迷惑をかけたこと」の3項目が確立されて，現在の内観

が完成された。吉本は内観の完成と普及と指導のために全身全霊をかけた生涯をおくった。（竹元隆洋）

「内観医学」第 9 巻から第 12 巻に一連のシリーズで掲載した内観用語を五十音順にまとめて，今回「総集編」として再収録しました。

日本内観医学会　内観療法用語検討委員会

内観法・内観療法の実践と研究

2023 年 11 月 10 日　第 1 版第 1 刷

監　修　真栄城輝明　塚崎稔　河合啓介
発行者　嶝　牧夫
発行所　株式会社朱鷺書房
　　　　奈良県大和高田市片塩町 8-10（〒635-0085）
　　　　電話 0745(49)0510　Fax 0745(49)0511
　　　　振替 00980-1-3699
印刷所　モリモト印刷株式会社